Friedrich Nietzsche

Gesammelte Briefe

Band 3

Friedrich Nietzsche

Gesammelte Briefe

Band 3

ISBN/EAN: 9783956975707

Auflage: 1

Erscheinungsjahr: 2017

Erscheinungsort: Treuchtlingen, Deutschland

Literaricon Verlag UG (haftungsgeschränkt), Uhlbergstr. 18, 91757 Treuchtlingen.
Geschäftsführer: Günther Reiter-Werdin, www.literaricon.de. Dieser Titel ist ein Nachdruck
eines historischen Buches. Es musste auf alte Vorlagen zurückgegriffen werden; hieraus
zwangsläufig resultierende Qualitätsverluste bitten wir zu entschuldigen.

Printed in Germany

Cover: Friedrich Nietzsche, 1862

Friedrich Nietzsches

Briefwechsel mit Fr. Ritschl,
J. Burckhardt, H. Taine, G. Keller, Frhrn. v.
Stein, G. Brandes, H. v. Bülow, H. v. Senger,
M. v. Meysenbug

Herausgegeben von

Elisabeth Förster-Nietzsche,
Curt Wachsmuth und Peter Gast

Zweite Auflage

Berlin und Leipzig
Schuster & Loeffler
1905

Alle Rechte vorbehalten.

Inhalt

			Seite
I.	Briefwechsel zwischen	Fr. Nietzsche und Fr. Ritschl	1
II.	"	Fr. Nietzsche und J. Burckhardt	163
III.	"	Fr. Nietzsche und H. Taine .	195
IV.	"	Fr. Nietzsche und G. Keller .	207
V.		Fr. Nietzsche und Frhrn. v. Stein	219
VI.		Fr. Nietzsche und G. Brandes	265
VII.		Fr. Nietzsche und H. v. Bülow	331
VIII.		Fr. Nietzsche und H. v. Senger	369
IX.		Fr. Nietzsche und Malw. v. Meysenbug	381
Namenregister .			653

Jakob Burckhardt

Friedrich Ritschl

Hippolyte Taine

Friedrich Nietzsche

Gottfried Keller

Georg Brandes

Heinrich von Stein

I.

Briefwechsel

zwischen

Friedrich Nietzsche und Friedrich Ritschl

herausgegeben und erläutert

von

Curt Wachsmuth.

Nach zwei Seiten darf die hier gebotene Veröffentlichung des Briefwechsels zwischen Friedrich Nietzsche und Friedrich Ritschl ein besonderes Interesse auch weiterer Kreise beanspruchen.

Obwohl Nietzsche selber noch zuletzt im Hinblick auf sein philosophisches Lebenswerk von sich bekundete (Werke XIII S. 8): „Die Kenntniß der großen Griechen hat mich erzogen", so pflegte man doch bis vor Kurzem seine Zuwendung zur klassischen Alterthumswissenschaft im Wesentlichen als eine Digression anzusehen, die durch gewisse äußere Zufälligkeiten und insbesondere auch durch „die berückende Beredsamkeit" seines philologischen Lehrers und Meisters Ritschl herbeigeführt wurde, von der er aber zurückkam, sobald er sich seines wirklichen Berufes bewußt geworden war. Erst die jüngste Zeit brachte in diesem Glauben, der Nietzsche selber am meisten verkennt, einen immer völligeren Wandel hervor.

Zuerst war es wohl Vaihinger, der in seinem Buche „Nietzsche als Philosoph" (1902) die engen Beziehungen zwischen dessen eigener Philosophie und den Anschauungen über das Hellenenthum energisch betonte, die er bei seiner von Anfang an tieferer Er-

Einleitung.

fassung griechischer Poesie und Philosophie zugewandten philologischen Studien gewonnen hatte. Dann haben rasch hinter einander, freilich alle drei unabhängig von einander und namentlich von sehr verschiedenen Standpunkten aus, Wiesenthal in einem zu Barmen 1903 gehaltenen Vortrag „Friedrich Nietzsche und die griechische Sophistik" (abgedr. „Humanist. Gymnas." XIV S. 153 ff.), Raoul Richter in seinem alle Seiten der Betrachtung zusammenfassenden Buche „Friedrich Nietzsche; sein Leben und sein Werk" (1903) und zuletzt Oehler in der Monographie „Friedrich Nietzsche und die Vorsokratiker" (1904) hervorgehoben, wie stark Gedanken hellenischer Dichter und Philosophen, oder sagen wir vorsichtiger, die Vorstellungen, die Nietzsche bei seinen Studien sich von deren Gedanken gebildet, auf seine eigene Gedankenwelt gerade auch noch auf der letzten und reifsten Stufe seiner philosophischen Entwicklung eingewirkt haben.

Sicher ist es unmöglich, zu einem vollen Verständniß des Philosophen Nietzsche zu gelangen, wenn man nicht auch den Philologen Nietzsche genau kennt. Sobald seine philologischen Arbeiten anfangen sich in die Tiefe zu wenden, treten zudem gewisse Grundtriebe seiner gesammten Geistesart ebenso scharf hervor, wie sie in ihrer Grundrichtung ganz persönlich und völlig unabhängig von dem Einfluß seines Lehrers geblieben sind. Vielmehr zeigen sich sofort, wie Nietzsche sich das eigenste Wesen der attischen Tragödie im Zusammenhang mit seiner Stellung zum Hellenenthum, freilich auch im Zusammenhang mit den Schopenhauer-Wagner'schen Ideen über das Wesen der Kunst, an die er damals mit wärmster Ueberzeugung glaubte, klar zu machen suchte, tiefgreifende, ja ganz kardinale Verschiedenheiten zwischen Schüler und Lehrer wie in der Auffassung des Griechenthums so in der ganzen Welt- und Lebensanschauung. Aber Nietzsche denkt gar nicht daran sich mit solchen Conceptionen aus den Jüngern der Alterthumswissenschaft auszuscheiden; vielmehr wollte er durchaus Philologe sein und beklagt sich heftig darüber, daß die Andern ihn nicht als Philologen gelten lassen (unten Br. 65). Und eben der Einblick in diesen Zusammenstoß zweier so verschiedener Welten in der intimen und freundschaftlich lebhaften Aussprache des bedächtigen auf die Erfahrungen eines Lebens zurückblickenden Pädagogen und des von Reformgedanken geschwellten jugendlichen Umstürzlers, wie sie in dem unten vorgelegten Briefwechsel erfolgt, wird jeden, der nur einigen Sinn für solche „documents humains" besitzt, im höchsten Grade fesseln.

Das Zweite, dem man bei dieser Correspondenz eine besondere Antheilnahme wird versprechen dürfen, ist der höchst eigenartige Charakter des persönlichen Verhältnisses zwischen Nietzsche und Ritschl, das bisher nur die ganz Nahestehenden kannten und kennen konnten, während es bei den meisten Andern argen Mißverständnissen ausgesetzt war. Daß Nietzsche in dem Ziel oder in den Zielen, die er sich bei seinen philologischen Studien steckte, von Ritschl ganz unbeeinflußt war, wurde schon eben hervorgehoben. Aber man würde sich schwer irren, wenn man nun an-

Einleitung.

nähme, Nietzsche habe von dem philologischen Altmeister nur gelernt das wissenschaftliche Handwerkszeug zu gebrauchen und habe nachher, als es Höheres galt, ihm ruhig den Rücken gekehrt und sei von seinem Genius erfüllt, freudig seine Straße gezogen. Man kann nun ja selber durch den ganzen Briefwechsel hindurch die Innigkeit, ja Zärtlichkeit der Verehrung und Liebe verfolgen, mit der Nietzsche an seinem Lehrer hing, und der er immer neuen und warmen, nicht selten geradezu rührenden Ausdruck verleiht, und auf der andern Seite die sich immer gleichbleibende freundschaftliche Treue Ritschls, deren Kraft und selbst deren Aeußerung auch durch die Aussprache scharfer principieller Gegensätze nie unterbrochen wird. Und es wäre thöricht, diesen durch alle Hindernisse immer wieder hervorquellenden Strom von gegenseitiger starker Zuneigung, der nicht den geringsten Reiz dieser Briefe ausmacht, vorweg gleichsam in ein Sammelbecken zusammenfassen zu wollen; aber es wird zur vorläufigen Orientirung vielleicht doch nützlich sein, hier gleich einen das Wesentliche heraushebenden Ueberblick über den historischen Verlauf dieses einzigen Verhältnisses vorauszuschicken.

Persönlich bekannt war Nietzsche seinem Lehrer bereits in seinem ersten akademischen Semester (Winter 1864/5) in Bonn geworden. Dem jungen Studenten, der sich für „Theologie und Philologie" hatte immatrikulieren lassen, hielt der gefeierte Begründer der „Bonner Philologenschule" gleich bei seinem ersten Besuche (s. N.'s Brief vom 10. Oktober 1864 in Biogr. I S. 102) „eine Rede über Philologie

Einleitung.

und Theologie"; d. h. er richtete an ihn — wie er es in solchen Fällen liebte — eindringliche Vorstellungen des Sinnes, daß eine Combination beider Studienkreise ohne Schaden auf die Dauer nicht mehr durchführbar sei. Nachdem sich Nietzsche das nächste Semester seiner eigenen Neigung gemäß bloß für Philologie hatte einschreiben lassen (Biogr. I S. 209), bewarb er sich unter Einreichung einer bereits in Schulpforte begonnenen Abhandlung über das Simonideische Klagelied der Danae (s. unten Br. N. 12) mit Erfolg um eine außerordentliche Stelle des philologischen Seminars (Ges. Briefe I^3 S. 14), das in Bonn die eigentliche Palästra Ritschl'scher Schulung bildete.

Und als Ritschl, durch amtliche Kränkungen aus der rheinischen Hochschule vertrieben, zum Herbst 1865 einem Ruf nach Leipzig zu folgen sich entschloß, so gab das auch bei Nietzsche, der hiervon direkt durch den Meister hörte (Br. I^3 S. 13f., 19), den Ausschlag zu Gunsten des schon anderweit erwogenen Planes, dort seine Studien fortzusetzen.

In Leipzig entwickelte sich das Verhältnis zwischen Lehrer und Schüler in raschem, dramatischem Verlauf, dessen Hauptmomente uns dank den anschaulichen Schilderungen Nietzsches selbst plastisch vor Augen stehen.

Erstes Bild aus dem Anfang des Wintersemesters 1865/66 in der Aula der Universität. Ritschl schlendert unmittelbar vor Beginn der üblichen öffentlichen Antrittsvorlesung umher, gewahrt unter den sich versammelnden zahlreichen, ihm natürlich zumeist noch unbekannten Zuhörern plötzlich Nietzsche, winkt ihn herbei und plaudert mit ihm und andern sich rasch dazu gesellenden Getreuen, die ihm vom Rhein an die Pleiße nachgefolgt waren, auf das freundlichste und angeregteste, während sich der Saal bereits mit den akademischen Würdenträgern füllt (Biogr. I S. 229 f.).

Zweites Bild aus dem Ende November im Salon der Ritschl'schen Wohnung (Lehmanns Garten). Ritschl sitzt im geladenen Kreise seiner Bonner Studentenkolonie und fordert sie mit seiner strahlenden Lebhaftigkeit auf, auch an dieser seiner neuen Wirkungsstätte einen Philologenverein zu gründen. Reiche akademische Erfahrung hatte ihm gelehrt, welche ungemeine pädagogische Bedeutung der gegenseitigen Einwirkung der Studierenden auf einander zukomme und daß solche Vereine zur Belebung des philologischen Geistes „allerherrlichstes Incitament" seien, um seinen eigenen Ausdruck (Opusc. V S. 28) zu gebrauchen (Biogr. I S. 232).

Das feurige Wort zündete insbesondere in dem empfänglichen Geiste Nietzsches; mit drei andern der Gäste nahm er sofort die Sache in die Hand: bereits den 4. December 1865 fand die erste regelmäßige Vereinssitzung statt.[1] Und am 18. Januar hielt er selber vor diesem neu ins Leben gerufenen

---

[1] Beiläufig sei bemerkt, daß Nietzsche für das Aufblühen des Vereins, dessen erster Vorsitzender er wurde, andauernd, sogar noch über die Studienzeit hinaus sich auf das lebhafteste interessierte (Br. I³ S. 30, 40, 46, 67, 106, 113) und noch heute von dem Verein als ἥρως κτίστης verehrt wird.

Einleitung.

Verein einen Vortrag über die letzte Redaktion der Theognidea und erntete bei den Commilitonen großen Beifall, durch den ermuthigt er sein Manuscript Ritschl zur Prüfung überbrachte (Biogr. I S. 233).

Drittes Bild am Ende Januar 1866 in Ritschls Arbeitszimmer. Ritschl überrascht von der relativen Reife und Sicherheit der Combination, wie sie dieser erste selbständige Versuch eines Studierenden des dritten Semesters zeigt, hält gegenüber dem Jünger, den er zu sich beschieden, mit lobender Anerkennung nicht zurück, die aus seinem Munde ebenso zu beglücken wie zu gesteigerter Thätigkeit anzuspornen pflegte; er räth mit warmen Worten die Arbeit weiter zu verfolgen und verspricht seine Beihülfe für Beschaffung neuer handschriftlicher Mittel, die für gewisse Punkte der Untersuchung förderlich erschien (Biogr. a. a. O.).

Damit ist ein näheres Verhältniß begründet, das sich bald zu einem regelmäßigen Verkehr auswuchs. Die Sprechstunde, die Ritschl alle Wochentage von 12—1 Uhr auf seinem Studierzimmer frei zu halten pflegte, sah Nietzsche von nun ab als einen der eifrigsten Besucher (Biogr. I S. 236). Noch bei dem Rückblick, den er nach dem Tode des geliebten Lehrers in seinem Sorrenter Brief an die Witwe (unten Br. 70) auf die Leipziger Zeit wirft, erscheint ihm das „fast tägliche Zusammensein" in lebendigster Erinnerung.

Wie rasch dieser Verkehr während der Leipziger Studiensemester an persönlicher Wärme zunahm, zeigen briefliche Aeußerungen Nietzsches an Andere in ihrer chronologischen Abfolge. Juli 1866 (Br. I[3] S. 35)

Einleitung.

schreibt er: „Uebrigens ist jetzt Ritschl liebenswürdiger als je" und schon September 1866 (Br. I³ S. 45) aufs Neue: „Ritschl ist immer freundlicher gegen mich"; 11. Oktober 1866 (Br. I³ S. 54) erwähnt er unter den Glücksgaben seines Leipziger Aufenthalts mit an erster Stelle „die unverdiente Bevorzugung von Seiten Ritschls", ebenso Anfang November 1867 (Br. II S. 11) „die Nähe eines liebenswerten Lehrers". Sehr schön spricht er sich an Freund Deussen am 4. April 1867 (Br. I³ S. 72) in zusammenhängender Schilderung aus: „Du glaubst nicht, wie persönlich ich an Ritschl gekettet bin, so daß ich mich nicht los reißen kann und mag... Du kannst nicht ahnen, wie dieser Mann für jeden einzelnen, den er lieb hat, denkt, sorgt und arbeitet, wie er meine Wünsche, die ich oft kaum auszusprechen wage, zu erfüllen weiß und wie wiederum sein Umgang so frei von jenem zopfigen Hochmuth und jener vorsichtigen Zurückhaltung ist, die so vielen Gelehrten eigen ist".

Natürlich trat Nietzsche gleich in die „societas philologa" ein, die Ritschl bereits Neujahr 1867 eröffnete, um ungehemmt durch bestehende Satzungen, wie sie im philologischen Seminar der Universität im Zusammenhang mit der dreiköpfigen Direction bestanden, eine stete und gleichmäßige Schulung der Mitglieder nach seinem Ermessen, d. h. ganz nach der bewährten Art des Bonner Seminars in kritisch-exegetischen Uebungen durchführen zu können. Die hier gelehrte „Methode", die dem Fernerstehenden wohl gar als eine Art Arcanum erschien, war nichts als die energische Zucht strafflogischen Denkens, gewissenhaft gründlichen Arbeitens, das auch das Kleinste mit Sorgfalt behandelt, alles selbst prüft und nie mit bequemer Berufung auf Autoritäten sich beruhigt, sowie klarer und sauberer Darlegung der Ergebnisse in präciser Schlußfolgerung. Aber von einem Lehrergenie ersten Ranges ausgeübt, stellte sie nicht bloß die Schüler auf die eigenen Beine, sondern brachte vor allem den jugendlichen Geistern den heilsamen Zwang wohlgeordneten Vorwärtsschreitens ohne Sprünge nach vorn oder zur Seite, zu denen gerade die reicher Begabten und mit productiver Phantasie Ausgestatteten zu neigen pflegen. Und eben den Besten gegenüber zeigte sich hier Ritschl in unerbittlicher Strenge.

Auch Nietzsche wurde hier ordentlich vorgenommen und fest an der Leine gehalten; er selbst bekennt in dem interessanten Brief, den er von Wittekind aus an Frau Ritschl schrieb (unten Brief Nr. 14), „welche Mühe es ihm gekostet, ein wissenschaftliches Gesicht zu machen, um nüchterne Gedankenfolgen mit der nöthigen Decenz und alla breve niederzuschreiben" und faßt seine Empfindungen bei dieser strammen Schulung in das glückliche und für seine ganz anders gerichtete Geistesart überaus bezeichnende Bild zusammen: „Schließlich ging es mir wie dem Seemann, der auf dem Lande sich unsicherer fühlt als im bewegten Schiff."

Doch konnte Niemand weiter davon entfernt sein als Ritschl, seinen Schülern für ihre wissenschaftlichen Untersuchungen eine bestimmte Marschroute vorschreiben zu wollen; im Gegentheil ließ er Jeden,

Einleitung.

sobald er nur seine Füße richtig gebrauchen gelernt hatte, je nach seiner Neigung seines Weges ziehen, während er dem Unschlüssigen den für ihn geeigneten Platz anwies. Und gerade in der Wahl oder Abgrenzung der Themata gewährte er, der damals mit Recht als der größte „philologische Arbeitgeber" galt, der Begabung des Schülers, seiner speciellen Richtung oder Vorliebe den weitesten Spielraum und pflegte jeden gesunden Keim den er vorfand. Sehr richtig hebt schon der Student Nietzsche diese größte Lehrertugend Ritschls hervor, die für die einzelnen Talente passenden Aufgaben zu finden (Br. I³ S. 121).

Nietzsches Talent zu fördern war ihm eine besondere Freude. Schon den 15. August 1866 bekennt der Geförderte (Br. I³ S. 42): „Ritschl sorgt doch sehr liebenswürdig dafür, daß ich etwas lerne, und in einer Art, wie es mir wohl behagt", und wiederholt am 11. Oktober 1866 (Br. I³ S. 56): „Es ist so wie ich Dir neulich schrieb: Ritschl findet immer einen hübschen Weg, mich zum Arbeiten zu veranlassen." Wie er seine auf die theognideische Spruchsammlung und auf die Quellen der Philosophenbiographien des Diogenes Laertius gerichteten Studien mit thätigster Theilnahme begleitet, davon wissen auch die Briefe viel zu erzählen (s. unten). Noch weniger ist nötig auszuführen wie Nietzsche auch nach Abschluß seiner Studienzeit unausgesetzt „die liebenswürdigsten Beweise von Ritschls Theilnahme und seinem Wohlwollen" (Br. I³ S. 113, 131) erhielt; oder aufs Neue zu schildern, wie er der vertrauensvollen Empfehlung seines Lehres die Berufung

Einleitung.

als außerordentlicher Professor an die Baseler Universität zu einer Zeit verdankte, in der er noch nicht sein Doktorexamen gemacht hatte.

Gewiß blieb diese „hülfreiche Gesinnung" Ritschls, deren er noch in dem Sorrenter Epilog (unten Br. 70) gedachte, dem so zarten und dankbaren Herzen Nietzsches lebendig: aber hier ist wahrlich mehr als Pietät und das Gefühl dankbarer Verpflichtung im Spiele; und gerade wer die jetzt zusammengefaßten Briefe nach dieser Seite in ihrem Zusammenklang verfolgt und erwägt, wird immer wieder vor die Frage gestellt: was war es denn eigentlich, das Nietzsche so fest an Ritschl kettete und trotz aller Verschiedenheiten ihrer geistigen und menschlichen Art so eng ihm verbunden hielt? Sicher walten ja auch hier, wie in allen näheren persönlichen Beziehungen, im tiefsten Grunde Kräfte, die ein Dritter nie mit Sicherheit definieren kann; jedoch scheinen etwa folgende Momente zusammen= gewirkt zu haben, um erst den jugendlichen Sinn zu gewinnen, dann auch den Reifenden dauernd fest zu halten.

Zunächst hat Nietzsche, wie jeden nicht ganz stumpfen Hörer, das lebensprühende Naturell des gewaltigen Lehrers, dessen ganzes Wesen die helle Freude an wissenschaftlicher Forschung durchdrang, und seine unvergleichliche Vortragskunst gepackt und fortgerissen. Bei dem intimeren Verkehr fesselte ihn dann in voller Stärke der Zauber der reichen, tempera= mentvollen, warmherzigen, eben so theilnehmenden wie mittheilsamen Persönlichkeit Ritschls: denn diesem Zauber konnte sich Niemand, dem er seine Liebe zu=

wandte, entziehen. Besonders sympathisch mochte gerade Nietzschen (s. Biogr. I S. 279, 236; Br. I³ S. 73) die naive, impulsive, bis zur Unvorsichtigkeit rückhaltslos sich gebende Art des berühmten Mannes berühren.

Schließlich — auch das darf man nicht unterschätzen — fand Nietzsche in Ritschl vielfach gerade das was er selber nicht hatte; insbesondere imponirte ihm auf dem Wissensgebiet, dem er sich zunächst gewidmet hatte, die freudige Sicherheit, mit der Ritschl in streng begrenztem Kreise sich bewegend, von Wert und Untrüglichkeit wissenschaftlicher, speziell philologisch-historischer Arbeit fest überzeugt, jedem Problem, das er anfaßte, zu Leibe ging und die dunkelsten Aporien mit durchsichtiger Klarheit zu behandeln wußte. „Ritschl ist für mich der einzige Mensch, dessen Tadel ich gern höre, weil alle seine Urteile so gesund und kräftig, von solchem Takte für die Wahrheit sind, daß er eine Art wissenschaftlichen Gewissens für mich ist", so schrieb der jugendliche Nietzsche an Deussen im April 1867 (Br. I³ S. 73) und doch begann er bereits damals den Wert philologischer Studien skeptisch in Zweifel zu ziehen.

Und als allmählich der Gegensatz der Natur Ritschls, die philosophischen Grübeleien und schwärmerischen Stimmungen ganz abgewandt war, zu seiner eigenen sich empfindlicher geltend machte, wurde Nietzsche immer wieder aufs Neue gefesselt durch die zugleich hochherzige und überlegene Liberalität und Beweglichkeit, mit der Ritschl jede noch so verschieden geartete Kraft, wenn es nur eine Kraft war, gelten ließ, sogar „unbefangen freudig" gelten ließ (Br. II S. 170).

Diese bei Gelehrten so seltene Tugend Nietzsche gegenüber zu üben wurde ihm freilich nicht schwer, da seinem pädagogischen Scharfblick dieses Schülers ganz ungewöhnliche Begabung nicht entgangen war, obwohl sie während der Studienzeit fast noch zu schlummern schien oder wenigstens in den bisher zu Tage geförderten Arbeiten sich noch sehr wenig verrathen hatte, als er dem Baseler Vischer gegenüber nicht anstand, Nietzsche geradezu als ein „Genie" zu bezeichnen (Biogr. II S. 4; Br. II S. 149f.; 183). Er mochte damals auf sich den schönen Spruch anwenden, den er selbst einmal so formulierte: „Das wahre Kennzeichen eines rechten Lehrers ist, daß er Schüler zieht, die besser sind als er selbst, und daß es ihm eine Freude ist solche zu haben" (Opusc. V S. 31).

Man wird sich nicht wundern, daß trotzdem dieser Freundschaft eine schwere Erschütterung nicht erspart blieb. Seit dem Bekanntwerden des Nietzsche-Rohde'schen Briefwechsels hat sich die Legende verbreitet, Nietzsche habe als seine „Geburt der Tragödie aus dem Geiste der Musik" bei Ritschl nicht die gehoffte Aufnahme fand, sich verletzt und zurückgestoßen gefühlt und sich von ihm innerlich abgewendet. Der Verlauf der Krisis ist doch wesentlich anders, großartiger, für beide Theile würdiger; und die Sicherstellung des Sachverhalts, wie er aus dem unten veröffentlichten Briefwechsel sich ergiebt und auch anderweit, namentlich durch die mir zu Gebote stehenden Tagebücher Ritschls aus jenen Jahren bestätigt wird, ist wichtig genug, um zum Schluß noch kurz beleuchtet zu werden.

Die jetzt feststehenden Thatsachen sind folgende. Das Urtheil Ritschls über „die Geburt der Tragödie", von Nietzsche sehr bestimmt verlangt (wie er selbst schreibt „durch ungebärdiges Drängen provocirt"), war zwar in der Form überaus liebenswürdig und freundschaftlich, sachlich mit vornehmer Gelassenheit und Weitherzigkeit geschrieben, constatirte jedoch in allen Hauptpunkten den entschiedensten Gegensatz der eigenen Ueberzeugungen (unten Br. 61). Trotzdem verräth die Aufnahme des Briefes bei Nietzsche nicht die geringste Spur von Verstimmtheit: im Gegentheil, er stellte Ritschls Brief sofort Rohde zu mit den Worten (Br. II S. 294): „Soeben werde ich durch einen Brief Ritschls sehr überrascht und im Grunde recht angenehm: er hat gegen mich nichts von seiner freundschaftlichen Milde verloren". An Ritschl selbst schickte er sechs Wochen später eine besonders herzliche und besonders zierlich gefaßte Geburtstagsgratulation (unten Br. 62 vom 6. April); ja er vertraute so fest „auf seine Liebe zu ihm", daß er ihn um Vermittlung des Verlags der Rohde'schen Broschüre „Afterphilologie" bei Teubner anging (unten Br. 63 vom 26. Juni) und sprach dabei in lebhaften Worten seine Freude darüber aus, daß er im Hause Ritschl „noch ein so gutes und warmes Andenken habe" (ähnlich auch an Rohde Br. II S. 327). Ritschl beeilte sich diesen Wunsch zu erfüllen, schrieb am Tage nach Empfang des Briefes (29. Juni) an

Einleitung.

die Firma B. G. Teubner und erhielt von ihr am 1. Juli negativen Bescheid, den er bereits den nächsten Tag an Nietzsche weiter meldete (unten Br. 64). Dabei lehnte er, von der begreiflichen obschon irrthümlichen Voraussetzung ausgehend, daß Rohdes Schriftchen den Charakter principieller Feindschaft gegen die Philologie tragen werde, weitere persönliche Intervention beim Verleger ab und erklärte nochmals auf das freundschaftlichste aber bestimmteste seinen Dissensus gegenüber dem Dogma, daß nur Kunst und Philosophie Lehrer der Menschheit seien. Sicherlich hat es Nietzschen sehr geschmerzt, daß sein verehrter Lehrer andauernd für die ganze neue Welt von Anschauungen, die ihm so beglückend aufgegangen war, gar kein Verständniß zeigte; aber der feste Glaube an Ritschls aufrichtige Zuneigung zu ihm blieb — wie er Rohden (Br. II S. 328) ausdrücklich versichert — auch jetzt unerschüttert. Und das war vollberechtigt; denn so sehr man begreift, daß das Selbstgefühl des jugendlichen Autors gerade durch die grundsätzliche und fast allgemeine Ablehnung der von ihm gefundenen großen und weiten Ausblicke gewaltig gesteigert wurde, wird doch der Unbefangene nicht verkennen, daß die ungewöhnlich energischen Aeußerungen dieses Selbstgefühls, wie sie in den an Ritschl gerichteten Briefen Nr. 60 und 62 stehen, gleich richtig zu würdigen nur einem weisen und sehr freundschaftlich gesinnten Lehrer gelingen konnte.

So ging auch der briefliche Verkehr zwischen Beiden ruhig fort. Ritschl ließ keine Gelegenheit vorübergehen, ohne Nietzschen zu zeigen, daß die prin-

Einleitung.

cipielle Meinungsverschiedenheit seine persönliche Freundschaft für ihn völlig unberührt lasse (Br. 66). Mehr noch: als er durch die Lektüre des Rohde'schen Sendschreibens, das er von Nietzsche am 9. November erhalten hatte, sich überzeugte, daß sein Charakter ein ganz anderer als der von ihm vorausgesetzte war, scheute er sich nicht seinen Irrthum thatsächlich zu revociren durch einen warmen Glückwunsch, den er dem „tapferen Dioskurenpaare" sandte (unten Nr. 67). Andrerseits trug das Schreiben, das Nietzsche am 12. August auf einen litterarischen Anlaß hin, an Ritschl richtete (unten Nr. 65), den Charakter der alten Vertraulichkeit, wenngleich die Annahme von der polemischen Tendenz des Rohde'schen Aufsatzes ruhig zurückgewiesen wurde. Auch der übliche Besuch bei dem alten Lehrer zur Neujahrswende wurde ausgeführt (am 30. December: vgl. Br. II S. 383 f.). Endlich giebt aus dem nächsten Jahre (1873) Ritschls Tagebuch noch am 13. Mai und 21. August Briefe von Nietzsche an, auf deren ersten die Antwort schon den nächsten Tag erfolgte (leider sind jedoch diese drei Briefe bisher nicht wieder aufgetaucht).

Verhängnißvoll wurde erst der Besuch Nietzsches am 30. December 1873. An diesem Tage notirt das Ritschl'sche Tagebuch: „9 Uhr Besuch von Nietzsche voll principieller Streitunterhaltung". Auch wenn nicht die Berichte an Rohde (Br. II S. 434 f.) und an v. Gersdorff (Br. I³ S. 262) vorlägen, würden wir wissen, daß diese lebhaften Auseinandersetzungen die Wagner'schen Welt= und Lebensanschauungen und namentlich Wagners eigene Kunst betrafen. Der

Einleitung.

Gesammteindruck der Unterhaltung war für Nietzsche „schmerzlich und hoffnungslos" und jetzt gerieth sein Verhältniß zu Ritschl wirklich ins Schwanken, mindestens ins Stocken.

Wir sehen also: obwohl die eigenen umgestaltenden Ideen, von denen Nietzsche so ganz erfüllt war, bei Ritschl gar keinen Anklang fanden, blieb Nietzsches Freundschaftsvertrauen ebenso fest, wie das Ritschls; aber als er sich überzeugen mußte, daß man alle seine jetzigen Ideale, auch das Kunstwerk seines Heros Richard Wagner überhaupt nicht gelten ließ, da verzweifelte er und — verstummte.

Zwei ganze Jahre, für ihn selbst eine Zeit voll innerer Kämpfe und Wandlungen, schwieg er gegen Ritschl: in dessen zuverlässigem Tagebuch fehlt 1874 und 1875 jede Notiz über einen Brief Nietzsches. Erst als der nach Wahrheit Strebende immer mehr zu einer neuen, der Wagner'schen entgegengesetzten positivistischen Weltanschauung sich durchrang, war er innerlich wieder so weit gekommen, daß er mit dem einstigen Lehrer auf dem alten Fuß verkehren konnte und ihm schreiben durfte, wie er es am 12. Januar 1876 (unten Nr. 68) that: „Glauben Sie ja, daß ich zu Ihnen ... stehe wie ehemals, in derselben Liebe und Dankbarkeit, auch wenn ich schweige." Diese Worte und der schwungvolle Epitaphios, den er aus Sorrent auf den heimgegangenen Meister hielt (unten Nr. 70), bilden die alle Dissonanzen auflösenden Schlußakkorde des schönen und wahrhaft seltenen Verhältnisses.

Einleitung.

Der hier vereinigte und chronologisch geordnete Briefwechsel enthält beinahe Alles was von den Briefen, die Beide an einander gerichtet haben, noch aufzutreiben war und außer den oben erwähnten drei Briefen aus dem Jahre 1873 werden wesentliche Stücke kaum fehlen: schade daß gerade der wohl erste eigentliche Brief Ritschls verloren gegangen ist, den der Student Nietzsche erhalten hatte, und zwar in den Herbstferien 1866 nach Naumburg (er erwähnt ihn voll Freude in einem Schreiben an seinen Freund von Gersdorff [Br. I³ S. 56]). Nur einige wenige mir zugängliche Stücke, die allgemeineren Interesses zu sehr zu entbehren schienen, habe ich einfach ausgeschieden.

Leider nicht dasselbe ist zu berichten von dem Briefwechsel mit Frau Sophie Ritschl, die Nietzschen in seiner Studienzeit als mütterliche Freundin nahe getreten war. Nietzsche hat ihr andauernd die tiefste Verehrung gewidmet und auch in den Briefen an Andere gedenkt er ihrer wiederholt und nie ohne einen Ausdruck besonders warmer Hochschätzung hinzuzufügen (Br. I³ S. 131; 145; 297; II S. 170). Auch bei der erträumten idealen Bildungsanstalt erscheint in der Liste der Geladenen oder vielmehr zu Ladenden von Damen neben Frau Cosima und Frl. v. Meysenbug nur Frau Ritschl. (Biogr. II S. 118.) Die sehr wenigen jetzt noch auffindbaren Briefe, die Nietzsche an sie gerichtet, sind je an ihrer Stelle eingeordnet. Von ihren Antworten ist das interessanteste Stück (vom 12. Februar 1870), in dem sie die Gedanken mittheilte, die ihr beim Lesen seiner von ihm Weihnachten 1869 mit einem zierlichen Billet zugesandten (unten Br. Nr. 33) Homerrede „durch die Seele gezogen", bedauerlicher Weise verloren; wenigstens bis auf den Schluß, in dem sie ihn bittet, er möge diese Gedanken, wenn er nichts von ihnen brauchen könne, vergessen und nur gedenken, „daß ich Sie herzlich lieb habe, an Ihren Freuden den lebhaftesten und verstehendsten Antheil nehme und mich immer sehr freuen werde, wenn ich Sie wiedersehe oder wenn Sie mir etwas aus Ihrer Geisteswerkstatt schicken wollen". So sind nur übrig geblieben die in die Kriegswirren des Jahres 1870 fallende Nr. 48 und der nach dem Tode Ritschls geschriebene Dankbrief (Nr. 76), der den Schluß der ganzen Sammlung bildet.

Die erften brieflichen Berührungen find durch Nietzsches Theognisstudien veranlaßt, die — wie oben S. 9 geschildert — überhaupt zuerst ein näheres Verhältniß zwischen Beiden begründeten. Das Interesse für die Spruchsammlung des Megarischen Dichters stammte schon aus den Pförtner Schulzeiten: bereits die Valedictionsarbeit (d. h. die Arbeit, die Nietzsche der alten Sitte gemäß als Abgehender der Anstalt gleichsam als Erinnerungsmal hinterließ) entwarf ein Charakterbild von Theognis (f. Biogr. I S. 211; Br. I³ S. 2, 8). Als nun Ritschl den von dem jungen Studenten ausgearbeiteten Aufsatz über die letzte Redaktion der Theognidea, der dem im philologischen Verein gehaltenen Vortrage zu Grunde gelegen (f. oben S. 9) geprüft und weiterer Pflege werth befunden hatte, vermittelte er selber sofort neue Vergleichungen wichtiger Handschriften, so einer Römischen und Pariser (Br. I³ S. 30, 34); ein gleicher Auftrag für eine Venediger, anfangs unausführbar, wurde dann von Dr. Studemund erfüllt, so daß die Auskunft erst am 20. August 1867 (laut ungedruckten Briefes) von Ritschl an Nietzsche „nach Ihrer hoffentlich glücklichen Rückkehr aus den Böh-

Erläuterungen.

mischen Wäldern" (in die er nämlich mit Rohde Anfang August 1867 gereist war) gesandt werden konnte. Inzwischen war aber der Stand der Dinge ganz verändert; das Absehen war ursprünglich auf eine neue Ausgabe gerichtet, wie denn Nietzsche eine neue Ansicht über die Affiliation der Codices aufgestellt hatte. Nachdem aber Ritschl aus Paris erfahren, daß von zwei anderen Seiten eine große kritische Edition vorbereitet werde, bestimmte er den Anfänger, weitere Pläne jedenfalls zunächst aufzugeben und seine bisherigen Ergebnisse so rasch als möglich zu veröffentlichen, zu welchem Zwecke er ihm das unter seiner Redaktion herausgegebene Rheinische Museum zur Verfügung stellte (Br. I³ S. 34). Mit liebevoller Sorgfalt verfolgte er dann die einzelnen Stadien der Ausarbeitung (Br. I³ S. 41, 44), und schon im Oktober 1866 wanderte das revidierte Manuscript in die Bonner Druckerei (Br. I³ S. 56); doch zogen sich die letzten Druckrevisionen der Blätter (die dann schließlich im Bd. XXII S. 161—200 erschienen) bis in die Weihnachtsferien 1866 hin, die Nietzsche wie gewöhnlich bei den Seinen in Naumburg zubrachte. Darauf bezieht sich das erste erhaltene Briefpaar, das als Zeugniß für den damaligen Ton des Verkehrs zwischen Lehrer und Schüler hier Platz finden mag.

Nr. 1.

Ritschl an Nietzsche.

L(eipzig), 28. Dec. 1866.

Soeben, lieber Herr Nietzsche, geht mir von Bonn der Revisions=Abzug Ihres Aufsatzes zu, mit der Bitte um möglichste Beschleunigung und Rücksendung Ihrer Revision. Schreiben Sie mir also, bitte ich, rasch Ihre Naumburger Adresse — wofern anders diese Zeilen ohne Adresse in Ihre Hände kommen —, damit ich Ihnen die Bogen dorthin zugehen lasse. Die Druckerei kommt in Typennoth, wenn wir sie warten lassen.

Warum haben Sie mir die beiden Progammen=bände nicht vor Ihrer Abreise zurückgegeben, die ich gerade dieser Tage brauchte und die doch auf Ihrer Stube einstweilen unnütz liegen? Auch Wachsmuth de Timone Phliasio [1]) suchte ich grade gestern vergebens.

Mit den besten Fest= und Neujahrswünschen

Ihr

F. Ritschl.

---

[1]) Gratulationsschrift des Bonner philologischen Seminars zu F. G. Welckers 50 jährigen Professorjubiläum 1859.

Nr. 2.

Nietzsche an Ritschl.

Naumburg, am 28. Dec. 1866.

Hochverehrter Herr Geheimrath,
die Naumburger Briefträger haben mich noch nicht im Stich gelassen und auch heute morgen Ihre verehrten Zeilen pünktlich meinen Händen überliefert. Ueberhaupt scheinen sie nicht an genauere Adressen gewöhnt zu sein. So kommt es, daß ich selbst unsre Hausnummer nicht kannte und sie eben jetzt erst in Erfahrung gebracht habe: Weingarten 355.

Ich bedaure vornehmlich, daß meine Nachlässigkeit zum Theil der Anlaß Ihres Briefes ist. Wenn auch die drei Bücher mit in meine Ferien gewandert sind, ohne hier gerade Ferien zu feiern, so haben sie doch mit meiner Schuld den viel wichtigeren Dienst verabsäumt, den sie Ihnen zu leisten haben. Wie ich hoffe, werden sie morgen wieder in Ihren Händen sein.

Schließlich verspreche ich schleunige Besorgung der Revision und unterzeichne mich als dankbarer Schüler, der die wärmsten Wünsche für Ihr Wohl zugleich mit so vielen Andern im Herzen hegt,

Friedrich Nietzsche.

Erläuterungen.

Noch war der Druck der Theognidea nicht vollständig zu Ende geführt, da gab Ritschl anderen von Nietzsche schon längere Zeit eifrig betriebenen Studien, denen über die Quellen der Philosophenbiographien des Diogenes Laertius neuen Ansporn und kräftigen Anstoß zum vorläufigen Abschluß, indem er bei dem Universitätsfest (31. Oktober) 1866 die philologische Preisaufgabe, die er dies Jahr zu stellen hatte, auf dieses Thema richtete (Biogr. I S. 242. Br. I³ S. 62). Bereits in den Weihnachtsferien 1866 wurde mit besonderer Energie der Untersuchung nachgegangen; eben die in die Ferien mitgenommenen Bücher, von denen die zwei Briefe sprechen, bezogen sich auf diese Arbeit (vgl. auch Br. I³ S. 62); die Ausarbeitung begann in den Osterferien 1867 (Br. I³ S. 73, 77); erst Anfang August wurde sie abgeschlossen (Br. I³ S. 88).

Aber noch bevor die Preiskrönung zu dem Universitätsfest 1867 erfolgen konnte (im zweitnächsten Brief wird hierüber berichtet), hatte Nietzsche auf seines Lehrers Anfrage eine neue Arbeit freiwillig und sogar mit einiger Vorliebe (s. unten Br. Nr. 15 und 16) übernommen, die er sich wohl nicht so mühselig als sie war vorgestellt hatte und deren definitiver Abschluß sich bis in das Jahr 1871 hinschleppte und manchen Stoßseufzer über die „unglückselige Sklavenarbeit" hervorrief. Es handelte sich um Anfertigung des Registers zu den ersten vierundzwanzig Bänden des Rheinischen Museums, von der auch in diesen Briefen immer und immer wieder die Rede sein wird.[1]

---

[1] Vgl. außerdem Br. II S. 9, 32, 70, 309 und Biogr. I S. 274, 301; II S. 9.

Einstweilen sah sich aber alles noch rosig an; bereits für die Herbstferien 1867 war der Beginn der Arbeit geplant; Ritschl vermittelte, daß zu diesem Zwecke das Exemplar des Rheinischen Museums vom Naumburger Domgymnasium dem „Indicifex" zur Verfügung gestellt wurde und bestimmte zudem den Verleger Sauerländer, ihm ein vollständiges Exemplar zum eignen Besitz zu übersenden (s. auch Br. II S. 9). Auch kümmerte sich Nietzsche, nachdem er sich durch eine mit Rohde zusammen unternommene Reise in den Böhmerwald Anfang der Ferien von den angestrengten Arbeiten für die Preisaufgabe erholt hatte, (Br. I³ S. 90; Biogr. I S. 245, 257; oben S. 22) während der übrigen Ferienzeit gar wenig um den Index, sondern stürzte sich in eine neue Untersuchung über Demokrits Schriftstellerei, die ihn ganz gewaltig in Anspruch nahm. Ueber das Alles berichtet eingehend der folgende Brief.

Nr. 3.

Nietzsche an Ritschl.

Naumburg, 26. Sept. 1867.

Hochverehrter Herr Geheimrath.

Ihre ausgezeichneten Bemühungen haben wiederum Alles durchgesetzt, was meinen Arbeiten irgendwie nützlich sein kann. Direktor[1]) Förtsch ist sogleich

---

[1]) Des Domgymnasiums in Naumburg.

Nietzsche an Ritschl, 1867.

mit großer Gefälligkeit bereit gewesen, mir das fast vollständige Exemplar des rheinischen Museums einzuhändigen: und aus Ihrem letzten verehrten Schreiben entnehme ich, daß auch Sauerländer auf den für mich so günstigen Vorschlag eingegangen ist. Falls es für Sie mit keinen Mühen verbunden ist, so wäre ich erfreut jenes Exemplar in Naumburg zu sehen. Doch steht dies schlechterdings in Ihrer Hand, da ich ja augenblicklich auf das Beste versorgt bin und recht gut bis Ende Oktober warten kann; wo ich mir dann erlauben würde, in Leipzig persönlich bei Ihnen vorzufragen.

Uebrigens kann ich nicht gerade sagen, daß ich in der Indexanfertigung schon weiter vorgerückt wäre, da mich gegenwärtig lebhaft eine andere Untersuchung („über die unechten Schriften Demokrits") gefangen hält. Doch wüßte ich keinen Grund, der mich bei jener Arbeit besonders zur Eile anspornte. [— —]

Somit habe ich nur noch den Wunsch auszusprechen, daß diese schönen Herbstestage Ihrer Gesundheit recht ersprießlich sein mögen, und die Versicherung hinzuzufügen, daß ich mich am Ende des Oktober persönlich nach Ihrem Befinden erkundigen werde.

Ihr getreuer Schüler
Friedrich Nietzsche.

Hervorgehoben muß noch werden, daß auch diese Demokrituntersuchung, aus eigenster Initiative Nietzsches hervorgegangen, in einem andern Sinne

Erläuterungen.

intimsten Bezug zu Ritschl hatte. Denn sie war bestimmt — was natürlich der Brief nicht verräth — für einen Cyclus von Aufsätzen, der im nächsten Jahre Ritschl von den Mitgliedern seiner Societät dedicirt werden sollte (Br. I³ S. 91; II S. 9, 22f.). Neun Auserlesene (Br. II S. 30; I³ S. 549 zu S. 91; unter ihnen auch Rohde, Roscher, Windisch) sollten eine Sammlung von Aufsätzen dem geliebten Lehrer darbringen, die bald als Symbolae (Br. II S. 8), bald als lanx satura (Br. II S. 30, 32) bald als Ritschl-Buch (ebd. S. 18) oder Ritschl-sacellum (ebd. S. 43), auch als Satura Ritscheliana (ebd. S. 50) bezeichnet wird. Infolge eines ärgerlichen Zusammentreffens von Hindernissen fiel freilich dieser schöne Plan in's Wasser (Br. II S. 43, 49). Aber auch Nietzsches Arbeit, eine Zeit lang mit Feuer fortgeführt (Br. I³ S. 93f; II S. 17), gerieth in's Stocken (Br. II S. 30; I³ S. 103), wurde dann zwar Ende des Jahres wieder aufgenommen (II S. 92; 107f.), jedoch nie zum Abschluß gebracht, so daß wir jetzt nur auf die aus dem Nachlaß im Anhang zur Biogr. I S. 308ff. gegebenen Mitteilungen angewiesen sind, um Plan und Gang des Ganzen zu erkennen.[1)]

Aber nicht bloß durch Index-Arbeiten und Demokritea, sondern durch alle am Ende des obigen Briefes ausgesprochenen Hoffnungen auf Fortsetzung der Leipziger Studien machte einen plötzlichen Strich die Einberufung des eifrigen Studenten zum militärischen

---

[1)] Vgl. Oehler, Nietzsche und die Vorsokratiker S. 98f.

Dienst. Zugleich beginnt damit ein lebhafterer brief=
licher Verkehr mit „Vater Ritschl" (wie Nietzsche ihn
in Briefen an Vertraute gern nennt), der nun aus der
Ferne dafür sorgt, daß die unerwartete Wendung
der Dinge den wissenschaftlichen Plänen, zunächst der
Veröffentlichung der (inzwischen der Sitte gemäß am
Universitätsfest, 31. October, öffentlich gekrönten)
Preisarbeit nicht allzu nachtheilig werde.

Nr. 4.

Nietzsche an Ritschl.

Naumburg, 25. Oct. 1867.

Hochverehrter Herr Geheimrath,

durch einen raschen Griff des Schicksals bin ich
außer Stand gesetzt, Ende dieses Monates in Leipzig
zu erscheinen; womit zugleich auch meine Promotion
in das weite Feld geschoben wird. Was ich nämlich
nie erwartet habe, hat sich im Umlauf weniger Tage
entschieden; ich bin trotz meiner Kurzsichtigkeit dem
Kriegsgotte verfallen und habe jetzt den ganzen Tag
vom Grauen des Morgens an bis in die späte
Abendstunde bald in den Pferdeställen, bald in der
Reitbahn, bald in der Kaserne, bald am Geschütz
stark und anstrengend zu arbeiten. Das ist freilich
eine neue fremde Speise, deren Bissen mir manchmal
zwischen den Zähnen hängen bleiben: besonders wenn

ich an die Mahlzeiten gedenke, die ich am Tische der Philologie einzunehmen gewohnt war. Wenn ich aber an diese denke, so fühle ich auch, wem ich allezeit den wärmsten Dank und die herzlichste Verehrung schulde, wessen Vorbild mich für immer auf jener Bahn festhält, von der mich gegenwärtig Unteroffiziere und gezogene Geschütze verscheuchen wollen.

Es versteht sich also, daß ich die index=abfassung, sobald die ersten schwersten Wochen überwunden sind, mit Freuden wieder in die Hand nehmen werde; zu welchem Behufe ich das Museumsexemplar gern in Naumburg sehen würde, da ich auf die Dauer das der Domschule angehörige nicht zurückhalten kann noch darf.

So kann ich heute nur mit dem Wunsche schließen daß Sie Sich so wohl, heiter und kräftig fühlen mögen, als ich Sie nach meinem ersten Plane in Leipzig persönlich zu finden hoffte. Jetzt ist es mir leider durch die harte Ungunst des Mavors, richtiger durch die ἄχαριν χάριν desselben, auf längere Zeit versagt, das Antlitz des Mannes zu sehen, als dessen Schüler ich mich

ergebenst zeichne

Friedrich Nietzsche
Kanonier.

Nr. 5.

Ritschl an Nietzsche.

L(eipzig), 7. Nov. 1867.

Mein lieber Herr Kanonier,
ich wollte, ich könnte Sie anders anreden! „Das aber nicht kann sein," so halten Sie sich nur an das levius fit patientia, quicquid corrigere est nefas,[1]) als zwar leidigen, aber dennoch hülfreichen Trost. Und vor Allem bedenken Sie, daß Sie aus **guten** Gründen, doch mehr als mancher andere in der Lage sind, ein junges Jahr in die Schanze zu schlagen, wenn es denn einmal sein muß, ohne an Ihrer wissenschaftlichen Entwickelung eine allzufühlbare Einbuße zu leiden. Sie werden den etwaigen Verlust bald genug wieder einbringen.

Ob und wann Sie, zwischen Pferdestall, Reitbahn, Kaserne, an den Museumsindex kommen, soll mich wundern zu erfahren mit der Zeit. Mittlerweile habe ich — schon vor Wochen — dem hiesigen Commissionär Sauerländers Ordre gegeben, Ihnen das von letzterem bewilligte vollständige Museums-Exemplar nach Naumburg zu schicken. Sowohl diese Sendung als auch eine Anweisung auf das Honorar für Ihren Theognis-Aufsatz, die ich Ihnen

---

[1]) Worte des Horaz Od. I 24, 20. 21.

direct zugeschickt, werden ja wohl richtig in Ihre Hände gelangt sein.

Unterdeß sind Sie nun hier, wie recht und billig, gekrönt worden.¹) Ihre Freunde werden Ihnen das Programm, worin das Facultätsurtheil p. 22 abgedruckt ist,²) zugeschickt haben ohne Zweifel. Glauben Sie aber ja nicht, daß dieser Wortlaut von mir ist; ich hatte vielmehr die auf anliegendem Blatt³) verzeichnete Fassung vorgeschlagen. Aber fabelhafter Weise läßt man hier das iudicium nicht von dem abfassen, der die Aufgabe gestellt und censirt hat, — selbst wenn er, wie in diesem Falle, selbst lateinisch zu schreiben gelernt hat, — sondern von dem officiellen Programmatarius der Universität! Dieser würde nun zwar vorliegenden Falles, auf meinen speciellen Wunsch, wohl meine Fassung aufgenommen haben; als ich sie ihm aber mehrere Tage vor dem 31. Oct. zuschickte, ließ er mir zurücksagen, es sei nun zu spät, weil das ganze Programm schon im Voraus gedruckt sei!!! — Was sonst noch an Aeußerungen über Ihre Arbeit vorgekommen, eignet sich mehr zur mündlichen Mittheilung.

Was aber soll nun mit Ihrer Abhandlung werden? Wollen Sie Jahr und Tag hingehen

---

¹) Als Verfasser der von Ritschl gestellten Preisarbeit „de fontibus Diogenis Laertii" (s. oben S. 26).

²) Von Nietzsche an Rohde (Br. II S. 16 f.) mitgeteilt; das originale Ritschls wurde an v. Gersdorff (Br. I³ S. 87 f.) in Abschrift geschickt: vgl. auch Biogr. I S. 257.

³) Dieses Blatt fehlt.

lassen, ohne etwas ins Publicum zu bringen? und sich möglicher Weise wichtige Resultate vorweg nehmen lassen? Oder sich frisch und kurz entschließen, sie gleich drucken zu lassen? In diesem Falle stände Ihnen natürlich das Rhein. Museum jederzeit offen.

Mit den wärmsten Wünschen für einen leidlich erträglichen Kriegsdienst in treuer Gesinnung

Ihr

F. Ritschl.

Nr. 6.

Nietzsche an Ritschl.

Naumburg, 1. December 1867.

Hochverehrter Herr Geheimrath,

Täglich vom Anbruche des Morgens bis in die Winterabende hinein mit einfältigen Rekruten langsamen Schritt üben oder über Satteln und Honneur machen belehrt zu werden, stumpft in seinem ewigen Einerlei so den Kopf ab, daß man für ein gutes Glas Wein und eine fröhliche Nachricht empfänglicher als je wird. Und eine fröhliche Nachricht war es, die ich Ihrem letzten Briefe verdanke, fröhlich wie keine in der letzten Zeit. Insbesondere hat das mitgeschickte iudicium mich über manche schwere Stunde der Gegenwart hinweggehoben: denn es kam wie aus meiner wahren Welt herüber und rief mir ins Gedächtnis, daß meine augenblickliche Existenz nur ein Intermezzo und ohne wesentliche Bedeutung für Leben und Lebensaufgabe sei.

Daß diese zeitweilige Existenz aber langgehegte Pläne schonungslos durchkreuze, merke ich auch wieder bei dieser besonderen Gelegenheit. Sollte ich Ihnen nicht schon einmal mitgetheilt haben, daß über das ganze Gebiet der Suidasfragen ich mich mit Dr. Volkmann in Schulpforte so weit geeinigt habe, daß wir daran dachten unitis viribus ein diesen Fragen gewidmetes Buch zu machen — das auch eine Herstellung des ὀνοματολόγος des wahren Hesychius Milesius enthalten sollte —. Daraus kann jetzt nichts werden. Vielmehr ist augenblicklich nur das Eine an der Stelle, was Sie gefälliger Weise mir auch vorschlagen: der Aufsatz erscheint baldigst im Rheinischen Museum; als welches auch einer etwaigen Abhandlung Volkmanns sicherlich gern seine Spalten öffnen wird.

Freilich muß nun das gelehrte Publikum mit meiner Arbeit, so wie sie ist, fürlieb nehmen d. h. mit einem Entwurfe, der zwar den Gang der Hauptgedanken deutlich giebt, aber eine Menge Einzelbelege und sonstige Füllstücke bei Seite liegen läßt. Denn ich bin selbst mit jenem Satze des akademischen Urtheils, so schmeichelhaft er auch klingt, sehr wenig einverstanden: vix quidquam reliquerit in ea quaestione, quod aut addi aut demi posse videretur. Addere könnte ich viel, kann aber bei meiner augenblicklichen Lage gar nichts. Was aber das demere betrifft, so bitte ich darum, daß mir mein Manuscript, bevor es in die Druckerei wandert, noch einmal zugeschickt werde. Uebrigens würde ich gern einige Andeutungen hören, ob vielleicht die eingestreuten polemischen Urtheile den Worten nach etwas zu mildern sind oder stehen bleiben können. Man gestattet sich im lateinischen Ausdruck nach leidiger Philologenmanier leicht ein derberes Wort als nöthig ist.

Das ist es, hochverehrter Herr Geheimrath, was ich Ihnen heute zu schreiben habe: denn wozu das noch hinzufügen, was sich von selbst versteht und was den Grundbaß zu allem bildet, das Ihnen zu sagen und zu schreiben hat

Ihr getreuer und dankbarer

Friedrich Nietzsche.

Nr. 7.

Ritschl an Nietzsche.

L(eipzig), 6. December 1867.

Hier, Lieber, Ihr Manuscript! Daß Sie einige persönliche Schärfen mildern wollen, kann ganz zweckmäßig sein; machen Sie mir dergleichen mit einem Bleistiftstrich am Rande bemerklich, damit ich mir das vor dem Druck auch noch einmal ansehe. Denn jetzt beeile ich mich nur mit der Absendung des eben Empfangenen, ohne nochmals durchzulesen. Im Anfang wäre wohl eine Note nicht übel, die den äußern

Anlaß der Arbeit erwähnte und das Hinderniß andeutete, welches sich eingreifender Revision (resp. Umarbeitung) entgegenstellt, event. mit Hinweisung auf curas posteriores [oder cura posteriora, wie der alte Ziethen sagte], wenn feliciora tempora eingetreten sein würden. Zu den wenigen Zeilen dieser Art läßt Ihnen ja doch wohl Pferdestall und Exercierplatz noch die Muße. Mit einem Gruß, dessen Wärme in umgekehrtem Verhältniß zu der Tagestemperatur steht,

Ihr

F. R.

Der späteren Nietzsche-Volkmann'schen Buchausführung steht ein jetziger, vorläufiger Journalabdruck ganz und gar nicht im Wege.

Nr. 8.

Nietzsche an Ritschl.

Naumburg am 29. Dez. 1867.

Hochverehrter Herr Geheimrath,

Sie werden Sich wiederholt gefragt haben, warum ich das Laertius-manuscript so lange in Naumburg zurückhalte. Hier meine Antwort darauf: es ist sogleich, als es durch Ihre Güte in meine Hände gelangte, an Dr. Volkmann nach Pforte adressirt worden, von dem es noch nicht wieder zurückgekommen ist. Ein paar

Wochen aber nach Weihnachten wird es, begleitet von einem kleinen Aufsatze Volkmanns, seine Rückreise nach Leipzig antreten, um dort Ihrem Willen gehorsam zu sein.

Mit jenem Aufsatze Volkmanns aber hat es folgende Bewandniß. Wir beide sind unabhängig von einander und auf verschiedenen Wegen zu der Einsicht gelangt, welche Bedeutung Demetrius Magnes für die Quellenkunde des Suidas habe. Nun möchte Volkmann gern seinen ihm eigenthümlichen Weg dem Publikum vorlegen; mein Wunsch aber ist es, daß dies gleichzeitig mit der Veröffentlichung meiner Arbeit oder auch früher, aber ja nicht — wenn mir eine Bitte freisteht — später geschieht. Es hat eben keiner von uns die Priorität jenes εὕρημα für sich: aber peinlich und bei meiner Freundschaft mit dem vortrefflichen Volkmann geradezu beunruhigend würde mir sein, durch den früheren Druck meiner Arbeit eine scheinbare Priorität für mich zu gewinnen.

Kurz, ich habe Volkmann gebeten, jenen Aufsatz zu schreiben und ihm aus freien Stücken versprochen, meine Abhandlung nicht eher fortzuschicken als bis die seinige — die wie er meinte etwa 16 Druckseiten füllen wird — fertig und zum Absenden bereit ist. Das Weitere liegt dann in Ihren Händen, die manchen anderen und schwierigeren Knoten entwirrt haben, als diesen, den freundschaftliche Rücksicht und ein bischen Ehrgeiz geknüpft haben. —

So läuft das alte Jahr zum Schluß, ein Jahr, dessen beste Stunden und Tage für mich immer in Beziehung zu Ihrem Namen stehn. Mag das fröhliche

Gestirn dieses Namens auch fürderhin noch lange leuchten, zur Freude der philologischen Arbeiter, denen es Fruchtbarkeit ihrer Aecker und Gelingen ihrer mühevollen Bestrebungen verbürgt.

In treuer Verehrung und Dankbarkeit und mit
den besten Neujahrswünschen
Friedrich Nietzsche.

Nr. 9.

Nietzsche an Ritschl.

Naumburg, Donnerstag 13. Febr. 1868.

Hochverehrter Herr Geheimrath,

Diesmal habe ich recht lange und dazu recht unnützer Weise warten lassen und warten müssen; und schließlich nach diesem langen Zeitraume kommt nicht einmal die versprochene Volkmann'sche Abhandlung in Ihre Hände. Es ist mein Trost, daß außer mir niemand einen Schaden von diesem langweiligen Zaudern hat: aber ich brauche auch nicht zu verschweigen, daß ich keine Schuld daran habe.

Genug, Freund Volkmann will nicht mehr, daß ich auf ihn warte, da er noch lange nicht mit seinem Aufsatze fertig ist. Offenbar hat er sich arg in der Zeit verrechnet: doch das darf man einem preußischen, speziell einem pförtnerischen Schulmann nicht übel nehmen.

Während dieser ganzen Zeit ist auch mein Laertianum draußen in Pforte gewesen: seit gestern habe ich das Ding ein paar Mal durchgelesen und durchcorrigirt, so weit mir Ihre vortrefflichen Censurstrichlein dazu Anleitung gaben.

Eine Vorrede, hochverehrter Herr Geheimrath, habe ich nicht geschrieben und bitte Sie deshalb um Verzeihung. Erstens wollte ich nicht gleich auf der ersten Seite dem Publikum gestehen, daß dies eine prämiirte Arbeit ist: wodurch die Stellung des betreffenden Publikums zu dem unscheinbaren opus sogleich verändert wird und alle möglichen persönlichen Rücksichten, Neigungen und Abneignngen bei dem Leser aufzutauchen pflegen. Noch weniger aber habe ich Lust sogleich selber auszusprechen, was an der Arbeit mangelhaft sei und einer weiteren Ausführung bedürfe: was dann für Gründe einer Umarbeitung augenblicklich entgegenstehen. Es drängt mich ja niemand, daß das Werkchen jetzt schon öffentlich werde: warum sollte es nicht noch ein Jahr liegen und der Verbesserung entgegenreifen? Wenn ich trotzdem selber froh bin, daß es nun bald gedruckt wird, so liegt das in Gründen, mit denen das Publikum gar nichts zu thun hat. Vor allem habe ich dadurch wieder eine Arbeit vom Gewissen und darf mich wieder frei nach andern schönen Dingen umsehen u. s. w. Wenn ich später einmal genöthigt sein werde Nachträge zu schreiben, so ist das eine Gelegenheit, mich über Ursprung, nächsten Zweck der Arbeit und andre persönliche Dinge auszulassen.

Wie die Arbeit nun ist, wird sie, denke ich, druck=

Erläuterungen.

fertig sein; sie mag ungefähr 60—70 Seiten einnehmen, wenn man solche Lettern und solche Spatien anwendet, wie sie beispielsweise zu Brambachs Aufsatz de Romanorum re militari Band XX p. 599 ss. gebraucht worden sind: und wie sie mir recht gefallen. —

Wenn ich zum Schluß noch erwähne, daß ich den ganzen Tag von Morgen bis Abend durch meine militärischen Aufgaben und Dienstleistungen beschäftigt bin, so geschieht es nur, um einen neidischen Blick auf jene Zeit zu werfen, wo es mir öfter freistand, eine behagliche Mittagsstunde mit Ihnen durchzusprechen und dabei meine Wünsche und Absichten Ihnen auszubreiten: während jetzt mir nur vergönnt ist, mit kalter Tinte auf kaltes Papier zu schreiben, daß ich in warmer Verehrung verharre

Ihr treuer Schüler

Friedrich Nietzsche.

Abermals trat eine völlig unerwartete Wendung ein, die Nietzsche dem trotz allem liebgewonnenen artilleristischen Dienst entzog und ihm wieder Muße zum Studieren gab. Bei einem mißlungenen Sprung auf ein unruhiges Pferd hatte er sich Anfang März zwei Brustmuskeln gesprengt (Br. I^3 S. 111; II S. 28) und da er der Verletzung nicht achtete, entstand eine schwere Entzündung, die fünf Monate lang andauerte und periodisch sich höchst bedrohlich anließ (Biogr. I S. 268, 272). Hiervon und von der warmen Antheilnahme des väterlichen Freundes geben die folgenden Briefe Kunde, zugleich aber auch von der ungebrochenen Arbeitsenergie des Leidenden. Alte Forschungen wurden jetzt druckfertig gemacht, so eine Art „Epilog" zur Preisarbeit über Laertius; insbesondere aber wurde ein Hauptstück der griechischen Lyrik, das bei Dionysios Halik. (de compos. verb. 26) erhaltene Danae-Lied des Simonides wieder vorgenommen: Nietzsche hatte einen ersten Versuch der Bearbeitung bereits Sommer 1865 bei der Bewerbung um das Bonner Seminar (s. oben S. 7) eingereicht und kehrte nun mit Liebe zu der reizvollen Aufgabe zurück.

Nr. 10.

Nietzsche an Ritschl.

Naumburg, 29. April 1868.

Hochverehrter Herr Geheimrath,

Ob Freund Windisch Ihnen schon erzählt hat, daß ich längere Zeit erheblich krank gewesen bin und daß ich auch jetzt noch der vollständigen Genesung entgegenharre, weiß ich nicht, doch wünsche ich es. Ich habe nämlich so lange nichts von mir hören lassen, daß ich mich diesmal ausdrücklich entschuldigen muß: nur deßhalb erwähne ich die fatale Krankheit, die als Folge der Zerreißung zweier Brustmuskeln mir auf längere Zeit alles Schreiben untersagt hat. Ich war so sehr heruntergekommen, daß ich allmäh=

lich erst wieder gehen lernen mußte. Auch jetzt ist die eiternde Wunde am Brustbein noch offen, auch jetzt d. h. nach 8 Wochen.

Heute bringe ich Ihnen, so zu sagen, eine Art Epilog zu meiner Laertiusarbeit, ein Aufsätzchen, das sich ein Winkelchen des Rhein. Mus. ausbittet, und dem ich Hoffnung gemacht habe, daß es nicht umsonst bittet.

Hochachtungsvollst

Friedrich Nietzsche

Gefreiter der 2. reit. Batt. des Magdeb.
Feldart.-Reg. Nr. 4.

Nr. 11.

Ritschl an Nietzsche.

Leipzig 1. Mai 1868.

Mein sehr lieber Herr Nietzsche,
endlich doch einmal zuverlässige Kunde von Ihrem Ergehen, um das ich schon so lange in theilnehmendster Sorge gewesen bin, ohne zu einer einigermaßen befriedigenden Auskunft gelangen zu können. Erst neulich gab ich dem Dr. Blaß[1]) den bestimmtesten Auftrag, Sie selbst persönlich aufzusuchen und mir sogleich zu berichten: vergeblich. Dann

---

[1]) Friedr. Wilh. Blaß, damals Lehrer am Domgymnasium in Naumburg; jetzt Universitätsprofessor in Halle. Er ist auch Br. I[3] S. 113 erwähnt.

hieß es, Sie seien in Berlin, wo ich Sie gar nicht zu erreichen wußte. Herzlichen Dank also für Ihren Brief, der mir doch Gewißheit giebt. Leider freilich eine recht traurige, die ich tief beklage; aber nach den düstern Gerüchten, die hierher drangen, hätte Ihr Zustand noch schlimmer sein können, so daß, was Sie schreiben, dennoch eine Beruhigung gewährt. Langsam wird es ja freilich vorwärts gehen, wie es leider schon bisher gegangen ist; aber daß schließlich Ihre ungeschwächte Jugendkraft den vollständigen Sieg davon tragen wird, an dieser sichern Aussicht dürfen Sie und dürfen wir doch mit vollem Vertrauen festhalten. Hoffentlich hat der böse Unfall wenigstens das Gute in seinem Gefolge, daß nun Ihre Dienstzeit abgekürzt, mindestens sehr erleichtert werden wird.

Daß Ihr geistiges Leben unter den leiblichen Miseren nicht gelitten hat, sehe ich zu meiner Freude. Ihr Hesychianum geht noch heute nach Bonn ab,[1]) wo das Laertianum entweder in diesem Augenblicke schon unter den Händen der Setzer oder doch schon in der Druckerei ist.[2])

Leben Sie wohl, im prägnantesten Sinne des Wortes, so wohl als Sie können, und lassen bald von Besserungsfortschritten hören.

Treugesinnt

Ihr

F. Ritschl.

---

[1]) Rhein. Mus. XXIV S. 210 (als Abschn. VI des Aufsatzes de Laertii Diogenis fontibus gedruckt).

[2]) Im Rhein. Mus. XXIII S. 632 ff.; XXIV S. 181 ff. erschienen.

Nr. 12.

Nietzsche an Ritschl.

Naumburg den 12. Mai 1868.

Hochverehrter Herr Geheimrath.

Die beste Arzenei bleibt doch ein guter und theil=
nahmevoller Brief: was ist Pflaster und Salbe gegen
das stärkende Gefühl des Wohlbehagens, wie es z. B.
Ihre gütigen Zeilen in mir hervorriefen? Und so
nehmen Sie denn diesmal meinen besonderen Dank
für diesen quasi=ärztlichen Beistand, ja für eine mo=
mentane $\kappa\acute{\alpha}\vartheta\alpha\rho\sigma\iota\varsigma$ $\tau\tilde{\omega}\nu$ $\pi\alpha\vartheta\eta\mu\acute{\alpha}\tau\omega\nu$.[1]

Uebrigens sind diese $\pi\alpha\vartheta\acute{\eta}\mu\alpha\tau\alpha$ langwierig und
langweilig: bei diesem vollkommnen Frühlingswetter
sehne ich mich nach meinem Pferde und dem soldatischen
Dienste, aber die Wunde thut mir nicht den Gefallen,
sich zu schließen.

Was man bei solcher unfreiwilliger (wenn auch
nicht ganz unwillkommener) Muße anfängt, davon
bekommen Sie heute wieder einen Beweis. Es hat
mir seit meiner Schulzeit jenes schöne Danaelied des
Simonides wie eine unvergeßliche Melodie im Kopfe
gelegen; was kann man also bei solchem Maiwetter

---

[1] Das Bild ist entlehnt von der Aristotelischen Definition
der Tragödie (Poet. 6, 2) mit Anspielung auf die von
Jak. Bernays vertretene medicinische Erklärung: ähnlich an
Rohde Br. II S. 43.

Nietzsche an Ritschl, 1868.

thun, als etwas „lyrisch" zu werden? (Wenn Sie nur nicht gar diesmal auch eine „lyrische" Conjektur in meinem Hefte entdecken!)

Die Danae ist beiläufig ein bescheidnes Kind: in ihrem Kasten sitzend, ist sie nicht an große Räumlichkeiten gewöhnt und bittet deshalb für sich nur um etwa 11—12 Seiten Ihres Museums. Auch kann sie warten. —

In treuer Verehrung
Friedrich Nietzsche.

Nr. 13.

Nietzsche an Ritschl.

Naumburg, am 26. Mai 1868.

Hochverehrter Herr Geheimrath,
was Himmel, werden Sie heute sagen, soll das dicke Manuscript? Eine üble Angewohnheit des jungen Mannes, keinen Brief ohne solch einen Begleiter abschicken zu können! — Und doch würde ich mich sehr betrüben, wenn die mitfolgende Arbeit auch nur einen einzigen mißgünstigen Blick deshalb abbekäme, weil ich gerade der Absender bin. In der That ist der Verfasser derselben ganz unschuldig daran, daß ich neuerdings Sie mit meinen Manuscripten bombardiere — was Sie vielleicht dem depravierenden Ein-

Nietzsche an Ritschl, 1868.

flusse des Feldartilleriedienstes zuzuschreiben haben. Diesmal sind Verfasser und Absender verschiedne Personen: und gerade dem Ersteren wünsche ich für seine litterarische Schiffahrt die günstigsten Winde und die freundlichsten Sonnenblicke. Das beiliegende Blatt wird Ihnen den Namen des Bekannten-Unbekannten verrathen: auf den übrigens Horaz anspielt, wenn er sagt hic Rhodus, hic salta.[1]

Ich selbst habe heute nur zweierlei noch auf dem Herzen. Zuerst habe ich meine Dankbarkeit Ihnen auszudrücken für die fabelhafte Geschwindigkeit, mit der Sie die Danae unter Dach und Fach gebracht haben.[2] Zu zweit bin ich Ihnen einen Bericht über meine Gesundheit schuldig: und ich möchte wohl über diesen Punkt etwas Besseres schreiben dürfen, als ich darf. Die Wunde am Brustbein ist immer noch offen, und die Eiterung hat auch angefangen den Knochen zu infiltriren, so daß neulich zu meinem Erstaunen ein Stück meines Gebeines, ein Knöchelchen, zum Vorschein kam. Nun beschieße ich die innere Eiterungshöhle eifrig mit Kamillenthee und Höllensteinauflösung, bade auch wöchentlich dreimal in warmem Wasser. Mitunter geht mir etwas die Geduld aus; im Ganzen aber hält mich eine starke philologische und philosophische Beschäftigung stramm und aufrecht.

---

[1] Es handelt sich um ein Manuscript Rohdes, enthaltend einen Aufsatz über Lukians Λούκιος ἢ ὄνος u. s. Verhältnis zu Lucius von Pätra u. d. Metamorphose d. Apuleius (s. Crusius, Erw. Rohde S. 29 A. 1).

[2] Der Aufsatz Nietzsches „Der Danae Klage" im Rhein. Mus. XXIII S. 480 ff.; vgl. Br. I³ S. 107 und 113.

Auch vertröste ich mich mit der Zukunft, z. B. mit der Aussicht auf eine Pariser Reise, die ich im nächsten Jahre antreten will.¹) Oder ich denke an die schöne Zeit, die mir hoffentlich der Herbst bringt, eine Zeit, in der es mir vergönnt sein wird, wieder in der Nähe des Mannes zu leben, als dessen treuen Anhänger sich unterschreibt

Friedrich Nietzsche.

An diesen Brief knüpfen sich Folgen, die eine Zeit lang selbst auf das Verhältniß Nietzsches zu Ritschl einen gewissen Einfluß ausübten und deshalb auch hier nicht ganz übergangen werden können, zumal die in Betracht kommenden Thatsachen auch dem Biographen Rohdes nicht genügend bekannt waren. Der erwähnte Aufsatz Rohdes war ursprünglich für das Ritschlbuch der Leipziger Neun (s. oben S. 29) bestimmt. Als dies Unternehmen scheiterte, bestimmte Nietzsche den Verfasser (s. Br. II S. 46), die Abhandlung durch seine Vermittelung dem Rheinischen Museum anzutragen: dies war durch obigen Brief geschehen. Dieser indirecte Weg mag Ritschl etwas verdrossen haben; trotzdem sandte er das Manuscript sofort an den damaligen Mitherausgeber des Rheinischen Museums, Dr. Klette in Bonn, der die äußer=

---

¹) Der Plan einer gemeinschaftlichen Reise nach Paris wurde zwischen Nietzsche und Rohde damals eifrig besprochen; er scheiterte schließlich infolge der Berufung Nietzsches nach Basel: s. Biogr. I S. 293; Crusius, Rohde S. 28; Br. II S. 37, 93.

Erläuterungen.

lichen Redaktionsgeschäfte besorgte. Von ihm wurde jedoch kategorisch zurückgemeldet, wegen Ueberhäufung mit Zusendungen sei ein baldiger Abdruck nicht möglich, zumal der Aufsatz ziemlich umfangreich war (Br. II S. 91; Brief Ritschls an Ribbeck vom 30. Mai 1868; 10. April 1869). Erst später kam dann dazu, daß eine über den nämlichen Gegenstand handelnde Doctordissertation (von Knaut) seitens der Leipziger Fakultät approbirt wurde (Br. II S. 63) und Ritschl nun eine nachträgliche Berücksichtigung dieser inzwischen gedruckten Arbeit wünschte. Der ganze Verlauf hat damals beide Freunde sehr verletzt (Br. II S. 82 Anm. 91, 105 f.) und bei Rohde eine lang anhaltende Verstimmung zurückgelassen, obwohl sich Ritschl über die dann besonders veröffentlichte Abhandlung Rohdes sehr lobend ausgesprochen hatte (Br. II S. 138).

Inzwischen wollte die Entzündung der erkrankten Partien bei Nietzsche trotz aller in Naumburg verordneten Kuren nicht weichen, so daß er den berühmten Chirurgen Volkmann in Halle am 25. Juni consultirte, der ihm rieth, seine Wunde in Bad Wittekind (bei Halle) auszuheilen (Br. I[3] S. 116; II S. 64; Biogr. I S. 272). Auf dem Wege dahin besuchte er Ritschl in Leipzig und fand bei ihm und den Seinigen die liebevollste Aufnahme. Die Erinnerung an die dort verlebten Stunden bestimmte ihn, den ersten Brief an Frau Ritschl zu schreiben: es ist der unten abgedruckte, in dem er über sich selbst mehr und offener spricht, als er es je in einem Brief an seinen Lehrer gethan.

Nr. 14.

Nietzsche an Frau Sophie Ritschl.

[Wittekind, Anfang Juli 1868.]

Hochverehrte Frau Geheimräthin,
auch wenn ich das entliehene Buch[1]) nicht zurückzuschicken hätte, würden Sie doch heute einen Brief von mir bekommen haben. Denn allzusehr hat mich dieser letzte Sonntag verpflichtet, ein Tag von solcher Anmuth und Sonne, daß die Erinnerung an ihn das Beste ist, was ich aus Leipzig mit in mein einsames Bad gebracht habe. Wenn Sie aber einmal, ich weiß nicht durch welchen Genius geleitet, mir Ihre auszeichnende Theilnahme geschenkt haben, so müssen Sie auch geduldig die Folgen tragen, deren erste dieser heutige Brief sein mag.

Vorgestern Mittag bin ich in dem anmaßlichen Badedorf, das sich Wittekind nennt, eingetroffen; es regnete stark, und die Fahnen, die man zum Brunnenfeste aufgesteckt hatte, hingen schlaff und schmutzig herab. Mein Wirth, ein unzweideutiger Gauner mit blauer undurchsichtiger Brille kam mir entgegen und führte mich in das vor 6 Tagen gemiethete Logis, das bis auf ein völlig verschimmeltes Sopha öde war wie ein Gefängniß. Alsbald wurde mir auch

---
[1]) Briefe über Musik an eine Freundin von Louis Ehlert.

Nietzsche an Frau Sophie Ritschl, 1868.

deutlich, das derselbe Wirth für zwei Häuser voller Gäste, also vielleicht für 20—40 Personen, nur ein Dienstmädchen im Sold habe. Die nächste Stunde brachte mir schon einen Besuch, aber einen so unangenehmen, daß ich ihn nur durch energische Höflichkeit von mir abschütteln konnte. Kurz die ganze Atmosphäre, in die ich trat, war frostig, regnerisch und verdrießlich.

Gestern habe ich etwas die Natur und die Menschheit des Ortes recognoscirt. Bei Tisch wurde mir das Glück zu Theil, in der Nähe eines taubstummen Herrn und einiger wunderbar geformten Frauengestalten zu sitzen. Die Gegend scheint nicht übel; aber vor Regen und Feuchtigkeit kann man keinen Schritt vorwärtsgehen und sehen. Volkmann hat mich besucht und mir die hiesigen Bäder verordnet, im Uebrigen eine Operation in nahe Aussicht gestellt. —

Wie danke ich Ihnen, daß Sie mir das Buch Ehlerts mitgaben, ein Buch, das ich am ersten Abend, bei kläglicher Beleuchtung, auf dem Schimmelsopha las und mit Vergnügen und innerer Erwärmung las. Böse Menschen könnten sagen, daß das Buch aufgeregt und schlecht geschrieben sei. Aber das Buch eines Musikers ist eben nicht das Buch eines Augenmenschen; im Grunde ist es Musik, die zufällig nicht mit Noten, sondern mit Worten geschrieben ist. Ein Maler muß die peinlichste Empfindung bei diesem Bildertrödel haben, der ohne jede Methode zusammengeschleppt ist. Aber ich habe leider Neigung für das pariser Feuilleton, für Heines

Nietzsche an Frau Sophie Ritschl, 1868.

Reisebilder u. s. w. und esse ein Ragout lieber als einen Rinderbraten. Was hat es mich für Mühe gekostet, ein wissenschaftliches Gesicht zu machen um nüchterne Gedankenfolgen mit der nöthigen Dezenz und alla breve niederzuschreiben. Davon weiß Ihr Herr Gemahl auch ein Lied zu singen (nicht nach der Melodie [1]) „Ach lieber Franz, noch" u. s. w.), der sich sehr über den völligen Mangel an „Stil" gewundert hat. Schließlich ging es mir wie dem Seemann, der auf dem Lande sich unsicherer fühlt als im bewegten Schiff. Vielleicht finde ich aber einmal einen philologischen Stoff, der sich musikalisch behandeln läßt, und dann werde ich stammeln wie ein Säugling und Bilder häufen, wie ein Barbar, der vor einem antiken Venuskopfe einschläft, und trotz der „blühenden Eile" [2]) der Darstellung — Recht haben. [3])

Und Recht hat Ehlert fast allerwärts. Aber vielen Menschen ist die Wahrheit in dieser Harlekinjacke unkenntlich. Uns nicht, die wir kein Blatt dieses Lebens für so ernst halten, in das wir nicht den Scherz als flüchtige Arabeske hineinzeichnen dürften. Und welcher Gott darf sich wundern, wenn wir uns gelegentlich wie Satyrn geberden und ein

[1]) Ein Lied, das Ritschl, wenn er in heiterer Laune war, in Erinnerung an seine Jugend gerne sang. („Ach lieber Franz, noch einen Tanz" u. s. w.)

[2]) Eine Wendung aus dem bilderreichen Büchlein Ehlerts.

[3]) Das sieht ganz aus wie das erste Aufdämmern der Gedanken, die Nietzsche in dem Baseler Vortrag Januar 1870 skizzirte und dann ausführlich in der „Geburt der Tragödie" 1871 darlegte.

Ritschl an Nietzsche, 1868.

Leben parodiren, das immer so ernst und pathetisch blickt und den Kothurn am Fuße trägt?

Daß es mir doch nicht gelingt, meine Neigung zum Mißklang vor Ihnen zu bergen! Nicht wahr, Sie haben davon schon eine erschreckliche Probe? Hier haben Sie die zweite. Die Pferdefüße Wagners und Schopenhauers lassen sich schlecht verstecken. Doch ich werde mich bessern. Und wenn Sie mir wieder einmal etwas zu spielen erlauben sollten, so werde ich meine Erinnerung an den schönen Sonntag in Töne formen und Sie sollen hören, wie Sie es heute lesen, wie hoch diese Erinnerung gilt einem

schlechten Musikanten u. s. w.

Friedrich Nietzsche.

Nr. 15.

Ritschl an Nietzsche.

Leipzig, 30. Juli 1868.

Lieber Herr Nietzsche,

Hoffentlich haben Sie sowohl das Altenburger Musikfest[1]) als die Wittekinder Badecur[2]) glücklich ver=

---

[1]) Die Tonkünstlerversammlung in Altenburg, die Nietzsche von Wittekind aus besuchte, fand den 19.—23. Juli 1868 Statt; vgl. Br. II. S 64.

[2]) Erwähnt ist sie oben Br. 14; sie zog sich bis 3. August hin und brachte vollen Erfolg: f. Biogr. I S. 272; B. II S. 64.

Ritschl an Nietzsche, 1868.

daut, haben die alten bösen Leiden tapfer überwunden, und dürfen demnächst Ihrer gänzlichen Befreiung aus den Fesseln des Arcs froh entgegensehen.

Beide letzte Male, als wir in Leipzig uns wiedersahen, haben wir beide vergessen eine geschäftliche Angelegenheit zu besprechen, die doch allgemach anfängt uns näher auf den Leib zu rücken. Sie hatten sich früher erboten zur Anfertigung von Registern über die 24 (resp. bis jetzt 23) Jahrgänge des Neuen Rheinischen Museums. Da kam zuerst Ihre unerwartete militärische Laufbahn dazwischen. Dann noch obendrein Ihre unglückliche Krankheit. Nun aber, nach der bevorstehenden Ueberwindung dieser Zwischenfälle, haben Sie, wie es scheint (nämlich nach Ihren eigenen Äußerungen scheint), so verschiedenartige und weitgreifende anderweitige Pläne in Aussicht genommen, daß ich mir sehr wohl denken kann, Ihre frühere, unter so ganz verschiedenen Verhältnissen gegebene Zusage sei Ihnen mittlerweile leid geworden. Denn ein sehr tüchtiges Stück Arbeit, das dürfen wir uns nicht verhehlen, wird allerdings jene Indicification sein, nicht gerade der geistigen Anstrengung nach, wohl aber in Betracht des Zeitaufwandes, der dazu erforderlich ist. Daß ich eine der Sache jetzt mehr ab- als zugeneigte Stimmung vielleicht nicht mit Unrecht bei Ihnen vorraussetze, möchte ich eben aus Ihrem bisherigen Stillschweigen darüber vermuthen. Ist es anders, à la bonne heure, so sagen Sie es mir gefällig mit einem Worte, und ich bin sehr zufrieden. Haben Sie aber keine Lust mehr zu der Arbeit, so wäre mir eine desfallsige Benachrichtigung begreiflicher Weise um deswillen sehr erwünscht, weil ich mich dann möglichst bald nach einer andern dem Vorhaben gewachsenen Kraft umsehen muß.

Mit den besten Wünschen für Ihr Wohl
treugesinnt
Ihr
F. Ritschl.

Nr. 16.

Nietzsche an Ritschl.

Naumburg, am 29. August 1868.

Hochverehrter Herr Geheimrath,
nein, so wetterwendisch bin ich nicht. Die Indicification ist fest in das Gewebe meiner Zukunfts= pläne eingefügt und kommt an erster und nächster Stelle daran. Ich bin diesem Unternehmen, zu dem ich mich freiwillig und mit einiger Vorliebe ent= schlossen habe, noch niemals, auch nicht in Gedanken untreu geworden und ärgere mich, durch mein zu= fälliges Stillschweigen während meines letzten Aufent= haltes in Leipzig Anlaß zu einem Verdachte gegeben zu haben, den ich πὺξ καὶ λάξ von mir abwehren werde.

Glücklicherweise liegt jetzt in dem Stande meiner Gesundheit nichts, was mich von jener Arbeit zurück= hielte. Volkmann hat mich als völlig geheilt entlassen

Nietzsche an Ritschl, 1868.

und mir im Ganzen keinerlei Vorsichtsmaßregeln anempfohlen, nur, daß ich mich nicht auf Faustkämpfe einlassen soll. Also bitte, Herr Geheimrath, nehmen Sie Ihren Verdacht zurück; sonst muß ich gleich von vorn herein gegen die einzige Vorschrift des Arztes sündigen.

Mit dem Wunsche, Ihren verehrten Angehörigen bestens empfohlen zu werden, bin ich

Ihr treu ergebener
Friedrich Nietzsche.

Nr. 17.

Nietzsche an Ritschl.

Naumburg, Mittwoch [9. Sept. 1868].

Hochverehrter Herr Geheimrath,
sobald ich meiner militärischen Fesseln ledig bin, komme ich nach Leipzig und bringe Ihnen den index mit,[1] von dem gegenwärtig zwei Drittel fertig sind. Die Naumburger ἐρημία τῶν βιβλίων ist mir recht peinlich, und ich lechze nach einer großen Stadt und Bibliothek, wie jener biblische Hirsch.

Der eigentliche Grund meines Briefes ist aber nicht, von dem index zu erzählen; ja ich hatte sogar den Wunsch, Sie erst mit der „vollendeten Thatsache"

---

[1] Auch das war eine große Illusion (s. oben S. 26).

Nietzsche an Ritschl, 1868.

zu überraschen. Ein eben erhaltener Brief aber bestimmt mich, Ihren gütigen Beistand in einer Sache zu erbitten, in der ich selbst wenig oder nichts thun kann. Lesen Sie gefälligst dies Schreiben, welches ich beilege. Es stammt von einem sehr angenehmen, talentvollen Menschen,[1]) von dem ich mit Freuden das Beste und Vortheilhafteste sage, weil es wahr ist. Er ist plötzlich in Noth gerathen und wünscht eine anspruchslose Stellung in Leipzig. Dabei habe ich an zweierlei gedacht. Erstens gelingt es Ihnen vielleicht, eine Correktorenstellung an einer Leipziger Verlagsbuchhandlung oder eine Beschäftigung in einem Redaktionsbureau ausfindig zu machen. Zweitens giebt es vielleicht litterarische Arbeiten, auch in unserer Wissenschaft, die diesem gut unterrichteten und vielseitig gebildeten Manne zuzuweisen wären: wobei freilich vorauszusetzen ist, daß sie pekuniär einträglich sein müssen.

Mit der herzlichen Bitte, daß Sie diese meine Anfrage nicht unbescheiden, und wenn auch das, doch erklärlich und berücksichtigungswerth finden, verbleibe ich

Ihr ergebenster
Friedrich Nietzsche.

---
[1]) Einem Herrn A. Volck: s. unten Br. 18.

Nr. 18.

Ritschl an Nietzsche.

Leipzig, 11. Sept. 1868.

So erfreulich mir Ihre neuliche Benachrichtigung[1]) war, daß Sie, lieber Freund, die Indicification zum Rhein. Museum keineswegs aufgegeben hätten, so erhalte ich doch soeben durch einen Brief des Verlegers die Veranlassung zu einigen specielleren Nachfragen.[2]) [— —]

Soweit hatte ich gerade geschrieben, als Ihr Brief vom 9. d.[3]) eintraf. Zu meiner freudigen Ueberraschung sehe ich aus ihm, wie weit Sie schon in der Arbeit vorgerückt sind. Jetzt wäre es wohl das Beste und Kürzeste, Sie schickten mir einmal eine Probe Ihrer Arbeit zur Ansicht: wonach wir uns ja aufs Gründlichste verständigen würden über ein Definitivum.

Was Ihren Protegé, Herrn A. Volck, betrifft, so gestehe ich Ihnen, zwar nicht viel Hoffnung zu haben, daß ich ihm würde hülfreich sein können, da meine hiesigen Verbindungen sehr beschränkt sind. Indeß werde ich es an dem, was mir möglich ist, nicht

---

[1]) S. oben Br. 16.
[2]) Das Folgende betraf nur den erwähnten Index.
[3]) Das ist der obige Brief N. 17.

fehlen laſſen und Ihnen ſ. Z. über den Erfolg Nach=
richt geben.

Mit den beſten Wünſchen
Ihr ergebenſter
F. Ritſchl.

Nr. 19.

Nietzſche an Ritſchl.
(Brief mit Packet.)

Naumburg, Sonnabend [19. September 1868.]

Hochverehrter Herr Geheimrath,

glücklicherweiſe haben Sie mir doch ſchon ein=
mal (vielleicht vor anderthalb Jahren) angedeutet, in
welcher Form die Anfertigung des index vor ſich
gehen ſolle; denn ohne dieſe Andeutung wäre es ja
meinerſeits dreiſt und unbeſonnen geweſen, an das
Werk heranzugehen, das, wenn man erſt über die
Hälfte hinaus iſt, im Ganzen und Großen beinahe
unverbeſſerlich iſt: stat mole sua.

Ich habe alſo, Ihrer Angabe gemäß, folgende
Rubriken gemacht. [— —][1])

In wie weit ich nun Ihren Abſichten nachge=
kommen bin, bitte ich aus der mitgeſandten Probe
zu beurtheilen; es iſt dies ein Auszug des 15ten Bd.,
nach den gegebenen Rubriken. [— —][2])

---

[1])[2]) Das Ausgelaſſene enthält längere Ausführungen über
die Anfertigung des Regiſters zum Rheiniſchen Muſeum.

Nietzsche an Ritschl, 1868.

Soweit über den index. Im Oktober siedle ich wieder auf ein halbes Jahr nach Leipzig über; vielleicht kommt dann auch eine Gelegenheit zur Promotion, für die ich eine commentatio altera de Laertii Diogenis fontibus im Sinn habe. — Oder, wenn Sie wollen, de Aristotelis librorum indice Laertiano oder Analecta Democritea oder quaestiones Cynicae oder de fontibus Latinorum artis veterinariae scriptorum!! u. s. w. mit Grazie in infinitum.

Was schließlich den Candidaten Volck betrifft (der übrigens älter als ich ist), so bin ich betrübt, ihm bis jetzt noch nichts Günstiges mittheilen zu können. Jedenfalls aber bin ich Ihnen für Ihre Bereitwilligkeit zu helfen und zu nützen von Herzen dankbar. Und Sie verzeihn mir, daß ich mich so ungestüm an Sie wandte?

Ich war wirklich etwas desperat, so bringlich angegangen zu werden, ohne einen andern Weg zu wissen, auf dem dem armen Manne zu helfen sei.

Mit den ergebensten Empfehlungen an Ihre verehrte Familie

verbleibe ich Ihr treuer Schüler

Friedr. Nietzsche.

Nr. 20.

Ritschl an Nietzsche.

Leipzig, 3. Oktober 1868.

Lieber Herr Nietzsche,

Mit Ihrer Indexprobe oder vielmehr dem aus ihr ersichtlichen Arrangement des Ganzen höchlich einverstanden. Ich schicke sie Ihnen noch nach Naumburg, weil ja möglich, daß Sie sie dort brauchen, da Ihre erwünschte Herkunft „im Oktober" gar zu wenig bestimmten Termin hat. Jedenfalls ist er indeß nahe genug, um alles Sonstige, was noch zu sagen wäre, auf mündliche Unterhaltung versparen zu dürfen. Meine erst vorgestern zurückgekehrte Frau grüßt mit

Ihrem

F. R.

So tritt in der Korrespondenz abermals die unglückselige Indexanfertigung in den Vordergrund, der wirklich ein guter Theil der Zeit, namentlich der ganze September des Jahres gewidmet war (s. Biogr. I S. 274).

Nietzsche selbst, obwohl schon längst für „zeitig unbrauchbar" erklärt und auch nach seiner Genesung nicht kräftig genug den artilleristischen Dienst wieder aufzunehmen, blieb doch für die Dauer des Dienst-

Erläuterungen.

jahres an Naumburg gefesselt. Endlich (15. Oktober) war er wieder freier Herr und beschloß nun sofort nach der geliebten Leipziger Universität zurückzukehren, nicht als Student, sondern um zugleich Promotion und Habilitation vorzubereiten. Den 16. Oktober 1868 siedelte er nach Leipzig über und verweilte da bis zum 15. März 1869 als Privatgelehrter. Daher fehlt es völlig an Briefen an und von Ritschl aus dieser Zeit.

Nochmals trat jedoch ein völlig unerwarteter Umschwung ein, bei dem dies Mal auch Ritschl direkt betheiligt war. Auf seine warme Empfehlung wurde Nietzsche, noch bevor er zur Promotion, geschweige zur Habilitation gekommen war, als Extraordinarius nach Basel gerufen. Wie die Berufung Nietzsches zu Stande kam, würde sich, was den äußeren Verlauf der Angelegenheit und insbesondere Ritschls Antheil anlangt, mit urkundlicher Genauigkeit feststellen lassen, wenn die Correspondenz des Baseler Rathsherrn zugänglich wäre, der sich mit Ritschl, wie er es zu thun pflegte, so auch bei dieser Besetzung einer philologischen Professur und sogar wiederholt benommen hatte. Leider sind aber seine sämmtlichen amtlichen Papiere auf fünfzig Jahre sekretiert. Meiner Erinnerung nach war der Verlauf doch etwas anders, als er von Crusius, Rohde S. 28 Anm. 1 angedeutet ist. Doch gehe ich darauf nicht weiter ein: dagegen muß ich Ritschl ausdrücklich verwahren gegen die Hypothese, die kürzlich Holzer im Vorbericht zu Werk. Bd. IX S. XVII aufgestellt hat: „es wäre nicht undenkbar, daß Ritschl in einer Ahnung davon [daß nämlich Nietzsches Glaube an den Werth der Philo-

Erläuterungen.

logie schwanke] ... durch seine warme Befürwortung der Berufung den Schüler, dessen außerordentliche Begabung er mit sicherem Blick erkannt hat, an die strenge Wissenschaft fesseln wollte". Ich kann nur auf das Bestimmteste versichern, daß Ritschl solche Gedanken ganz fern lagen und liegen mußten. Daß Nietzsche selber zunächst seine plötzliche Umwandlung „aus einem Wandelstern in einen Fixstern" nur als eine glückliche und ihm selbst sehr heilsame Schicksals= wendung empfand, zeigt der interessante Brief Nr. 24.

Bereits am 13. April 1869 fuhr der vierund= zwanzigjährige Professor nach Basel ab und nun beginnt ein regelmäßiger, periodisch sogar lebhafter Briefwechsel nach Leipzig.

Ganz abgesehen von dem Index, der noch immer nicht von der Tagesordnung verschwand, behielt der alte Lehrer die wissenschaftlichen Interessen seines nun ganz auf eigene Füße gestellten Jüngers für= sorglich im Augen und der junge Docent hatte mancher= lei über seine ersten akademischen Erfahrungen zu be= richten. Aber auch die menschliche Antheilnahme beider an einander und an allem was dem Andern Erfreuliches oder Unerfreuliches, Erhebendes oder Aergerliches zu Theil wurde, tritt jetzt, wo man zum ersten Male räumlich weit von einander getrennt war und persönlich nur noch selten sich sehen und sprechen konnte, in manchen charakteristischen, ja ergreifenden Zügen zu Tage. In voller Freiheit und Größe spricht sich auch jetzt erst die warme Anhänglichkeit und bewundernde Verehrung aus, die Nietzsche seinem philologischen Meister gegenüber empfand.

Nr. 21.

Ritschl an Nietzsche.

Leipzig, 18./4. 1869.

Nur zwei Worte heute, lieber Herr Professor. Ich hatte an Leutsch[1]) geschrieben, ob er etwa geneigt sei, seiner Aeußerung, daß er die Collation des Mutinensis[2]) in keine bessern Hände wünsche als die Ihrigen, praktische Folge durch deren Abtretung zu geben. Ohne Antwort geblieben, ließ ich ihn durch Wachsmuth[3]) wieder münblich darum befragen. Heutige Antwort des letzteren: „Die Collation des Mutinensis werde von Euch überschätzt (sic!), stehe jedoch zu Gebote und am liebsten sei ihm direkter Verkehr mit N., wie er das auch an diesen schreiben wolle." Sapienti sat. Ich hatte nämlich eventuell meine Vermittlung angeboten.

Jetzt wünsche ich nur, wenn die Sache zu irgend einem Abschluß zwischen L. und Ihnen gelangt, mit 2 Worten davon durch Sie unterrichtet zu werden, weil ich

---

[1]) Prof. der klass. Philologie in Göttingen, der in seinem Jahresbericht über Theognis (Philologus XXIX S. 546 ff.) einige Mittheilungen über eine Collation des Mutinensis, die in seinen Besitz übergegangen war, gegeben hatte.
[2]) Des ältesten und besten Codex des Theognis.
[3]) Der damals gleichfalls als Professor in Göttingen angestellt war.

doch Höflichkeits halber dem Fritzsche in Güstrow¹) irgend etwas antworten muß.

Hoffend, daß es Ihnen in alle Wege gut gehe und gegangen sei,

Ihr

F. Ritschl.

Herrn „Rathsherrn" Dr. Vischer²) meine angelegentlichsten Grüße.

Nr. 22.

Nietzsche an Ritschl.

Basel, 10. Mai 1869.

Hochverehrter Herr Geheimrath,

Sie werden gewiß gerne hören, daß es mir hier wohl geht, und daß demnach die guten Wünsche Ihres Briefes, der mich hier bald nach meinem Eintreffen überraschte, zeitig anfangen in Erfüllung zu gehn. Einstweilen wenigstens ist mir alles neu genug, um

---

¹) Der sich damals gleichfalls mit Theognis beschäftigte (s. Philolog. a. a. O. S. 526 ff.) und wohl auch wegen dieser Collationen bei Ritschl angefragt hatte.

²) Wilhelm Vischer, der bekannte Gräcist und Mitglied des kleinen Raths in Basel, der als Präsident des Erziehungscollegs und der Universitäts-Kuratel die Berufung N.'s durchgesetzt hatte: s. Biogr. I S. 297 und oben S. 62.

auch amüsant zu sein (NB. doch nicht alles; z. B. nicht die ungefähr 50 Visiten mit rückwirkender Kraft und die ewigen neuen Gesichter und Bekanntschaften). Daß ich genug zu thun habe, um mich nicht zu langweilen, ersehen Sie aus folgendem Ueberblick. Jeden Morgen der Woche halte ich um 7 Uhr meine Vorlesung und zwar die drei ersten Tage über Geschichte der griechischen Lyrik, die drei letzten über die Choephoren des Aeschylus. Der Montag bringt das Seminar mit sich, das ich für meinen Theil ungefähr nach Ihrem Schema eingerichtet habe: Vischer macht Anstalten, bald einmal von der Direktion desselben zurückzutreten. Gerlach präparirt sich zu seinen Seminarübungen nicht. — Dienstag und Freitag habe ich am Pädagogium zweimal zu unterrichten, Mittwoch und Donnerstag einmal: dies thue ich bis jetzt mit Vergnügen. Bei der Lektüre des Phaedo habe ich Gelegenheit meine Schüler mit Philosophie zu inficieren; durch die hier unerhörte Operation der Extemporalia wecke ich sie sehr unsanft aus ihrem grammatikalischen Schlummer. In meinen Vorlesungen habe ich sieben Mann, womit man mich hier zufrieden zu sein heißt. Die Studenten sind durchweg fleißig, schlingen unsinnig viel Vorlesungen in sich hinein und kennen den Begriff des Schwänzens kaum vom Hörensagen. — Ueber die Basler und ihr aristokratisches Pfahlbürgerthum ließe sich viel schreiben, noch mehr sprechen. — Vom Republikanismus kann einer hier geheilt werden. —

Um schließlich auf die Theognidea zu kommen: so ist es mir eigentlich verdrießlich, den alten Leutsch, der offenbar keine rechte Lust hat mit den Papierchen herauszurücken, brieflich anzugehen: aber es soll nächstens doch geschehen. Eine Einsicht in jene Papiere wird mich zur Entscheidung bringen, ob ich nicht doch die ganze Arbeit dem bewußten Dr. Fritzsche überlasse. Wenn ich nur irgend wie wüßte, was dieser eigentlich im Schilde führt. Ich fände es seinerseits sehr vernünftig und auch ganz schicklich, wenn er einmal an mich schriebe.

Mit dem Wunsche bei Ihnen, verehrter Lehrer, in gutem Andenken zu bleiben und der Notiz, daß ich nächstens mir als besonderes ἥδυσμα eines schönen Nachmittages gönnen werde, Ihrer Frau Gemahlin zu schreiben,

bin ich Ihr

ergebenster

Friedr. Nietzsche.

Nr. 23.

Nietzsche an Frau Sophie Ritschl.
(Briefentwurf.)

[Interlaken, Juli(?) 1869.]

Hochverehrte Frau Geheimrath,

Wie im vorigen Jahr aus Wittekind, so bekommen Sie auch in diesem Jahr wieder einen Badebrief, geschrieben in Interlaken, Angesichts der Jungfrau; und sieht man von dem lächerlichen Gegensatz der bescheidnen Saalufer und der besagten Jungfrau ab, so ist meine Situation der damaligen zu ähnlich, um nicht eine besondre Logik in diesem Zusammentreffen von Brief- und Badestimmung finden zu dürfen. Sollte es vielleicht diese sein, daß wir gelehrten Maulwürfe uns erst in der Luft des Badelebens etwas abstäuben lassen, bevor wir es wagen können, uns mit Frauen zu unterhalten, vor denen wir uns gern recht reinlich und säuberlich präsentiren möchten? Und gerade in diesem Sommer habe ich, aus begreiflichen Gründen, mehr Staub als je, noch dazu berufsmäßig, also mit Würde, schlucken müssen: sodaß ich mich gewißlich dem Urbilde des deutschen Professors bereits um einige tüchtige Schritte genähert habe. [— —] Es kommt zu viel zusammen, um nicht zu einem fast einsiedlerischen Leben bestimmt zu werden, besonders für Einen, der, wie ich, wenig Geschick in geselligen Tugenden aufzuweisen hat.

Dabei befinde ich mich nicht übel: ja ich würde gar nichts vermissen, wenn noch einer meiner wenigen Freunde hieher nach Basel verschlagen würde. Ich angle durch Briefe nach einem oder dem andern, doch bis jetzt ohne Erfolg. Von großem Werthe ist mir, wie Sie mir das prophezeit haben, die Möglichkeit, mich bei Richard Wagner wieder etwas erholen zu können: ich habe dort am schönsten Gestade des Vierwaldstättersees mit ihm und der ausgezeichneten Frau von Bülow die genußreichsten Tage dieses Sommers verlebt. Im engsten Kreise seines Hauses, bei einer durchaus patriarchalischen Stellung zu Ge=

Nietzsche an Ritschl, 1869.

sinde und Umgebung, ist er gegen mich bisher voll der freundlichsten Aufmerksamkeit gewesen. Ich bilde mir ein, ihn jetzt nun wirklich als solchen zu kennen, wie ihn mir seine Leipziger Schwester geschildert hat, als einen der idealsten Menschen, voll und übervoll der edelsten und größten Gedanken und völlig frei von allen jenen armseligen Aeußerlichkeiten und Flecken, mit denen ihn die lasterhafte Frau Fama behängt hat.

Doch die Zeit ist da, Molke zu trinken und schlechte Musik zu hören. Und so schließe ich denn mit dem herzlichen Wunsche, bei Ihnen und Ihrem Herrn Gemahl stets in guter Erinnerung zu stehn, zugleich mit dem Ausdruck der treuesten und dankbarsten Ergebenheit

als Ihr

F. Nietzsche.

Nr. 24.

Nietzsche an Ritschl.

Pilatus, am 2. August 1869.

Hochverehrter und theurer Herr Geheimrath,

Zum ersten Male im Vollgenuß der „Ferien" habe ich eine Empfindung, wie ich sie seit meinen Schülerjahren nicht kannte. Bedeuten doch meine Studentenzeiten durchweg nichts anderes als ein üppiges

Schlendern durch die Gefilde der Philologie und der Kunst; so daß ich mit innigstem Danke gegen Sie, das „Schicksal" meines bisherigen Lebens, erkenne, wie nothwendig, wie rechtzeitig gerade jene Berufung kam, die mich aus einem „Wandelstern" in einen Fixstern umschuf und mich wieder das Vergnügen der sauren aber regelmäßigen Arbeit und des unverrückbar sicheren Zieles kosten läßt. Und wie anders schafft der Mensch, wenn die heilige ἀνάγκη des Berufs hinter ihm steht, wie ruhig schläft man und wie sicher weiß man beim Erwachen, was der Tag verlangt. Dies ist doch wohl keine Philisterei; mir ist es als ob ich eine zerstreute Menge von Blättern in ein Buch zusammengebunden hätte: und das „freut dem Buche sehr", um mit dem ungrammatischen Körner zu reden.

Doch was plage ich Sie mit diesen Sentiments? Nur um Ihnen anzudeuten, wie tief dankbar ich bei der glücklichen Umwandlung meiner Lebensstellung Ihre pädagogische Einsicht bewundere, die wirklich an meinem Falle ein nicht unbedeutendes Problem glücklich gelöst hat, und dazu nicht ohne Gefährlichkeit und Risiko. Dies recht eingehend zu überlegen werde ich durch die Einsamkeit und Zurückgezogenheit meines jetzigen Aufenthaltes aufgefordert: hier in der Höhe des Pilatus, eingehüllt in Wolken, ohne jede Fernsicht, erscheint mir meine bisherige Lebensführung in einem so wunderbaren Lichte, zeigt sich die Nähe, in der [bei[1]] Ihnen zu leben mir so lange

---

[1]) Das Wort ist wohl bloß versehentlich ausgelassen.

vergönnt war, als ein so wichtiger Hebel meines inneren und äußeren Lebens, daß ich flugs die Feder ergreifen muß, um Ihnen meine frische und heiße Dankesempfindung mitzutheilen. In dieser verharrend

bin ich Ihr

treu ergebner

Friedrich Nietzsche.

NB. Nachträglich bemerke ich, daß ich, von morgen an wieder in Basel lebend, als die Hauptaufgabe dieser Ferien mir die Förderung des „index" vorgesetzt habe.

Nr. 25.

Nietzsche an Ritschl.

Basel, am Tage des Kollegienschlusses 25. Sept. 1869.

Hochverehrter Herr Geheimrath,

Dieser Brief hat nur den Zweck, Ihnen etwas über seinen Ueberbringer, den Herrn Griesemann,[1] zu erzählen, der mit den besten Absichten, guten Fähig=

---

[1] Das ist also einer der drei besten seiner bisherigen Zuhörer, die — wie er an Rohde (Br. II S. 157) schreibt — auf seinen Rath nach Leipzig gingen.

Nietzsche an Ritschl, 1869.

keiten und der stärksten Ergebenheit für Sie, geliebtester Meister, nach Leipzig von Basel aus übersiedelt.

Er war mir aus zwei Gründen besonders schätzenswerth, erstens weil er als ein durchlebterer Mensch urtheilen und Auskunft geben konnte, in Fällen wo meine Baseler gemäß ihrer einheimischen Scheuheit vor allem Fremden und Ausländischen den Mund nicht aufthaten: so daß ich immer gern und mit Nutzen mit Herrn Griesemann conversirt habe. Sodann hat er als Philolog das ersichtliche Bestreben, ein strenger und unnachgiebiger Denker, vornehmlich Logiker zu sein: auch diese Eigenschaft machte mir ihn werth, da meine anderen Zuhörer und Seminarmitglieder meistens rettungslos in dem Brei vager Möglichkeiten herumschwammen.

Wenn ich noch hinzufüge, daß Herr Gr. sich vornehmlich mit plautinischen Studien befaßt hat und daß er den Wunsch hegt, in näherer Weise Ihrer Leitung und Ihres Unterrichtes theilhaftig zu werden, so glaube ich alles gesagt zu haben, um Ihnen den jungen, mir vielleicht gleichalterigen Menschen, der jetzt vor Ihnen steht, zur Berücksichtigung zu empfehlen.

In der herzlichsten Ergebenheit und Treue

Ihr Schüler

Nietzsche.

Auf seiner Herbstreise in die Heimath hatte Nietzsche den alten Lehrer am 11. Oktober d. J.

(1869) in Leipzig aufgesucht und berichtet über den Empfang an Rohde (Br. II S. 177): „Er (Ritschl) sammt Zubehör war wirklich hinreißend liebenswürdig, als ich in Leipzig meine Besuche machte." An dem nach Naumburg Weitergereisten, der dort übrigens wirklich — wie Br. 24 versprochen — die Indexarbeit förderte (f. Biogr. II S. 9) und zwar in Gemeinschaft mit seiner Schwester (f. Br. 27), ist der nächste Brief gerichtet.

Nr. 26.

Ritschl an Nietzsche.

L(eipzig), 14. Oktober 1869.

In allster Eile, lieber Freund!

Soeben erhalte ich auf meine durch Jungmann vermittelte Requisition Andersen's Mst: Emendationes Taciti qui fertur dialogi de oratoribus, 250 ziemlich weitläufig geschriebene Quartseiten, wohl an 100 Stellen behandelnd. Den Text des Autors selbst könnte er, wenn es gewünscht würde und etwa praktisch vortheilhaft erschiene, meo voto leichtlich hinzufügen.

Iam quid fiet? Sind Sie noch in Naumburg oder schon fort? Soll ich Ihnen im ersteren Falle das Mst zur Ansicht schicken? Oder im andern Falle es nach Basel gehen lassen? Ich muß dieses und die weiteren Schritte ganz Ihrer Entscheidung, Bestimmung und resp. Initiative überlassen.

Hinterher, als Sie fort waren, ist mir noch so mancherlei eingefallen, was zu besprechen gewesen wäre. Aber Sie waren ja hauptsächlich von meinen Frauen, und diese von Ihnen in Anspruch genommen, so daß ich eigentlich sehr zu kurz gekommen bin. Unter anderm habe ich Ihnen ja gar nicht einmal für Ihren glanzhellen Nebel= und Wolkenbrief vom Pilatus[1]) gedankt. Auch darüber kein Wort mit Ihnen gewechselt, mit welcher größeren, selbständigen Arbeit Sie etwa zunächst vor den Publicus zu treten vorhaben: was mich doch sehr interessiren würde 2c. 2c. Das trop tard macht eben auch hier wieder einmal seine verhängnißvolle Macht geltend.

Die Meinigen tragen mir herzliche Grüße auf, auch — und dieses zwar mit mir — an Ihr lieb= liches Schwesterchen, die wir sehr hoffen bald wieder einmal in Leipzig zu sehen.

Für dießmal mit einem herzhaften „Gotte befohlen"

treulich

Ihr

F. Ritschl.[2])

---

[1]) Oben Brief 24.

[2]) Beigelegt war nach nochmaliger Oeffnung des Kouverts eine Nietzsche interessirende Mittheilung aus einem Briefe Ribbecks, der eben eingetroffen war.

Nr. 27.

Nietzsche an Ritschl.

(Naumburg) 16. Okt. 1869.

Lieber und verehrtester Herr Geheimrath,
daß ich Ihnen nur verrathe, welche ganz besondere Freude mir gestern Ihr herzlicher Brief machte, der gerade, mit „allster Eile" zur allerrechtesten Zeit kam, nämlich am Morgen meines Geburtstages. Ein schönes und fröhliches Wahrzeichen!

Ich mache mich aber nun eilig darüber, auf die angeführten Einzelheiten zu antworten. Da ich Montag Mittag von hier nach Basel abreise, so möchte es mir wohl noch möglich sein, vorher in den Besitz des Andresen'schen Mss. zu kommen: falls Ihnen eine solche beschleunigte Absendung nicht unbequem ist. Ich will dann, nach Einsicht des Mss. direkt an Engelmann[1]) schreiben, würde aber bestimmter auf Erfolg rechnen, wenn Sie mir entweder auf einem Zettel oder in einigen Worten an mich ein Urtheil über diese Arbeit beischrieben, das ich dem Engelmann unter die Augen bringen könnte.

Wenn Sie sich sodann nach meiner nächsten größeren Publikation erkundigen, so wäre mir gerade

---

[1]) Zu dem Verleger Dr. Wilhelm Engelmann hatte Nietzsche nähere Beziehungen gewonnen: s. Br. II S. 138.

in diesem Punkte ein wohlwollend=eindringlicher Rath von größtem Werthe. Um nämlich ein größeres Buch mit fortlaufender Entwicklung eines Grund= gedankens fertig zu machen, fehlt es mir augen= blicklich an Allem, bei der Art meiner jetzigen Colle= gienvorbereitung, die mich zwingt, zum Alltagsbedarf das Quantum Produktivität aufzuzehren. Doch . . . es kann ja nicht immer so bleiben. — Dagegen könnte ich, nicht ohne Wollust, einen hübschen Band ver= mischtester Dinge, ein rechtes „Leipziger=Allerlei" zu= sammenstellen, theils litterarhistorische Erkenntnisse, theils neue Ansichten und Aussichten, drittens ein tüchtiges Bündel von Conjekturen zu Aeschylus Sophocles Lyrikern Laertius u. s. w. Warum sollte es nicht erlaubt sein, mit einer solchen lustigen Buntheit und Unordnung ans Tageslicht zu kommen, nöthigenfalls unter halber Anonymität? Vielleicht wird so ein Miscellenbuch gar nicht ungern gelesen.

Sagen Sie mir doch ein entschiedenes und ent= scheidendes Ja! oder Nein!

Ein größeres Buch über Laertius soll ungefähr in zwei Jahren ausgearbeitet sein. Vielleicht auch eine Ausgabe der Choephoren.

Zum Schluß meinen allerwärmsten Dank für Ihre Liebe und Sorgfalt für mich und schönste Grüße an Ihre verehrten Angehörigen: meine Schwester ist über Ihre freundlichen Worte ganz „üppig", besonders auch im Hinblick auf das in Aussicht gestellte Freiexemplar des Index. Sie hilft mir recht kräftig, wenn sie auch die Schriftennamen öfters etwas verdreht, z. B. Caesar eine Schrift über „Civilehe", eine andere „vom schönen Alexander" u. s. w. zuschreibt.¹)

Mich und die Meinigen bestens empfehlend
in treuester Ergebenheit
Ihr Schüler
Friedr. Nietzsche.

Nr. 28.

Ritschl an Nietzsche.
(mit Packet)

[Leipzig, 17. Oktober. 1869.]

Hoffentlich gelangt meine Sendung, die eine Viertelstunde nach Empfang Ihres Briefes abgeht, gerade noch vor Thorschluß in Ihre Hände.²) — Alles Sonstige muß ich mir natürlich, da periculum in mora, auf ein späteres Schreiben nach Basel versparen. Für dies Mal nur die beifolgenden ostensibeln Zeilen.³)

F. R.

---

¹) Scherze aus der Zeit der Indexarbeit; deren Erwähnung ich nicht tilgen mochte, weil sich in ihnen der Geist harmlosester Heiterkeit, wie er damals unter den Geschwistern herrschte, aus=spricht.

²) Sie enthielt das Andresen'sche Mst; N. reiste den 18. Oct.

³) Zur Empfehlung der Arbeit Andresens für die Firma Engelmann.

Nr. 29.

Nietzsche an Ritschl.

[Basel, Ende Oct. (?) 1869.]

Verehrtester Herr Geheimrath,

Das Andresen'sche Ms. ist zwischen Leipzig und Naumburg geradezu hin und her geflogen; denn kaum war es, bei Ihrer unglaublichen Geschicklichkeit im Packetmachen und =entsenden, in meine Hände gelangt, so ging es wieder, von einem längeren Briefe an Engelmann begleitet, auf die Post. Mit dieser „affenmäßigen" Geschwindigkeit contrastirt nun freilich die ruhige und mir verdächtige Bedachtsamkeit des Engelmann, der bis jetzt keinen Laut von sich gegeben hat. Doch — er ist sehr geplagt und hat viel zu thun. Antworten muß er endlich doch. Und da es ein sehr nobler Mann ist, so habe ich Hoffnung. —

Da man nun nächstens mit dem ersten Theile des index anfangen kann zu drucken, so bitte ich mir nähere Ordre aus, wohin ich das Manuscr. zu senden habe. Nota bene mit einem Brief an den Setzer; wenn der nicht tüchtig instruirt wird, so komme ich bei der Korrektur um.

Hier in Basel habe ich wieder reiches Maaß an Examen= und Censurstrapazen. Auch ärgere ich mich über meine Wintercollegien, vor meinen drei **dummen Zuhörern**!

Schließlich möchte ich Sie bitten, beifolgendem Mſ.¹) eine Anwartſchaft auf eine Stelle im Rhein. Muſ. zuzugeſtehen und zwar, wenn's ſein muß, **An= wartſchaft** mit dem Ictus auf der Mittelſilbe! Es wird ungefähr ein Druckbogen ſein.

Und nun mit den beſten Empfehlungen an die verehrteſten Ihrigen

in „allſter" Ergebenheit

und Eile

Fr. Nietzſche.

Nr. 30.

Ritſchl an Nietzſche.

Leipzig, 5. Nov. 1869.

Lieber Freund! Heute müſſen Sie ſich Depeſchen= ſtil gefallen laſſen: ich ſtecke im Collegienanfang, der mir dies Mal mehr als gewöhnlich bedeutet, da ich Metrik ſeit 12 Jahren zum erſten Mal wieder leſe und während dieſes Zeitraums ſo dicke Bücher über die Materie geſchrieben ſind, deren Verdauung keine leichte Sache iſt. Von meinen weisheitsdurſtigen

---

¹) Enthielt einen Aufſatz „Laertiana", der im Rhein. Muſ. XXV S. 217 ff. erſchien.

Auditoren wollte ich Ihnen gern ein Dutzend abgeben, wenn sich's thun ließe. Aber trösten Sie sich mit dem (wirklich wahren) Spruch: was man in der Jugend wünscht, hat man im Alter die Fülle. Aber wie gern kehrte man in diesem manchmal wieder zurück zu der jugendfrischen Armuth!

Ihr Griesemann¹) war bei mir und hat mir einen sehr guten und tüchtigen Eindruck gemacht. Wir müssen uns nun erst zu befreunden suchen. Besonders interessant ist mir ja auch, daß er Plautiner ist oder werden will.

Ihres Freundes Rohde Pollux-Schrift²) ist, wie ich höre, seit ein paar Wochen erschienen. Von mehreren Seiten, namentlich von Dindorf'scher, wird mir mit großem Lobe von ihr gesprochen. Ich habe sie noch nicht gesehen.³)

Daß die Indices von F. und L. (oder E.) N. druckfertig gemacht sind, ist ja sehr schön. Bestimmungsort: gleich direct nach Bonn an Freund Klette.

Ihre neuen, dankenswerthen Laertiana sind ebendahin sine mora expedirt worden zum möglichst baldigen Abdruck.

Daß Engelmann nichts von sich hören läßt, ist

---

¹) Vgl. oben Brief Nr. 25.
²) Es ist die Kieler Preisschrift De Julii Pollucis in apparatu scaenico enarrando fontibus: sie war trotz der aufgedruckten Jahreszahl 1870 schon Ende Oktober 1869 erschienen.
³) Diese Aeußerung berichtet Nietzsche an Rohde mit dem liebenswürdigen Zusatz: „Schicke ihm doch ein Exemplar, womöglich mit einem Widmungsverschen" (Br. II S. 177).

ja allerdings befremdlich. Er müßte sich denn etwa direct an Andresen selbst gewendet haben, vielleicht um ihn zur Beigabe des Dialogus-Textes zu bestimmen? — Nun, wir haben das Unsrige redlich gethan.[1]

Nachträglich: Ihre Instruction für den Index-Setzer wird freilich sehr wohlthätig sein. Aber daneben können Sie sehr auf Klettes Einsicht und Wachsamkeit zählen.

Nun noch ein Hauptpunkt. Kurz und bündig, wie Sie es haben wollen. Zu Ihrem Gedanken an ein buntes Allerlei, mag es noch so anregende und meinetwegen geistreiche Bestandtheile haben, sage ich, wenn es sich um die erste Buchpublication handelt, ein entschiedenes Nein. Später haben Sie Freiheit, in diesem lockern, kaleidoskopischen Genre zu machen, was und soviel Sie wollen. Aber das Recht dazu müssen Sie sich meo voto erst erkaufen durch etwas Zusammenhängendes, Einheitliches. Ob dazu ein paar Jahre mehr erforderlich sind, bis wohin noch gar nichts Umfängliches, Abgeschlossenes erscheint, halte ich für ganz untergeordnet gegen den Effekt, den dann das Rechte macht. Und Sie sind ja noch ein so junges Blut, das warten kann! Ich mache hiemit durchaus Realpolitik, schlechterdings die idealen, wenn auch an sich noch so berechtigten Gesichtspunkte abweisend. Und glaube mein Publicum zu kennen, welches denn doch einmal eine reale Macht ist; bis zu einer gewissen Grenze soll man m. E.

---

[1] Schließlich kam die Abhandlung etwas verkürzt in die Acta societat. philol. Lips. Bd. I.

der öffentlichen Stimme — oder nennen Sie es Zeit=
strömung oder wie Sie wollen — billige, verständige,
jedenfalls kluge Rechnung tragen. Salvo meliore.

Und nun verzeihen Sie die festinatio — und
auch meine saloppe Zettelwahl, die eine Art selt=
samer Passion bei mir ist, wenn ich mich gehen
lassen darf.

Die Meinigen tragen mir natürlich die wärmsten
Grüße auf. Ich aber bin semper idem

in treuer Gesinnung

Ihr

F. R.

Nr. 31.

Ritschl an Nietzsche.

L(eipzig), 17. November 1869.

Ihr Freund Romundt, Lieber, wäre gar nicht
abgeneigt eine Hauslehrerstellung anzunehmen: so
sagten Sie mir beiläufig, als Sie zuletzt hier waren.

Liegen etwa die Sachen noch so wie damals, so
böte sich vielleicht jetzt etwas recht Acceptabeles dar.
Prof. Czermak (Physiolog) hier sucht für seinen
Knaben, zwischen 10 und 15 Jahren, einen Haus=
maître und hat sich deshalb an mich gewendet. Der
Junge ist gut, aber etwas zurückgeblieben und nicht

sehr begabt für Denkwissenschaften, wohl aber für Sprachen und für Musik. Fordern könnte der Mann so ziemlich was er wollte: denn Cz. ist sehr reich. Ich würde meinen, bei natürlich völlig freier Station, unbedingt 400 Thaler.

Si nihil sit, lusisse putemur.

Tantumst prod hodied [1])

T. T.

F. R.

Sein Mst wird wenigstens Andresen — oder besser ich — gelegentlich wieder erhalten müssen.

Nr. 32.

Nietzsche an Ritschl.

[Basel, c. 19. November 1869].

Verehrtester Herr Geheimrath,

um zuerst auf Ihre letzte Zuschrift mit der wohl= berechtigten Mahnung [2]) zu antworten, so denke ich, daß jetzt endlich an dem Register gedruckt wird:

---

[1]) Die archaischen Formen von prod hodied verwendete Ritschl in der Zeit seiner Studien „über auslautendes D im alten Latein" gern scherzweise auch in seinem familiären Latein.

[2]) Sie stand wohl auf einer jetzt verloren gegangenen Karte; in obigem Brief Nr. 30 war die Vollendung der indices ein= fach als Thatsache angenommen.

gestern Morgen wenigstens sind 5 dicke Hefte an
Klette nach Bonn abgegangen. Das Wintersemester,
im Speziellen die lateinische Grammatik hatte mich ver=
führt, das letzte Heft des 24ten Bandes immer wieder
bei Seite zu schieben. Meine Zuhörer nämlich, acht
Mann hoch, verlangten von mir unisono, lateinische
Grammatik zu hören. Ich gehorchte, einmal aus
„Realpolitik", andrerseits, weil ich auch so recht viel
in diesem Winter lerne. Mögen mir die Dämonen
der lateinischen Grammatik gnädig beistehen! Sie
wissen, wen ich anrufe.

Nun das Zweite, doch nicht τὸ δεύτερον.

Daß Sie so hülfreich und freundlich an Romundt
gedacht haben, hat mich ordentlich in Rührung ge=
bracht, und er selbst kann es Ihnen nicht mehr
danken als ich es thue. Dies ist die erste glückliche
Hand, die den guten und begabten Menschen am
Schopfe faßt. Er hat mir zwei lange und glückliche
Briefe geschrieben und läßt einstweilen durch mich
Ihnen seine treueste Ergebenheit und Dankbarkeit
ausdrücken. Natürlich möchte er gar zu gerne zu=
greifen: sein einziges Bedenken ist, daß er sich zum
Staatsexamen gemeldet hat und, ich glaube zum
Januar, auch citirt ist. Mit anderen Worten: wenn
er jene Stellung mit dem Januar erst antreten
dürfte, so wäre ihm dies das Erwünschteste.

Doch meine ich, daß er auch dann bereit sein
würde, wenn die Stelle sofort besetzt werden müßte.

Er würde dann genöthigt sein, seine Abhandlung
über das gestellte Thema (den langweiligen Gottesbegriff
Platos) neben seinen Berufsgeschäften auszuarbeiten.

Erläuterungen.

Unter allen Umständen: er muß die Stellung annehmen.

Ich darf ihm doch wohl schreiben, daß er sich Ihnen und Herrn Czermak persönlich vorstellen soll: zumal da er in Leipzig wohnt, Universitätsstr. 19, im Hofe, 3 Treppen.

Von Engelmann keine Notiz: Beweis, daß er auf die Proposition eingeht. (Aus analogen Fällen zu schließen!)

Mit den besten Empfehlungen an die verehrten Ihrigen

Ihr getreuer

F. Nietzsche.

Ich sollte nicht vergessen haben Ihnen für Brief und Rathschläge [1]) recht zu danken. Uebrigens bin ich in Allem Ihrer Meinung: es war thöricht, nur an das „Miscellenbuch" zu denken. Aber es wird so viel gedruckt daß ich mich nächstens schäme.

Die Weihnachtszeit und die letzten Tage dieses ereignißreichen Jahres verweilte Nietzsche, der Richard Wagner schon zu Pfingsten 1869 und dann im Laufe des Sommers noch einmal (Biogr. II S. 13ff.; auch oben Brief Nr. 23) kürzere Zeit in Tribschen besucht hatte, in dessen herrlichem Landhaus am Vierwaldstätter See in einem sich immer intimer gestaltenden Verkehr. Hier tritt ihm lebhaft auch das Bild

---

[1]) Vom 3. Nov. 1869 (oben Nr. 30).

seines philologischen Meisters, der auf die bisherige Gestaltung seines geistigen und äußeren Lebens so mächtig eingewirkt hatte, vor die Seele und er singt ihm ein Triumphlied (Nr. 34), dessen dithyrambischer Schwung die gehobene Stimmung jener glücklichen Tage widerspiegelt. Auch seiner hochverehrten Freundin Frau Ritschl gedachte er und schickte ihr ein Exemplar seiner am 28. Mai gehaltenen Baseler Antrittsrede „Homer und die klassische Philologie", die er gerade in diesen Tagen „als Manuskript" hatte drucken lassen (vgl. Biogr. II S. 8; jetzt ist sie edirt Werk. II Abth. IX S. 1 ff.); das Exemplar begleitete ein zierliches Billett, datiert vom ersten Weihnachtstag.

Nr. 33.

Nietzsche an Frau Sophie Ritschl.

[Tribschen, 25. Dec. 1869].

Verehrteste Frau Geheimräthin,
hier etwas für die Weihnachtszeit, das soll heißen: etwas zur Erheiterung. Nämlich meine Antrittsrede in Basel, in einer durchaus nicht öffentlichen Form, die, wie mir jetzt scheint, sehr lächerlich ausgefallen ist, weil sie so gar ernsthaft gemeint war.

Wollen Sie sie lesen und es gefällt Ihnen manches und vieles nicht, so nehmen Sie nur immer an, wohlwollend, daß ich gerade das, was Ihnen mis=

Nietzsche an Ritschl, 1869.

fällt, bei dem öffentlichen Vortrage mit Grazie weggelassen habe.

Und so sind Sie denn unter dem auf S. 4 erwähnten „allerschönsten Publikum",[1]) mit Ihrer gütigen Erlaubniß, ebenfalls mit eingeschlossen.

Doch fürchte ich mich vor Ihrem Herrn Gemahl, meinem gestrengen Lehrer und Meister, und bitte Sie, jene Rede womöglich vor ihm zu secretiren.[2])

Don Quixote
aus Basel.

Tribschen bei Luzern, am Morgen des ersten Weihnachtstages 1869.

Nr. 34.

Nietzsche an Ritschl.

Tribschen bei Luzern, 29. Dec. 1869.

Hochverehrter Herr Geheimrath,

Heute habe ich Ihnen gar nichts Geschäftliches mitzutheilen, nur daß ich dankbar das Honorar

---

[1]) Aus den Verschen, die auf der Rückseite des Widmungsblattes gedruckt waren: s. Biogr. II S. 8.

[2]) Diese Bemerkung steht in seltsamem Widerspruch zu der Thatsache, daß ja das Manuscript der Rede schon im Sommer „bei Vater Ritschl" gewesen war (Br. II S. 166): noch dazu hatte Nietzsche von ihm „das Lob eines guten Stilisten davongetragen".

empfangen habe, daß ich aus Bonn noch ohne Nachricht bin und daß ich an einer homerischen Abhandlung schreibe. Ueberall herrscht Ferienstimmung.

Beim Abscheiden eines für mich so bedeutungsvollen Jahres dürfen Sie es mir nicht verargen, wenn ich auch einmal einen ganz ungeschäftlichen Brief schreibe, nur zum Ausdruck, daß ich viel und dankbarlich Ihrer gedenke, und daß Sie von Allem, was mir jetzt noch Angenehmes widerfährt, den gebührenden Tribut bekommen sollen.

Daß ich zum Beispiel hier mich so zu Hause fühlen kann, wo ich die allererheblichste Förderung meiner Entwicklung täglich und stündlich erfahre, das ist Ihnen ebenfalls von mir auf das Register geschrieben worden.

Und nun weiß ich, wie viele in ähnlicher Lage sind und solche Register führen müssen, überall,

„doch in Deutschland, doch in Deutschland tausend und drei!"

Sie fahren wirklich in das neue Jahr hinein wie ein Triumphator: und wir andern laufen alle mit unsern Registern nebenher und leugnen die Unsterblichkeit, bloß damit eine Wiedervergeltung schon auf Erden stattfinden müsse.

Also, verehrtester Lehrer, salve!

Sagen Sie auch Ihren werthen Angehörigen, daß ich ihnen meine besten Neujahrsgrüße schicken will, zusammen mit den freundlichsten Empfehlungen von Richard Wagner und Frau Cosima.

   In steter Dankbarkeit
    Ihr getreuer
     Friedrich Nietzsche.

Nr. 35.
(Visitenkarte.)

Ritschl an Nietzsche.

[Leipzig, 31. December 1869.]

Herzlichste Neujahrsgrüße und =wünsche von mir und den Meinigen! Zugleich mit schönstem Dank für Ihre liebenswürdige und anmuthige Schrift=gabe.[1]) Dieses jedoch nur in anticessum, zu deutsch auf Abschlag. Denn augenblicklich sind wir von Enkeln umschwärmt.[2])

Nr. 36.

Ritschl an Nietzsche.

Leipzig 26. März 1870.

Lieber Herr Professor,

Da man gar nichts von Ihnen hört, so sollen Sie was von mir hören.

Um genetisch zu verfahren: Sie wissen, daß mein

---

[1]) Die Homerrede.
[2]) Die beiden Söhne der mit Prof. Wachsmuth ver=heiratheten ältesten Tochter Ritschls, Marie (Walter und Richard) waren zu Weihnachten mit ihren Aeltern aus Göttingen herübergekommen.

College Curtius hiesige Doctordissertationen, die unter seinem auspiciis erwachsen, gesammelt als grammatische Studien[1]) herausgiebt bei S. Hirzel. Daran kann man ja an sich nur sein Wohlgefallen haben. Aber ein Hauptvehikel für die jungen Leute ist dabei, daß sie in Folge dieser Veranstaltung ihre Dissertationen in so viel Exemplaren, als sie bedürfen, umsonst gedruckt erhalten. Auch dies ist ihnen ja von Herzen zu gönnen. Indessen hat die Sache doch auch ihre Schattenseite. Curtius sagt jedem jungen Doctoranden, der in der Lage ist sich ein Thema zu wählen: „wenn Sie etwas Grammatisches schreiben wollen, sollen sie den Druck umsonst haben". Natürlich lassen sich die Meisten das nicht zwei Mal sagen. Aber die Folge ist erstlich: daß nachdem jetzt der locus de dialectis so ziemlich erschöpft ist, da es nicht viele mehr giebt, über die man etwas wissen kann, nunmehr der locus de praepositionum in l. Gr. usu an die Reihe gekommen ist, der ziemlich cum gratia in infinitum abgespielt werden kann; mit Einem Worte, daß doch durch diese fast ausschließliche Präponderanz des rein Grammatischen eine bedenkliche Einseitigkeit gefördert wird, die ich im Interesse der Leipziger Philologiestudien nicht eben wohlthätig und wünschenswerth finden kann. Zweitens aber fühlt sich auch, unter rein praktischem Gesichtspunkte, diejenige Minderzahl, welche noch etwas anderes, als gerade nur immer

---

[1]) „Studien zur gr. u. lat. Grammatik, herausg. von G. Curtius" seit 1868.

Ritschl an Nietzsche, 1870.

Grammatik, für Philologie hält, nicht wenig beeinträchtigt, nicht ebenfalls eine äußere Gunst der Verhältnisse zu genießen, wie die Mehrzahl sich ihrer zu erfreuen hat. Schon seit Jahr und Tag sind mir daher Wünsche und Anträge näher getreten, dahin gehend, daß doch eine analoge Veranstaltung für Veröffentlichung n i c h t — reingrammatischer Arbeiten von m i r getroffen werden möchte. Ich verhielt mich lange sehr passiv dazu. Da nun aber jetzt eben auch die Firma B. G. Teubner ultro, ganz ohne mein Zuthun, mir das Anerbieten gemacht hat, dergleichen Veröffentlichungen — freilich ohne besonderes Honorar, welches aber die grammatischen Protegés auch n i c h t bekommen — in ihren Verlag zu nehmen, so bin ich mit meinen Ueberlegungen dem Dinge näher auf den Leib gegangen und habe mich v o r l ä u f i g entschlossen, in passender Form auf den Gedanken einzugehen.

Um nun nicht reiner Nachahmer zu sein, möchte ich event. das Ding etwa nennen „Meletemata[2]) Societatis philologicae Lipsiensis", wäre aber sehr dankbar, wenn mir jemand, wie z. B. Sie, etwa einen noch passenderen Titel suppeditiren möchte. Diese Societas ist seit dem Winter 1865 in immer erfreulicheren Flor gekommen, bestand in den letzten Semestern aus 50—60 Mitgliedern und hat bereits eine sehr gewählte selbst geschaffene Bibliothek von mehreren hundert Bänden zu ihrer Verfügung. Der so gewählte Titel würde es möglich machen, nicht

---

[1]) Sie sind dann unter dem Titel „Acta societatis philol. Lips." erschienen.

gerade immer nur von augenblicklich actuellen Mitgliedern Arbeiten aufzunehmen, sondern auch zu früheren Theilnehmern zurückzugreifen, da ja nichts hindert, die Mitgliedschaft als einen dauernden Charakter anzusehen. Wäre es etwa die Ausführung eines effektiv schon während der früheren actuellen Theilnahme behandelten Themas, tant mieux; aber für absolut nöthig halte ich auch dies nicht.

Sie merken wo ich hinaus will. Entweder muß mit **guten** Beiträgen begonnen werden, welche Ehre einlegen beim philologischen Publicum, oder man darf gar nicht anfangen.

Wäre der ganze Plan um 1 oder 2 Jahre früher geboren, so hätte vor allem — vermuthe ich — Fr. Nietzschius de Laertio oder auch de Theognide zu Gebote gestanden; vielleicht selbst von dessen Freunde Rohde etwas nach seiner Wahl. Auch mit ein paar guten Dissertationen ist es nun trop tard, da sie bereits auf eigene Kosten erschienen sind, z. B. Hagen de Hyperide, Jeep de Claudiano. Was augenblicklich vorläge, wäre 1. die noch immer (!) nicht zum Druck gelangten (in Leipzig!) Emendationes zum Dialogus von Andresen, 2. Jungmann de Fulgentio, wozu bald kommen dürften 3. Stürenburg's Lucretiana. Aber alles dreies betrifft Latina, und sogar eröffnen müßte man meo sensu das Ganze mit einem Graecum. Sowohl unter diesem Gesichtspunkte, als **unter jedem anderen**, wäre es daher äußerst erwünscht, ein Nietzschianum an die Spitze stellen zu können.

Ritschl an Nietzsche, 1870.

Bewahren Sie nun wohl, frage ich, dem alten Leipzig soviel freundliche Erinnerung und treue Gesinnung, um **uns** (**uns** sage ich lieber und richtiger als **mir**) irgend einen liebsamen Beitrag zu vergönnen? Sei es, daß sie irgend einen Nachtrag zu Laertius oder Theognis in petto hätten oder etwas ganz Neues geben wollten. Auf den Umfang käme gar nichts an; im Falle Mangel an Muße einem Mehr im Wege stünde, würde auch 1 Druckbogen dem Zwecke vollkommen genügen. Aber allerdings auf das „bald" käme etwas an, vor allem aber wenigstens auf eine baldige Geneigtheitserklärung. Müßte ich — wider Verhoffen, ich gestehe es — selbst auf diese verzichten, so halte ich es für höchst möglich, daß ich meinerseits auf den ganzen Plan selbst verzichtete. Also: ein paar rasche Zeilen, bitte ich schön.

So viel — oder wenig — für heute, vieles andere ebenso vorbehaltend, wie Sie es zu thun pflegen.

    Mit besten Wünschen
     treulich
      Ihr F. Ritschl.

Nr. 37.

Nietzsche an Ritschl.

[Basel, 28. März 1870.]

Verehrtester und lieber Herr Geheimrath,
natürlich dürfen Sie auf mich rechnen. Eine solche
Unternehmung war ja schon längst der geheime Wunsch
aller braven Leipziger Commilitonen; allmählich aber
scheint sie mir nothwendig geworden zu sein. Daß
Sie mich aber der Ehre einer ersten Position würdigen,
nehme ich mir wohl zu Herzen.

Augenblicklich habe ich das Programm des hiesigen
Pädagogiums zu schreiben,[1]) was mich jedoch nicht
zu lange beanspruchen darf. Für die Meletemata
Societatis philologicae Lipsiensis mache ich Ihnen
nun folgenden Vorschlag:

Eine ganze Kette von Untersuchungen über Homer
und Hesiod im gegenseitigen Verhältniß, angeknüpft
an die kleine sogenannte Schrift „certamen Homeri
et Hesiodi" ist hinreichend vorbereitet und ausgedacht,
um endlich niedergeschrieben werden zu können. Mein
Plan war es, bis zum Herbst ein Büchlein von 12
bis 14 Bogen über diese Materie fertig zu machen.
Dies gebe ich nun mit Vergnügen auf und bestimme
den ersten Theil sofort für die „meletemata." Dieser

---

[1]) „Beiträge zur Quellenkunde und Kritik des Laertius Diogenes."

Theil giebt eine neue Ausgabe (auf c. 12 Seiten) des certamen, die erste handschriftliche seit Henricus Stephanus (bei der auch wirklich etwas herauskommt), dann Untersuchungen über die Quellen der Schrift: zusammen vielleicht 3 Bogen oder mehr. Sind Sie damit zufrieden?

Sie erlauben mir doch, auch meinen Freund und Ihren **treuen** Schüler E. Rohde zu dem Unternehmen einzuladen? Wenn es sein muß, so bringe ich ihn noch zu einem Beitrag zum ersten Heft.

Mich freut es übrigens, wieder einmal eine Nöthigung zum Lateinschreiben zu haben, um durch Uebung meinen bald fadenscheinigen, bald fetten, immer ungesunden Stil etwas zu bessern. Auch habe ich vor, meine Laertiana buchmäßig zusammen zu schreiben.

Ich bin jetzt im Ganzen recht hoffnungsschwanger in Betreff meiner Philologie. Natürlich nicht jener genannten kleinen Arbeiten wegen, sondern weil ich überall in Grundanschauungen u. s. w. ein Wachsen spüre, das mir eine gute Frucht verkündet. Nur muß ich mir zu einer Hauptleistung Zeit lassen.

Jetzt habe ich nun ein Jahr im akademischen Berufe ausgehalten. Es geht, es geht! Doch nimmt das Pädagogium viel Zeit und Energie weg. Im Herbst komme ich zu Ihnen nach Leipzig (auch darf ich vielleicht einen Vortrag [2]) halten?). — Ihnen und Ihren verehrten Angehörigen die schönsten Grüße

von

Fried. Nietzsche.

---

[1]) Bei der damals noch geplanten Philologenversammlung.

Erläuterungen.

Dieser Brief giebt Anlaß zu einer Reihe von weiter ausgreifenden Bemerkungen, die theils Nietzsches damalige S t u d i e n betreffen, theils die Stellung, die er zwischen Ritschl und R o h d e einnahm.

Die hier erwähnten Studien, die an die kleine Schrift Certamen Homeri et Hesiodi anknüpfen, hatten Nietzsche schon sehr früh beschäftigt. Bereits vor seinem Militärjahr hatte er Materialien gesammelt für eine Untersuchung über Entstehung und Ausbildung des antiken Glaubens von der Gleichzeitigkeit Homers und Hesiods. Selbst während seiner Dienstzeit hatte er sich diesem Kreis wieder zugewendet. Das zeigt eine (ungedruckte) Anfrage an Ritschl vom 17. Februar 1868 betr. eine Collation der einzigen Handschrift jenes Certamen: ja, er dachte damals daran über dieses interessante Thema seine Doctordissertation zu schreiben. (Br. vom 17. Februar 1868 und Br. II S. 74). Seitdem hatte er die manigfaltigen Probleme, die sich anschließen, nicht aus den Augen verloren: auch in den Briefen wird dieser Studienkreis noch öfters zur Sprache kommen.

Das zweite hier wiederkehrende Thema geht die Philosophenbiographien des Diogenes Laertius an, denen auch das angekündigte Programm gilt.

Aber diese und ähnliche kleinere Arbeiten werden bereits damals in den Hintergrund gedrängt durch die neuen „Grundanschauungen", die ihm aufzugehen beginnen (vgl. auch Br. II S. 191). Sie waren bereits skizzirt in dem am 18. Januar 1870 gehaltenen Vortrag „über das griechische Musikdrama" (Werk. IX S. 33) und in dem am 1. Februar 1870

Erläuterungen.

„Sokrates und die Tragödie" (ebd. S. 53 ff., sonstige Notizen dieser Zeit stehen ebd. S. 60 ff.). Bereits ist die „Geburt der Tragödie" in Sicht.

Was aber Rohde anlangt, so grollte dieser Ritschl nicht bloß damals noch wegen der oben S. 48 f. erörterten Angelegenheit; sondern die Beiden mit ihrem fast diametral entgegengesetzten Naturell konnten beiderseitig noch immer nicht rechtes Vertrauen zu einander fassen. Nietzsche aber war unausgesetzt bemüht zwischen ihnen ein freundlicheres Verhältniß zu vermitteln. Schon den 11. Nov. 1869 redete er Rohde zu, seine Polluxschrift an Ritschl mit Widmungsversen zu schicken (s. oben Br. 30 S. 80 Anm. 3) und fügte hinzu: „Der alte gute Schäker hat so was so gern. Auch glaube ich, daß man dich dort anders kennt, als es vielleicht früher der Fall war" (Br. II S. 177). Wie er sodann Ritschln hier Rohde mit Betonung als seinen treuen Schüler für die Betheiligung an den Acta empfiehlt, so hatte er alsbald an den Freund, der damals in Italien weilte, geschrieben, ihm den ganzen Plan mitgetheilt und ihn mit stärksten persönlichen Accenten („ich habe mir gelobt dem Unternehmen treu zur Seite zu stehen" Br. II S. 191) geworben. Und als die Zusage eingetroffen, dankte er ihm warm für seine Bereitwilligkeit, „auch in Ritschls Namen, der eine große Freude daran hat" (Br. II S. 198); an Ritschl selbst hatte er schon zuvor (unten Br. 42) des Freundes Bereitwilligkeit mit dessen eigenen pietätsvollen Worten mitgetheilt. Und sein Bemühen hatte den schönen Erfolg, daß Rohde über den Besuch, den er einige Zeit darauf (18. Juni 1870) bei Ritschl machte, erfreut berichten konnte: „Der Altmeister war außerordentlich liebenswürdig und zum ersten Male gegen mich wirklich herzlich." (Br. II S. 203.)

Nr. 38.

Ritschl an Nietzsche.

L(eipzig), 30. März 1870.

Lieber Freund,

Na und ob! — ich nämlich „zufrieden" bin mit Ihrem so liebsamen Vorschlage! Anzi, mille grazie. So wird ja die Sache brillant ins Leben treten. Und wenn Sie Freund Rohde gewännen, etwa in analoger Weise — vermuthlich doch auch mit einem Graecum — das zweite Heft zu eröffnen, so wären wir ja vollends über alle Berge. Geringerer Kleinkram wird dann leicht durch Ihren Vortritt gedeckt und übertragen. Denn Mittelgut giebt's doch überall und man kann die Leute nicht gescheiter machen als sie sind, — höchstens methodischer, wenn's glückt.

Aber [Sie werden das „siehest du darum scheel, daß ich so gütig bin" auf mich anwenden!] „properatost opus" oder „bis dat qui cito dat" muß ich leider hinzufügen, weil Freund Jungmann auf diese Druckgelegenheit für seine Dissertation wartet, nachdem er bereits vor geraumer Zeit sein Examen gemacht hat, aber die wirklichen honores erst mit Einreichung der Druckschrift erlangt. Ich brauche nicht mehr zu sagen, um Ihnen die Sache ans Herz zu legen, wohl eingedenk übrigens des „ultra posse nemo tenetur".

Ueber alles, was Sie mir sonst noch andeuten von sich, Ihrem befriedigenden Ergehen, Ihrem Wachsen und Gedeihen, habe ich mich herzlich gefreut. Und das Pädagogium werden Sie wohl auch noch los zur rechten Zeit. Ich habe manchmal in praktischen Dingen einen richtigen Seherblick gehabt; täuscht mich meine Intuition, die freilich auf einigen positiven Daten beruht, nicht gänzlich, so kommt vielleicht der Anlaß, Sie in eine freiere Stellung zu bringen, früher als Sie denken.

Haben Sie eigentlich mit Brambach ein persönliches Verhältniß angeknüpft? Und wie gefällt Ihnen Freiburg? Ich gestehe dafür immer ein stilles tendre gehabt zu haben.

Im Herbst — zwischen 2.—6. Oktober — sehen wir Sie also hier zur Philologenversammlung. Natürlich kann uns ein Vortrag von Ihnen nur in hohem Grade erwünscht sein, und habe ich Sie augenblicklich schon dazu vorgemerkt. Das Thema wissen Sie wohl jetzt selbst noch nicht, werden es aber wohl späterhin noch angeben können.

Meine Frau, nebst Tochter, grüßt zwar schön, wundert sich aber doch, daß Sie keine Andeutung darüber haben fallen lassen, daß sie Ihnen, etwa Anfang Februar, einen Brief geschrieben, der ihr keine Antwort eingetragen hat (auch in Betreff

Ihrer Homerica.)¹) Er wird doch richtig in Ihre Hände gelangt sein?²)

Mit besten Wünschen treugesinnt

Ihr F. Ritschl.

Nr. 39.

Nietzsche an Ritschl.

[Basel, 9.(?) April 1870.]

Verehrtester Herr Geheimrath,
seit Ihrem letzten Briefe lebe ich in steter Unruhe und gönne mir keine Muße mehr. Vernehmen Sie, in welcher Constellation ich lebe. Das Pädagogiums=programm ist gestern glücklich fertig geworden und ich bin sofort zur neuen Arbeit übergegangen. Aber auf wie lange! Denken Sie daß nächste Woche meine Angehörigen kommen und daß wir zusammen an den Genfersee reisen.³) Bis dahin giebt es noch die Nöthe der Examina und Versetzungscommissionen. Mit anderen Worten: ich weiß gar nicht mehr, wie

---

¹) Der Baseler Homerrede (s. oben Br. 33).
²) Ist zwar in Nietzsches Hände gelangt (s. den nächsten Br.); aber leider jetzt nur zu seinem kleinsten Theil aufzufinden gewesen: s. oben die Einleitung S. 20.
³) In Clarens brachte Nietzsche die Ferien vom 15.—30. April mit Mutter und Schwester zu (s. Biogr. II S. 30; Br. II S. 192); danach ist das Datum dieses Briefes angesetzt.

Nietzsche an Ritschl, 1870.

fertig werden und wenn Sie mir zurufen „periculum in mora", so muß ich zurückrufen „mora in periculo", was hier einmal ausnahmsweise soviel bedeuten soll „meine Erholungszeit geht zum Teufel!" Denn Sie kennen das Loos von Arbeiten, die man mit in die Pensionswirthschaften in schönen Gegenden nimmt. Gesetzt sie werden fertig — so ärgert man sich hinterdrein, sowohl die Arbeit als die Ferien verpfuscht zu haben.

Schließlich gebietet doch, so viel ich sehe, nichts Anderes diese grausame Eile als Freund Jungmanns Situation. Hören Sie nun meinen Einfall. Geben Sie seine Arbeit sofort zu Teubner in Druck und lassen Sie gefälligst Teubner sagen, er möge die Rechnung später an mich gelangen lassen. Ich mache mir dies Vergnügen — mit Vergnügen. Nur darf Fr. Jungmann gar nichts davon erfahren; und mein Name muß gar nicht genannt werden. Vielleicht darf ich Sie um eine wohlgemeinte Lüge ersuchen und verspreche meinerseits, die Last dieser Sünde tragen zu wollen.

Ich sehe nämlich nicht ein, warum Jungmanns Dissertation sofort in das erste Heft der Meletemata kommen müßte.

Wenn nun dieser Grund zur höchsten Eile wegfällt, so bleiben gewiß noch, wie ich gar nicht unterschätze, auch noch andre Gründe, die Meletemata möglichst bald von Stapel laufen zu lassen. Ist es Ihnen denn zu spät, wenn ich das Manuscript druckfertig in der zweiten Hälfte des Mai sende? Nämlich es liegt mir etwas an dieser Arbeit und ich möchte sie nicht in zu großer Bedrängtheit nieder schreiben: ich habe für den ganzen Stoff ein stilles tendre, wie Sie (und ich) für Freiburg.

Die Jungmann=Frage betrachte ich als beantwortet.

Heute hat man mich auch zum Ordinarius gemacht.[1]

Ihrer Frau Gemahlin sagen Sie doch, daß sie mir ja nicht böse sein soll. Man habe mitunter, ja gewöhnlich zum Besten keine Zeit, eben weil es das Beste ist.

Eiligst Ihr getreuer

Basel Sonnabend.   Friedr. Nietzsche.

Nr. 40.

Nietzsche an Ritschl.

[Clarens=au=Basset, 2. Hälfte April 1870.]

Verehrtester Herr Geheimrath,
auch so bin ich zufrieden.[2]

Dies ist die eine Zeile die Sie verlangen.

Hier ist alles blau blau blau warm warm warm,

---

[1] Demnach wäre der 9. April der Tag der Ernennung. Doch bezeichnet Nietzsche selbst wiederholt März als den Termin, und so auch Biogr. II S. 29.

[2] Der Brief Ritschls, den diese Zeilen beantworten, fehlt; er enthielt wahrscheinlich nur eine Anfrage in Betreff der Acta.

Ritschl an Nietzsche, 1870.

von früh bis Abends. Tinte und Feder aber versagen den Dienst. Ich habe schon oft gewünscht, daß Sie hier sein möchten, hier wo es nur eine Pflicht giebt: wie ein Murmelthier in der Sonne zu liegen.

Faul, aber treugesinnt
Friedr. Nietzsche.

Pension Ketterer, Clarens-au-Basset.

Die Meinigen[1]) grüßen schönstens.

Nr. 41.

Ritschl an Nietzsche.

L(ei)pz(i)g, 22. April 1870.

Eilig!
Wollten Sie nicht so gut sein, lieber Freund, mir den Titel der Abhandlung, die Sie dem fasc. I der Acta soc. phil. L. freundlichst zugedacht haben, in wörtlicher Fassung zukommen zu lassen?

Teubners wünschen für ihre „Mittheilungen" schon jetzt eine Voranzeige des Unternehmens und zwar mit Nennung der im ersten Hefte „zu erscheinenden" Beiträge. Dagegen haben ja auch wohl Sie gar nichts einzuwenden.

---

[1]) S. oben Br. 39.

Nietzsche an Ritschl, 1870.

Für Jungmanns Gratis-Druck ist übrigens in anderer Weise aufs Erwünschteste gesorgt. Aber 1) Ihr Graecum und 2) Ihr Graecum muß unweigerlich den Anfang machen.

Mit herzlichem Gruß

Ihr

F. R.

Nr. 42.

Nietzsche an Ritschl.

Basel [Ende April 1870].

Verehrtester Herr Geheimrath,

ich antworte Ihnen bereits wieder aus Basel; die Meinigen habe ich am Genfersee zurückgelassen. Es war nämlich nöthig zurückzukehren, weil der Druck meines Programms (für das Pädagogium) ins Stocken gerieth und weil die Universität dem alten Gerlach zu Ehren etwas veranstalten wollte. Gestern habe ich im Auftrage des Senats an jenen eine lateinische Adresse gemacht. Es war nicht leicht.[1] —

Der Titel dürfte vielleicht so lauten: Certamen

---

[1] „Es war ein peinliches Stück Arbeit", schreibt er von derselben Adresse an Prof. Brambach in Freiburg, dem er sie als Curiosität sandte, 18. Mai 1870.

Nietzsche an Ritschl, 1870.

quod dicitur Hesiodi et Homeri e codice Florentino post Henricum Stephanum denuo edidit Fridericus N. Wenn Sie aber ändern wollen, so ist Ihnen im Voraus dafür gedankt. Rohde, den ich für Ihr Unternehmen zu gewinnen suchte, sagt mir brieflich aus Venedig seine Betheiligung zu [2]) (um, wie er sich ausdrückt, „Ritschl als Lehrer und Philolog, hämischen Anfällen gegenüber, meinen Verehrungszoll darzubringen"). Er verspricht die Publikation einer von ihm in einem römischen codex gefundenen kleinen Sammlung von P a r a d o x a, die wahrscheinlich dem I s i g o n u s zuzuschreiben sind. Eine kleine gedrängte Vorrede und dann der Text, zu dem nichts zu thun ist als, wo sie vorhanden sind, die Parallelstellen hinzuzusetzen. — Er spricht davon, Ende Mai nach Basel zu kommen. Seine „Paradoxa" bezeichnet er „noch reichlich so gut als die meisten Anecdota neuesten Datums".

Teubner kann auch diesen Beitrag sofort ankündigen; damit hätte ja das erste Heft, zusammen mit Andresens coniectanea, gewiß den nöthigen Umfang.

Mit herzlichen Gruß Ihr

getreuer Nietzsche.

---
[1]) Vgl. Br. II S. 193.

Nr. 43.

Nietzsche an Ritschl.

[Basel, Anfang Juni 1870.]

Verehrtester Herr Geheimrath,

[— —]

Mein certamen bekommen Sie definitiv in nächster Woche. Diese leider nur zu nothwendige Verzögerung drückt mich sehr, da ich's anders versprochen habe. Doch wer konnte, als ich das Versprechen gab, voraussehen, wie schwer mir dies Sommersemester gemacht werden sollte! Ich hätte billiger Weise Ihnen keine Zeile versprechen dürfen. Inzwischen habe ich durch plötzlichen Dispens J. Mähly's am Pädagogium 6 Stunden mehr und in summa wöchentlich zwanzig Stunden. Das giebt, bei lauter neuen Vorlesungen, eine totale Aufzehrung aller disponiblen Kräfte; wer jetzt in meiner Nähe wohnt, wird beurtheilen können, daß die kleine Gabe, die ich für Ihre acta bestimmt habe, mir ungewöhnlich schwer gefallen ist.

Nun bitte ich Sie sehr darum, folgender Combination Ihren Beifall zu zollen. Obwohl Teubner schon den Inhalt des ersten Heftes angekündigt hat, möchte ich aus bringenden Motiven folgende Anordordnung vorschlagen:

1. E. Rohde Paradoxa (c. 16 Druckseiten);

Nietzsche an Ritschl, 1870.

2. Certamen (c. 25 Druckseiten);
3. Jungmann;
4. Andresen.

Machen Sie mir die Concession, mit meinem Freunde Rohde zusammen das Heft eröffnen zu dürfen.

Dafür biete ich Ihnen Ersatz für das zweite Heft: auf meine Anfragen hat Dr. Wilhelm Roscher in Bautzen sofort einen Beitrag versprochen; und das Manuscript (eine decas von griech. Conjecturen) wird in 3 Wochen bei Ihnen sein. Damit habe ich doch nichts Unerwünschtes angezettelt? — Es ist so ein freundlicher und dienstbereiter Mensch, unser Roscher.

Ueber das Programm hat Zeller in Heidelberg sehr angenehm an mich geschrieben. Gedruckt ist abscheulich inkorrekt; dafür hat einer meiner Studenten die Correktur besorgt. Schlecht genug. —

  Also Rohde, Andresen und ich
  In einem Heft — sonst nich—t,
nämlich sonst bleibt es beim Alten:

  was nicht wünscht Ihr ergebenster

      F. Nietzsche.

Nr. 44.

Ritschl an Nietzsche.

L(eipzig), 7. Juni 1870.

Nehmen Sie sich, Lieber, 8 Tage; allenfalls auch 14 Tage länger Zeit für Ihr Certamen, als Sie vorhaben: es ist nicht solches periculum in mora, in Folge sehr großer, nicht so im Voraus berechenbarer Aufenthalte mit dem Fulgentianum. Und überhaupt ist es den Teubners gar nicht so sehr darum zu thun, daß der Druck ohne jede Unterbrechung continuirt werde.

Rohde's sehr dankenswerther Beitrag — daß der sogleich noch in Heft I komme, werde ich noch heute bei BGT. nachdrücklichst befürworten und zweifle nicht an der Zustimmung. Aber, wenn es nun denn doch einmal nicht auf rigorose Continuität des Drucks ankömmt, hätte ich doch gern Ihr Certamen als Nr. 1, den Isigonus als Nr. 2; aus zwei Gründen, deren wichtigster ist, daß doch — ab Iove principium, weil doch nicht zu leugnen, daß Homer und Hesiod ein paar Jahre früher lebten und um einige Procente berühmter sind als Isigonus.

Daß Sie Roscher engagirt haben, ist s e h r e schöne. Warum denn Mähly so unvermuthet außer Acti=

vität gesetzt? Sie beklage ich dabei. Aber post nubila Phoebus: lange wirds ja nicht dauern.

Treulichst
Ihr
F. R.

Nr. 45.

Nietzsche an Ritschl.

[Basel] 12. Juli 1870.
Temperatur 29 Grad R.

Verehrtester Herr Geheimrath,
so will ich denn nur fortschicken, was ich habe, nichts mehr und nichts weniger als die editio des Certamen [1]) (etwa 25 Druckseiten).

Es war wirklich ein arg gequältes halbes Jahr, zuletzt noch mit wahrhaft tropischem und wochenlang gleichmäßigem Sonnenbrande. Dazu mußte ich 2 Wochen zu Bette liegen und bin jetzt an meinem linken Fuße noch etwas leidend. [2])

In diesen Tagen bekommt Klette einen Aufsatz von mir, den ersten, der sich mit dem Certamen befaßt. [3])
Ihre Frau Gemahlin hat mir für übermorgen

---

[1]) Für die Acta soc. phil. Lips., in deren Band I sie den Anfang macht.

[2]) Er hatte ihn sich am 22. Juni verrenkt (s. Br. I³ S. 167, 169; II S. 204; Biogr. II S. 31).

[3]) Im Rhein. Mus. XXV S. 528 ff. erschienen.

ihre Ankunft angekündigt: wie freue ich mich, sie in der Schweiz begrüßen zu können.

Mein mir ganz unschätzbarer Freund Rohde hat mich in Basel auf einige Zeit besucht: inzwischen wird er wohl auch bei Ihnen gewesen sein.[1]) Er will die erste Correktur des Ἀγών übernehmen; haben Sie seine Hamburger Adresse?

Und nun verzeihen Sie, daß ich schon wieder verstumme: unsere Stimmung ist nachgerade eine ganz unmögliche.

Ihr getreuer
Friedrich Nietzsche.

Nr. 46.

Ritschl an Nietzsche.

L(eipzig), 17. Juli 1870. Sonntag Abend.

Nur 2 Zeilen, l. Fr., in flüchtigster Eile. Wenn Sie irgend etwas von meiner Frau und Tochter und ihrem jetzigen Aufenthalt wissen, so theilen Sie es mir doch schleunigst mit. Ich richte gleichzeitig dieselbe Bitte an Vischer, weil möglicher Weise der eine oder der andere nicht anwesend in Basel. Die Meinigen wollten daselbst vorigen Donnerstag Abend ankommen und mir sogleich schreiben. Ich habe aber bis zu dieser Stunde noch keine Zeile erhalten und weiß

---

[1]) Er hatte Ritschl am 18. Juni besucht und berichtete darüber an Nietzsche Br. II S. 203: s. oben S. 97f.

Nietzsche an Frau Sophie Ritschl, 1870.

gar nicht was ich denken soll. Für Briefe wird ja doch die Communication noch nicht gesperrt sein! namentlich aus der Schweiz etwa durch Bayern nach Leipzig. Telegraphische Privatdepeschen werden allerdings wenigstens hier nicht mehr expedirt.

Ihr dankenswerthes Mst¹) richtig arrivirt und bereits in der Druckerei; die erste Correctur wird nach Ordre an Rohde, dessen Adresse ich habe, gehen; soll die zweite oder eine Revision an Sie gelangen?

Ihr Unwohlsein beklage, Ihr Wiederwohlsein begratulire ich von Herzen. [— —].

Gott behüte Sie und uns alle, obenan aber Deutschland!

Treulich Ihr
F. R.

Nr. 47.

Nietzsche an Frau Sophie Ritschl.

Axenstein bei Brunnen.
[19. oder 20. Juli 1870.]

Verehrteste Frau Geheimräthin,

sehr spät und auf Umwegen — weil ich inzwischen abgereist war — kam Ihr freundlicher Brief²) in

---

¹) Nietzsches Beitrag für die Acta.
²) Dieser Brief ist nicht aufzufinden; er war wohl von Frau Ritschl aus Rigi-Scheideck geschrieben, wohin sie mit ihrer Tochter gereist war.

meine Hände, zugleich mit einigen Zeilen Ihres Herrn Gemahls¹), datirt vom Sonntag Abend, der nach schleunigen Nachrichten über Sie verlangt und an mich und Vischer gleichzeitig Briefe abgesendet hat. — Telegraphische Privatdepeschen werden in Leipzig nicht mehr expedirt.²) [— —]

Meine tägliche Sorge ist nun, wie ich meine Schwester glücklich wieder in ihre Heimath expedire; dabei habe ich mich gefragt, ob Sie nicht vielleicht unter dem Druck der entsetzlichsten Atmosphäre, Ihre Rückreise beschleunigen. In diesem Falle wäre meiner Schwester, die inzwischen hier mit mir lebt, eine kleine Notiz sehr erwünscht.

Hier bin ich, vom Standpunkte meines Fußes aus,³) sehr zufriedengestellt. Doch wage ich mich einstweilen noch nicht auf die Höhen; falls Sie aber noch etwas länger bleiben, so möchte ich wagen Ihnen einen Besuch in diesem unvergleichlichen Theile des Vierwaldstättergebiets zu proponieren. Warm ist es freilich: aber vielleicht sehnen Sie Sich in Ihren Höhen etwas nach Wärme, was weiß ich. Wie empfehlenswerth unser Hôtel ist, das zeigt die Thatsache, daß es hier immer gleichmäßig voll bleibt (110—120 Personen), trotz der beängstigenden Situation, die ja schlimmer gar nicht gedacht werden kann.

Welche beschämende Empfindung, jetzt ruhig bleiben

---

¹) Der obenstehende Br. 46.
²) Wegen der mittlerweile erfolgten Kriegserklärung an Frankreich.
³) Den er sich verrenkt hatte (s. oben Br. 45).

zu müssen, jetzt, wo sogar für meine feldartille=
ristischen Studien die geeignetste Zeit gekommen wäre!

Mein Trost ist, daß für die neue Culturperiode
doch wenigstens einige der alten Elemente übrig bleiben
müssen: und wie weit, durch einen solchen nationalen
Erbitterungskrieg, selbst die Traditionen der Kultur
vernichtet werden k ö n n e n, das kann man aus traurigen
Analogien der Geschichte sich vergegenwärtigen.

Für schlimme Fälle habe ich mir natürlich noch
einen kräftigen Entschluß vorbehalten.

Denken Sie, daß die K i e l e r Studenten einmüthig
unter die Waffen treten! —

Also auf Wiedersehn? Meine Schwester macht
Ihnen und Ihrer Fräulein Tochter ihre Empfehlung.

Ihr ergebener
Friedrich Nietzsche.

Nr. 48.

Frau Sophie Ritschl an Friedrich
Nietzsche.[1])

[R i g i = S c h e i d e c k] 6. August 1870.

Ich habe immer geglaubt, lieber Herr Professor,
daß der wiederkehrende Sonnenschein Sie und Ihre

---

[1]) Das schlechte Papier, die flüchtige Schrift, die ungeordnete
Gedankenreihe zeigen die große Hast, mit der dieser Brief hin=
geworfen ist. Damit stimmt, daß zum Schluß nur der Name
unterzeichnet ist (in dem am 12. Februar 1870 geschriebenen
steht „Mit aufrichtiger Freundschaft Ihre S. R.").

Frau Sophie Ritschl an Nietzsche, 1870.

Frl. Schwester zu uns locken würde; da es bis jetzt nicht geschehen und der Himmel wieder Regen und Nebel bringt, möchte ich nur in Bezug auf unsere Reisepläne antworten. Wir bleiben, wenn nichts Besonderes vorfällt, jedenfalls noch die künftige Woche und halten uns dann noch auf Benndorfs[1]) Einladung ein paar Tage in dessen Häuslichkeit in Zürich auf, richten überhaupt unsere Rückreise nach der Benutzbarkeit der bairischen Bahn, die noch vor wenigen Tagen nicht frei war. Das Alles ist so unbestimmt, daß ich Ihnen kaum zumuthen darf, irgend welche Reisepläne für Ihre Frl. Schwester darauf zu gründen; und so gern ich Ihnen beiden nützlich wäre, so kann ich, wenn irgend welche Schwierigkeiten eintreten, nicht einmal meinen Schutz für ausreichend genug halten, um Ihnen denselben anzubieten. Ich weiß selbst noch nicht, wann und wie wir zurückkehren, möchte also Niemandem zureden, sich unserem zweifelhaften Schicksal anzuschließen. Wir sind nach der ersten Kriegsnachricht nicht zurückgekehrt, weil es eine Gesundheitsfrage bei uns war — sonst wäre eine sofortige Rückreise noch am leichtesten gewesen.

Wie schwer es Ihnen wird Ihre Gesundheit zu pflegen, während ganz Deutschland seine vollen Kräfte einsetzt, kann ich mir vorstellen; empfindet doch jeder Unthätige verhältnißmäßig das Gleiche und muß sich damit trösten, daß auch noch für ihn genügende Aufgaben bleiben.

---

[1]) Otto Benndorf war damals Professor an der Universität in Zürich.

Erläuterungen.

Leben Sie herzlich wohl und hoffen wir, daß wir uns mit triumphirenden Herzen wiedersehen. Meine besten Empfehlungen Ihrer lieben Schwester.

S. Ritschl.

Dieser Brief erreichte Nietzsche nicht mehr in Axenstein: denn gleich nach der Kunde von den Schlachten bei Weißenburg und Wörth war er mit seiner Schwester abgereist. Konnte die neutrale Schweiz ihm auch seinen Wunsch als aktiver Soldat am Feldzug Theil zu nehmen nicht erfüllen, so durfte er sich doch als freiwilliger Krankenpfleger am Kriege betheiligen.

Zu diesem Zwecke ließ er sich bereits seit dem 13. August in Erlangen für die medicinische und chirurgische Pflege ausbilden (Biogr. II S. 33; Br. I³ S. 171): schon von hier aus erstattete er an Ritschl über seine Schicksale und Pläne Bericht (der Brief war zwar laut Ritschls Tagebuch am 22. August in dessen Hände gelangt, fehlt aber jetzt).

Schon vierzehn Tage später begab er sich auf den Kriegsschauplatz und gelangte in anstrengenden Märschen durch die verschiedenen Lazarethe und Baracken bis in die Nähe von Metz (Br. a. a. O. S. 172). Und auch unter all den unvermeidlichen Strapazen und Mühseligkeiten und mitten aus dem Jammer der Verwundeten heraus schickte er dem väterlichen Freund öfters Mittheilungen. Ans Ziel gelangt ist leider von ihnen allen nur der in seiner Kürze tief ergreifende Zettel aus dem Nachtlager bei Hagenau (in Leipzig am 1. Sept. eingetroffen).

Nr. 49.

Nietzsche an Ritschl.

[bei Hagenau, Elsaß, 29. August 1870.]

2 Uhr Nachts, Viehwagen

bei ganz verkältetem Fußgestell trotz Flammensäule von Straßburg Freies Feld zwischen Station Hagenau und Bischweiler. Neunstündiger Aufenthalt unter Pferden und Kavalleristen, bei feindlicher Bevölkerung.

Dies bereits gewohnte Art zu reisen. Morgen Nancy, dann Hauptquartier und weiter.

Ein Erinnerungszeichen an entsetzliches Schlachtfeld von Wörth folgt mit.

Elendes Oellicht hindert mehr zu schreiben.

Ihr getreuer

Nietzsche.

Montag 29. Aug. Nachts um 2.

Dann führte Nietzsche einen ihm übergebenen Transport Schwerverwundeter nach Karlsruhe, erkrankte jedoch selbst in Erlangen schwer und konnte erst nach einer Woche nach Naumburg reisen, von wo der nächste Brief datirt ist, in dem er über seine Eindrücke und Leiden berichtet (vgl. auch Br. I³ S. 172 f.; die Anm. auf S. 552; Br. II S. 597; Biogr. II S. 36 ff.).

Nr. 50.

Nietzsche an Ritschl.

Naumburg, 21. Sept. 1870.

Verehrtester Herr Geheimrath,
wer weiß ob Sie meine letzten Briefe bekommen haben! Dies ist der stille Zweifel, der einen in solchen Zeiten bei allem Briefschreiben überschleicht. Darum will ich Ihnen noch einmal erzählen, daß ich von Erlangen aus im Dienste der freiwilligen Krankenpflege mich nach dem Kriegsschauplatze begeben habe — bis nach Ars-sur-Moselle (ganz in der Nähe von Metz) und daß ich von dort einen Verwundeten-Transport nach Carlsruhe gebracht habe. Die Anstrengungen der ganzen Unternehmung waren bedeutend; mit den Bildern jener Wochen und einem unaufhörlich sich mir vernehmbar machenden Klageton habe ich jetzt noch zu ringen. Ich verfiel bei meiner Rückkehr zugleich in zwei Krankheiten gefährlicher Art, die ich beide in der Tag und Nacht unausgesetzten Pflege von Schwerverwundeten durch Ansteckung bekommen habe — Rachendiphtheritis und rothe Ruhr — eheu!
(nobile par fratrum!   )
Doch sind beide Uebel in der Hauptsache überwunden; vor einigen Tagen bin ich hier in Naumburg angekommen, um mich recht zu erholen und

durch stille Arbeit wieder von den Erregungen jener Zeit zu heilen. Daß Einem immer, bei den besten Absichten für das Allgemeine, die lumpige Persönlichkeit mit all ihren Quengeleien und Schwächlichkeiten zwischen die Beine kommt! Nochmals eheu!

Von meinen Erlebnissen hoffe ich Ihnen nächstens persönlich erzählen zu können; auch bringe ich Ihnen ein Paar Chassepot=Kugeln von den Schlachtfeldern mit. Alle meine militärischen Leidenschaften sind wieder erwacht, und ich konnte sie gar nicht befriedigen! Wäre ich bei meiner Batterie gewesen, so hätte ich die Tage von Rezonville, Sedan und — Laon praktisch und vielleicht auch passiv erlebt. Nun aber hat mir Schweizerische Neutralität die Hände gebunden. —

Ich habe gehört, daß Ihre verehrten Angehörigen wieder bei Ihnen angelangt sind. Habe ich recht gehört? Dann hoffe ich sie in nächster Woche zu sehn. Meine Schwester läßt sich bestens empfehlen. Ich freue mich darauf, wieder etwas philologische Luft zu athmen; mehr aber als das: Ich freue mich nach Jahresfrist Sie wieder zu sehen. Es war für mich persönlich ein recht wechsel= und mühevolles Jahr!

Wann aber wäre man je auf stolzeren Füßen gegangen als jetzt? Und welcher Deutsche, wenn er einen Deutschen wiedersieht, darf jetzt nicht nur weinen, sondern auch — wie zwei Augurn — lachen?

Und das wollen wir nächste Woche zusammen thun. Auf Wiedersehn!

Ihr getreuer
Friedrich Nietzsche.

Erläuterungen.

Auf diesen Brief antwortete Ritschl sofort (am 22. September laut Tagebuch); doch ist der Brief nicht aufzufinden. Wirklich kam Nietzsche am 27. September und dann nochmals am 12. Oktober zum Besuch nach Leipzig herüber. —

Das kurz vor Beginn des Krieges eingelaufene Manuscript Nietzsches für die Acta der Ritschl'schen Societät war inzwischen gesetzt worden; die sehr gründliche und mühevolle Correctur hatte nach Rohde Ritschl persönlich übernommen und gerade kurz vorher fast vier volle Tage (18.—21. Sept.) darauf verwenden müssen. Nun konnten Nietzschen selbst die letzten Revisionen noch nach Naumburg zugesandt werden. Doch eilte er bereits gegen Ende Oktober nach Basel, um mit voller Energie seine Vorlesungen wieder aufzunehmen. Und noch dazu las er über griechische Metrik und Rhythmik, über die sich ihm eine Reihe neuer Gedanken erschlossen hatte, die er mit Entdeckerfreude verfolgte (vgl. Br. I³ S. 174 f.; II S. 207 „der beste philologische Einfall, den ich bis jetzt gehabt habe"; die Grundzüge seiner neuen Anschauungen sind mitgetheilt in zwei Briefen an Dr. Fuchs in Br. I³ S. 462 ff.; 524 ff; vgl. auch ebd. S. 406). Er las jetzt durchaus nach seinem eignen System; denn er hatte sich von den Ansichten aller Vorgänger völlig emancipirt und auch von Brambach ganz getrennt, mit dem er doch noch vor Kurzem auf demselben Standpunkt stand, wie sich aus einem, in Ritschls Nachlaß vorgefundenen Brief an Brambach (vom 18. Mai 1870) ergiebt, dessen einschlägiger Passus die Veröffentlichung verdient: „Ich bedanke mich bestens für Ihre letzte musikalisch-metrische Zusendung (Rhein. Museum XXXV S. 232 ff.). Sie gefiel mir so gut und schien mir so beifallswürdig, daß ich sie sofort weiter addressirt habe, nämlich an Richard Wagner, der sich gern über die neuesten Standpunkte griechischer Metrik unterrichten möchte. Manches habe ich ihm schon erzählt, aber nie ist es mir gelungen, die Sachlage so durchsichtig darzustellen, wie es in Ihren „Streifzügen" geschehen ist." In diese Gedankenkreise führen die beiden nächsten Briefe hinein.

Nr. 51.

Nietzsche an Ritschl.

Basel, Sonnabend 29. Okt. 1870.

Verehrtester Herr Geheimrath,

leider waren die Correkturbogen[1] nicht mehr in meinen Händen; ich hatte sie bei meiner Abreise in Naumburg zurückgelassen. Sofort habe ich dahin geschrieben — mit welchem Erfolg, weiß ich nicht. Inzwischen habe ich das Certamen noch einmal durchgesehn; was vielleicht noch hinzuzufügen wäre, wenn dazu noch Zeit ist — will ich auf der letzten Seite des Briefes notieren.

---

[1] Nämlich seines Aufsatzes in den Acta der Ritschl'schen Societät.

Nietzsche an Ritschl, 1870.

Die Correktur Rohde's ist mir an einigen Stellen besonders merkwürdig, wo er bei Citaten Worte streicht oder auch das Citat für falsch erklärt; nachträgliches Nachschlagen hat mich belehrt, daß ich von Anfang an das Rechte hatte. — Aber wie die Sache ohne Ihre Hülfe zu Stande gekommen wäre, sehe ich gar nicht ab. —

Hier haben wir Examinationsnöthe am Pädagogium. — Die politische Atmosphäre ist geradezu scheußlich, es giebt Leute, die offen ihren Enthusiasmus für die Verrätherei von Laon bekunden. Auch mit ruhigen und im Ganzen deutschgesinnten Baselern kann man sich nicht mehr verständigen. Der Deutschenhaß ist hier instinktiv und die Lust an den französischen Siegesberichten groß. Heute allgemeine Trauer wegen Metz. —

Mein Befinden ist immer noch nicht zu rühmen. Die Ruhr verdirbt auf lange hinaus die Eingeweide. Ich stecke bis über den Kopf in metrischen Fragen, der Winter wird dabei draufgehen.

Sich Ihnen getreulich anempfehlend

Ihr ergebenster

Friedrich Nietzsche.

Nr. 52.

Nietzsche an Ritschl.

[Basel, 30. Dezember 1870.]

Verehrtester Herr Geheimrath,
auch ich wünsche Ihnen zum Jahreswechsel auszudrücken, daß ich Sie immer in dankbarster Erinnerung halte und über nichts mehr erfreut sein kann, als wenn ich von Ihrem rüstigen Wohlbefinden und Ihrem Wohlwollen gegen mich höre. Möge uns allen das neue Jahr eine leidliche und erträgliche Antwort auf die vielen Fragezeichen geben, zu denen uns die Gegenwart zwingt, möge vor allem die staatliche Machtentfaltung Deutschlands nicht mit zu erheblichen Opfern der Kultur erkauft werden![1]) Einiges werden wir jedenfalls einbüßen und hoffentlich auch dies nur in Hoffnung auf eine spätere reichliche und vielfältige Wiedererstattung.

Um Ihnen etwas von meinen Studien zu berichten — so bin auch ich[2]) recht ordentlich in die Netze der Rhythmik und Metrik gerathen, bekenne

---

[1]) Aehnliche Aeußerungen finden sich in dieser Zeit öfters: Br. I³ S. 176, 179 und II S. 208. Die Grundanschauung blieb bei Nietzsche immer lebendig und findet sich noch in den Aufzeichnungen aus der Umwerthungszeit, z. B. Werke XIII S. 350 ff.

[2]) Im Brief steht: ich auch ich.

Nietzsche an Ritschl, 1870.

Ihnen übrigens meine Ueberzeugung, daß je mehr wir von der modernen Musik zum Verständniß der Metrik hinzugewonnen haben, wir um so weiter uns auch von der wirklichen Metrik des Alterthums entfernt haben; wenn ich auch glaube, daß dieser ganze Prozeß von G. Hermann bis H. Schmidt einmal durchgemacht werden mußte. Mit Westphal bin ich fast in allen wesentlichen Punkten nicht mehr einverstanden. Sehr freue ich mich darauf, in dem angekündigten Buche von Brambach auch Ihre Lehren (so viel ich weiß, in der Vorrede) vorzufinden;[1]) wenn Brambach selbst noch im Sinne seiner „Sophokleischen Studien" dies neue Buch verfaßt hat, so fürchte ich auch ihn auf einem Irrpfade anzutreffen. Hier thut einmal ein völliger Radikalismus noth, eine wirkliche Rückkehr zum Alterthum, selbst auf die Gefahr hin, daß man in wichtigen Punkten den Alten nicht mehr nachfühlen könnte und daß man dies gestehen müßte. [— —]

Mit meinen Baseler Verhältnissen bin ich zufrieden. Jetzt wird ein philosophischer Lehrstuhl frei, da Teichmüller nach Dorpat berufen ist. Ich lese jetzt Hesiod und Metrik, im Seminar Cicero's Academica. Wir haben 12 Zuhörer. Der alte Gerlach ist von unverwüstlicher Natur und — jedenfalls für das Pädagogium ein sehr guter Lehrer. Was mir hier fehlt, ist eins: Zeit.

---

[1]) Gemeint sind Brambachs 1871 erschienenen „Rhythmische und metrische Untersuchungen", in deren Einleitung S. IX ff. wirklich Ritschls briefliche Aeußerungen zusammengestellt sind (Opusc. V, S. 592 ff.).

Erläuterungen.

Ich komme zum Schluß und wiederhole meine Wünsche für Ihr Wohlergehen. Zugleich bitte ich Ihrer Frau Gemahlin meine herzlichen Gratulationen aussprechen zu dürfen.

In steter Treue und Dankbarkeit

Ihr

Friedrich Nietzsche.

Freitag vor Jahresschluß.

— —

Obiger Brief wurde gleich nach Empfang am 1. Januar 1871 mit einer Karte beantwortet (die jetzt fehlt). Dann aber trat in dem Briefwechsel eine längere Pause ein. Das hängt wesentlich mit der bösen Erkrankung Nietzsches zusammen, die ihn zwang Februar und März 1871 im Süden zuzubringen. Anfang April konnte er Lugano verlassen und war Ostern (9. April) wieder in Basel.

Durch diese lange Krankheit und Abwesenheit erklärt sich auch, daß Nietzsche von einem Aergerniß, das Ritschl im Anfang März bereitet worden war und das eine Zeit lang bösartig zu werden drohte, erst Ende April etwas erfuhr und nun in höchster Aufregung dem geliebten Lehrer einen Brief voll der schlimmsten Besorgnisse schrieb (leider ist er verloren).

In den „Preußischen Jahrbüchern" waren nämlich einige während der Kämpfe um Paris zum Vorschein gekommene Briefe deutscher Gelehrter an den

Erläuterungen.

Kaiser Napoleon veröffentlicht worden, darunter auch ein paar von Ritschl, der 1860—1865 mit Napoleon, zuletzt auf Anlaß der von ihm übernommenen Revision der deutschen Uebersetzung des kaiserlichen Lebens Caesars, in reger Correspondenz gestanden hatte (dagegen seit 1866 nicht mehr!) Außerdem war auch ein ganz vertrauter Privatbrief Ritschls an Mad. Hortense Cornu, eine alte Freundin des Hauses, die auf den Kaiser in Unterrichtsfragen einen gewissen Einfluß ausübte, aufgefunden und an die Oeffentlichkeit gezerrt worden. Daran hatte sich dann in den Zeitungen und bei dem ungelehrten und gelehrten Pöbel eine Hetze geknüpft, deren Leidenschaftlichkeit auf derselben Höhe stand wie ihre Perfidie, und nur durch den damaligen Siedgrad des Chauvinismus einigermaßen entschuldigt werden kann (s. Ribbeck, Fr. Ritschl II S. 395, wo freilich manche nicht unwichtige Punkte übergangen sind, und S. 544 f., wo Ritschls eigene Erklärung steht).

Auf diese Dinge bezog sich die aufgeregte Anfrage Nietzsches, die Ritschl den 1. Mai erhielt (zu diesem Datum bemerkt sein Tagebuch: „Verkehrter Aufregungsbrief von Nietzsche") und zwei Tage darauf beantwortete.

Nr. 53.

Ritschl an Nietzsche.

L(eipzig), 3. Mai 1871.

Lieber und werther Freund,

Ihre Freundschaft läßt Sie die Dinge doch noch etwas schwärzer sehen, als sie in Wirklichkeit — wenn nicht waren, doch wenigstens jetzt sind. Denn täuscht nicht alles, so ist nunmehr die Sache so gut wie begraben: NB! wenn nicht, wozu mehr als einmal Gefahr war, die Freunde mehr schaden als nützen.

[— — — — — — — — —]¹)
ἀλλὰ τὰ μὲν προτετύχθαι ἐάσομεν
wenn es anders möglich ist.

Das Erfreulichere ist, daß Sie Ihre Kraft und Gesundheit wieder gewonnen haben, wozu ich herzlich Glück wünsche. Daß Ihnen in Ihren Baseler Zuständen zu wünschen übrig bleibt, ist unser aller gemeinsames Loos. Aber „wer ausharret, der gewinnt"; vielleicht nur „über ein Kleines", daß Sie Sieger sind.

---

¹) Die hier von Ritschl gegebenen Einzelheiten zu wiederholen ist heute überflüssig und ohne Interesse; nur der Antheil den Nietzsche nahm interessiert.

Sie sehen meinem Geschreibsel die große Eile an, zu der mich Correcturen und Examina drängen.

In treuer Gesinnung

der Ihrige

F R.

Meine Frau erwiedert Ihre Grüße nur darum nicht, weil sie in Göttingen ist.

Nr. 54.

Nietzsche an Ritschl.

[Basel] 7. Juni 1871.

Verehrtester Herr Geheimrath,
mit dem herzlichsten Danke für Ihren Brief,[1] der mich nach jeder Seite hin beruhigt und aufgeklärt hat, verbinde ich heute die Anzeige, daß ich im Herbste nicht nach Leipzig zur Philologenversammlung kommen werde und meinen vorjährigen Antrag, einen Vortrag zu halten, zurückziehen muß. Nachdem ich weiß, daß Sie nicht präsidiren, versteht sich dies Alles von selbst. Im gleichen Sinne schrieb mir auch dieser Tage Freund Rohde aus Kiel.[2] — Dabei ist es aber nicht unmöglich, daß ich dieses

---

[1] Den Brief vom 3. Mai, oben Nr. 53.
[2] Vgl. Br. II S. 241.

Jahr irgend wann einmal nach Leipzig komme, um Sie zu besuchen: eine Aussicht, die ich mir durch den oben gemeldeten Entschluß nicht rauben lassen möchte.

In Betreff Rohdes möchte ich mir die Anfrage erlauben, ob Sie nicht ein Mittel wissen, wie man ihn in Zürich,[1]) an Benndorfs Stelle, zum Vorschlag bringen könnte. Mir liegt erstaunlich viel daran, ihn in meine Nähe zu bekommen. [— — —] Ich halte ihn, ohne alle freundschaftlichen Uebertreibungen, für eine der reichsten philologischen Kräfte und Begabungen, die wir für die Zukunft zu wünschen haben.

Kürzlich sprach sich Wölfflin sehr lobend über Andresens Aufsatz in den „Acta" aus, desgleichen Hagen in Bern über Jungmanns Fulgentius. Ich habe beide zu einer Recension zu gewinnen gesucht.[2])

Sich Ihnen und Ihrer Frau Gemahlin (der ich nächstens einen geheimen Aufsatz[3]) von mir senden werde) bestens empfehlend, auch Namens meiner

---

[1]) Derselbe Plan wird mit Rohde eingehend erörtert (Br. II S. 242, 245, 247, 251, 252, 257).

[2]) Dasselbe wird am selben Tag (7. Juni) an Freund Rohde berichtet: Br. II S. 244.

[3]) Gemeint ist die Umarbeitung des früheren Vortrags „Sokrates und die griechische Tragödie", die er gerade damals (s. Br. II S. 244) auf seine Kosten in Basel drucken ließ, auch als „Manuscript", und Anfang Juli an Deussen (Br. I³ S. 184) und an Rohde (Br. II S. 248, 249) schickte. Vgl. Anm. zu Br. I³ Nr. 52 S. 553.

Ritschl an Nietzsche, 1871.

Schwester, die mich, bei meinen ungleichen Gesund=
heitsverhältnissen, hegt und pflegt,

      bin ich

    Ihr getreuer

        Friedrich Nietzsche
        in Basel.

Nr. 55.

Ritschl an Nietzsche.

L(eipzig) 11. Juni 1871.

Daß Sie, lieber Herr Professor, zur Philologen=
versammlung nicht nach Leipzig kommen, ist mir
unter der Bedingung gleichgültig, daß Sie den in
Aussicht gestellten anderweitigen Besuch zur Aus=
führung bringen. Halten Sie sich nur mit Ihrer
Gesundheit recht tapfer; Ihre Handschrift scheint
mir anzudeuten, daß Sie von einer gewissen Ner=
vosität doch noch nicht ganz frei sind. Di faxint
meliora.

Wenn Sie fragen, welches die „bewegenden
Gründe" meines Rücktritts vom Präsidium seien, so
diene zu bündiger Antwort, was ich um mit diesen
frivolis nicht meine Zeilen an Sie zu füllen, auf
dem beifolgenden Zettel kurz notirt habe. Sie

Erläuterungen.

können von dem Inhalt bei sich bietender Gelegenheit ungenirt Gebrauch machen.¹)

Was Zürich und Rohde betrifft, so will ich zunächst einmal dort erst das Terrain recognosciren, um danach zu ermessen, was sich etwa thun läßt.²)

Daß die Acta hier und da einigen Anklang finden, freut mich. Vor Ihnen hatte ich noch von keiner Seite irgend ein Wort darüber gehört. Es wird bereits tapfer an fasc. 2 gedruckt. [— —] Proficiat!

Die Meinigen grüßen, mit ihren besten Wünschen, Sie und mit mir Ihre liebe schwesterliche Pflegerin.

Treugesinnt

Ihr F. R.

Gleich darauf (15. Juni) hatte Ritschl an Nietzsche einen dringlichen Brief geschickt mit der Bitte um Auskunft über Klima, Wetter, Logis, Bäder u. s. w. von **Ragatz**, wohin seine Tochter Ida auf ärztliche Anordnung sofort gehen sollte. Schon am 17. erstattete Nietzsche ausführlichen Bericht, aber nur vorläufigen (als „prooemium"), nachdem er nicht weniger als 15 Personen ausgefragt hatte, von

---

¹) Die Machinationen, mit denen man Ritschl aus dem Präsidium der Leipziger Philologenversammlung glücklich bei Seite chikanirte, wie Rohde Br. II S. 241 sich ausdrückt, hatte dieser auf einem beiliegenden Zettel knapp und treffend geschildert: doch gehört ihre Erzählung nicht hierher.

²) Dies wird sofort an Rohde weiter gemeldet (Br. II S. 248).

denen er weitere Auskunft so wie sie einlief zu melden versprach. Noch bevor Nietzsche seinen rührenden Eifer weiter bethätigen konnte, traf infolge veränderter Sachlage Contreordre ein.

Nr. 56.

Ritschl an Nietzsche.

[Leipzig] Montag 19. Juli 1871, im Augenblick des Empfangs Ihres Briefes vom 17ten.

Herzlichen Dank, lieber Freund, von uns allen, für Ihre rührend liebenswürdige Beflissenheit. Aber: stellen Sie weitere Bemühungen nunmehr gef. ein. Es hat sich in aller Eile ganz anders gemacht, so daß meine Tochter aus Göttingen, telegraphisch herbeordert, schon hier eingetroffen ist und mit Ida bereits heute Nachmittag nach Ragatz abreist. Sie müssen sich nun, da sie rectissima gehen, dort schon allein zu behelfen suchen, ohne vorher noch irgend welche Renseignements erhalten zu können. Erfahren Sie noch etwas auch jetzt noch ihnen Nützliches, so melden Sie es wohl freundlich direkt dorthin poste restante.

Es thut mir sehr leid, Sie so unnütz ins Feuer gehetzt zu haben! Doch — petimus ignoscimusque vicissim, denke ich.

Treulich
Ihr
F. R.

Nr. 57.

Nietzsche an Ritschl.

Basel, 4. August 1871.

Verehrtester Herr Geheimrath,
durch eine kleine Reise in die Berge[1]) ist es mir etwas später als ich wünschen möchte, möglich geworden, die Büchersendung an Sie zu effektuiren. Ich denke aber, daß Hr. Opitz noch nicht in die Ferien abgereist sein wird und daß somit die Bücher gerade noch zur rechten Zeit in seine Hände kommen. Es scheint mir, daß er finden wird, was er wünscht, — ein ziemlich reiches und bisher unverwerthetes Material.[2])

Ich habe in den letzten Wochen einen Versuch gemacht, etwas für Rohde in Betreff der Züricher Professur zu erwirken — ohne Erfolg. [— —] Kurz — ich habe mich umsonst bemüht und muß auf eine bessere Gelegenheit warten, Rohde zu nützen. —

Ich weiß nicht, wer mir erzählt hat, oder ob ich es geträumt habe, daß die Leipziger Philologenver-

---

[1]) Nach Gimmelwald bei Mürren im Berner Oberland: s. Br. I³ S. 182, II S. 246 u. Biogr. II S. 61.

[2]) Es sind Collationen zu Aurelius Victor von A. Roth, aufbewahrt auf der Baseler Bibliothek: von Opitz verwerthet in den quaest. de S. Aurelio Victore in Acta soc. phil. Lips. II S. 200

Erläuterungen.

sammlung nicht zu Stande kommt.¹) Das thut mir leid: schlecht — wäre besser. — [— —]

Haben Sie gute Nachrichten aus Ragaz von Ihrer Fräulein Tochter? Und wie überstehen Sie selbst diesen absurden Sommer? Die Statistik der Leipziger Universität zeigt ja enorme Progressionen für dies Semester. Der Ringkampf mit Berlin ist bereits für Leipzig entschieden.

Mich Ihnen und Ihrer Frau Gemahlin herzlich empfehlend und für die Zusendung Ihres plautinischen Aufsatzes²) bestens dankend

bin ich in steter Treue

Ihr ergebener Schüler

Friedrich Nietzsche.

Nach einem sehr arbeitsreichen aber auch arbeitsfrohen Semester, in dem er das Manuscript der „Geburt der Tragödie" vollendet hatte, beschloß Nietzsche glückselig, zum ersten Male vor die wissenschaftliche Welt mit einem in die Tiefe dringenden Forschungsergebniß treten zu können, sich den lange entbehrten Genuß zu machen, in der alten Musenstadt ein Wiedersehen mit seinem Studiengenossen und Herzensfreund Rohde zu feiern. Auf den 10. Oktober war diese Zusammenkunft geplant (Br. II S. 263,

---

¹) Sie war nur zum zweiten Male (auf Pfingsten 1872) verschoben.

²) „Zur Plautuslitteratur" II im Rhein. Mus. XXVI S. 483.

264, 266); auch Freund v. Gersdorff wurde dazu eingeladen (Br. I³ S. 189) und sagte zu. Zugleich sollte das zukunftsschwangere Opusculum dem Verleger E. W. Fritzsch übergeben werden (Br. I³ S. 192, 194). In voller Vorfreude auf diese Tage schlägt der nächste Brief, in dem Nietzsche auch Ritschl seinen Besuch anmeldet, einen ungewöhnlich heiteren Ton an.

Nr. 58.

Nietzsche an Ritschl.

Basel, 18. September 1871.

Mein verehrtester Herr Geheimrath,
ich kündige Ihnen hiermit an, daß ich, meinem gegebnen Versprechen[1]) gemäß, im Herbst einmal bei Ihnen erscheinen werde. Das ist nun beschlossen. Da wollen wir uns mancherlei erzählen, ich bin sehr zum Erzählen aufgelegt und weiß, daß Sie und Ihre Frau Gemahlin an mir den alten Antheil nehmen. Das hat mir der Miethling Romundt verrathen, der sich über Basel zu seinem Herrendienst nach Nizza begab.[2])

Mit diesen Ankündigungszeilen geht zugleich eine

---

[1]) Im Br. Nr. 54.
[2]) Vgl. Br. I³ S. 189; II S. 263 u. 265 (wo Rohde auch den Ausdruck „der Miethling" gebraucht).

Nietzsche an Ritschl, 1871.

Abhandlung ab, die sich Hoffnung macht — und wie ich denke, sich machen darf — im Rheinischen Museum gedruckt zu werden. Sie ist verfaßt von dem begabten Dr. Gelzer (dem Sohne des bekannten Professors), der hier Gymnasiallehrer ist und auch bei mir ein Kolleg gehört hat. Augenblicklich ist er mit seinem Lehrer E. Curtius in Kleinasien, der Glückliche! und gräbt vielleicht nach den Gebeinen des Hektor — was weiß ich! Ich denke mir, er wird irgend wann einmal auf den Einfall gerathen — oder gebracht werden — sich zu habilitieren. Machen Sie ihm und mir das Vergnügen, das Baseler Elaborat über Lykurgus im Rhein. Museum gedruckt zu sehn.[1)]

Meine Schwester hat mich seit einiger Zeit verlassen. Wir sind hier in den letzten Athemzügen des Sommersemesters — wir haben hier einen langen Athem, nicht wahr?

Also auf Wiedersehen, verehrtester Lehrer!

Ihr getreuer
Friedrich Nietzsche.

[1)] Erschien im Rhein. Muf. XXVIII S. 1 f.

Nr. 59.

Ritschl an Nietzsche.

L(ei)pz(i)g, 2. Oct. 1871.

Lieber Herr Professor,

Seit Wochen liegen Ihre zwei letzten Briefe[1]) vor mir, von Tag zu Tag der Beantwortung entgegenharrend. Die Antwort sollte aber von einer kleinen gedruckten Beilage begleitet sein, für deren Inhalt ich ein näheres Interesse bei Ihnen voraussetzte. Sie kam indeß durch die Trödelei der Georgi'schen Offizin erst vorgestern fertig in meine Hände.[2]) Gestern adressirte ich sie bereits an Sie, fügte auch ein zweites Exemplar hinzu in dem Gedanken, Sie hätten vielleicht einen musikalischen Freund, der von den auf Musik (als integrirenden Theil der römischen Komödie) bezüglichen Erörterungen (namentlich p. 20 ff. 24 ff. 36 ff.) Notiz zu nehmen sich veranlaßt finden möchte, wenn Sie ihn auf dieselbe aufmerksam machten.[3])

---

[1]) Das sind die obigen Nr. 57 und 58.
[2]) Separatabzug des Aufsatzes „Canticum und Diverbium bei Plautus" aus dem Rhein. Mus. XXVI S. 599 ff. (= Opusc. III S. 1 ff.), der von den Siglen C und DV (s. unten S. 137) in den Scenenüberschriften der Plautuscodices ausging.
[3]) Gemeint ist natürlich Richard Wagner, an den Nietzsche auch die metrisch-musikalischen Bemerkungen Brambachs mitgetheilt hatte: s. oben S. 120.

Erläuterungen.

Da erfahre ich von meiner gestern Abend hier angekommenen Tochter, daß Sie schon in Naumburg sind und wir Sie demnächst bei uns zu erwarten haben. Ich beeile mich also Ihnen unsrerseits den venutissimo zuzurufen, und verspare alles, was ich Ihnen schriftlich zu sagen vorhatte, auf mündliche Besprechung. Dahin gehört auch das pater — nein, eher fili peccavi, daß ich Ihnen nicht einmal den richtigen Empfang der mit so vieler Liberalität freundlichst übersandten Aurelius-Victor-Sachen angezeigt, ja formell bescheinigt habe, wie es doch schon exacte Geschäftsordnung gefordert hätte! Man ist eben leider nicht immer so tugendhaft, wie man sein sollte! Und undankbar ist doch noch schlimmer als untugendhaft.

Also: mit vorläufig den schönsten Grüßen, auch an Ihr lieb Schwesterchen,

Ihr

F. R.

Ich lege doch Ihr Exemplar des „Canticum & DV" gleich diesen Zeilen bei, weil Sie vielleicht in Naumburg gerade ein paar freie Viertelstündchen haben, die sich nicht viel schlechter verwenden lassen als zu einer flüchtigen Durchsicht dieser Blätter.

Wirklich besuchte Nietzsche während der festlichen Tage „seliger Erinnerungsfeier" den alten Lehrer sogar zwei Mal. Am 10. Oktober kam er allein und blieb zum Thee; den 14. kam er mit Rohde und verabschiedete sich; denn den 15. feierten die Freunde in Naumburg zusammen Nietzsches 27. Geburtstag (Br. 1³ S. 192).

Noch am Ende des Jahres erschien das Buch „Die Geburt der Tragödie aus dem Geiste der Musik", auf dessen Wirkung Nietzsche so große Hoffnungen gesetzt hatte. Ritschl erhielt durch den Leipziger Verleger das Buch gerade am Sylvestertag 1871 zugeschickt. Daß ein Gelehrter, dem Dionysische Schwärmerei und Mystik so fern lagen wie Ritschl, das Buch mit Jubel empfangen würde, konnte freilich nicht erwartet werden. Er war enttäuscht, schüttelte den Kopf und — schwieg. Aber schon am 30. Januar schrieb ihm Nietzsche einen Brief, der feierlich dringend zum Reden aufforderte.

Nr. 60.

Nietzsche an Ritschl.

Basel, 30. Jan. 1872.

Verehrtester Herr Geheimrath,

Sie werden mir mein Erstaunen nicht verargen, daß ich von Ihnen auch kein Wörtchen über mein jüngst erschienenes Buch zu hören bekomme, und hoffentlich auch meine Offenheit nicht, mit der ich Ihnen dies Erstaunen ausdrücke. Denn dieses Buch ist doch etwas von der Art eines Manifestes und fordert doch

Nietzsche an Ritschl, 1872.

am wenigsten zum Schweigen auf. Vielleicht wundern Sie Sich, wenn ich Ihnen sage, welchen Eindruck ich etwa bei Ihnen, mein verehrter Lehrer, voraussetzte: ich dachte, wenn Ihnen irgend etwas Hoffnungsvolles in Ihrem Leben begegnet sei, so möchte es dieses Buch sein, hoffnungsvoll für unsere Alterthumswissenschaft, hoffnungsvoll für das deutsche Wesen, wenn auch eine Anzahl Individuen daran zu Grunde gehen sollte. Denn die practische Consequenz meiner Ansichten werde ich wenigstens nicht schuldig bleiben, und Sie errathen etwas davon, wenn ich Ihnen mittheile, daß ich hier öffentliche Vorträge „über die Zukunft unserer Bildungsanstalten" [1]) halte. Von persönlichen Absichten und Vorsichten fühle ich mich — wie Sie mir glauben werden, so ziemlich frei, und weil ich nichts für mich suche, hoffe ich etwas für Andere zu leisten. Mir liegt vor allem daran, mich der jüngeren Generation der Philologen zu bemächtigen und ich hielte es für ein schmähliches Zeichen, wenn mir dies nicht gelänge. — Nun beunruhigt mich etwas Ihr Schweigen. Nicht als ob ich einen Augenblick an Ihrer Teilnahme für mich gezweifelt hätte; von der bin ich ein für alle Mal überzeugt — wohl aber könnte ich mir gerade von dieser Theilnahme aus eine gleichsam persönliche Besorgniß um mich erklären. Diese zu zerstreuen schreibe ich Ihnen. —

Das Register zum Rhein. Mus. habe ich bekommen. Haben Sie vielleicht meiner Schwester ein Exemplar geschickt?

---

[1]) Vgl. Br. II S. 284 (von 28. Januar 1872); Biogr. II S. 113 f. und jetzt Werk. IX² S. 297 ff.

Ritschl an Nietzsche, 1872.

Eine Anfrage, ob ich einen event. Ruf nach Greifs=
wald¹) annehmen würde, habe ich ohne einen Augen=
blick des Zögerns verneinend beantwortet.

Bleiben Sie mir, mein verehrter Herr Geheim=
rath, zusammen mit Ihrer Frau Gemahlin gewogen
und seien Sie herzlich gegrüßt von

     Ihrem
     Friedr. Nietzsche.

Nr. 61.

Ritschl an Nietzsche.

L(eipzig) 14. Februar 1872.

Da Sie mir, lieber Herr Professor, Ihr Buch
nur durch den Verleger, ohne eine persönliche Be=
gleitzeile, zukommen zu lassen so freundlich waren,
so habe ich wirklich auch nicht geglaubt, daß Sie
meinerseits sogleich eine persönliche Rückäußerung
erwarteten. Darum mich denn das „Erstaunen",
dem Sie in Ihrem neulichen Briefe²) Ausdruck
gaben, allerdings überrascht hat.³)

Wenn ich nun aber, trotz Ihres Wunsches, zu

---

¹) Vgl. Biogr. II S. 29; Br. II a. a. O.
²) Den obigen Brief Nr. 60, der vom 30. Januar datirt,
erst am 2. Februar in Ritschls Hände gelangt ist.
³) Die nun folgende Besprechung der „Geburt der Tra=
ödie" ist bereits Biogr. II S. 66 ff. abgedruckt.

einer eingehenden Besprechung Ihrer Schrift, die für Sie irgend einen Werth haben könnte, mich auch jetzt noch außer Stande fühle und wohl auch weiterhin außer Stande fühlen werde, so müssen Sie bedenken, daß ich zu alt bin, um mich noch nach ganz neuen Lebens= und Geisteswegen umzuschauen. Meiner ganzen Natur nach gehöre ich, was die Hauptsache ist, der historischen Richtung und historischen Betrachtung der menschlichen Dinge so entschieden an, daß mir nie die Erlösung der Welt in einem oder dem andern philosophischen System gefunden zu sein schien; daß ich auch niemals das natürliche Abblühen einer Epoche oder Erscheinung mit „Selbstmord" bezeichnen kann; daß ich in der Individualisirung des Lebens keinen Rückschritt zu erkennen, und nicht zu glauben vermag, daß die geistigen Lebensformen und =potenzen eines von Natur und durch geschichtliche Entwickelung selten begabten, gewissermaßen privilegirten Volkes absolut maßgebend für alle Völker und Zeiten seien — so wenig wie eine Religion für die verschiedenen Völkerindividualitäten ausreicht, ausgereicht hat und je ausreichen wird. — Sie können dem „Alexandriner" und Gelehrten unmöglich zumuthen, daß er die Erkenntnis verurtheile und nur in der Kunst die weltumgestaltende, die erlösende und befreiende Kraft erblicke. Die Welt ist Jedem ein Anderes: und da wir so wenig, wie die in Blätter und Blüthen sich individualisirende Pflanze in ihre Wurzel zurückkehren kann, unsere „Individuation" überwinden können, so wird sich in der großen Lebensökonomie auch jedes Volk seinen Anlagen und seiner besondern Mission gemäß ausleben müssen.

Das sind so einige allgemeine Gedanken, wie sie mir die flüchtige Durchsicht Ihrer Schrift eingegeben hat. Ich sage „Durchsicht", weil ich freilich bei meinen 65 Jahren nicht die Zeit und die Kräfte mehr habe, um die nothwendige Führerin Ihrer Entwickelungen, die Schopenhauer'sche Philosophie, zu studiren, und mir deshalb auch kein Urtheil darüber erlaube, ob ich Ihre Intentionen überall recht verstanden habe. Wäre mir Philosophie geläufiger, so würde ich mich ungestörter an den mannigfachen schönen und tiefsinnigen Gedanken und Gedankenvisionen erfreut haben, die mir nun wohl manchmal durch eigene Schuld unvermittelt geblieben sind. Ist es mir doch in jüngeren Jahren schon ähnlich ergangen mit der Lectüre Schellingischer Ideenentwickelung, um von den speculativen Phantasien des tiefsinnigen „Magus des Nordens" gar nicht zu reden.

Ob sich Ihre Anschauungen als neue Erziehungsfundamente verwerthen lassen, — ob nicht die große Masse unserer Jugend auf solchem Wege nur zu einer unreifen Mißachtung der Wissenschaft gelangen würde, ohne dafür eine gesteigerte Empfindung für die Kunst einzutauschen, — ob wir nicht dadurch, anstatt Poesie zu verbreiten, vielmehr Gefahr liefen, einem allseitigen Dilettantismus Thür und Thor zu öffnen: — das sind Bedenken, die dem alten Pädagogen vergönnt sein müssen, ohne daß er sich, meine ich, deshalb als „Meister Zettel" zu fühlen braucht. Daß mir so gut, wie Ihnen, das

Griechentum der ewig fließende Born der Weltcultur ist, zu dem wir immer wieder mit lebendiger Empfänglichkeit zurückkehren müssen, das bedarf wohl keiner Versicherung. Ob wir deshalb zu denselben Formen zurückgreifen müssen, ist eine Frage, deren Lösung wahrscheinlich das ganze Menschengeschlecht übernimmt. Und so, dünkt mich, liegt für die Masse in dem persönlichen Mit- und Füreinanderleben, in der liebevollen Hingebung, in den mannigfachen realen Formen tiefer Humanität, auch eine aus dem Herzen der Welt emporwachsende Kraft, welche die allzuenge Individuation überwindend, zu dem erlösenden Gefühl des Selbstvergessens führt: das ist die Kraft der unmittelbaren menschlichen That, deren auch der Geringste fähig ist. —

Gegenüber Ihrer „Fülle der Gesichte" würde es wenig am Platze sein, wenn ich eine alexandrinische Frage an Sie richten wollte über historisch-bibliothekarische Laertiana oder über des Alcidamas Μουσεῖον[1]) und dergleichen frivola: daher unterlasse ich es. Vielleicht kommen Sie doch noch einmal von selbst darauf zurück, wenn auch etwa nur zur Abwechselung und Ausspannung.

Für heute mit einem herzlichen Lebewohl auch von meiner Frau

treugesinnt
Ihr
F. Ritschl.

---

[1]) Beides sind Gegenstände der bisherigen philologischen Untersuchungen Nietzsches.

Daß Sie Basel nicht haben mit Greifswald vertauschen mögen, begreife ich sehr. Noch weniger Neigung würde ich aber an Ihrer Stelle für Dorpat gehabt haben, wovon ja auch die Rede gewesen.

Ueber die Aufnahme dieses Briefes wie über den ganzen Verlauf der Krisis ist in der Einleitung S. 16 ff. im Zusammenhang gesprochen.

Nr. 62.

Nietzsche an Ritschl.

Basel, 6. April 1872.

Verehrtester Herr Geheimrath,
ich entsende heute vier bisherige Schüler und Zuhörer nach Leipzig und möchte ihnen etwas mit auf den Weg geben, das sie in Ihre Nähe führte: damit sie später, gereift in Ihrer Zucht und durch Ihren Zuspruch angespornt, als tüchtige „alte Studenten" nach Basel zurückkehren. Denn daran muß mir vor Allem liegen, daß unsere hiesige philologische Unterweisung sich nicht gar zu ausschließlich an Studenten der ersten Semester zu wenden hat; ein Sommersemester mit voraussichtlich wenigen Studenten, wie das nächste, ist insofern mir werthvoller, als manches reichere, weil ich weiß, daß inzwischen die

Nietzsche an Ritschl, 1872.

tüchtigen Basler anderwärts — und zwar bei Ihnen — reifen und weiser werden.

Beachten Sie doch, verehrter Herr Geheimrath, diese Vier. Da ist Herr Von der Mühll, der Bruder Ihres Leipziger Privatdozenten, ein zuverlässiger und bewährter Student, der zuletzt Senior unseres Seminars war. Dann Hr. Achermann, früher katholischer Theolog in Luzern, ein denkender Kopf und strenger Charakter; dann Hr. Hotz, lernbegierig und gute Hoffnungen erweckend, endlich Hr. Boos, mit Neigung für Bücher und Polyhistorie und vielleicht an der Bibliothek zu verwenden. Möchte damit diese kleine Schaar Ihnen empfohlen sein.

Indem ich diesen Brief schreibe und mich auf das Datum besinne, fällt mir ein, daß es gerade Ihr Geburtstag sein muß, an dem ich mich brieflich an Sie wende. Dies Zusammentreffen bin ich geneigt, als ein günstiges omen für meine Basler auszulegen: welche demnach vor Ihnen als eine nachträgliche achtbeinige leibhafte Gratulation erscheinen mögen, um Sie auch an den entfernten und doch sich nahe wissenden Schüler und Anhänger zu erinnern, — der Pfingsten nicht nach Leipzig kommen wird und vielleicht erst im Herbst wieder Sie persönlich begrüßen kann.

Für den schönen und ausführlichen Brief, den Sie mir über mein Buch geschrieben haben, bin ich Ihnen rechten Dank schuldig, um so mehr als ich ihn im Grunde durch ungebärdiges Drängen provozirt habe. Aber ich wollte durchaus wissen, wie Sie sich zu meinem Buche verhalten würden. Nun

Erläuterungen.

weiß ich es und bin beruhigt: zwar nicht vollständig. Doch darüber will ich nicht schreiben. Später wird Ihnen das, was ich will, deutlicher und einleuchtender sein, wenn meine Schrift „über die Zukunft unserer Bildungsanstalten" veröffentlicht sein wird. Inzwischen spreche ich die Ueberzeugung aus, daß es für Philologen einige Jahrzehnte Zeit hat, ehe sie ein so esoterisches und im höchsten Sinne wissenschaftliches Buch verstehen können. Uebrigens wird sehr bald eine zweite Auflage erscheinen.

Behalten Sie mich in gutem Angedenken und sagen Sie Ihrer verehrungswürdigen Frau Gemahlin das Beste von Ihrem

ergebenen

Friedrich Nietzsche.

Schon lange hatte Ritschl den Plan gehabt einen Katalog der Bibliothek seiner studentischen societas philologa (Ritscheliana) drucken zu lassen, damit er den Mitgliedern, durch deren Beiträge zum größten Theil die Anschaffung der Bücher ermöglicht war, zur bequemen Benutzung stehe. Endlich war er fertig geworden und wurde am Sonnabend 8. Juni an alle gegenwärtigen Mitglieder vertheilt. Dann kam Ritschl der hübsche Gedanke, auch an alle früheren Theilnehmer, die gleichsam als „Ehrenmitglieder" in einer idealen Gemeinschaft mit der Societät verblieben waren (s. oben S. 92), Exemplare zu versenden. Das wurde am 11. Juni ausgeführt; natürlich ging die Sendung

Nietzsche an Ritschl, 1872.

auch an eins der bewährtesten alten Mitglieder, an Nietzsche, ab; ihm that bei seiner damaligen Lage, da sein Buch von fast allen philologischen Seiten ignorirt wurde und eben von Wilamowitz durch eine besondere Streitschrift heftig befehdet war, diese Aufmerksamkeit persönlich wohl. Denn nur auf diese Zusendung kann sich seine Aeußerung an Rohde (Br. II S. 327 vom 18. Juni 1872) beziehen: „Ritschl ist fabelhaft liebenswürdig und wohlgesinnt gegen mich". Jedenfalls spricht er sich in diesem Sinne in dem folgenden Briefe aus, dessen Hauptzweck allerdings ein anderer war, nämlich der Ritschl um Verwendung bei der Firma B. G. Teubner anzugehen, daß sie den Verlag von Rohde's vorbereiteter Schrift übernehme, die dann unter dem Titel: „Afterphilologie. Zur Beleuchtung des von dem Dr. phil. U. v. Wilam.-Möllendorf herausgegeben Pamphlets ‚Zukunftsphilologie'" erschien.

Nr. 63.

Nietzsche an Ritschl.

Basel, 26. Juni 1872.

Verehrtester Herr Geheimrath,

von Herzen danke ich Ihnen für die Uebersendung des schönen und stattlichen Catalogs, vornehmlich auch, weil Sie gütig genug waren, mich auf der

Adresse als „Ehrenmitglied d. L. S."¹) zu bezeichnen, ein Ausdruck, der mich an dem Tag, an dem Ihre Sendung eintraf, zum Lachen brachte, weil ich glaubte vielmehr als „Schandemitglied" angeredet werden zu müssen. Denn ich hatte mich eben in dem von Herrn Wilamowitz vorgehaltenen Spiegel beschaut und war mir der ganzen Scheußlichkeit meiner Physiognomie bewußt geworden.

Das geht nun seinen Lauf, und ich wüßte nicht, weshalb ich die Sache ernsthaft nehmen sollte — vorausgesetzt, daß Sie und die wenigen Andern, die mich kennen, an mir noch nicht gerade verzweifeln. Den Berlinern habe ich aber jedenfalls einen Wuth=schrei entlockt — das ist auch etwas. Denn nur so verstehe ich das Pamphlet: aus ihm redet weniger W. zu mir als andere „Höhergestellte".

Nun werden Sie inzwischen in gleicher Weise wie ich durch Wagner's offenen Brief an mich (Sonn=tagsbeil. der Norddeutschen Allg.)²) überrascht und wie ich hoffe erfreut worden sein. Da giebt es in Berlin einen zweiten Wuthschrei. Das thut mir ganz wohl — denn das dortige freche Gesindel hasse ich und halte es für schädlich und verderblich in allen Fasern unsers Lebens und unserer Bildung.

Nun kommt aber das Dritte und Stärkste. Die ganze Perfidie, Verdrehungslust und Beschimpfungs=frechheit jenes W. hat ja nur den festen Glauben zum Hintergrund, daß kein Philologe vom Fache für

---

¹) d(er) L(eipziger) S(ocietät).
²) Vom 23. Juni 1872 = Ges. Schr. IX S. 298 ff.

Nietzsche an Ritschl, 1872.

meine Ansichten eintreten werde: man dachte mich gänzlich isolirt. Nun schreibt mir Freund Rohde, daß er eine Schrift unter den Händen habe, rein philologischer Natur, in der Form eines Sendschreibens an R. Wagner. Darin wird der juvenile Bursche auf ehrliche philologische Manier und zum warnenden Exempel abgethan.

Nun habe ich eine Bitte an Sie, verehrtester Herr Geheimrath, und vertraue dabei auf Ihre Liebe zu mir. Ich möchte gern daß die Rohde'sche Schrift (c. 40 Seiten — wie gesagt unter dem Titel eines Sendschreibens an R. W.) gerade bei Teubner erschiene und dadurch von vornherein auf den großen philologischen Markt gebracht würde. Das heißt — ich möchte nicht, daß wir wieder unsre Zuflucht zu einem Musikverleger (wie Fritzsch) nehmen müßten. Das große Aufsehn, das Rohde's Schritt hervorrufen wird, mag Teubners den Muth zu diesem Verlage geben. — Wäre es Ihnen möglich, mich in diesem Wunsche etwas zu unterstützen? Eine gewisse Genugthuung vor den Leipzigern ist man mir ja schuldig; glauben Sie nicht auch, daß der von uns ausgehende Gegenschritt so stattlich und festlich wie möglich gethan werden müsse? —

Dies, wie gesagt, ist meine Bitte — sagen Sie mir Ja! oder Nein!, ich werde zufrieden sein. Denn ich gehöre in der ganzen Sache nicht zu den „Aufgeregten".

Meine Schwester ist bei mir. Sie hat mir viel von Ihnen und Ihrer Frau Gemahlin erzählt, viel und doch noch lange nicht genug; Sie glauben gar nicht,

Ritschl an Nietzsche, 1872.

wie sehr ich mich darüber freute, daß ich bei Ihnen und in Ihrem Hause noch ein so gutes und warmes Angedenken habe; denn wenn man solches „sonderbares Zeug" macht wie ich, fürchtet man alle Gunst und Liebe der Befreundetsten verscherzt zu haben. Das ist aber eine falsche Furcht, das weiß ich: denn gerade in jenen Momenten bewährt sich jene treue Liebe, deren immer auf das dankbarste eingedenk ist

Ihr ergebenster Schüler

Friedrich Nietzsche.

Nr. 64.

Ritschl an Nietzsche.

Leipzig, 2. Juli 1872.

Wie Sie aus anliegendem Brief der B. G. T(eubner) ersehen, lieber Herr Professor, ist diese Firma leider nicht geneigt, ohne Weiteres auf ihren Wunsch einzugehen.[1] Ich glaube mich nicht zu irren, wenn ich in ihrer Weigerung zugleich die Abneigung erkenne, einen gegen die Philologie, in deren geschäftlicher Vertretung sie ihren wesentlichen Schwerpunkt hat, gerichtete Polemik

---

[1] Von diesem Brief der Firma erfährt man durch eine spätere Mittheilung Nietzsches an Rohde (Br. II S. 342) nur, daß er „kleinlich-kaufmännisch" gewesen sei und daß sich in ihm der Passus befand: „wir wetten zehn gegen eins, daß nicht hundert Exemplare verkauft werden"

Ritschl an Nietzsche, 1872.

zu unterstützen. Und so ist es auch mir nicht wohl möglich, in diesem Sinne ein Opfer von Teubners zu fordern.[1])

[— — — — — — — — — — —]

Gewiß bin ich der Meinung daß eine streng wissenschaftliche Zurechtweisung des Wilamowitz'schen Pamphlets das einzig Würdige sei; aber es müßte ihr nicht ... der Charakter einer Feindschaft gegen die Philologie aufgedrückt werden. Wenigstens müssen Sie selbst einsehen, lieber Freund, daß ein alter Philolog, wie ich ... dabei nicht Pathenstelle vertreten kann.

Wenn Sie und Ihre Freunde auf andern Wegen Ihr Heil finden, so werde ich für den Ernst und die Idealität Ihres Strebens immer die unparteiischste Anerkennung behalten; aber ich werde nie mit Ihnen darin übereinstimmen, daß nur Kunst und Philosophie die Lehrer der Menschheit seien; für mich gehört die Geschichte dazu und speziell der philologische Zweig derselben.

Es ließe sich darüber Vieles sagen und schreiben; aber zu einem wirklichen Verständniß würden wir vielleicht doch nur gelangen, wenn Sie sich einige Jahre zurückversetzen könnten. Und so lassen Sie uns auch so in persönlicher Würdigung und Zuneigung verbunden bleiben.

Treulich
Ihr
F. Ritschl.

---
[1]) Diese Worte haben das Mißverständnis Nietzsches veranlaßt, als sei Ritschl von „Sorge für die Teubnersche Philologie" erfüllt gewesen (Br. II S. 336).

Nr. 65.

Nietzsche an Ritschl.

Basel, 12. August 1872.

Verehrter Herr Geheimerath,
hier schicke ich Ihnen die Fortsetzung meiner Abhandlung über das Certamen. Freilich möchte dieselbe c. 35 Druckseiten für sich in Anspruch nehmen; deshalb weiß ich nicht, ob ich auf einen baldigen Abdruck im Rhein. Mus. hoffen darf.[1]) Denn voraussichtlich ist der Platz für die nächsten Hefte schon vergeben.

Deshalb habe ich an folgende Möglichkeit gedacht. Wahrscheinlich geben Sie bald einmal wieder einen fasciculus der Acta heraus: für denselben würde Ihnen meine Abhandlung zu Diensten sein, falls Sie sie brauchen können. Nur möchte ich, in diesem Falle, um Eins bitten. Im Rh. M. Bd. 25[2]) ist bereits ein kleiner Anfang der Abhandlung (c. 12 Seiten) abgedruckt, an den nun mein heute eingeschicktes Manuscript sich anschließt. Ich möchte nun sehr wünschen, daß, im besagten Falle, die ganze Abhandlung (d. h. 12 + 35 Seiten) in den Acta zu-

---

[1]) Die Abhandlung erschien im Rhein. Museum XXVIII S. 211—247.

[2]) S. 528—540.

sammen erschiene. Dann ist Text und Abhandlung Eigenthum der Acta.

Falls Sie, verehrter Herr Geheimrath, weder so, noch so meinem etwas länglichen Aufsatz zum baldigen Druck verhelfen können, so bitte ich um eine gefällige Rücksendung. In Form eines Programms ꝛc. werde ich ihn jedenfalls noch einmal los.

Für Ihre Bemühung bei Teubners[1]) sage ich Ihnen meinen herzlichsten Dank. Es thut mir leid, daß nichts daraus geworden ist; doch wird nun Rohde's Aufsatz bald genug erscheinen, und Sie sollen nun sehen, ob es auf einen „Kampf gegen die Philo= logie" oder gegen die „Geschichte" abgesehn ist: ich begreife nicht, woher die Teubners solche sonderbare Befürchtungen haben. Im Gegenteil: ich, als Philo= loge, wehre mich meiner Haut: mich will man nicht als Philologen gelten lassen; und deshalb vertritt Rohde mich, den Philologen. —

Im Herbst komme ich vielleicht einmal wieder nach Leipzig: dort hoffe ich Sie und Ihre verehrungs= würdige Frau Gemahlin begrüßen zu können.

— Wissen Sie daß Romundt sich hier in Basel für Philosophie habilitirt? Wenn ich nun noch meinen Freund Rohde etwas mehr in der Nähe hätte, so wäre ich, nach der Seite der Freundschaft hin, in Basel wohl gebettet.

Mit den wärmsten Wünschen
für Sie, verehrter Lehrer,
Ihr ergebenster
Friedr. Nietzsche.

---

[1]) Ueber die Ritschl im Brief Nr. 64 berichtet hatte.

Erläuterungen; Ritschl an Nietzsche, 1872.

In Erwiederung dieses Briefes schrieb Ritschl am 17. August eine Postkarte, sehr erfreut, daß N. wieder „in das alte vertraute sympathische Fahrwasser eingelenkt sei"; s. Br. II S. 347; Biogr. II S. 86. Die Karte, von Nietzsche seinem Brief an Rohde beigelegt, ist bis jetzt nicht wieder aufgetaucht, fand übrigens bei der damaligen Kampfesstimmung beider Freunde wenig Anklang. —

Auch sonst versuchte Ritschl, ohne die principiellen Gegensätze zu berühren, die ja deutlich genug sich ausgesprochen hatten, gleichsam auf neutralem Boden den wissenschaftlichen Verkehr wieder in Gang zu bringen und dabei anzudeuten, daß seine persönliche Stellung zu Nietzsche dieselbe geblieben sei wie zuvor. So erklärt sich die folgende Postkarte.

Nr. 66.

Ritschl an Nietzsche.
(Postkarte.)

L(eipzig), 10. September 1872.

S. V. B. E. E. V.

Der Alcidamas ist kürzlich von Nauck, im jüngsten Heft der Mélanges Gréco-romains, desgleichen auch, wie ich höre (denn ich selbst habe das betr. Heft noch nicht gesehen) im Hermes [1] von Schöll, zum Gegen=

---

[1] Hermes VII S. 231 ff. beanstandete R. Schöll den Varianten=Apparat in Nietzsches Ausgabe in den Acta.

ſtande beſtreitender Bemerkungen gemacht worden. Sollten dieſe irgend wie zu einer Erwiderung ein= laden, ſo verſteht es ſich zwar eigentlich von ſelbſt, ſoll aber doch hiemit ausdrücklich ausgeſprochen werden, daß dafür die Miscella (oder auch, nach Umſtänden, die praefationes) der Acta offen ſtehen: zunächſt alſo in fasc. 2 von vol. II, welches Bandes fasc. 1 ſoeben ausgegeben iſt. V. F. Q.
F. R.

Inzwiſchen war Rohdes Schrift „Afterphilologie" u. ſ. w. erſchienen, von der Nietzſche Ritſchl ein Exemplar zuſchickte; dies traf bei ihm am 9. November ein. Schon am 15. November ſchrieb er an O. Ribbeck, angenehm von dem Charakter der Schrift überraſcht: „Die Afterphilologie allerdings vortrefflich; beiden Betheiligten zu gratuliren". Und er ſäumte nicht, dieſe Anſchauung auch den beiden Kampfgenoſſen kund zu thun, indem er die folgende Karte ſchrieb, deren Datum durch Ritſchls Tagebuch feſtſteht.

Nr. 67.

Ritſchl an Nietzſche.
(Viſitenkarte.)

[Leipzig, 19. November 1872.]

Herzliche Grüße und zugleich aufrichtigſte Glück= wünſche dem tapfern Dioskurenpaare zu der ſieg=

Erläuterungen.

reichen Vernichtung frechsten … Uebermuthes! Ceterum
S. V. B. E. N. V.
  V. F. Q.
    T. T.¹)
      F. R.

Dieser Karte wurde zwar bei den Beiden nur eine laue Aufnahme zu Theil (Br. II S. 371 und 378). Aber Nietzsche schickte sie doch nicht bloß unmittelbar nach dem Eintreffen an Rohde, sondern acceptirte in den Schlußworten seines Briefes (S. 373) das Ritschl'sche Bild mit den Worten: „Wir wollen schon, als Dioskuren, unsere Lebensrosse bändigen".

Ueber den weiteren Verlauf der Spannung und vor allen Dingen darüber, wie es trotzdem kam, daß das Ende des Jahres 1873 wirklich zu einer scharfen mündlichen Auseinandersetzung führte, infolge deren zwei Jahre aller Briefverkehr stockte, wurde in der Einleitung S. 18 f. bereits gesprochen.

Dort ist auch darauf hingewiesen, welche Umwandelungen in Nietzsches eigenen Lebensanschauungen ihm ermöglichten, Anfang 1876 nicht bloß den Briefverkehr mit Ritschl wieder aufzunehmen, sondern den alten herzlichen Ton wieder anzuschlagen.

---

¹) Ceterum s(i) v(ales) b(ene) e(st); n(os) v(alemus). V(ale) f(ave) q(ue). T(otus) t(uus). Das Letzte liebte Ritschl sehr bei Unterschriften zu verwenden.

Nr. 68.

Nietzsche an Ritschl.

Basel, den 12. Januar 1876.

Nehmen Sie, hochverehrter Herr Geheimerath, die beiliegende kurze Abhandlung mit Wohlwollen auf! Ich habe ihrem Verfasser, Herrn Dr. Jakob Wackernagel, einem unserer trefflichsten Zöglinge, Muth zu der Hoffnung gemacht, daß er mit derselben vielleicht im Rheinischen Museum auftreten könnte.[1] Ich meine, es wächst in ihm ein **tüchtiger** Philologe auf und sicherlich hat er viel von den Tugenden seines Vaters geerbt.

Von mir möchte ich heute nichts sagen, da ich zuviel zu sagen hätte und mein Befinden gerade nicht gut genug ist,[2] um mir dies augenblicklich zu erlauben. Nur glauben Sie ja, daß ich zu Ihnen und Ihrer verehrungswürdigen Frau Gemahlin stehe wie ehemals, in derselben Liebe und Dankbarkeit, auch wenn ich schweige.

Die Grüße meiner Schwester hinzufügend (welche seit August zu mir übergesiedelt ist und meinen Haushalt führt) bin ich, der ich war,

Ihr getreuer
Dr. F. Nietzsche.

---

[1] Sie erschien wirklich noch in demselben Jahre im Rhein. Mus. XXXI S. 432—439 unter dem Titel „Nikanor und Herodian".

[2] Es war sogar sehr schlecht, denn am 25. Dez. hatte es nach N.'s eigenen Worten „einen förmlichen Zusammenbruch" gegeben, dessen Nachwirkungen am obigen Brieftag noch nicht behoben waren (Br. I³ S. 363).

Nr. 69.

Ritschl an Nietzsche.
(Postkarte.)

Leipzig, 14. Januar 1876.

Ihren guten Wünschen und treuen Gesinnungen entsprechen in warmer Aufrichtigkeit die meinigen, die unsrigen. In solcher innern Verfassung also vorläufig wieder einmal ein Jahr weiter — gemeinschaftlich, wenn es sein kann und soll! —
Nicanor-Herodian[1]) ist bereits besorgt und aufgehoben, soweit das nunmehr von mir abhängt. Ich freue mich der neuen, frischen Kraft, dergleichen wir brauchen.
Vale faveque
T. T.
F. R.

So schien der briefliche Verkehr wieder angebahnt, den zu pflegen beider Freunde „innere Verfassung" bereit war. Aber schon den 9. November des unter solchen Auspicien begonnenen Jahres erlag Ritschl im einundsiebzigsten Lebensjahre seinen Leiden. Der Gesundheitszustand Nietzsches aber, über den bereits der letzte Brief nichts Erfreuliches melden konnte,

[1]) Nämlich Wackernagels Aufsatz über Beide (s. vor. Br.).

Nietzsche an Frau Sophie Ritschl, 1877.

wurde nach einigen Schwankungen so schwer erschüttert, daß er den 1. Oktober auf ein Jahr nach dem Süden gehen mußte. So traf ihn erst in Sorrent, wo er den 27. Oktober angekommen war, die Nachricht von der Katastrophe. In einem der wenigen Briefe dieser Zeit, in der Karte an Frau Marie Baumgartner vom 18. November (Br. I³ S. 387) lesen wir die kurzen Worte: „In Einer Woche meldete man den Tod meiner Großmutter, Gerlachs und — des besten Lehrers Ritschl". Erst Wochen später kam er dazu an die Wittwe einen aus der Fülle der Erinnerungen sich emporringenden Brief zu richten, den er ganz eigenhändig geschrieben, obwohl man sieht, daß die Augen (in Folge einer Atropinkur) nur unwillig den Dienst leisteten.

Nr. 70.

Nietzsche an Frau Sophie Ritschl.

[Sorrent, Anfang 1877.]

Verehrteste Frau,

Nur andauernde Krankheit und das wirkliche Unvermögen Briefe zu schreiben konnte der Grund sein, welcher mich abhielt, so lange Zeit abhielt, Ihnen mein tiefstes Mitgefühl zu erkennen zu geben; denn ich habe auf ein Jahr Basel verlassen und hier in Sorrent Genesung suchen müssen und fange

Nietzsche an Frau Sophie Ritschl, 1877.

eben erst an, die Gesundheit aus der Ferne zu sehen.

Wie oft ist die Gestalt des großen geliebten Lehrers an mir seit jener Trauerbotschaft vorübergeschwebt, wie oft verlief¹) ich im Geiste jene nun schon so fernen Zeiten eines fast täglichen Zusammenseins mit ihm und erwog die zahllosen Beweise seiner wohlwollenden und wahrhaft hülfreichen Gesinnung. Ich bin glücklich, noch aus dem letzten Jahre ein kostbares Zeugniß seiner unveränderten Milde und Herzlichkeit für mich in einem Briefe²) zu besitzen und mir vorstellen zu dürfen, daß er, auch wo er mir nicht Recht geben konnte, mich doch vertrauensvoll gewähren ließ. Ich glaubte, daß er den Tag noch erleben würde, da ich ihm öffentlich den Dank und die Ehre geben könnte, so wie es längst mein Herz wünschte, und in einer Art, daß auch er vielleicht sich daran hätte freuen können.³) Heute trauere ich nun an seinem Grabe und muß, meiner üblen Gesundheit nachgebend, auch mein Todtenopfer noch auf eine unbestimmte Zukunft verschieben.

Was mit ihm, abgesehen von allem persönlichen Verluste, überhaupt verloren gegangen ist, ob nicht

¹) Wohl verschrieben für „durchlief".
²) Gemeint ist wohl die Postkarte vom 14. Januar 1876.
³) Vielleicht in der Unzeitgemäßen Betrachtung „Wir Philologen", die leider Entwurf geblieben ist und deren umfangreiche Vorarbeiten Werk. X (2. Aufl.) S. 343—423 stehen. Im Winter 1876/77 hatte N. noch nicht den Gedanken aufgegeben den Cyklus der Unzeitgemäßen zu vollenden. Auch in dem oft geplanten „Griechenbuch" hätte sich vielleicht eine Gelegenheit gefunden Ritschl zu ehren.

Frau Sophie Ritschl an Nietzsche, 1877.

in ihm der letzte große Philologe zu Grabe getragen wurde — das weiß ich nicht mit Sicherheit zu beantworten. Aber ob die Antwort so oder ganz anders ausfalle — daß in seinen Schülern eine nie erhörte Fruchtbarkeit seiner Wissenschaft verbürgt sei — jede Antwort fällt zu seiner Ehre aus: es ist ein gleich großer Ruhm, der letzte der Großen oder der Vater einer ganzen großen Periode zu heißen.

Empfangen Sie die wärmsten Wünsche eines Ihnen immerdar aufrichtig ergebenen und mit Ihnen trauernden Freundes.

Ihr
Friedrich Nietzsche.

Nr. 71.

Frau Sophie Ritschl an Nietzsche.

Leipzig, 23. März 1877.

Liebster Herr Professor,

Wenn mir schon Ihr warmer und verständnißvoller Brief das Herz bewegt hat, wie vielmehr hat mich noch Ihr entzückender, zartsinniger Blumengruß in die schöne Zeit zurückgeleitet, in der Sie frisch und fröhlich, unser Haus in ungebrochner Kraft im Leben stand.

Seitdem ist bei Ihnen manche schwere Stunde

Frau Sophie Ritschl an Nietzsche, 1877.

eingekehrt und unserm Lebensbaum ist die Wurzel verdorrt und die Krone vom Blitz zersplittert.¹)

Ihre Worte und Ihre Blumen haben mir aber gesagt, daß wir im Innern die Gleichgesinnten geblieben sind, und die Freude im Herzen edler Menschen zu leben, ist ja die letzte die uns treu bleibt. Haben Sie darum wärmsten Dank, daß Sie mir diese Freude bereitet haben. Und Sie Junger, Vorwärtsstrebender, lassen Sie sich von den Lüften Sorrents, die diese herrlichen, duftenden Blüten gezeitigt, wieder Gesundheit und Frohsinn zurückbringen.

In treuer Gesinnung

Ihre

S. Ritschl.

¹) Das Doppelbild bezieht sich einerseits auf das Ableben Ritschls, andererseits auf das jähe durch Diphtheritiserkrankung den 12. Januar 1877 herbeigeführte Ende seines ältesten Enkels, Walter Wachsmuth, den Ritschl (und nicht bloß er) zärtlich liebte (Ribbeck, Ritschl II S. 380f.) und von dessen Entwickelung alle Ungewöhnliches erwarteten.

II.

Briefwechsel

zwischen

Friedrich Nietzsche und Jakob Burckhardt

mit Erläuterungen

von

Elisabeth Förster-Nietzsche.

Als Friedrich Nietzsche im Februar 1872 den Ruf an die Universität Greifswald ablehnte, war sicherlich einer der hauptsächlichsten Gründe, daß er dem Verkehr mit dem Kunsthistoriker Jakob Burckhardt einen besonders hohen Werth beilegte und ihn nicht zu verlieren wünschte. Das errieth sogleich Frau Cosima Wagner, die meinem Bruder im Hinblick auf sein Verbleiben in der alten Stellung schrieb: „Auf Jakob Burckhardt kommt es Ihnen wohl in Basel einzig an".

Im Allgemeinen war Burckhardt ja eine äußerst zurückhaltende Natur und verhielt sich namentlich gegen die jungen deutschen Professoren, die meist nur auf kurze Zeit nach Basel kamen, ziemlich abwehrend. Dazu kam der Altersunterschied von 26 Jahren, Burckhardts so verschiedenartige schweizerische Erziehung, meines Bruders damalige grenzenlose Begeisterung für Wagner und Schopenhauer — Alles Punkte, die mehr geeignet schienen, die Beiden von einander weg, als einander zuzuführen. Trotzdem zeigte sich bald eine merkwürdige innere Uebereinstimmung. Schon die Antrittsrede des Neuberufenen über die Persönlichkeit Homers gewann

Einleitung.

das lebhafteste Interesse des gewiß besonders kundigen Kollegen und veranlaßte ihn zu dem Urtheil: „Nietzsche ist eben so sehr Künstler als Gelehrter"; und bereits nach achtwöchentlichem Aufenthalt in Basel konnte der junge Professor schreiben: „Nähere Beziehungen habe ich von vorn herein zu dem geistvollen Sonderling Jakob Burckhardt bekommen, worüber ich mich aufrichtig freue, da wir eine wunderbare Congruenz unsrer ästhetischen Paradoxien entdecken." Nähere Bekanntschaft vermittelte der eigenthümliche Umstand, daß Beide ihr Amt nicht bloß zu Vorträgen an der Universität, sondern auch zu sechsstündigem Unterricht in der obersten Klasse des Pädagogiums verpflichtete: eine Einrichtung, die noch aus der Zeit stammte, da diese Klasse unmittelbar an die Basler Universität angegliedert war. Während der Pausen zwischen den Stunden am Pädagogium und den Universitätsvorlesungen ergingen sich Beide gern in dem herrlichen Kreuzgang am Münster, das ganz in der Nähe jener zwei Unterrichtsstätten liegt. Beim gemeinschaftlichen Auf- und Niederwandeln entwickelte sich ein lebhaftes Gespräch, bald ernst, bald heiter (denn oft ertönte auch fröhliches Lachen), und im vertraulichen Gedankenaustausch ergab sich immer stärker jene „wunderbare Congruenz" nicht nur in ästhetischen, sondern auch in wissenschaftlichen und erziehlichen Fragen bis zu den höchsten Problemen hinauf.

Dieser geistreiche, von tiefer gegenseitiger Sympathie getragene Verkehr zwischen dem Historiker und dem philosophischen Philologen gehört zu den schönsten Erinnerungen meines Lebens. Zum ersten

Einleitung.

Mal kam mir der tiefe Zusammenklang ihres Empfindens zum klaren Bewußtsein, als die Kunde vom Brand des Louvre eintraf. Von leidenschaftlichem Schmerz erfüllt eilten sie auf die erste Nachricht dieses schauerlichen Ereignisses zu einander, jeder offenbar von dem Gedanken bewegt, daß der Andere seinen eigenen Schmerz am besten mitempfinden könnte. Sie verfehlten sich und fanden sich endlich vor dem Hause, in dem mein Bruder wohnte, gingen schweigend Hand in Hand die Treppe hinauf, um in dem dämmernden Zimmer in heiße Thränen auszubrechen, unfähig einander ein Wort des Trostes zu sagen. Ich zog mich leise in das Nebenzimmer zurück, aber noch lange Zeit herrschte darin tiefes Schweigen, hie und da klang ein leises Wort, ein unterdrücktes Schluchzen. Aber nachher erzählte mir mein Bruder, wie innig sie sich mit einander ausgesprochen hätten; die ganze wissenschaftliche und philosophisch-künstlerische Existenz erschien ihnen als eine Absurdität, wenn ein einziger Tag die herrlichsten Kunstwerke, ja ganze Perioden der Kunst und Kultur austilgen und vernichten konnte. —

Burckhardt hat sicherlich einen großen und mildernden Einfluß auf meinen Bruder ausgeübt, da er von diesem damals, als sich Germanen und Romanen gegenüber standen und dieser Kampf auch auf das geistige Gebiet der beiden Kulturen ausgedehnt wurde, immer als einer der geistvollsten Vertreter der romanischen Kultur betrachtet wurde. Gerade in jener Zeit des Krieges und der geistigen Überhebung der Deutschen, die den Anspruch erhoben, nicht durch die vorzüglichen deutschen

Einleitung.

Eigenschaften des Befehlen- und Gehorchen-Könnens, der bewunderungswürdigen Ordnung im Heer und im Verwaltungswesen, der Tapferkeit und Kraft des Volksthums gesiegt zu haben, sondern die ihre „Bildung" für ihre Siege verantwortlich machten, war Jakob Burckhardt ein ausgezeichnetes Gegengewicht, um die welterschütternden Ereignisse mit einer gewissen Unbefangenheit jenseits der deutschen Empfindung zu betrachten. Diese übernationale Anschauungsweise lag zwar von jeher in der Art meines Bruders, aber sie wurde ihm damals ziemlich schwer gemacht, da selbst Richard Wagner (in jener Zeit sein höchster und nächster Freund) von dem ungeheuren Rausch des Stolzes und Sieges, der die Deutschen ergriffen hatte, so sehr angesteckt wurde, daß er sich, als Frankreich in seiner Agonie lag, zu spottenden bitteren Worten gegen die romanische Civilisation und zu jener Verhöhnung: „Die Kapitulation von Paris" hinreißen ließ. Schon damals empfand dies mein Bruder sehr peinlich und unbegreiflich, späterhin als geradezu widersinnig; denn nach seiner Meinung gehörte Wagner mit seiner Kunst nach Paris. Er schreibt im Herbst 1888: „Als Artist hat man keine Heimat in Europa außer in Paris; die délicatesse in allen fünf Kunstsinnen, die Wagner's Kunst voraussetzt, die Finger für nuances, die psychologische Morbidität, findet sich nur in Paris. Man hat nirgendswo sonst diese Leidenschaft in Fragen der Form, diesen Ernst in der mise en scène, — es ist der Pariser Ernst par excellence. Man hat in Deutschland gar keinen Begriff von der

Einleitung.

ungeheuren Ambition, die in der Seele eines Pariser Künstlers lebt. . . . Aber ich habe schon zur Genüge ausgesprochen, wohin Wagner gehört, in wem er seine Nächstverwandten hat: es ist die französische Spät=Romantik, jene hochfliegende und hoch empor reißende Art von Künstlern wie Delacroix, wie Berlioz, mit einem Fond von Krankheit, von Un= heilbarkeit im Wesen, lauter Fanatiker des Aus= drucks, Virtuosen durch und durch . . . Wer war der erste intelligente Anhänger Wagners überhaupt? Charles Baudelaire, derselbe, der zuerst Delacroix verstand, jener typische décadent, in dem sich ein ganzes Geschlecht von Artisten wiedererkannt hat, — er war vielleicht auch der letzte" . . —

Wie ganz unbegreiflich dünkte es meinem Bruder, daß das Kriegsglück und eine politische Grenze auf die tiefsten moralischen und künsterischen Anschauungen einen Einfluß haben sollte. So schreibt er 1874 in „Schopenhauer als Erzieher": „Ich will den Ver= such machen, zur Freiheit zu kommen, sagt sich die junge Seele; und da sollte sie es hindern, daß zu= fällig zwei Nationen sich hassen und bekriegen? . . ." Es war ihm eine sehr wohlthuende Stärkung, daß Burckhardt, der „kühle Historiker", wie ihn Wagner zuweilen in eifersüchtiger Aufwallung nannte, seiner Betrachtungsweise zustimmte: denn in den Zeiten der höchsten Verehrung für Wagner wurde es meinem Bruder, mit seinem liebenden und verehrenden Herzen, sehr schwer auf seiner eigenen Bahn zu bleiben und anderer Meinung als der geliebte Meister zu sein. Darum schreibt er auch später über jene Zeit: „Ich

Einleitung.

habe meine Probe gemacht, als ich mich nicht durch die große politische Bewegung Deutschlands, noch durch die künstlerische Wagner's, noch durch die philosophische Schopenhauer's von meiner Hauptsache habe abspänstig machen lassen: doch ward es mir schwer und zeitweilig war ich krank davon." —

Gleich in den ersten Jahren des Aufenthaltes in Basel spürte mein Bruder die Uebereinstimmung mit Burckhardt in der historischen Auffassung. So schreibt er an Gersdorff im November 1870: „Gestern Abend hatte ich einen Genuß, den ich Dir vor Allem gegönnt hätte. Jakob Burckhardt hielt eine freie Rede über „historische Größe", und zwar völlig aus unserm Denk= und Gefühlskreise heraus" ... „Ich höre bei ihm ein wöchentlich einstündiges Colleg über das Studium der Geschichte und glaube der einzige seiner 60 Zuhörer zu sein, der die tiefen Gedankengänge mit ihren seltsamen Brechungen und Umbiegungen, wo die Sache an das Bedenkliche streift, begreift. Zum ersten Male habe ich ein Vergnügen an einer Vorlesung: dafür ist sie auch derart, daß ich sie, wenn ich älter wäre, halten könnte." —

Wie es natürlich war, so neidete mancher, der die Ambition gehabt hatte, diesem seltenen Manne näher zu treten, meinem Bruder dessen Freundschaft, die er so sichtbar zu erkennen gab. Es ist auch einmal ein Versuch gemacht worden, Burckhardt, der etwas mißtrauischer Natur war, Argwohn gegen den jugendlichen Kollegen, der bereits berühmt zu werden begann, einzuflößen; aber so bald er sich mit meinem Bruder ausgesprochen hatte, sah er so=

gleich), wie diese Einflüsterungen gemeint gewesen waren. Es ist später behauptet worden, Burckhardt habe dem jungen Freunde die zweite Unzeitgemäße Betrachtung: „Vom Nutzen und Nachtheil der Historie für das Leben" übel genommen. Es mag nun jeder aus dem nachfolgendem Briefe ersehen, in wiefern eine solche Vermuthung begründet sein könnte.

Nr. 1.

Burckhardt an Nietzsche.

Basel, 25. Febr. 1874.

Verehrtester Herr Collega!

Indem ich Ihnen für die Zusendung des neuen Stückes der „Unzeitgemäßen Betrachtungen" meinen besten Dank sage, kann ich nach raschem Durchfliegen der gewaltig inhaltsreichen Schrift nur einstweilen zwei Worte erwidern. Ich hätte eigentlich hierzu das Recht noch nicht, da das Werk sehr reiflich und allmählich genossen sein will, allein die Sache geht unser Einen so nahe an, daß man in die Versuchung kommt, sogleich etwas zu sagen.

Vor allem ist mein armer Kopf gar nie im Stande gewesen, über die letzten Gründe, Ziele und Wünschbarkeiten der geschichtlichen Wissenschaft auch nur von ferne so gut zu reflektiren, wie Sie dieses vermögen. Als Lehrer und Docent aber darf ich

Burckhardt an Nietzsche, 1874.

wohl sagen: ich habe die Geschichte nie um dessentwillen gelehrt, was man pathetisch unter Weltgeschichte versteht, sondern wesentlich als propräbeutisches Fach: ich mußte den Leuten dasjenige Gerüste beibringen, das sie für ihre weiteren Studien jeder Art nicht entbehren können, wenn nicht Alles in der Luft hängen soll. Ich habe das mir Mögliche gethan, um sie zur eigenen Aneignung des Vergangenen — irgend einer Art — anzuleiten und ihnen dieselbe wenigstens nicht zu verleiden; ich wünschte, daß sie aus eigener Kraft möchten die Früchte pflücken können; auch dachte ich gar nie daran, Gelehrte und Schüler im engeren Sinne großzuziehen, sondern wollte nur, daß jeder Zuhörer sich die Ueberzeugung und den Wunsch bilde: man könne und dürfe sich dasjenige Vergangene, welches Jedem individuell zusagt, selbstständig zu eigen machen, und es könne hierin etwas Beglückendes liegen. Ich weiß auch recht wohl, daß man ein solches Streben, als zum Dilettantismus führend, tadeln mag, und tröste mich hierüber. In meinen vorgerückten Jahren ist dem Himmel zu danken, wenn man nur für diejenige Anstalt, welcher man in concreto angehört, ungefähr eine Richtschnur des Unterrichts gefunden hat.

Dies soll nicht eine Rechtfertigung sein, welche Sie, hochverehrter Herr Collega, ja nicht von mir erwarten, sondern nur ein rasches Besinnen auf das, was man bisher gewollt und erstrebt hat. Ihr freundliches Citat S. 29 macht mir einige Sorge; wie ich es lese, dämmert mir auf, das Bild sei am Ende nicht ganz von mir, und Schnaase könnte ein-

Erläuterungen.

mal sich ähnlich ausgedrückt haben. Nun, ich hoffe, es rückt mir's Niemand auf.

Diesmal werden Sie zahlreiche Leser ergreifen, indem Sie ein wahrhaft tragisches Mißverhältniß in harte Sehnähe gerückt haben: den Antagonismus zwischen dem historischen Wissen und dem Können, resp. Sein, und wiederum denjenigen zwischen der enormen Anhäufung des sammelnden Wissens überhaupt und den materiellen Antrieben der Zeit.

Mit nochmaligem bestem Danke verharrt
  hochachtungsvoll
    Ihr ergebenster
      J. Burckhardt.

Bei Burckhardt fand mein Bruder auch zuerst Sympathie und gleiche Schätzung für alle seine Lieblingsschriftsteller Montaigne, Stendhal, Larochefoucauld und andere französische Moralisten: diese Uebereinstimmung berührt auch der Dankesbrief für die Uebersendung von „Vermischte Meinungen und Sprüche" (zweiter Teil von „Menschliches, Allzumenschliches").

Nr. 2.

Burckhardt an Nietzsche.

Basel, 5. April 1879.

Ihr Billet trifft mich in einem Augenblick, da ich um meiner bloßen vergnüglichen Erholung willen einen zweitägigen Ausflug antrete, während Sie, lieber und verehrter Freund, so leiden müssen! Möge Ihnen das Clima von Genf wenigstens einige Erleichterung gewähren! Wenn eine bise noire kommen sollte, so flüchten Sie ja in den östlichen Winkel des Sees.

Den Anhang zu „Menschliches" habe ich durch Herrn Schmeitzner richtig erhalten und mit neuem Staunen über die freie Fülle Ihres Geistes gelesen und durchgenascht. In den Tempel des eigentlichen Denkens bin ich bekanntlich nie eingedrungen, sondern habe mich zeitlebens in Hof und Hallen des Peribolos ergötzt, wo das Bildliche im weitesten Sinne des Wortes regiert. Und nun ist in Ihrem Buche gerade auch für so nachlässige Pilger, wie ich bin, nach allen Seiten hin auf das reichlichste gesorgt. Wo ich aber nicht mitkommen kann, sehe ich mit einer Mischung von Furcht und Vergnügen zu, wie sicher Sie auf den schwindelnden Felsgraten herumwandeln, und suche mir ein Bild von dem zu machen, was Sie in der Tiefe und Weite sehen müssen.

Erläuterungen.

Wie käme es auch Larochefoucauld, Labruyère und Vauvenargues vor, wenn sie im Hades Ihr Buch zu lesen erhielten? und was würde der alte Montaigne sagen? Einstweilen weiß ich eine Anzahl von Sprüchen, um welche zum Beispiel Larochefoucauld Sie ernstlich beneiden würde.

Mit herzlichem Dank und mit den besten Wünschen für Ihr Wohlbefinden

der Ihrige

J. Burckhardt.

Durch die nähere Bekanntschaft mit Burckhardt ist bei meinem Bruder jedenfalls die Liebe und die Kenntniß der Renaissancezeit vertieft und erweitert worden. Ich erinnere mich herrlicher Gespräche zwischen den Beiden über diese wunderbare Zeit, wobei Burckhardt darauf bestand, sich Einiges von dem, was mein Bruder sagte, zu notiren. Die „Kultur der Renaissance" ist eines der wenigen Bücher, die mein Bruder zu allen Zeiten bewundert und verehrt hat. Vor allem aber fanden sich die Beiden in ihrer Auffassung der griechischen Kultur; hier ist der Einfluß ein sehr starker gegenseitiger gewesen. Als meines Bruders Freund, Freiherr von Gersdorff, längere Zeit in Basel war, hörte er u. a. Burckhardt's Colleg über griechische Kulturgeschichte, dem auch mein Bruder — leider nicht ganz regelmäßig — versuchte beizuwohnen. Er gehörte zu den begeistersten Verehrern dieses Collegs, das übrigens auch), wie die

Erläuterungen.

meisten Vorlesungen Burckhardt's, von einer Fülle älterer Männer, und nicht nur von den Studenten besucht wurde. Von der Wirkung dieser Vorträge behauptete mein Bruder: „daß man es jedem gebildeten Basler anmerke, daß er in der Stadt Jakob Burckhardt's geboren sei". Ein Schüler meines Bruders hatte ihm die Freude gemacht, das Colleg über griechische Kulturgeschichte nach mehrmaligem Hören auf das sorgfältigste auszuarbeiten und schön rot gebunden zu überreichen.

Es erfüllte meinen Bruder mit einer großen Genugthuung, daß Burckhardt nach dem Erscheinen der „Geburt der Tragödie" von seiner neuen Auffassung des Dionysischen sehr bedeutend Notiz nahm und das schon öfters gehaltene Colleg daraufhin veränderte und vermehrte. Ich habe es selbst gehört, daß Burckhardt meinem Bruder mit der größten Lebhaftigkeit versicherte, wie viel er gerade von ihm in der Auffassung des griechischen Wesens gelernt habe, was dieser in seiner Bescheidenheit dem so viel älteren Freund gegenüber durchaus nicht gelten lassen wollte. Aber diese Anerkennung hat ihn immer mehr als alles andere gefreut, und er schreibt noch im Jahre 1888 in der „Götzendämmerung": „Ich war der Erste, der, zum Verständniß des älteren, des noch reichen und selbst überströmenden hellenischen Instinkts, jenes wundervolle Phänomen ernst nahm, das den Namen des Dionysos trägt: es ist erklärbar aus einem Zu = viel von Kraft. Wer den Griechen nachgeht, wie jener tiefste Kenner ihrer Kultur, der heute lebt, wie Jakob Burckhardt in Basel, der wußte sofort, daß

Erläuterungen.

damit Etwas gethan sei: Burckhardt fügte seiner „Kultur der Griechen" einen eignen Abschnitt über das genannte Phänomen ein."

Auch an den Freunden meines Bruders nahm Burckhardt warmen Anteil, besonders an Freiherrn v. Gersdorff, der ihm als Zuhörer und Verehrer nahe gekommen war, und an Erwin Rohde, dessen spezielle Studien über Griechenthum ihn lebhaft interessirten. So schreibt mein Bruder im Herbst 1871 an Rohde: „Mit Jakob Burckhardt habe ich einige schöne Tage erlebt und unter uns wird viel über das Hellenische conferirt. Ich glaube, man kann jetzt in dieser Hinsicht Einiges in Basel lernen. Deinen pythagoreischen Aufsatz hat er mit großer Betheiligung gelesen, und sich zu seinen Zwecken excerpirt."

Burckhardt nahm so persönlichen Antheil an diesem Freundschaftsbund, daß er sich sogar einem höchst wunderlichen Weiheakt anschloß, den sich die drei Freunde Nietzsche, Rohde, Gersdorff 1871 als Dank für einen kurzen wunderschön gelungenen Herbstaufenthalt in Leipzig ausgedacht hatten. Die Stimmung jener Tage und eine Reihe großer und kleiner glücklicher Zufälle hatten sich so schön zusammengefügt, daß die Freunde behaupteten, es müßten „gute Dämonen" dabei im Spiele gewesen sein, denen sie ein feierliches Dankopfer gelobten. Als die Freunde wieder in Nord, Süd und Ost auseinandergesprengt waren, verabredeten sie einen bestimmten Abend, um einen mehr der Freundschaft als den Dämonen geweihten, festlichen Akt zu begehen; jeder sollte abends 10 Uhr ein Glas dunklen

Erläuterungen.

rothen Weines halb trinken und die andere Hälfte in die schwarze Nacht hinausgießen mit den Worten: „χαίρετε δαίμονες!" Ueber die Ausführung schreibt mein Bruder an Gersdorff: „Die Dämonenweihe habe ich bei Jakob Burckhardt in seiner Stube gefeiert: er hat sich meinem Weiheakte angeschlossen, und wir haben reichlich zwei Biergläser guten Rhôneweines auf die Straße geschüttet. In früheren Jahrhunderten wären wir der Zauberei verdächtig." —

Mit der Zeit sind sich die beiden Männer auch in dem Persönlichsten näher gekommen, so daß Burckhardt meinem Bruder sehr viel aus seinem früheren Leben erzählt hat; sogar ein Heftchen Liebeslieder aus dem Jahr 1853, das ein Freund abgeschrieben hatte, vertraute er meinem Bruder an. Die Gedichte hießen: „E Hämpfeli Lieder" (eine Handvoll Lieder) und waren ungemein lieblich und zartempfunden in nieder=allemannischer Mundart gedichtet. —

Nachdem mein Bruder 1879 seiner Gesundheit wegen seine Professur niederlegte und von Basel fortging, hat er den verehrten Freund nur noch selten wiedergesehen; aber immer, wenn er durch Basel kam, suchte er zu ermöglichen, mit ihm zusammenzutreffen. Briefe sind nur wenig zwischen Beiden gewechselt worden, da mein Bruder durch den schlechten Zustand seiner Augen daran verhindert wurde und seine weitere Entwicklung schließlich doch Burckhardt, da die ausgleichende mündliche Aussprache fehlte, zu fremdartig geworden zu sein scheint. Aber das Wenige, was geschrieben ist und noch existirt, enthalten die nachfolgenden Blätter. Es sind von

Burckhardt an Nietzsche, 1881.

Nietzsches Seite Briefe, die er bei Uebersendung seiner neuen Bücher beifügte oder vorausschickte, von Burckhardt's Seite Dankesbriefe, die in höchst charakteristischer Weise mit etwas Kritik verbunden sind. Diese Urtheile waren meinem Bruder schon früher sehr werthvoll und erfreulich gewesen; er behauptete, daß Burckhardt meistens das Beste und Richtigste über seine Bücher gesagt habe, und pflegte gern seine Aussprüche zu citiren, z. B. daß „Menschliches, Allzumenschliches" „ein souveränes Buch sei, das zur Vermehrung der Unabhängigkeit beitragen werde". So erhielt auch ich meistens die Briefe zugesandt, mich ihrer zu erfreuen und sie sorgfältig aufzubewahren. Leider fehlt aus dem letzten Jahr von meines Bruders Schaffenskraft die Antwort Burckhardt's auf die Uebersendung der „Genealogie der Moral"; geantwortet hat er, was durch eine Briefnotiz sich herausgestellt hat.

Nr. 3.

Burckhardt an Nietzsche.[1]

Basel, 20. Juli 1881.

Verehrtester Herr und Freund,

In Ihrem ungeheuer reichen Buche bin ich noch immer am Durchblättern und Naschen. Zwar

---

[1] Dank für die „Morgenröthe".

Burckhardt an Nietzsche, 1881.

Manches darin ist mir allerdings, wie Sie erriethen, wider den Strich, aber mein Strich braucht ja nicht der einzig wahre zu sein. Vorzüglich und insbesondere dankbar bin ich (wie schon bei Anlaß aller Ihrer früheren Sachen, zumal des Buches „Menschliches" ꝛc.) für die kühnen Perspektiven, aus welchen Sie das Wesen des Alterthums erblicken; von Einigem hatte auch ich Anfänge einer Ahnung, Sie aber sehen klar und dabei sehr viel mehr und weiter. Für den capitalen Abschnitt **über die sog. classische Erziehung** werden Sie viele Mitempfindenden haben.

In den übrigen Partien des Buches sehe ich als alter Mann mit einigem Schwindel zu, wie Sie schwindelfrei auf den höchsten Gebirgsgraten sich herumbewegen. Vermuthlich wird sich im Thal ganz allgemach eine Gemeinde sammeln und anwachsen, welche allermindestens sich an diesen Anblick des kühnen Gratwandlers attachirt.

Für Ihre Gesundheit meine besten, herzlichsten Wünsche.

Ihr stets ergebener
J. Burckhardt.

Nr. 4.

Nietzsche an Burckhardt.[1]

Naumburg a./S., August 1882.

Nun, mein hochverehrter Freund — oder wie soll ich Sie nennen? — empfangen Sie mit Wohlwollen das, was ich Ihnen heute sende, mit einem vor=gefaßten Wohlwollen: denn, wenn Sie das nicht thun, so werden Sie bei diesem Buche „Die fröhliche Wissenschaft" nur zu spotten haben (es ist gar zu persönlich, und alles Persönliche ist eigentlich komisch).

Im Uebrigen habe ich den Punkt erreicht, wo ich lebe wie ich denke, und vielleicht lernte ich auch inzwischen wirklich ausdrücken, was ich denke. In Hinsicht hierauf höre ich Ihr Urtheil als einen Richter=spruch: ich wünschte namentlich, daß Sie den Sanctus Januarius (Buch IV) im Zusammenhang lesen möchten, um zu wissen, ob er als Ganzes sich mit=theilt. —

Und meine Verse? — — —

In herzlichem Vertrauen

Ihr

Friedrich Nietzsche.

NB. Und was ist doch die Adresse jenes Herrn Curti, von dem Sie mir bei unserm letzten, sehr schönen Zusammensein sprachen?

---

[1] Bei Uebersendung der „Fröhlichen Wissenschaft".

Nr. 4.

Burckhardt an Nietzsche.¹)

Basel, 13. Sept. 1882.

Verehrtester Herr und Freund,

Vor drei Tagen langte Ihre „fröhliche Wissenschaft" bei mir an und Sie können denken, in welches neue Erstaunen das Buch mich versetzt hat. Zunächst der ungewohnte heitere Goethe'sche Lautenklang in Reimen, dessen Gleichen man gar nicht von Ihnen erwartet — und dann das ganze Buch und am Ende der Sanctus Januarius! Täusche ich mich oder ist dieser letzte Abschnitt ein specielles Denkmal, das Sie einem der letzten Winter im Süden gesetzt haben? er hat eben sehr Einen Zug. Was mir aber immer von Neuem zu schaffen giebt, ist die Frage: was es wohl absetzen würde, wenn Sie Geschichte docirten? Im Grunde wohl lehren Sie immer Geschichte und haben in diesem Buch manche erstaunliche historische Perspective eröffnet, ich meine aber: wenn Sie ganz ex professo die Weltgeschichte mit Ihrer Art von Lichtern und unter den Ihnen gemäßen Beleuchtungswinkeln erhellen wollten. Wie hübsch vieles käme — im Gegensatz zum jetzigen Consensus populorum — auf den Kopf zu stehen! Wie froh bin ich, daß

---

¹) Dank für die „Die fröhliche Wissenschaft".

ich seit längerer Zeit die landesüblichen Wünschbar= keiten mehr und mehr dahinten gelassen und mich damit begnügt habe, das Geschehene ohne gar zu viele Complimente oder Klagen zu berichten. — Im Uebrigen geht gar vieles (und ich fürchte, das Vor= züglichste) was Sie schreiben über meinen alten Kopf weit hinaus; — wo ich aber mitkommen kann, habe ich das erfrischende Gefühl der Bewunderung dieses un= geheuren, gleichsam comprimirten Reichthums und mache mir es klar, wie gut man es in unserer Wissenschaft haben könnte, wenn man vermöchte mit Ihrem Blicke zu schauen. Leider muß ich in meinen Jahren froh sein, wenn ich neuen Stoff sammle ohne den alten zu vergessen, und wenn ich als betagter Fuhrmann die gewohnten Straßen ohne Malheur weiter befahre, bis es einmal heißen wird: spann aus.

Es wird nun seine Zeit dauern, bis ich vom eiligen Durchkosten bis zum allmäligen Lesen des Buches vordringe, so wie es von jeher sich mit Ihren Schriften verhalten hat. Eine Anlage zu eventueller Thrannei, welche Sie S. 234 § 325 verrathen, soll mich nicht irre machen.

Mit herzlichem Gruß
Ihr stets ergebener
. J. Burckhardt.

P. S. Curtis Adresse einfach
Herr Dr. Curti
Redakteur der „Züricher Post"
Zürich.

Nietzsche an Burckhardt, 1883.

(Er war einst Mitredakteur der Frankfurter Ztg., ist jetzt Eigenthümer der Züricher Post, radical, aber von seiner Partei ziemlich unabhängig. Gebürtig aus St. Gallen.)

Nr. 5.

Nietzsche an Burckhardt.[1)]

[Rom, Juni 1883.]

Hochverehrter Herr Professor,

Zuletzt fehlt mir jetzt nichts als ein Gespräch mit Ihnen! Nachdem ich über den „Sinn meines Lebens" etwas zur Klarheit gekommen bin, hätte ich gar zu gern Sie über „den Sinn alles Lebens" sprechen hören mögen (ich bin jetzt mehr „Ohr" als irgend etwas Anderes —); aber der Sommer führt mich diesmal nicht nach Basel, sondern nach Rom! Was das beifolgende Büchlein betrifft, so sage ich nur dies: irgendwann schüttet Jeder einmal sein Herz aus und die Wohlthat, die er sich damit erweist, ist so groß, daß er kaum begreifen kann, wie sehr er eben damit Allen Anderen am meisten weh thut.

Ich ahne etwas davon, daß ich dies Mal Ihnen noch mehr wehe thue als es bisher geschehen ist:

[1)] Bei Uebersendung des ersten Theiles des „Zarathustra".

aber auch das, daß Sie, der Sie mir immer g u t ge=
wesen sind, von jetzt ab mir noch g u t e r sein werden!
Nicht wahr, Sie wissen, w i e ich Sie liebe und ehre?

Ihr
Nietzsche.

Roma, via Polveriera 4
    (piano 2).

Nr. 6.

Burckhardt an Nietzsche.[1]

Basel, den 10. Sept. 1883.

Verehrtester Herr und Freund,

Bei meiner Heimkehr letzten Freitag fand ich Ihren werthen Brief und Ihr „Also sprach Zara= thustra" vor. Dießmal sind es nicht mehr fixirte Einzelbeobachtungen wie in Ihren letzten Schriften, sondern eine forttönende mächtige Rede über das Ganze des Lebens, aus Einem Munde. Mir scheint, es muß in deutschen Landen an diejenigen Adressen gelangen wo es — durcheinander — begeisternd und erzürnend wirken wird. Letzteres kann wohl nicht ausbleiben, denn, verehrter Herr und Freund, Sie machen es dießmal den Sterblichen ganz besonders

---

[1] Dank für den ersten Theil von „Also sprach Zarathustra".

schwer, aber das Buch wird Die, welche ihm gezürnt, doch immer wieder anziehen. Für mich ist ein ganz eigenthümlicher Genuß dabei, Jemanden auf so hoch über mir befindlicher Warte ausrufen zu hören, welche Horizonte und welche Tiefen er sieht. Ich erfahre dabei, wie oberflächlich ich Zeitlebens gewesen bin und bei meiner Art von relativer Emsigkeit auch wohl bleiben werde, denn in meinen Jahren ändert man sich nicht mehr, höchstens wird man älter und schwächer.

Nun möchte ich aber noch Eines wissen: Ihr Brief scheint datirt aus Rom — oder giebt er nur v o r l ä u f i g Ihre dortige Wohnung an? ich aber bin 15.—31. August in Rom (Albergo di Milano) gewesen und da wäre es doch gar zu arg, wenn wir, so nahe beisammen, uns nicht getroffen hätten. Doch müßten wir dieses wie so Vieles Andere im Leben geduldig aufnehmen.

Indem ich Ihnen von Herzen die besten Folgen des römischen Himmels in Beziehung auf Ihre Gesundheit wünsche, verbleibe ich

Ihr stets ergebener

J. Burckhardt.

Nietzsche an Burckhardt, 1886.

Nr. 7.

Nietzsche an Burckhardt.[1)]

Sils-Maria, Oberengadin,
22. Sept. 1886.

Hochverehrter Herr Professor,

es thut mir wehe, so lange Sie nicht gesehn und gesprochen zu haben! Mit wem möchte ich eigentlich noch sprechen, wenn ich nicht mehr zu Ihnen sprechen darf? Das „silentium" um mich nimmt überhand. —

Hoffentlich hat inzwischen C. G. Naumann seine Schuldigkeit gethan und mein letzthin erschienenes „Jenseits" in Ihre verehrten Hände gelegt. Bitte, lesen Sie dies Buch, (ob es schon dieselben Dinge sagt, wie mein Zarathustra, aber anders, sehr anders —). Ich kenne Niemanden, der mit mir eine solche Menge Voraussetzungen gemein hätte wie Sie: es scheint mir, daß Sie dieselben Probleme in Sicht bekommen haben, — daß Sie an den gleichen Problemen in ähnlicher Weise laboriren, vielleicht sogar stärker und tiefer noch als ich, da Sie schweigsamer sind. Dafür bin ich jünger ... Die unheimlichen Bedingungen für jedes Wachsthum der Cultur, jenes äußerst bedenkliche Verhältniß zwischen dem, was „Verbesserung" des Menschen (oder geradezu „Vermenschlichung") genannt wird, und der Vergrößerung des Typus

---

[1)] Bei Uebersendung des „Jenseits von Gut und Böse".

Menſch, vor Allem der Widerſpruch jedes Moral=
begriffs mit jedem wiſſenſchaftlichen Begriff des
Lebens — genug, genug, hier iſt ein Problem,
das wir glücklicher Weiſe, wie mir ſcheint, mit nicht
gar Vielen unter den Lebenden und Todten gemein
haben dürften. Es aussprechen iſt vielleicht das
gefährlichſte Wagniß, das es giebt, nicht in Hinſicht
auf den, der es wagt, ſondern in Hinſicht auf die,
zu denen er davon redet. Mein Troſt iſt, daß zu=
nächſt die Ohren für meine großen Neuigkeiten fehlen,
— Ihre Ohren ausgenommen, lieber und hochver=
ehrter Mann: und für Sie wiederum werden es
keine „Neuigkeiten" ſein! — —

    Treulich
     der Ihre
      Dr. Friedrich Nietzſche.

Adreſſe: Genova, ferma in posta.

Nr. 8.

Burckhardt an Nietzſche.[1]

Baſel, den 26. Sept. 1886.

Verehrteſter Herr,

Vor Allem meinen ergebenſten Dank für die
Ueberſendung Ihres neueſten Werkes, welches richtig
in meine Hände gekommen iſt, und meinen Glück=

---

[1] Dank für „Jenſeits von Gut und Böſe".

Burckhardt an Nietzsche, 1886.

wunsch zu der ungebrochenen Kraft, welche in demselben lebt.

Leider überschätzen Sie nur zu sehr, wie Ihr seither angelangtes werthes Schreiben zeigt, meine Fähigkeit. Problemen, wie die Ihrigen sind, bin ich nie im Stande gewesen, nachzugehen oder mir auch nur die Prämissen derselben klar zu machen. Zeitlebens bin ich kein philosophischer Kopf gewesen, und schon die Vergangenheit der Philosophie ist mir so viel als fremd. Ich könnte noch lange nicht einmal diejenigen Ansprüche machen, welche manchen Gelehrten die Schilderung auf Seite 135 zugezogen haben. Wo bei der Betrachtung der Geschichte allgemeinere Geistesthatsachen sich mir an den Weg stellten, habe ich immer nur das unumgänglich Nothwendige dafür gethan und auf bessere Autoritäten verwiesen. Was mir nun in Ihrem Werke am ehsten verständlich ist, sind die historischen Urtheile und vor Allem Ihre Blicke in die Zeit: über den Willen in den Völkern und dessen zeitweilige Lähmung; über die Antithese der großen Assecuranz des Wohlbefindens gegenüber der wünschbaren Erziehung durch die Gefahr; über die Arbeitsamkeit als Zerstörerin der religiösen Instinkte; über den jetzigen Herdenmenschen und dessen Ansprüche; über die Demokratie als Erbin des Christenthums; ganz besonders aber über die künftigen Starken auf Erden! Hier ermitteln und schildern Sie deren vermuthliche Entstehungs- und Lebensbedingungen in einer Weise, welche die höchste Theilnahme erregen muß. Wie befangen nehmen sich daneben die Gedanken aus, welche sich unser Einer bei Gelegenheit über das allgemeine Schicksal der jetzigen europäischen Menschheit zu machen pflegt! — Das Buch geht eben weit über meinen alten Kopf, und ich komme mir ganz blöde vor, wenn ich Ihre erstaunliche Uebersicht über das ganze Gebiet der jetzigen Geistesbewegung und Ihre Kraft und Kunst der nuancirenden Bezeichnung des Einzelnen inne werde.

Wie gerne hätte ich aus Ihrem werthen Schreiben auch Etwas über Ihr Befinden erfahren. Ich meinerseits habe auf Grund meiner vorgerückten Jahre die Geschichtsprofessur niedergelegt und nur die Kunstgeschichte einstweilen noch beibehalten.

In vollkommener Hochachtung
Ihr stets ergebener
J. Burckhardt.

Nr. 9.

Nietzsche an Burckhardt.¹)

Nice [France]
pension de Genève.
14. November 1887.

Verehrtester lieber Herr Professor,
auch diesen Herbst bitte ich wieder um die Erlaubniß, Ihnen etwas von mir vorlegen zu dürfen, moral=historische Studien unter dem Titel Zur Genealogie

---

¹) Bei Ueberfendung der „Genealogie der Moral".

der Moral: auch dieses Mal wieder wie alle Male nicht ohne eine gewisse Unruhe. Denn — ich weiß es nur zu gut — alle Schüsseln, welche von mir aufgetischt werden, enthalten so viel Hartes und Schwerverdauliches, daß zu ihnen sich noch Gäste einladen und so verehrte Gäste, wie Sie es sind eigentlich eher ein Mißbrauch freundschaftlich=gast= freundschaftlicher Beziehungen ist. Man sollte mit solcher Nußknackerei hübsch bei sich bleiben und nur die eigenen Zähne in Gefahr bringen. Gerade in diesem neuesten Falle handelt es sich um psychologische Probleme härtester Art: so daß es fast mehr Muth bedarf, sie zu stellen, als irgend welche Antworten auf sie zu riskiren. Wollen Sie mir noch einmal Gehör schenken? ... Jedenfalls bin ich diese Ab= handlungen Ihnen schuldig, weil sie im engsten Bezuge zu dem letztübersandten Buche („Jenseits von Gut und Böse") stehn. Es ist möglich, daß ein paar Hauptvoraussetzungen jenes schlecht zugänglichen Buchs hier deutlicher herausgekommen sind; — wenig= stens ging meine Absicht dahin. Denn alle Welt hat mir über jenes Buch das Gleiche gesagt: daß man nicht begreife, um was es sich handle, daß es so etwas sei wie „höherer Blödsinn": zwei Leser aus= genommen, Sie selbst, hochverehrter Herr Professor, und andererseits einer Ihrer dankbarsten Verehrer in Frankreich, Mr. Taine. Verzeihung, wenn ich mir mitunter zum Troste sage: „ich habe bis jetzt nur zwei Leser, aber solche Leser!" — Das sehr innerliche und schmerzhaft=verwickelte Leben, das ich bisher gelebt habe (und an dem meine im Grunde

Nietzsche an Burckhardt, 1888.

stark angelegte Natur Schiffbruch gelitten hat) hat nachgerade eine Vereinsamung mit sich gebracht, gegen die es kein Heilmittel mehr giebt. Mein liebster Trost ist immer noch der, der Wenigen zu gedenken, die es unter ähnlichen Bedingungen ausgehalten haben, ohne zu zerbrechen und sich eine gütige und hohe Seele zu bewahren gewußt haben. Es kann Niemand Ihrer **dankbarer** gedenken, hochverehrter Mann, als ich es thue.

Treulich und unveränderlich
Ihr ergebenster
Nietzsche.

Meine Wünsche für Ihre Gesundheit zu guterletzt! Dieser Winter scheint hart zu werden. Oh wären Sie **hier**!!

Nr. 10.

Nietzsche an Burckhardt.[1])

Sils-Maria, Herbst 1888.

Hochverehrter Herr Professor,

Hiermit nehme ich mir die Freiheit, Ihnen eine kleine ästhetische Schrift vorzulegen, die, wie sehr auch immer mitten im Ernst meiner Aufgaben als Erholung gemeint, doch ihren Ernst für sich hat.

---
[1]) Bei Uebersendung des „Fall Wagner"; am 13. Sept.

Nietzsche an Burckhardt, 1868.

Sie werden sich hierüber nicht einen Augenblick durch den leichten und ironischen Ton irreführen lassen. Vielleicht habe ich ein Recht von diesem „Fall Wagner" einmal **deutlich** zu reden, — vielleicht selbst eine Pflicht. Die Bewegung ist jetzt in höchster Glorie. Drei Viertel aller Musiker ist ganz oder halb überzeugt, von St. Petersburg bis Paris, Bologna und Montevideo leben die Theater von dieser Kunst, jüngst hat noch der junge deutsche Kaiser die ganze Angelegenheit als nationale Sache **ersten Ranges** bezeichnet und sich an deren Spitze gestellt: Gründe genug, daß es **erlaubt** ist, auf den Kampfplatz zu treten. — Ich bekenne, daß die Schrift, bei dem durchaus europäisch=internationalen Charakter des Problems, nicht deutsch, sondern französisch hätte geschrieben werden müssen. **Bis zu einem gewissen Grade** ist sie französisch geschrieben: und jedenfalls möchte es leichter sein, sie ins Französische zu übersetzen als ins Deutsche . . .

— Es ist mir nicht verborgen geblieben, daß es vor nicht lange einen Tag gab, wo die Pietät einer ganzen Stadt sich mit tiefer Dankbarkeit ihres ersten Erziehers und Wohlthäters erinnerte. Ich habe mir, in aller Bescheidenheit, erlaubt, mein eigenes Gefühl zu dem einer ganzen Stadt hinzuzulegen.

Mit dem Ausdruck großer Liebe und Verehrung

Ihr

Dr. Friedrich Nietzsche.

Erläuterungen.

(Meine Adresse ist bis Mitte November Torino poste restante: ein einziges Wort von Ihnen würde mich glücklich machen.)

Auf diesen letzten Brief hat Jakob Burckhardt trotz der rührenden Bitte nicht geantwortet, — wie er mir bei einem flüchtigen Besuch im Herbst 1895 sagte, weil er das zugesandte Buch nicht verstanden habe. Das Verständniß wäre ihm schon bei der „Genealogie der Moral" schwer geworden, und deshalb hätte er meinem Bruder schon da nur einen kurzen Dank geschickt und auf einen späteren Brief vertröstet. Nach der Art und Weise, wie er dies ausdrückte, konnte ich mich nicht der Einsicht verschließen, daß ihn die letzten zugesandten Bücher meines Bruders nur in Verlegenheit versetzt hatten, mit Ausnahme von „Jenseits von Gut und Böse", für das er anerkennende Worte fand. Obgleich er bei meinem Besuch schon recht leidend war, und es ihm offenbar schwer wurde, sich an Einzelheiten der Vergangenheit zu erinnern, schien er doch dessen Inhalt noch zu kennen. Auch schien er sich zu freuen, als ich ihm sagte, welche Freude er meinem Bruder mit seinen Briefen bereitet hätte; nur fügte er hinzu, daß dieser ihnen „zu große Ehre erwiesen habe", was die Leser dieser Briefe wohl kaum zugeben werden.

III.

Briefwechsel

zwischen

Friedrich Nietzsche und Hippolyte Taine

mit Erläuterungen

von

Elisabeth Förster-Nietzsche.

Im „Jenseits von Gut und Böse" nennt mein Bruder Taine „den ersten lebenden Historiker" und in der „Genealogie der Moral" spricht er den Wunsch aus, daß einmal eine Luther=Biographie geschrieben würde, „mit einer Taineschen Unerschrockenheit, aus einer Stärke der Seele heraus". Man erkennt aus diesen Worten die außerordentliche Schätzung, die mein Bruder für Taine empfunden hat. So fühlte er sich auch veranlaßt, ihm im Sommer 1886 „Jenseits von Gut und Böse" mit einem, wie es scheint, nicht mehr vorhandenen Begleitbrief zuzusenden. Es war dies die erste Anknüpfung zu einem Austausch von einigen Briefen. Der Dankesbrief Taines verräth, daß auch er sogleich eine große Schätzung für meinen Bruder gewonnen und ihn besser verstanden hat, als die allen neuen geistigen Erscheinungen gegenüber immer so schlecht belehrte öffentliche Meinung. Mein Bruder, der unter der Gleichgültigkeit seiner Zeit= genossen, insbesondere seiner Landsleute, und dem Mangel jeglichen Verständnisses so bitter litt, war sehr glücklich darüber, und in allen Briefen an seine Freunde und Verwandten erwähnt er diese Be=

ziehungen zu Taine und spricht seine Freude aus, daß dieser hervorragende Mann zu seinen eifrigsten Lesern gehöre.

Nr. 1.
Hippolyte Taine an Nietzsche.

Meuthon St. Bernhard. H^{t.} Savoie, 17 oct. 1886.

Monsieur,

Au retour d'un voyage, j'ai trouvé le livre que vous aviez bien voulu m'adresser; comme vous le dites, il est plein de „pensées de derrière"; la forme si vive, si littéraire, le style passionné, le tour souvent paradoxal ouvriront les yeux du lecteur qui voudra comprendre; je recommenderais particulièrement aux philosophes votre premier morceau sur les philosophes et sur la philosophie (p. 14, 17, 20, 25); mais les historiens et les critiques feront aussi leur butin de quantité d'idées neuves (par exemple 41, 75, 76, 149, 150 etc.). Ce que vous dites des caractères et des génies nationaux dans votre 8ᵉ Essai est infiniment s u g g e s t i f, et je relirai ce morceau, quoiqu'il s'y trouve un mot beaucoup trop flatteur sur mon compte. Vous me faites un grand honneur dans votre lettre en me mettant à coté de M. Burckhardt de Bâle que j'admire infiniment; je crois

Nietzsche an Hippolyte Taine, 1887.

avoir été le premier en France à signaler dans la presse son grand ouvrage sur la Culture de la Renaissance en Italie.

Veuillez agréer avec mes vifs remerciements, l'assurance de mes sentiments les plus dévoués et les plus distingués.

H. Taine.

Mein Bruder ließ einige Zeit verstreichen, ehe er auf diese liebenswürdigen Zeilen Taines antwortete. Anfang Juli 1887 schickte er ihm die „Morgenröte" und die „Fröhliche Wissenschaft" in den neuen Ausgaben, welche beiden Werke durch die so interessanten Vorreden und die letztgenannte Schrift noch durch das fünfte Buch: „Wir Furchtlosen" und „die Lieder des Prinzen Vogelfrei" bereichert worden waren. Er fügte der Sendung das nachfolgende Begleitschreiben bei.

Nr. 2.

Nietzsche an Hippolyte Taine.

Sils-Maria, Oberengadin, den 4. Juli 1887.

Hochverehrter Herr!

Es gäbe so viele Gründe für mich, Ihnen Dank zu sagen: für die nachsichtige Güte Ihres Briefes, in dem die Worte über Jakob Burckhardt mir be-

sonders erquicklich zu Ohren klangen; für Ihre un=
vergleichlich starke und einfache Charakteristik Napo=
leons in der „Revue", deren ich in diesem Mai beinahe
zufällig habhaft wurde (ich war zuletzt nicht übel
auf sie vorbereitet durch ein neuerdings erschienenes
Buch Mr. Barbey d'Aurévillys, dessen Schlußkapitel
— über neue Napoleon=Litteratur — wie ein langer
Schrei des Verlangens klang — wonach doch?
Unzweifelhaft gerade nach einer solchen Erklärung
und Auflösung jenes ungeheuren Problems von Un=
mensch und Uebermensch, wie Sie sie uns gegeben haben).
Ich will auch das nicht vergessen, daß ich mich freute,
Ihrem Namen in der Widmung des letzten Romans
von Mr. Paul Bourget zu begegnen: obwohl ich
das Buch[1]) nicht mag — es wird Mr. B. niemals
möglich sein, ein wirkliches physiologisches (?) Loch
in der Brust eines Mitmenschen glaubwürdig zu
machen (dergleichen ist für ihn bloß quelque chose
arbitraire, wovon ihn sein delikater Geschmack hoffent=
lich fürderhin fernhalten wird. Aber es scheint, daß
der Geist Dostoiewskys diesen Pariser Romanciers
keine Ruhe läßt?) Und nun seien Sie so geduldig,
verehrter Herr, und lassen Sie sich die Ueberreichung
von zweien meiner Bücher gefallen, die eben in neuen
Auflagen erschienen sind. Ich bin ein Einsiedler,
Sie werden es wissen, und bekümmere mich nicht
viel um Leser und um Gelesenwerden, doch hat es
mir seit meinen zwanziger Jahren (ich bin jetzt drei=
undvierzig) niemals an einzelnen ausgezeichneten und

---

[1]) Leider ist mir der Titel des Romans unbekannt.

mir sehr zugethanen Lesern gefehlt (es waren immer alte Männer), darunter zum Beispiel Richard Wagner, der alte Hegelianer Bruno Bauer, mein verehrter Kollege Jakob Burckhardt und jener Schweizer Dichter, den ich für den einzigen lebenden **deutschen** Dichter halte, Gottfried Keller. Ich hätte eine große Freude daran, wenn ich auch den von mir am meisten verehrten Franzosen unter meinen Lesern hätte.

Diese zwei Bücher sind mir lieb. Das erste, die Morgenröte, habe ich in Genua geschrieben, in Zeiten schwersten und schmerzhaftesten Siechtums, von den Aerzten aufgegeben, angesichts des Todes und inmitten einer unglaublichen Entbehrung und Vereinsamung: aber ich wollte es damals nicht anders und war trotzdem mit mir in Frieden und Gewißheit. Das andre, die fröhliche Wissenschaft, verdanke ich den ersten Sonnenblicken der wiederkehrenden Gesundheit: es entstand ein Jahr später (1882), ebenfalls in Genua, in ein paar sublimklaren und sonnigen Januar= wochen. Die Probleme, mit denen sich die beiden Bücher beschäftigen, machen einsam. Darf ich Sie bitten, dieselben aus meinen Händen mit Wohlwollen in Empfang zu nehmen?

Ich bin und verbleibe mit dem Ausdruck meiner tiefen und persönlichen Hochschätzung

Ihr ergebenster
Friedrich Nietzsche.

Taine antwortet sogleich darauf.

Nr. 3.

Hippolyte Taine an Nietzsche.

Hôtel Beauséjour.   Genève, 12 juillet [1887.]

A mon grand regret, Monsieur, j'étais absent quand vos deux volumes sont arrivés chez moi, et je suis encore à Genève occupé à suivre une cure hydrothérapique. Je n'aurai le plaisir de vous lire qu' à mon retour. Vous êtes plus au courant que moi de la littérature française contemporaine; car je ne connaissais pas l'article de Mr. Barbey d'Aurévilly dont vous me parlez. Je suis très heureux que mes articles sur Napoléon[1]) vous aient paru vrais, et rien ne peut résumer plus exactement mon impression que les deux mots allemands dont vous vous servez: Unmensch und Uebermensch.[2])

Agréez, je vous prie, Monsieur, mes vifs remerciements et les assurances de la haute considération avec laquelle je suis votre dévoué serviteur

H. Taine.

---

[1]) Revue des deux Mondes, Frühjahr 1887.
[2]) Später findet sich dieser Ausdruck in der Genealogie der Moral, S. 337, Band VII der Gesamtausgabe.

Erläuterungen.

Ich glaube nicht, daß mein Bruder diesen Brief Taines unbeantwortet gelassen hat; ich muß wohl eigentlich sagen „Briefe", denn Taine hat noch einmal nach der Lektüre von „Morgenröte" und der „Fröhlichen Wissenschaft" in den schmeichelhaftesten Ausdrücken an meinen Bruder geschrieben. Leider findet sich dieser Brief nicht mehr in seinen Papieren, — von seinem Inhalt aber haben mehrere Freunde meines Bruders und auch ich Kenntniß erhalten. Es scheinen somit von beiden Seiten einige Briefe verloren gegangen zu sein; zum Beispiel findet sich in einem Manuskript meines Bruders die erste Niederschrift eines Briefes, den er im Spätherbst 1887 an Herrn Taine gerichtet haben muß, den wiederum Madame Taine in dem Nachlaß ihres Gemahls nicht gefunden hat.

Das freundliche Verhältniß meines Bruders zu diesem ausgezeichneten Franzosen und ihre gegenseitige Hochschätzung machte meinem Bruder aber später nicht mehr so viel Freude, wie im Anfang ihrer Beziehungen; denn leider ward Taine die Ursache eines Streites und der endgültigen Entfremdung zwischen ihm und seinem geliebten Jugendfreunde Erwin Rohde.

Im zweiten Briefband (Briefwechsel zwischen Friedrich Nietzsche und Erwin Rohde) und im letzten Band der Biographie finden sich die Documente darüber. Immerhin muß ich auch hier betonen, daß die verschiedene Meinung der Jugendfreunde über Hippolyte Taine nur die äußerliche Veranlassung zu der ungemein beklagenswerthen Trennung gewesen ist und daß bei dieser Gelegenheit nur eine viel tiefere innere Differenz zum Ausdruck kam.

Ich weiß nicht, ob mein Bruder Taine den „Fall Wagner" geschickt hat, ich finde nirgends eine Andeutung davon; dagegen ließ er ihm Anfang Dezember die „Götzendämmerung" überreichen. Der Begleitbrief ist von Madame Taine nicht gefunden worden; jedoch fand sich im Archiv eine erste Niederschrift desselben, welche hier abgedruckt ist.

Nr. 4.
Nietzsche an Hippolyte Taine.
(Nach einem Entwurf.)

[Turin, November 1888.]

Verehrter Herr!

Das Buch, das in Ihre Hände zu legen ich mir den Muth nehme, ist vielleicht das wunderlichste Buch, das bisher geschrieben wurde — und in Hinsicht auf das was es vorbereitet, beinahe ein Stück Schicksal. Es wäre mir von unschätzbarem Werthe, wenn dasselbe französisch gelesen werden könnte: ich habe meine Leser jetzt in aller Welt, nebenbei auch in Rußland; ich bin unglücklich, deutsch zu schreiben, obgleich ich vielleicht besser schreibe, als je es ein Deutscher schrieb. Zuletzt werden die Franzosen aus dem Buche die tiefe Sympathie heraushören, die sie verdienen: ich habe in allen meinen Instinkten Deutschland den Krieg erklärt

Hippolyte Taine an Nietzsche, 1888.

(— p. 58 ein eigner Abschnitt „Was den Deutschen abgeht").

Ein Wort darüber, an wen ich vielleicht Exemplare zu senden hätte? ... Eine vollkommene und sogar meisterhafte Kenntniß des Deutschen ist freilich die Voraussetzung, um das Buch zu übersetzen.

Mit dem Ausdruck meiner alten Verehrung

F. N.

Taine antwortete und dankte wenige Tage darauf.

Nr. 5.

Hippolyte Taine an Nietzsche.

23 rue Cassette. Paris, 14 déc. 1888.

Monsieur,

Vous m'avez fait beaucoup d'honneur en m'envoyant votre Götzen-Dämmerung; j'y ai lu ces boutades, ces résumés humoristiques à la Carlyle, ces définitions spirituelles et à portée profonde que vous donnez des écrivains modernes. Mais vous avez raison de penser qu'un style allemand si littéraire et si pittoresque demande des lecteurs très versés dans la connaissance de l'allemand; je ne sais pas assez bien la langue pour sentir du premier coup toutes vos audaces et vos finesses; je n'ai guère lu en allemand que des philosophes ou des historiens. — Puisque vous souhaitez un lecteur compétent, je crois pouvoir vous indiquer le nom de Mr. J. Bourdeau, rédacteur du Journal des Débats et de la Revue des deux mondes; c'est un esprit très cultivé, très libre, au courant de toute la littérature contemporaine; il a voyagé en Allemagne, il en étudie soigneusement l'histoire et la littérature depuis 1815, et il a autant de goût que d'instruction. Mais je ne sais pas s'il est de loisir en ce moment. Il habite à Paris, rue Marignan, 18.

Agréez, Monsieur, avec mes vifs remerciements, l'assurance de mes sentiments les plus distingués.

H. Taine.

Es scheint, als ob Taine bei der Lektüre der „Götzendämmerung" besorgt wurde, daß seine Kenntniß der deutschen Sprache zum Verständniß für den Stil meines Bruders „si pittoresque" und für „toutes ses audaces et ses finesses" nicht ausreiche. Er hätte sich beruhigen können; die Schwerverstänlichkeit lag nicht in der Sprache, sondern in der Neuheit der Ideen, denen aber Taine näher stand als mancher andre von meines Bruders Zeitgenossen. Die deutschen Landsleute verstanden jedenfalls meinen Bruder durchaus nicht „du premier coup", sondern erst nach langen Jahren — zu spät, um den Theuren noch damit erfreuen zu können.

IV.

Briefwechsel

zwischen

Friedrich Nietzsche und Gottfried Keller

herausgegeben und erläutert

von

Elisabeth Förster-Nietzsche.

Die perſönlichen Beziehungen zwiſchen Gottfried Keller und Friedrich Nietzſche waren nur ſehr flüchtiger Natur, obgleich mein Bruder ſchon ſeit dem Anfang der 70er Jahre zu den wärmſten Verehrern Kellers gehörte. Beſonders liebte er „die Leute von Seldwyla" und nannte ſich und die beiden Freunde Profeſſor Overbeck und Dr. Heinrich Romundt, mit welchen er damals in einem Haus in Baſel zuſammenwohnte, die drei gerechten Kammacher — ein Scherz, der Richard Wagner großes Vergnügen bereitete. Mein Bruder hat aber damals keinen Verſuch gemacht, in nähere Beziehungen zu dem Züricher Dichter zu treten; denn es war ihm irgendwie zu Ohren gekommen, daß dieſer mit David Strauß befreundet und deshalb gegen ihn eingenommen ſei. In der That findet ſich auch in einem Brief Kellers an ſeinen Wiener Freund Emil Kuh vom 18. Nov. 1873 ein äußerſt ungünſtiges Urtheil über den ſiegreichen Angriff meines Bruders gegen David Strauß in der dritten „Unzeitgemäßen", die jetzt allgemein der „Bildungsphiliſter" genannt wird. Zwar hat ſich Keller ſpäter

etwas beschämt gegen meinen Bruder darüber aus=
gesprochen, wie falsch er ihn im Anfang beurtheilt
habe; ich möchte aber gern dieses Urtheil hier bringen,
weil man daraus sieht, wie sehr sich selbst die hervor=
ragendsten Künstler in ihrer Kritik untereinander
irren können:

„Das knäbische Pamphlet des Herrn Nietzsche gegen
Strauß habe ich auch zu lesen begonnen, bringe es
aber kaum zu Ende wegen des gar zu monotonen
Schimpfstiles ohne alle positiven Leistungen und
Oasen. Nietzsche soll ein junger Professor von kaum
sechsundzwanzig Jahren sein, Schüler von Ritschl in
Leipzig und Philologe, den aber eine gewisse Groß=
mannssucht treibt, auf anderen Gebieten Aufsehen zu
erregen. Sonst nicht unbegabt, sei er durch Wagner=
Schopenhauerei verrannt und treibe in Basel mit ein
paar Gleichverrannten einen eigenen Kultus. Mit der
Straußbroschüre will er ohne Zweifel sich mit einem
Coup ins allgemeine Gerede bringen, da ihm der
stille Schulmeisterberuf zu langweilig und langsam ist.

Es dürfte also zu erwägen sein, ob man einem
Spekulierburschen dieser Art nicht noch einen Dienst
leistet, wenn man sich stark mit ihm beschäftigt.
Doch werden Sie wohl am besten selbst das Be=
dürfniß hiefür beurtheilen. Ich halte den Mann für
einen Erz= und Kardinalphilister; denn nur solche
pflegen in der Jugend so mit den Hufen auszuschlagen
und sich für etwas anderes als für Philister zu
halten, gerade weil dieses Wähnen etwas so Ge=
wöhnliches ist."

Die erste Beziehung der Beiden zu einander kam

Nietzsche an Keller, 1882.

durch ein recht günstiges Urtheil Kellers, das ein Züricher Bekannter (dessen Name mir entfallen ist) meinem Bruder in Sizilien im Frühjahr 1882 überbrachte. Im Herbst darauf schickte er Keller mit dem nachfolgenden Brief „Die fröhliche Wissenschaft":

Nr. 1.

Nietzsche an Keller.

Leipzig, Auenstraße 26, September 1882.

Hochverehrter Mann, ich wünschte, Sie wüßten schon irgend woher, daß Sie das für mich sind — ein sehr hochverehrter Mann, Mensch und Dichter. So brauchte ich mich heute nicht zu entschuldigen, daß ich Ihnen kürzlich ein Buch zusendete.

Vielleicht thut Ihnen dieses Buch trotz seinem fröhlichen Titel wehe? Und wahrhaftig, wem möchte ich weniger gern wehe thun als gerade Ihnen, dem Herz=Erfreuer! Ich bin gegen Sie so dankbar gesinnt!

Von Herzen der Ihrige
Dr. Friedrich Nietzsche.

Es ist außerordentlich zu beklagen, daß die Antwort Kellers verloren gegangen ist, wahrscheinlich hat sie mein Bruder einem Freund zum Lesen gegeben und nicht wieder zurückerhalten. Im Frühsommer darauf (Juni 1883) schickte er infolge dieser liebenswürdigen Antwort Kellers ihm auch den ersten Theil des Zarathustra mit einem Begleitbrief. Die Stimmung, aus welcher er geschrieben ist, ist in dem Schlußband der Biographie ausführlich geschildert.

Nr. 2.

Nietzsche an Keller.

[Rom,] Juni 1883.

Hochverehrter Herr,

als Antwort auf Ihren gütigen Brief und zugleich als Bestätigung Ihres darin ausgesprochenen Gedankens — daß der große Schmerz die Menschen beredter mache als sie es sonst sind —: möchte sich Ihnen das beifolgende Büchlein empfehlen, das den Titel trägt „Also sprach Zarathustra".

Seltsam! Aus einem wahren Abgrunde von Gefühlen, in die mich dieser Winter, der gefährlichste meines Lebens, geworfen hatte, erhob ich mich mit Einem Male und war zehn Tage lang wie unter dem hellsten Himmel und hoch über hohen Bergen. Die Frucht dieser Tage liegt nun vor Ihnen: möge sie süß und reif genug sein, um Ihnen — einem

Verwöhnten im Reiche des Süßen und Reif=
gewordenen! — wohl zu thun!
Von Herzen Sie
verehrend
Prof. Dr. Nietzsche.
Roma, via Polveriera 4 (piano II).

Zwischen diesem und dem nächsten Brief liegt nun die persönliche Bekanntschaft der Beiden. Mein Bruder meldete im September 1884 Gottfried Keller vom Engadin aus, daß er für einige Wochen nach Zürich käme; er möchte ihm doch gütigst mittheilen, wo er ihn treffen könnte. Darauf erhielt er die nach= folgende Antwort:

Nr. 3.

Keller an Nietzsche.

Zürich, 28. Sept. 1884.
27. Zeltweg=Hottingen.

Hochverehrter Herr,

Da ich annehme, Sie werden nun wohl hier an= gekommen und einlogirt sein, so bin ich so frei, Ihnen hiermit meine Wohnung zu bezeichnen; ich hoffe, Ihrem werthen und willkommenen Besuche

Erläuterungen.

darin entgegensehen zu dürfen, um Sie persönlich zu begrüßen, indem mir das am einfachsten zu sein scheint.

Für Ihren Zarathustra danke ich herzlich bei diesem ersten Anlasse; denn bei dieser, wie einer früheren gütigen Zusendung, war mir nicht klar ersichtlich, wohin ich einen Dankbrief hätte adressiren können.

Ihr mit vollkommener Hochachtung
   ergebener und grüßender
      G. Keller.

Auf die Rückseite dieses Briefes hat mein Bruder zwei Zeilen aus dem Keller'schen „Abendlied" geschrieben:

„Trinkt, o Augen, was die Wimper hält,
Von dem goldnen Ueberfluß der Welt!"

Ich kann wohl sagen, daß diese Worte jenen köstlichen Züricher Aufenthalt im Herbst 1884, den ich mit meinem Bruder zusammen verlebte, charakterisirten. Er war damals von dem fröhlichsten Uebermuth erfüllt; hatte er doch im Sommer 1884 zum ersten Male das ganze Schema „seiner Philosophie umrissen" und konnte mit den glücklichsten Empfindungen an Gast schreiben: „es steht gut und hoffnungsvoll damit". Dieses Glücksgefühl zeigte sich nun in einer wundervollen dichterischen Stimmung und kam in seinen schönsten Gedichten zum Ausdruck.

Erläuterungen.

Er war also in der richtigen Stimmung, um die frohsinnige Lebensweisheit Kellers innig mitzuempfinden.

Ich begleitete ihn bei dem ersten Besuch im Kellerschen Hause, der allerdings erfolglos, aber trotzdem recht komisch verlief. Als wir in den Garten traten, wurde uns durch eine Frauenstimme im Züricher Dialect mitgetheilt, daß der Herr Staatsschreiber ausgegangen sei. Nach einigen Verhandlungen hin und her zeigte sich an der Hausthür Jemand, der die Karte meines Bruders in Empfang nahm. Darauf ließ sich die Frauenstimme nochmals vernehmen: was die „Jungfere" wolle? Das war ich, die an der Gartenthür bescheiden zurückgeblieben war, weil in dem Fall, daß mein Bruder nicht angenommen worden wäre, ich mit ihm spazieren gehen wollte, was er nun explicirte. Ein etwas rauhes aber nicht unwohlwollendes Lachen war die Antwort, und die Stimme hinter der Jalousie sprach sich in dem Sinne aus, daß die „Jungfere" wohl aus der Ferne einen Blick auf den Herrn Staatsschreiber hätte werfen wollen, was mein Bruder in Hinsicht auf die Berühmtheit Kellers natürlich nicht in Abrede stellte, obgleich ich wirklich nicht daran gedacht hatte. Keller galt als fremdenscheu, besonders aber als ein Frauenfeind. Am andern Tage geschah nun das Unerhörte, daß er „dem Herrn Professor Nietzsche und seiner Schwester" in der Pension Segnes einen Gegenbesuch machte; infolge dessen war ich bei dieser Entrevue zugegen. Beide waren ungemein höflich gegen einander und sagten sich schöne Dinge,

Erläuterungen.

und als schließlich Gottfried Keller auch das Wort an mich richtete und ich irgend etwas sagte, was ihm wohlgefiel und ihn amüsirte, lächelte er, was sein Gesicht auf eine unbeschreiblich liebenswürdige Weise veränderte. Ich habe nie ein Gesicht gesehen, das durch Lächeln einen so vollkommen anderen Ausdruck erhalten hätte. Für gewöhnlich hatte Kellers Gesicht etwas Grämliches, Gleichgültiges, so daß man kaum begriff, daß ein Dichter von solch ergötzlichen Erzählungen so aussehen konnte. Sobald er aber lächelte, blitzten die Augen voller Schelmerei, und das ganze Gesicht nahm den Ausdruck einer geistvollen Schalkhaftigkeit an.

Das Zusammensein schien beide Theile sehr zu befriedigen. Sie machten miteinander einige Male kleine Spaziergänge, vor Allem aber bat Keller meinen Bruder sogleich um die Erlaubniß, ihn in der Züricher Lesegesellschaft einzuführen; die Karte ist noch vorhanden.

Ich weiß nicht, ob sich Beide noch einmal späterhin wiedergesehen haben, auch findet sich kein weiterer Brief Kellers vor. Das Letzte, was wir von ihrem Verkehr wissen, ist der Brief meines Bruders, den er bei Gelegenheit der Uebersendung von „Jenseits von Gut und Böse" geschrieben hat.

Nr. 4.

Nietzsche an Keller.

Ruta ligure, 14. Oktober 1886.

Hochverehrter Herr,
inzwischen habe ich mir die Freiheit genommen, einer alten Liebe und Gewohnheit gemäß, Ihnen mein letztes Buch zu übersenden; mindestens bekam mein Verleger Naumann den Auftrag dazu. Vielleicht geht dies Buch mit seinem Fragezeichen-Inhalte wider Ihren Geschmack: vielleicht nicht seine Form. Wer sich ernsthaft und mit herzlicher Neigung um die deutsche Sprache bemüht hat, wird mir schon einige Gerechtigkeit widerfahren lassen müssen: es ist Etwas, so sphynxartige und stummgeborne Probleme wie die meinen sind, zum Reden zu bringen. —

Im letzten Frühling bat ich meine alte Mutter, mir Ihr Sinngedicht vorzulesen, — und wir Beide haben Sie dafür aus vollem Herzen gesegnet (auch aus vollem Halse: denn wir haben viel gelacht): so rein, frisch und körnig schmeckte uns dieser Honig. —

Mit dem Ausdruck treuer Anhänglichkeit und Verehrung

Ihr Prof. Dr. Friedrich Nietzsche.

V.

Briefwechsel

zwischen

Friedrich Nietzsche und Dr. Heinrich Freiherr von Stein

herausgegeben und erläutert

von

Elisabeth Förster-Nietzsche.

In den achtziger Jahren, der Zeit der großen Einsamkeit meines Bruders, sprach er öfters die Sehnsucht aus, Jünger zu haben, die durch seine Bücher angeregt, nun von ihm weiter in der Erkenntniß seiner Philosophie gefördert werden sollten.

Noch aus der ersten Periode seines Schaffens war ihm der treue Freund und Jünger Peter Gast geblieben, der ihm besonders nach der musikalischen Seite seines Wesens hin nahe stand; aber nun begehrte er doch nach neuen Jüngern, die ihm durch seine späteren Bücher, die er selbst als Angelhaken bezeichnete, gewonnen worden wären. Er stellte jedoch sehr hohe Anforderungen und wenn sich ihm hie und da Verehrende zeigten, so empfand er sie beinahe als Demüthigung, so unsympathisch erschien ihm ihre Art und Weise. Was ihn so besonders abstieß, war die Unvornehmheit der Gesinnung, die er ganz instinktiv herausfühlte. Ein durch und durch vornehmer Sinn ließ ihn das unschönste Aeußere vollständig vergessen, wenn auch sein Schönheitssinn sonst nach wohlgebildeten Menschen verlangte. Ein Mal aber war er so glücklich, einen Menschen zu finden, der innerlich und äußerlich das Ideal dessen vorstellte, wie er sich seine Jünger träumte. Carl Heinrich Freiherr von Stein, geboren am 12. Februar 1857, war dieser „prachtvolle Mensch und Mann", der sich ihm verehrend nahte und von ihm als Jünger auserkoren wurde. Der nachfolgende Briefwechsel giebt eigentlich nur eine undeutliche Vorstellung davon, was sich die Beiden in der kurzen Zeit ihrer Bekanntschaft gewesen sind. Mein Bruder hörte zuerst von Stein im Winter 1877/78, als er ein merkwürdiges Büchlein in die Hand bekam: „Die Ideale des Materialismus. Lyrische Philosophie von Armand Pensier" und dazu vernahm, daß der Verfasser, eine in seltener Weise sympathische Persönlichkeit, mit Malwida von Meysenbug und, wenn ich nicht irre, auch mit Dr. Rée bekannt geworden sei. Das Büchlein hatte mein Bruder mit einigem Erstaunen angesehen, als er aber dabei hörte, daß es ein Zwanzigjähriger geschrieben habe, meinte er doch, daß aus dem Verfasser dieses Büchleins wahrscheinlich etwas Bedeutendes werden würde. Ihre persönlichen Beziehungen begannen erst im Herbst 1882. Dr. Heinrich v. Stein, der sich damals in Halle als Privatdocent habilitirt hatte, besuchte meinen Bruder während eines Aufhaltes in Leipzig, traf ihn aber leider nicht zu Hause. Mein Bruder schickte ihm die Aushängebogen der „Fröhlichen Wissenschaft" und schrieb ihm sein Bedauern darüber:

Nr. 1.

Nietzsche an H. von Stein.

Leipzig, Querstr. 26, 2. Etage. [1882.]

Geehrtester Herr Doctor,

ich bin Ihres Besuchs verlustig gegangen, das thut mir leid — ein Brief rief mich an jenem Tage von Leipzig weg. —

Darf ich mir erlauben, Ihnen heute die Aushängebogen meines letzten Buches zuzusenden? So haben Sie wenigstens eine Möglichkeit, sich mit mir auch in Halle unterhalten zu können (eine andere Möglichkeit, daß ich einmal zu Ihnen komme, vorbehalten).

Man hat mir erzählt, daß Sie, mehr als jemand sonst vielleicht, sich Schopenhauern und Wagnern mit Herz und Geist zugewendet haben. Dies ist etwas Unschätzbares, vorausgesetzt, daß es seine Zeit hat.

Ihnen von Herzen zugethan

Dr. Nietzsche.

Als Antwort schickte Dr. v. Stein die Aushängebogen seines neuesten Werkes, das zwölf Gespräche historischen Charakters unter dem Titel „Helden und Welt" enthielt. Mein Bruder, der immer schon für Savage Landor's „Imaginary conversations" eine große Vorliebe gezeigt hatte, fühlte sich durch die Art der Darstellung sehr angenehm berührt. Der nachfolgende Brief schildert den Eindruck, den das Buch auf ihn hervorgerufen hatte.

Nr. 2.

Nietzsche an H. von Stein.

[S. Margherita,] Anfang Dezember 1882.

Aber, lieber Herr Doctor, Sie hätten mir gar nicht schöner antworten können, als Sie es gethan haben — durch Uebersendung Ihrer Bogen. Das traf glücklich zusammen! Und bei allen ersten Begegnungen sollte es ein so gutes „Vogelzeichen" geben!

Ja, Sie sind ein Dichter! Das empfinde ich: die Affekte, ihr Wechsel, nicht am wenigsten der scenische Apparat — das ist wirksam und glaubwürdig (worauf Alles ankommt!)

Was die „Sprache" betrifft, — nun wir sprechen zusammen über die Sprache, wenn wir uns einmal sehen: das ist nichts für den Brief. Gewiß, lieber Herr Doctor, Sie lesen noch zu viel Bücher, namentlich deutsche Bücher! Wie kann man nur ein deutsches Buch lesen!

Ah, Verzeihung! Ich that es selber eben und habe Thränen dabei vergossen.

Wagner sagte einmal von mir, ich schriebe

Nietzsche an H. von Stein, 1882.

lateinisch und nicht deutsch: was einmal wahr ist und sodann — auch meinem Ohre wohlklingt. Ich kann nun einmal an allem deutschen Wesen nur einen Antheil haben, und nicht mehr. Betrachten Sie meinen Namen: meine Vorfahren waren polnische Edelleute, noch die Mutter meines Großvaters war Polin. Nun, ich mache mir aus meinem Halb= deutschthum eine Tugend zurecht und nehme in Anspruch, mehr von der Kunst der Sprache zu ver= stehen als es Deutschen möglich ist. —

Also hierin auf Wiedersehn!

Was „den Helden" betrifft: so denke ich nicht so gut von ihm wie Sie. Immerhin: er ist die an= nehmbarste Form des menschlichen Daseins, namentlich wenn man keine andre Wahl hat.

Man gewinnt etwas lieb: und kaum ist es Einem von Grund aus lieb geworden, so sagt der Tyrann in uns (den wir gar zu gerne „unser höheres Selbst" nennen möchten): „Gerade das gieb mir zum Opfer." Und wir geben's auch — aber es ist Thierquälerei dabei und Verbranntwerden mit langsamem Feuer. Es sind fast lauter Probleme der Grausamkeit, die Sie behandeln: thut dies Ihnen wohl? Ich sage Ihnen aufrichtig, daß ich selber zuviel von dieser „tragischen" Complexion im Leibe habe, um sie nicht oft zu verwünschen; meine Erlebnisse im Kleinen und Großen, nehmen immer den gleichen Verlauf. Da verlangt es mich am meisten nach einer Höhe, von wo aus gesehen das tragische Problem unter mir ist. — Ich möchte dem menschlichen Dasein etwas von seinem herzbrecherischen und grausamen

Erläuterungen.

Charakter nehmen. Doch, um hier fortfahren zu können, müßte ich Ihnen verrathen, was ich Niemandem noch verrathen habe — die Aufgabe, vor der ich stehe, die Aufgabe meines Lebens. Nein, davon dürfen wir nicht mit einander sprechen. Oder vielmehr: so wie wir Beide sind, zwei sehr getrennte Wesen, dürfen wir davon nicht einmal mit einander schweigen.

Von Herzen Ihnen dankbar
und zugethan
F. Nietzsche.

Ich bin wieder in meiner Residenz Genua oder in deren Nähe, mehr Einsiedler als je: Santa Margherita Ligure (Italia) (poste restante).

———

Ich kann nicht behaupten, daß der nachfolgende Briefwechsel alle Briefe enthält, die sich mein Bruder und Stein geschrieben haben. Jedenfalls ist von beiden Seiten nichts mehr als das Vorliegende aufgefunden worden. Daß einige Briefe fehlen, geht aus den vorhandenen ziemlich deutlich hervor. Gleich der nächste Brief Stein's an meinen Bruder sieht wie eine Antwort aus. Offenbar hat mein Bruder der Sendung des 1. und 2. Theils des Zarathustra die Mahnung hinzugefügt, das neue Buch auf sich wirken zu lassen und vorderhand noch nicht zu kritisiren, was Stein in dem nachfolgenden Dankesbrief auch treulich befolgt.

Nr. 3.

H. von Stein an Nietzsche.

Halle, 4. Oktober 1883.

Hochgeehrtester Herr!

Die Gesinnungen und Ansichten, welche Sie in Ihrem neuesten Buche aussprechen, muthen mich so verwandt und vertraut an, wie ich dies nicht erwarten konnte. Welcher Segen ruht auf diesem Buche, wenn es in einem Einzigen die große Sehnsucht — — und zugleich das: Bleibt der Erde treu! bestärkt. — Auf Ihre Gedanken zu etwaiger genauerer Besprechung einzugehen, haben Sie mir zu bestimmt verwehrt. Aber Sie gestatten mir gewiß, und nehmen es gerne an, wenn ich Ihnen für die mir durch Uebersendung Ihres Buches bewiesene Freundlichkeit aus vollem Herzen ehrerbietigst danke.

Heinrich von Stein.

Auch der folgende Brief ist ein Dankesbrief und zwar für den dritten Theil des Zarathustra. Mit feiner Empfindung unterläßt Dr. von Stein wiederum jede Art von Kritik und deutet nur durch die Uebersendung der herrlich übersetzten Verse Giordano Bruno's an, wie dieses neue Werk auf ihn gewirkt hat.

Nr. 4.

H. von Stein an Nietzsche.

Berlin, 17. Mai 1884.

Hochgeehrter Herr!

Wie soll ich für Ihre neue Gabe danken — für die warme Wahrheit, deren Herzschlag mir daraus entgegenschlägt. Ich mache es wie damals, als Sie so gütig es mir gelingen ließen, und schreibe, was ich gerade wieder einmal unter den Händen habe, übersetzte Gedichte Giordano Bruno's, zur Mitfreude hin.

„Wem dank ich's, daß ich nun mit freier Seele
Und schreckenlos den Flug des Lebens wage,
Die allgemeinen Ketten nicht mehr trage —
Denn Seltne nur entließ die bange Höhle;

Ein Demant=Beil erlahmt an diesem Hage
Der Endlichkeit — wie mocht' ich mich entraffen
Der Zeit und ihrem Ingesind und Waffen,
Dem Lauf der Alter, Jahre, Stunden, Tage?

Nun wohl! Ich fürchte nicht, den sie erlogen,
Der alten Mähr krystallnen Himmelsbogen,
Ich breche durch, mir ist der Weg gebahnt,

So daß ich mich zu andern Erden hebe,
Endlos durch das Gefild des Aethers schwebe,
Vorbei den Welten, die ich einst geahnt.

H. von Stein an Nietzsche, 1884.

Du Berg — es hält in ihren Grabes=Gründen
Dich tief die Erde fest.
Doch du bist stark, und in den Sternen steht dein Haupt.

Von aller höchster Dinge höchster Höhe
Stammt tief in meiner Brust
Der Widerstreit, ob ich den Todten, ob ich Gott gehöre.

Oh, gieb dein Recht nicht auf! Ergieb dich nicht!
Du weichst — es führt in Fesseln
Der Fährmann dich über des Acheron
Schwarze, kalte Gewässer.

Erkühne — erkenne dich! Erklimme
Die heilgen Firnen:
Denn nun bist du bei Gott, du fluthest,
Ein Flammenmeer, empor."

Und das schon früher übersetzte, welches seiner Zeit Wagner ganz außerordentlich gefiel:

„Die Doggen los! — Mit allen seinen Hunden
Zum Wald Aktäon eilt. Ein schlimmer Segen
Führt ihn auf ungewiß verschlungnen Wegen,
Edelsten Wildes Spur hat er gefunden.

Da sah er, was nicht Mensch noch Gott erschaut,
Ein Weib in Wellen — war so wunderhold,
Nicht Alabaster, Elfenbein und Gold,
Kein Meister hätt's zu bilden sich getraut.

Der Jäger ist darob zum Wild geworden,
Hat vor den Hunden, die er losgekettet,
In toller Hatz das Leben kaum gerettet. —

Vom hohen Ziel, vom Fluge ohne Schranken.
Kehrt so ihr jetzt euch um, mich zu ermorden,
Oh meine unbarmherzigen Gedanken.

H. von Stein an Nietzsche, 1884.

Wie sehr wünschte ich, daß Sie diesen Sommer zum Parsifal nach Bayreuth kämen. Man kann ja, allen Bemühungen hierfür zum Trotz, doch nicht vorhersagen, ob die Aufführung in ihrer ursprünglichen Richtigkeit lange bestehen wird. Wenn ich an den Parsifal denke, so denke ich an ein Bild reiner Schönheit — an ein Seelen-Erlebniß reinmenschlicher Art, die dargestellte Entwickelung eines Knaben zum Manne. Durchaus kein Pseudo-Christenthum und überhaupt weniger Tendenz ist für mich im Parsifal, als in irgend einem Wagner'schen Werke. So schreibe ich denn auch — zaghaft und kühn zugleich, meinen Wunsch hier nicht als Wagnerianer nieder, sondern weil ich dem Parsifal diesen Hörer, und diesem Hörer den Parsifal wünsche.

Viel gedachte ich Ihrer in letzter Zeit im Gespräch mit Ferdinand Laban, der den Winter über in Berlin war, nun leider wieder, wir wissen kaum wohin, von uns gegangen ist.

Ich danke Ihnen von ganzem Herzen und grüße Sie ehrerbietigst.

Heinrich von Stein.

Nr. 5.

Nietzsche an H. von Stein.

Venezia, San Canciano, calle nuova 5256,
am 22. Mai 1884.

Mein lieber Herr Doctor,

Diese Gedichte Giordano Bruno's sind ein Geschenk, für welches ich Ihnen von ganzem Herzen dankbar bin. Ich habe mir erlaubt, sie mir zuzueignen, wie als ob ich sie gemacht hätte und für mich — und sie als stärkende Tropfen „eingenommen". Ja wenn Sie wüßten, wie selten noch etwas Stärkendes von außen her zu mir kommt! Ich sprach vor zwei Jahren mit einer Art Ingrimm davon, daß ein Ereigniß wie der Parsifal ferne von mir, gerade von mir, vorübergehen mußte; und auch jetzt wieder, wo ich noch einen zweiten Grund weiß, um nach Bayreuth zu gehen — nämlich Sie, mein lieber Herr Doctor, der Sie zu meinen großen „Hoffnungen" gehören — auch jetzt wieder habe ich Zweifel daran, ob ich hinkommen darf. Nämlich: das Gesetz, das über mir ist, meine Aufgabe, läßt mir keine Zeit dafür. Mein Sohn Zarathustra mag Ihnen verrathen haben, was sich in mir bewegt; und wenn ich Alles von mir erlange, was ich will, so werde ich mit dem Bewußtsein sterben, daß künftige Jahrtausende auf meinen Namen ihre höchsten Gelübde thun.

H. von Stein an Nietzsche, 1884.

Verzeihung! — Es giebt so ernste Dinge, daß von ihnen zu reden man erst um Verzeihung bitten sollte. —

Zuletzt möchte ich doch erfahren, wann die Aufführungen sind, wann Sie selber nach Bayreuth kommen und ob Sie vielleicht geneigt wären, mich im Oberengadin (Sils-Maria) zu besuchen: — dort nämlich habe ich seit Jahren meine „Sommer-Residenz" (eine Stube in einem Bauernhause).

Von Herzen Ihr
Nietzsche.

Nr. 6.

H. von Stein an Nietzsche.

Berlin, C. Poststraße 23, III,
28. Mai 1884.

Hochverehrter Herr!

Ihnen eine Freude gemacht zu haben, ist für mich ein Erlebniß, ein allerfreudigstes. Von Herzen gerne würde ich Sie im Sommer im Gebirge besuchen; aber ich kann überhaupt erst vom August an, und auch dann nicht völlig unabhängig über meine Zeit verfügen. Nach Bayreuth hoffe ich zu den letzten Aufführungen kommen zu können; die diesjährigen Aufführungen sind am 21., 23., 25., 27., 29., 31. Juli, 2., 4., 6., 8. August. In jedem Falle

Nietzsche an H. von Stein, 1884.

halte ich an dem Plane eines Zusammentreffens mit herzlicher Absicht und Hoffnung fest.

Ihr ehrerbietig ergebener
Heinrich von Stein.

In der That wurde im Sommer 1884 auch ein solches Zusammentreffen in Sils=Maria ermöglicht, obgleich gerade in jener Zeit sich mein Bruder dort sonstige Besuche verbeten hatte, da er mit seinem philosophisch=theoretischen Haupt=Prosawerk, das später der „Wille zur Macht" genannt wurde, beschäftigt war. Die Anmeldung von Dr. von Stein's Besuch fehlt; mein Bruder beantwortete sie offenbar sofort.

Nr. 7.

Nietzsche an H. von Stein.

[Sils=Maria,] Mittwoch [20. August 1884].

Sehr willkommen! Sehr ersehnt — mehr sage ich heute nicht. Nehmen Sie in Sils=Maria das Hotel Alpenrose: da esse ich jetzt zu Mittag. Ein Wort noch über die muthmaßliche Stunde Ihrer Ankunft in Silvaplana: daß ich Sie, verehrtester Herr, daselbst abholen kann.

Von Herzen erfreut
der Einsiedler von Sils=Maria.

Erläuterungen.

Stein kam nur für wenige Tage nach Sils-Maria, fast theilnahmslos für die Natur, nur in den Anblick meines Bruders versunken. Eigentlich haben sie sich nur zwei Tage wirklich genossen, denn bei Stein's Ankunft hatte mein Bruder gerade Migräne, die am folgenden Tag gegen Abend wiederkehrte und erst am dritten Tag ihn vollkommen verließ. Stein notirt in seinem Tagebuch: „26. VIII 84. Nach Sils, abends bei Nietzsche. Bejammernswerther Anblick. 27. Großartiger Eindruck seines freien Geistes, seiner Bildersprache. Schnee und Winterwind. Er bekommt Kopfschmerzen — abends Anblick seines Leidens. — 28. Er hat nicht geschlafen, ist aber frisch wie ein Jüngling. Welch sonniger, herrlicher Tag!" — (Man vergleiche hiermit den Brief vom 24. September 1884, zweiter Absatz.) Von dieser Zusammenkunft haben Beide die herrlichste Erinnerung behalten. Mein Bruder, mit dem ich kurz darauf in Zürich zusammentraf, konnte nur mit bewegter Stimme von diesem wundervollen Menschen sprechen, bei dem ihn auch alles so tief sympathisch berührte. In der That waren Beide in ihren Charakteren, vielleicht auch selbst in der Art ihrer Begabung, einander sehr ähnlich. Ich habe späterhin Gelegenheit gehabt, Privatbriefe Stein's aus seiner Jünglingszeit und seinem Mannesalter kennen zu lernen: bei manchen hatte ich das Gefühl, als ob mein Bruder so geschrieben haben könnte, wenigstens den Empfindungen nach, die sie ausdrückten, wenn auch nicht gerade dem Stil nach. Beide waren Verkörperungen jener höchsten und feinsten Moral, die das christliche

Erläuterungen.

und ritterliche Ideal jemals hervorgebracht hat, dabei Beide im Grunde ihrer Seele tief ernst, fast melancholischer Natur. Nur war mein Bruder als der Aeltere bereits zum Humor und zum Lachen durchgedrungen und er sprach die bestimmte Hoffnung aus, daß wenn Stein mit ihm längere Zeit zusammen wäre, er es auch noch lernen würde. Hatte er doch an jenen schönen sonnigen Tagen in Sils-Maria schon einen so herrlichen Anfang in der Heiterkeit gemacht. Mein Bruder sagte, daß ihm das Lachen bezaubernd gestanden hätte.

In der That muß Dr. von Stein damals vollständig verändert gewesen sein, und es zeigte sich bei ihm der starke verklärende Einfluß, den mein Bruder auf seine Umgebung auszuüben pflegte. Er war sich dieses Einflusses früher nicht bewußt gewesen, aber während seiner verschiedenen Aufenthalte in Sils-Maria hatten ihn einige sehr fein beobachtende Frauen darauf aufmerksam gemacht, daß er es schließlich auf sein Leben zurückblickend, selbst entdeckte. Er schreibt deshalb in seinen Lebenserinnerungen Ecce homo über diese Erfahrungen im Allgemeinen und dann noch im Besonderen in Hinsicht auf Heinrich von Stein:

„Das Instrument, es sei, welches es wolle, es sei so verstimmt, wie nur das Instrument „Mensch" verstimmt werden kann: — ich müßte krank sein, wenn es mir nicht gelingen sollte, ihm etwas Anhörbares abzugewinnen. Und wie oft habe ich das von den „Instrumenten" selber gehört, daß sie sich noch nie so gehört hätten... Am schönsten vielleicht

Erläuterungen.

von jenem unverzeihlich jung gestorbenen Heinrich von Stein, der einmal, nach sorgsam eingeholter Erlaubniß, auf drei Tage in Sils-Maria erschien, Jedermann erklärend, daß er **nicht** wegen des Engadin komme. Dieser ausgezeichnete Mensch, der mit dem ganzen Ungestüm eines preußischen Junkers in den Wagner'schen Sumpf hineingewatet war (und außerdem noch in den Dühring'schen!), war diese drei Tage wie umgewandelt durch einen Sturmwind der Freiheit, gleich Einem, der plötzlich in **seine** Höhe gehoben und Flügel bekommt. Ich sagte ihm immer, das mache die gute Luft hier oben, so gehe es Jedem, man sei nicht umsonst 6000 Fuß über Bayreuth, — aber er wollte mir's nicht glauben."

Besonders gefiel meinem Bruder auch die schlichte, aufrichtige und doch so ehrerbietige Art und Weise, wie sich Dr. von Stein über seine Schriften aussprach. Das geschah damals so selten, daß während des Erscheinens der drei Theile des Zarathustra der Autor immer mehr und mehr die Hoffnung aufgegeben hatte, irgend etwas Verständnißvolles darüber zu hören. Wie bitter er dies empfand und wieviel Geduld er sich erzwingen mußte, um über dies mangelnde Verständniß nicht in Entrüstung zu gerathen, — davon kann man sich kaum eine Vorstellung machen: „Nach einem solchen Anrufe aus der innersten Seele keinen Laut von Antwort zu hören, das ist ein **furchtbares** Erlebniß, an dem der zäheste Mensch zu Grunde gehen kann: es hat mich aus allen Banden mit lebendigen Menschen herausgehoben."

Nicht das Schweigen war es, das ihn so erbitterte,

Erläuterungen.

sondern das oberflächliche Geschwätz und Urtheilen, das ihm damals zu Ohren kam. Daraus sah er erst, wie absolut unverstanden der ganze Zarathustra den Leuten geblieben war, denn nicht ein Laut, nicht ein Hauch von Verstehen kam ihm daraus entgegen. Ein ehrfürchtiges Schweigen oder Erklären, daß man vor dem Zarathustra wie vor etwas ganz Unverständlichem stehe, zog er damals jedem Urtheile vor.

Schließlich sah er, gerade nach Heinrich von Steins Besuch, wohl ein, daß sein großes philosophisch-theoretisches Prosawerk erst vorliegen müsse, ehe selbst das bescheidenste Verständniß des Zarathustra möglich wäre. Deshalb schreibt er an Peter Gast: „Der Zarathustra hat einstweilen nur den ganz persönlichen Sinn, daß es mein „Erbauungs- und Ermuthigungs-Buch" ist — im Uebrigen dunkel und verborgen und lächerlich für Jedermann.

Heinrich von Stein, ein prachtvolles Stück Mensch und Mann, an dem ich F r e u d e gehabt habe, sagte mir ganz ehrlich, er habe von besagtem Z. „zwölf Sätze und nicht mehr" verstanden. — Das that mir s e h r w o h l."

Auch noch eines anderen merkwürdigen Ausspruches meines Bruders in Bezug auf Stein erinnere ich mich aus jener Zeit unseres gemeinsamen Aufenthaltes 1884 in Zürich: „Weißt Du, eigentlich kann ich nur mit s o l c h e n Menschen moralische Probleme besprechen, bei den anderen lese ich so leicht in den Mienen, daß sie mich vollständig mißverstehen und nur das Thier in ihnen sich freut, eine Fessel abwerfen zu dürfen." Ueber dasselbe Thema sprach

Erläuterungen.

sich mein Bruder mit meinem Mann im Herbst 1885 aus. Mein Mann erzählte, wie sich Stein ihm gegenüber so sehr beklagt habe, wie einsam er sich unter der großstädtischen Jugend fühle, die eigentlich kein anderes Problem als das geschlechtliche kenne und ihre ekelhafte, überreizte Sinnlichkeit als Gesundheit ausgäbe. Mein Bruder bestätigte es, daß er auch ihm gegenüber bitter geklagt habe und einige Stellen aus dem Zarathustra als so besonders richtig in dieser Beziehung bezeichnet hätte; er citirte diese Stellen und fügte hinzu: „Stein ist eine stolze und reine Herrennatur, er paßt nicht zu diesen niederen Sklavenseelen." — „Desto besser paßt er zu Dir," fiel ihm mein Mann lebhaft in's Wort, „er konnte nicht genug beschreiben, wie verwandt er sich Deiner Natur gefühlt." — „Vielleicht sind wir uns ähnlich," sagte mein Bruder, „jedenfalls sind wir die Herren unserer Sinne und kennen noch andere wichtigere Probleme als das geschlechtliche."

Als Dr. von Stein im Frühjahr 85 nach Naumburg kam, um meinen Mann und mich zu besuchen, sprach er sich auch mir gegenüber mit tiefster Ergriffenheit über seinen Besuch in Sils=Maria aus. Offenbar hatte man ihm eine etwas falsche Beschreibung von meinem Bruder entworfen, so daß dessen Aussehen und die Art, wie er sich gab, den tiefsten Eindruck auf ihn machte. Er sagte mir, daß er dieses Zusammensein als eines der größten Ereignisse seines Lebens betrachte, und daß er sich in Gegenwart meines Bruders in einer Höhe gefühlt habe wie sonst nie. Seine große Liebe und Verehrung für Wagner und

Dühring hinderte ihn nicht, so stark zu empfinden. Mein Bruder behauptete sogar, daß deren Erziehung ihn „zum mindesten feinfühlig in Bezug auf das verborgene Pathos eines Einsam=Daherziehenden gemacht habe." Uebrigens konnte Stein, als er mir von diesem Besuch in Sils=Maria erzählte, sich nicht genug über die prachtvolle Elasticität von meines Bruders Natur verwundern. Nach zwei Leidenstagen sei er strahlend und heiter wie ein Held nach der Schlacht zu ihm gekommen, ein Bild starker Männ= lichkeit und Gesundheit, wie er das auch in den Tagebuchnotizen andeutet. Diese Tage in Sils=Maria waren für Beide eine wunderschöne Erinnerung, wie wir aus ihren Briefen sehen.

Nr. 8.

Nietzsche an H. von Stein.

Sils=Maria, den 18. September 1884.

Lieber Herr Doctor,

hier ein letzter Gruß aus Sils=Maria, wo es sehr Herbst geworden ist: — sogar die Einsiedler fliegen davon.

Ihr Besuch gehört zu den drei guten Dingen, für welche ich diesem Zarathustra=Jahre von Grund aus dankbar bin.

Vielleicht sind Sie schlimmer dabei gefahren?

H. von Stein an Nietzsche, 1884.

Wer weiß, ob Sie nicht viel zu sehr den Philoctet auf seiner Insel gefunden haben? Und sogar Etwas von jenem Philoctet-Glauben: „ohne meine Pfeile wird kein Ilion erobert!"

In einem solchen Zusammentreffen, wie dem unsrigen liegt immer viel Folge, viel Verhängniß. Aber das glauben Sie mir gewiß: von nun an sind Sie einer der Wenigen, deren Loos im Guten und Schlimmen zu meinem Loose gehört.

Treulich
der
Ihre
Nietzsche.

NB. Für alle Fälle irgend eines Anliegens gebe ich Ihnen diese ewige Adresse:

Nizza, poste restante.

Nr. 9.

H. von Stein an Nietzsche.

Völkershausen, 24. September 1884.

Lieber, hochverehrter Herr und Freund!

Die Tage von Sils sind eine große Erinnerung für mich, ein wichtiges, ein weihevolles Stück Leben. In treuem Festhalten an solchen Ereignissen ist es mir einzig möglich, dem furchtbaren Dasein die Stirne

H. von Stein an Nietzsche, 1884.

zu bieten; mehr als Das: es werthvoll zu finden. Darf ich gewiß sein, daß diese kurzen Stunden auch Ihnen etwas gewesen sind? — Und was möchte ich, daß sie Ihnen wären? — Daß ich Ihnen nichts geben kann, was Sie nicht reicher und besser schon besäßen, ist ja ganz offenbar. Was also kann ich Ihnen bringen: treues, herzliches Mitgehen und Verstehen. Und hiermit sei Alles gesagt. Denn Pläne machen ist mir ganz und gar verwehrt. Aber Sie wissen durch meinen Besuch ein für allemal ganz bestimmt, daß es für mich als wünschens= werthestes Gut in erster Linie steht, an Ihrem Leben bescheidenen Antheil nehmen zu dürfen, nicht sowohl durch Lettern, geschriebene oder gedruckte, sondern durch lebendigen Verkehr.

Das Heimweh nach einem Tage, wie der 28. August, der zweite unseres Zusammenseins, ließ mich oft zweifeln, ob ich nicht auf alle Weise meinen Besuch hätte länger ausdehnen sollen. Aber es steht so mit mir. Ich bin entschieden in die gelehrte Laufbahn einzutreten genöthigt. Nun habe ich diese Aufgabe so in mich aufgenommen, daß ich für jetzt mit meinen Studien über Aesthetik wirklich lebe; in dem Grade, daß ich mich unbehaglich fühle, entwurzelt, wenn ich dieser Pflicht nicht genüge. Dies mag gut oder schlimm sein — ich selbst, wie ich sonst war, würde es schlimm nennen, — für jetzt bestimmt es mein Lebensgefühl. In der Tiefe, lauscht und wacht eine unendliche Sehnsucht nach wirklichem, freien Leben. Aber nachgeben will ich dieser nun nicht mehr: — bis ich sie verwirklichen kann. — Deßhalb also

H. von Stein an Nietzsche, 1884.

sehen Sie mich jetzt von Bibliothek zu Bibliothek ziehen, und in meiner Dachstube in Berlin gefesselt — C. Poststraße 23, III, wo ich für Briefe immer zu finden bin. Jetzt athme ich noch ein paar Tage Landluft, bei Verwandten. —

Werden Sie Fräulein von Meysenbug im Herbst treffen? Auf der Rückreise von Frankreich — wenn die Cholera ihr diese Rückreise gestattet, — wird sie gewiß Nizza berühren? Gewiß kann sie Rom unter keinen Umständen ganz aufgeben; ich begreife das, ich würde es nicht begreifen, wenn es anders wäre. Sie hat eine Heimath in Rom sich geschaffen, in Menschen und Dingen, und kann ihres Alters wegen kaum mehr reisen, keinenfalls sich verpflanzen. Sie, verehrter Freund, würden durch Malwida, und für jetzt gewiß nur durch sie, einen kleinen Kreis von Menschen finden, der Ihnen durch Sympathie wohlthun würde — selbst wenn er Ihnen noch nicht das Verständniß entgegenbringt, das Sie einmal verlangen dürfen. Ich muß Ihnen das merkwürdige Wort wiederholen, welches Sie mir in Sils sagten: Sie hätten sich, in einer schweren Zeit, auch körperlich, nur in den Stunden wohlgefühlt, in denen Sie mit Frl. v. Meysenbug sprachen. Das Klima kann keinen größeren Einfluß ausüben, als hier das Menschliche übte. — Ich empfinde es als Kühnheit, daß ich hierauf zurückkomme, aber es geschieht aus Herzensbedürfniß, und in herzlich freundschaftlicher Absicht. In dieser Gesinnung grüße ich Sie ehrfurchtsvoll.

H. v. Stein.

Nr. 10.

Nietzsche an H. von Stein.

[Nizza, Ende November 1884.]

Einsiedlers Sehnsucht.

Oh Lebens Mittag! Feierliche Zeit!
Oh Sommer-Garten!
Unruhig Glück im Stehn und Spähn und Warten!
Der Freunde harr' ich, Tag und Nacht bereit:
Wo bleibt ihr Freunde? Kommt! S' ist Zeit! S' ist Zeit!

Im Höchsten ward für euch mein Tisch gedeckt:
Wer wohnt den Sternen
So nahe, wer des Lichtes Abgrunds-Fernen?
Mein Reich — hier oben hab ich's mir entdeckt —
Und all dies Mein — ward's nicht für euch entdeckt?

Nun liebt und lockt euch selbst des Gletschers Grau
Mit jungen Rosen,
Euch sucht der Bach, sehnsüchtig drängen, stoßen
Sich Wind und Wolke höher heut' in's Blau
Nach euch zu spähn aus fernster Vogelschau — — —

Da seid ihr Freunde! — Weh, doch ich bin's nicht,
Zu dem ihr wolltet?
Ihr zögert, staunt — ach, daß ihr lieber grolltet!
Ich bin's nicht mehr? Vertauscht Hand, Schritt, Gesicht?
Und was ich bin, — euch Freunden bin ich's — nicht?

Ein Andrer ward ich und mir selber fremd?
Mir selbst entsprungen?

Nietzsche an H. von Stein, 1884.

Ein Ringer, der zu oft sich selbst bezwungen,
Zu oft sich gegen eigne Kraft gestemmt,
Durch eignen Sieg verwundet und gehemmt? —

Ich suchte, wo der Wind am schärfsten weht,
Ich lernte wohnen,
Wo Niemand wohnt, in öden Eisbär=Zonen,
Verlernte Mensch und Gott, Fluch und Gebet,
Ward zum Gespenst, das über Gletscher geht.

Ein schlimmer Jäger ward ich: seht wie steil
Gespannt mein Bogen!
Der Stärkste war's, der solchen Zug gezogen —
Doch wehe nun! Ein Kind kann jetzt den Pfeil
Drauf legen: fort von hier! Zu eurem Heil! —

Ihr alten Freunde! Seht nun blickt ihr bleich,
Voll Lieb' und Grausen!
Nein, geht! Zürnt nicht! Hier — könntet ihr nicht hausen!
Hier zwischen fernstem Eis= und Felsenreich —
Da muß man Jäger sein und gemsengleich.

Ihr wendet euch? — — Oh Herz, du trugst genung!
Stark blieb dein Hoffen!
Halt neuen Freunden deine Thüre offen,
Die alten laß! Laß die Erinnerung!
Warst einst du jung, jetzt — bist du besser jung!

Nicht Freunde mehr — das sind, wie nenn' ich's doch?
Nur Freund=Gespenster!
Das klopft mir wohl noch Nachts an Herz und Fenster,
Das sieht mich an und spricht „wir warens doch?"
— Oh welkes Wort, das einst wie Rosen roch!

Und was uns knüpfte, junger Wünsche Band, —
Wer liest die Zeichen,
Die Liebe einst hineinschrieb, noch, die bleichen?
Dem Pergament vergleich ich's, das die Hand
Zu fassen scheut — ihm gleich verbräunt, verbrannt! —

H. von Stein an Nietzsche, 1884.

Oh Jugend-Sehnen, das sich mißverstand!
Die ich ersehnte,
Die ich mir selbst verwandt-verwandelt wähnte —
Daß alt sie wurden, hat sie weggebannt:
Nur wer sich wandelt, bleibt mit mir verwandt!

Oh Lebens Mittag! Zweite Jugend-Zeit!
Oh Sommer-Garten!
Unruhig Glück im Stehn und Spähn und Warten!
Der Freunde harr' ich, Tag und Nacht bereit: —
Der neuen Freunde! Kommt! S' ist Zeit! S' ist Zeit!

— — — — Dies ist für Sie, mein werther Freund, zur Erinnerung an Sils-Maria und zum Danke für Ihren Brief, einen solchen Brief!

F. N.

(Nizza, pension Genève, petite rue St. Etienne.)

Nr. 11.

H. v. Stein an Nietzsche.

Berlin, 1. Dezember 1884
(C Poststraße 23, III).

Verehrter Freund.

Wiederum auf einen solchen Anruf bliebe mir nur Eine Antwort: zu kommen; mich dem Verständniß des Neuen, was Sie zu sagen haben, zunächst einmal ganz und gar als einem edelsten Berufe zu widmen. Dies ist mir versagt. Mir fuhr ein Gedanke durch

H. von Stein an Nietzsche, 1884.

den Sinn: ich komme wöchentlich einmal mit zwei Freunden zusammen, lese mit diesen Artikel des Wagner-Lexikons, und bespreche mich mit ihnen darüber. Diese Besprechungen nehmen eine immer höhere und freiere Bedeutung an. Kürzlich nannten wir das Künstlerische die Ueberleitung aus der Fülle der Persönlichkeit zum Ueberpersönlichen. Hierbei gedachte ich Ihrer, und meinte, Sie würden an diesem Gespräch Freude gehabt haben. Und nun fiel mir ein: wie, wenn du jetzt einen Brief Nietzsche's hervorzuziehen hättest, der etwa ein Paar Sätze zum Thema unserer Gedankenarbeit setzte? Wäre dies eine Form, in der Sie sich mitzuteilen geneigt wären? Würde etwas Derartiges Ihnen als Vorstufe, Vorschule des idealen Klosters gelten? Von uns Dreien ist freilich nichts Positives weiter zu nehmen, nur: freier Sinn und Denkfreude. — Aber gewiß, ich spreche dies nicht aus, ohne mir selbst innerlich ein Nein zu antworten. Was sollen Ihnen Uebereinkünfte mit solchen tausendfach bedingten Existenzen. Ein Tag persönlichen Verkehrs ist mehr, als ein Jahr Korrespondenz.

Sie gaben mir einen solchen Tag. Lassen Sie mich, mit herzlicher Aufrichtigkeit, auf ein Bedenken eingehen, was ich in Ihrem Gedichte, wie in Ihrem vorhergehenden Briefe anklingen höre. In dem letzteren gaben Sie unserer Zusammenkunft das ergreifende Symbol des Philoktet. Sie sprachen von dem Philoktetglauben. Ich theile diesen Glauben, nämlich: daß ohne die Pfeile des Philoktet Troja nicht erobert wird. Glaubt Neoptolemos darum weniger, daß der tote Held den größten Antheil

Erläuterungen.

an der Eroberung Troja's habe? Wird ihn dieser Glaube hindern, den Philoktet zu verstehen? Giebt ihm nicht vielmehr dieser Glaube ein, einem Philoktet in jedem Falle gänzlich un=Odysseisch zu begegnen? — Mein Daseinsgefühl ist ein höheres, wenn ich mit Ihnen spreche. Meine Stimmung erinnerte mich an die Stimmung meiner ersten längeren Gespräche mit Frau Wagner. Ich will damit sagen, ich hatte noch das Gefühl eines hochgestimmten Gedanken=Austausches, nicht das eines völlig neuen Erschließens und Lernens. Dies hindert nicht, daß man bald erfährt, wie sehr man durch solches Hören und Sprechen vorwärts gekommen ist. — Seien Sie immer überzeugt, daß ich mit unstörbarer Sicherheit an einem solchen Eindruck festhalte, in seinem positiven Gehalt. Wenn mein heutiger Gedanke (auf den ersten beiden Seiten) ungeschickt ist, so lassen Sie ihn ja ganz und gar unbeachtet. Ich vergesse nie, daß mein augenblickliches **bedingtes** Wesen von Ihrem freien Wesen leider sehr abliegt. Aus voller Seele den wärmsten Dank Ihres

H. v. Stein.

Mein Bruder schreibt an mich Mitte Dezember 1884: „Was hat mir Stein für einen dunklen Brief geschrieben! und das als Antwort auf ein solches Gedicht! Es weiß Niemand mehr, wie er sich benehmen soll." In der That war dieser Brief eine Geduldsprobe, ein kalter Wasserstrahl auf die in des „Einsiedlers Sehnsucht" ausgesprochenen Empfindungen. Man

Erläuterungen.

begreift, daß mein Bruder, um sich nicht von der schmerzlichen Enttäuschung übermannen zu lassen, in eine ironische Stimmung gerieth, auch daß er sich auf Kosten des guten Dr. von Stein ein wenig lustig machte über das jetzt so unbegreiflich komische Ansinnen seine kostbare Zeit an die Wagnerischen Gedanken, die diese braven Jünger zu erklären gedachten, zu verschwenden. Nur wer aus meines Bruders intimen Niederschriften sieht, wie ihn der spätere Wagner als Denker, Philosoph und Stilist zur Verzweiflung brachte — oder zum Lachen, kann den Humor (eine Art tragischen Humors!) dieser Vorschläge Steins mitempfinden. Eine jener Niederschriften mag hier folgen: „So weit sich Wagner in das Reich der Erkenntniß begeben hat, verdient er kein Lob, vielmehr eine unbedingte Zurückweisung; den Gärten der Wissenschaft nahte er sich immer nur als der unbescheidenste und ungeschickteste Eindringling, und das „Philosophiren" Wagner's gehört zu den unerlaubtesten Arten der Dilettanterei; daß man darüber nicht einmal zu lachen verstanden hat, ist deutsch und gehört zum alten deutschen „Cultus der Unklarheit". Will man ihm aber durchaus auch noch als einem „Denker" zu Ehren und Statuen verhelfen — der gute Wille und die Unterthänigkeit seiner Anhänger wird das sich nicht ersparen können — wohlan! so empfehle ich, ihn als den **Genius der deutschen Unklarheit** selber darzustellen, mit einer qualmenden Fackel in der Hand, begeistert und eben über einen Stein stolpernd. Wenn Wagner „denkt", stolpert er. —" Man begreift nach der

Erläuterungen.

Stimmung dieser Aufzeichnung auch die Stimmung des nachfolgenden Briefentwurfs, der aber nicht ausgeführt worden ist.

„Beim Lesen Ihres s e h r werthen letzten Briefes überkam mich eine solche Bosheit, daß ich auf Ihre Unkosten lange Zeit lachte und guter Dinge war. Nein, mein werther Freund, Sie sind frei mit Ihrer Liebe und sollen um meinetwillen Ihre Liebe zu Richard Wagner um keinen Zoll breit abkürzen. Daß ich andrerseits mich nicht mit ihm verwechseln und vergleichen lasse — denn ich bin kein Schauspieler — müssen Sie mir nachsehn; ja Sie dürfen mich für kalt halten — ohne daß ich böse werde." —

Es war kein Zweifel: mein Bruder hatte im innersten Herzen gehofft, daß H. von Stein seine Arbeiten bei Seite legen würde, um sich ihm anzuschließen. Solch bittere Erlebnisse sind ihm nicht erspart geblieben; er schreibt über derartige Erfahrungen: „Die Probleme, vor welche ich gestellt bin, scheinen mir von so radicaler Wichtigkeit, daß ich mich beinahe jedes Jahr ein paar Mal zu der Einbildung verstieg, daß die geistigen Menschen, denen ich diese Probleme sichtbar machte, darüber ihre eigene Arbeit bei Seite legen müßten, um sich einstweilen ganz meinen Angelegenheiten zu widmen. Das was dann jedes Mal geschah, war in so komischer und unheimlicher Weise das Gegentheil dessen, was ich erwartet hatte, daß ich alter Menschenkenner mich meiner selber zu schämen lernte und ich immer von Neuem wieder in der Anfänger-Lehre umzulernen hatte, daß die Menschen ihre Gewohnheiten hunderttausend Mal wichtiger nehmen, als selbst — ihren Vortheil."

Er zögerte einige Zeit mit der Antwort und entschloß sich erst Ende Winter 85 dazu, als ich ihn im Namen von Stein darum bat, — doch hat sie sich nicht in Steins Nachlaß gefunden. Ich muß deshalb den Brief nach einem Entwurf aus den Manuskripten veröffentlichen; vielleicht lautete er etwas anders.

Nr. 12.

Nietzsche an H. v. Stein.
(Nach einem Entwurf.)

[Anfang 1885.]

Diesen Winter bekommt man keine Briefe von mir; ich bin augenleidend, in einem Grade, daß ich fürchte, eines Tages und ganz plötzlich, blind zu sein, — dies sage ich nur, um mich zu entschuldigen, dafür daß ich auf Ihren Brief so spät antworte. — Mein werther Freund, Sie wissen nicht, wer ich bin, noch was ich will. Mein Vortheil ist es, zuzusehn, was Andre thun und wollen, ohne selber dabei erkannt zu werden. —

Was Richard Wagner anbetrifft, von dem Ihr Brief redet, so gehört er zu den Menschen, welche ich am meisten geliebt und auch am meisten bedauert habe. Doch liegt es mir fern, mich je mit ihm zu verwechseln oder zu vergleichen: er gehört einer ganz andern Ordnung von Menschen an, und am letzten wohl zu den großen Schauspielern.

Es ist schwer zu erkennen, wer ich bin; warten wir hundert Jahre ab — vielleicht giebt es bis dahin irgendein Genie von Menschenkenner, welches Herrn F. N. ausgräbt.

Im Uebrigen, unter uns gesprochen, habe ich **Gründe**, vorsichtig zu sein und Schritt für Schritt zu thun. Schon diesen IV. Zarathustra habe ich nicht mehr der Oeffentlichkeit anvertraut.

Dies unter uns.

Ihr ergebenster N.

Sie gefallen mir sehr: nur sollten Sie ernsthaft Dichter und **schlechterdings nicht** Aesthetiker und Philosoph sein wollen.

Zur Erklärung von Stein's „dunklem Brief" muß ich hinzufügen, daß mir später Malwida von Meysenbug erzählt hat, daß Dr. v. Stein damals seiner Begeisterung über die mit meinem Bruder verlebten Tage auch nach Bayreuth Ausdruck gegeben hatte und von dort dann sehr ernst ermahnt wurde, Richard Wagner und Bayreuth treu zu bleiben. Er war nach Sils-Maria geschickt worden, um Nietzsche der Bayreuther Sache wieder zurückzugewinnen, aber gewiß nicht deshalb, um sich von ihm auf fremde und neue Bahnen führen zu lassen. Das hatte Stein in der Gegenwart meines Bruders und auch

Erläuterungen.

noch in der ersten Zeit nachher etwas vergessen. Nun machte er in diesem Brief vom 7. Dez. einen schwachen Versuch, das zur Sprache zu bringen, was er eigentlich meinem Bruder schon eher zu sagen beabsichtigte. Uebrigens war der Gedanke, meinen Bruder gewissermaßen an den Besprechungen über das Wagner-Lexikon aus der Ferne theilnehmen zu lassen, damals nicht so unbegreiflich, wie er uns heute erscheint, denn der „Fall Wagner" war in jener Zeit noch nicht geschrieben; — man sieht aber aus diesem Mißverständniß, wie nöthig er war. Niemand hatte damals noch den ungeheuren Gegensatz der Anschauung begriffen, der zwischen diesen Beiden bestand und sich nur dadurch erst so spät zeigte, weil mein Bruder in seiner jugendlichen Liebe und Verehrung für Wagner diesen in seiner Darstellung ganz nach sich umgewandelt und ihn als einen dionysischen Verklärer des Daseins, einen jener höchsten Menschen der Zukunft, geschildert hatte. Ach, welch grausamer Schmerz ergriff ihn, als er eines Tages entdeckte, daß dieser imaginäre Wagner, dem er in inniger Liebe gefolgt war, gar nicht oder nicht mehr existirte, und daß sein eignes hohes, schweres Ziel von ihm forderte, sich von ihm zu trennen: „Als ich allein weiter ging, zitterte ich; nicht lange darauf war ich krank, mehr als krank, nämlich müde, — müde aus der unaufhaltsamen Enttäuschung über Alles, was uns modernen Menschen zur Begeisterung übrig blieb, über die allerorts vergeudete Kraft, Arbeit, Hoffnung, Jugend, Liebe, müde aus Ekel vor der ganzen idealistischen Lügnerei und Gewissens-Verweichlichung, die hier

Erläuterungen.

wieder einmal den Sieg über einen der Tapfersten davongetragen hatte." — Aber von diesen bittersten Enttäuschungen war noch nichts in der Oeffentlichkeit bekannt, auch hatte mein Bruder mit der zartesten Rücksicht Stein nichts davon verrathen, denn jede tiefe Verehrung, die er bei einem Andern erblickte, besonders an einem Jüngling, ließ er in heiliger Scheu unangetastet.

Einem Deutschen wird es immer sehr schwer nicht treu zu sein, es bedarf für ihn der stärksten innersten Nöthigung, um sich von Jemand loszureißen, den er von ganzer Seele liebt und verehrt. Das kannte mein Bruder zu sehr aus eigenster schmerzlichster Erfahrung, er hatte deshalb Geduld mit Stein. — Gewiß war es für diesen noch zu früh, um sich ganz dem Zauber der Persönlichkeit und Lehre des einsamen Philosophen, für welche er noch kein Verständniß haben konnte, hinzugeben. Mein Bruder glaubte nun selbst, daß Stein noch nicht vorbereitet dazu wäre, ja, daß er vor der Hand noch durch seine Lehren Schaden erleiden könnte. Er vergaß auch nicht, wie er selbst dreizehn Jahre früher (soviel war Stein jünger als er) gedacht und empfunden hatte, und daß der Jüngling etwas Anderes als wahr empfinden muß als der gereifte Mann. Auch beschäftigte sich Stein damals viel mit Schillers Aesthetik — von Schiller und Wagner zu Nietzsche bedarf es noch eines langen Weges, den mein Bruder aber selbst in seinen jungen Jahren gegangen war; so war auch noch für Heinrich von Stein in der Zukunft eine Weiterentwicklung zu erwarten.

Erläuterungen.

Uebrigens waren es nicht nur innere Gründe — ich meine die etwas schwere Natur Steins und sein Mangel an Entschlossenheit — sondern auch die äußeren Verhältnisse, die Stein verhinderten, der innersten Sehnsucht seines Herzens zu folgen; Dr. v. Stein war nicht bemittelt. So mußte mein Bruder seine Hoffnung, an Stein einen liebenden Jünger, eine Stütze zu finden und mit ihm zusammen leben und arbeiten zu können, vorderhand aufgeben. — Es wurde ihm sehr schwer! —

„Menschen, die Schicksale sind, die, indem sie sich tragen, Schicksale tragen, die ganze Art der heroischen Lastträger: oh wie gerne möchten sie einmal von sich selber ausruhn! wie dürsten sie nach starken Herzen und Nacken, um für Stunden wenigstens los zu werden, was sie drückt! Und wie umsonst dürsten sie! — Sie warten; sie sehen sich Alles an, was vorübergeht: Niemand kommt ihnen auch nur mit dem Tausendstel Leiden und Leidenschaft entgegen, Niemand erräth, inwiefern sie warten. — Endlich, endlich lernen sie ihre erste Lebensklugheit — nicht mehr zu warten; und dann alsbald auch ihre zweite, leutselig zu sein, bescheiden zu sein, von nun an Jedermann zu ertragen, Jederlei zu ertragen — kurz, noch ein wenig mehr zu ertragen, als sie bisher noch getragen haben." —

Dr. von Stein hatte natürlich deutlich empfunden, daß er meinem Bruder weh gethan und ihn irgendwie enttäuscht hatte. Als er meinen Mann und mich im Frühjahr 1885 in Naumburg besuchte, vertraute er mir an, daß mein Bruder seinen Vorschlag, an den Be=

Nietzsche an H. von Stein, 1885.

sprechungen über das Wagner=Lexikon indirekt Antheil zu nehmen, „verlacht" habe. — Es scheint mir der beste Beweis, wie unverstanden die Stellung Nietzsches zu Wagner damals war, daß auch ich mich gar nicht über den Vorschlag entsetzt habe, sondern Stein tröstete, daß sicher ein Mißverständniß vorliege, — welches nun Stein auf das Dringendste aufzuklären wünschte und dazu um eine Zusammenkunft mit meinem Bruder bat. Dieser schien es sich jedoch inzwischen zum Gesetz gemacht zu haben, Stein nicht eher wiederzusehen, als bis dieser sich nach der einen oder der andern Seite fest entschieden hätte. Er wollte ihm zu seiner eignen Entwicklung Zeit lassen, deshalb reagirte er gar nicht auf die erste Anfrage. Da aber Steins Wunsch in einem an meinem Mann gerichteten Brief von Anfang August mit einer gewissen Dringlichkeit wiederholt und daraufhin meinem Bruder übermittelt wurde, so schreibt er endlich an Stein:

Nr. 13.

Nietzsche an H. von Stein.

Sils=Maria, 30. August 1885.

Werther Herr und Freund,
gar zu gern käme ich Ihrem Wunsche — der mich eben so sehr erfreut als ehrt — auch räumlich entgegen, und nicht nur mit dem Herzen und „dem

Erläuterungen.

guten Willen". Aber — ich habe noch kein Recht, „Ferien mir zu machen", das heißt in diesem Falle: mein Engadin zu verlassen. Die üble Beschaffenheit meiner Gesundheit hat mich um die ersten Sommer-Monate gebracht: jetzt, bei etwas besserer Laune und Verfassung, muß ich noch drei, vier Wochen bei der A r b e i t bleiben.

Damit ist die Aussicht, Sie wieder zu sehn, keineswegs für dieses Jahr „über alle Berge". Die Wahrscheinlichkeit ist groß, daß ich im Herbst nach N a u m b u r g komme: obwohl ich nichts versprechen kann. Es hängt Alles davon ab, wie weit ich Dies und Jenes, das mich beschäftigt, vorwärts bringe: — und ob ich Deutschland (deutsches „Clima" in jedem Sinne, leiblich und seelisch —) mir zumuthen d a r f.

Von Herzen Ihnen zugethan

Ihr Freund Nietzsche.

Das von beiden Seiten geplante Zusammentreffen fand schließlich ganz zufällig statt. Beide hörten von einander, daß der Eine in Naumburg, der Andere in Kösen sei; — zu einander eilend, begegneten sie sich auf der Landstraße zwischen diesen beiden Orten. Darauf bezieht sich der nachfolgende Brief; doch muß ich hinzufügen, daß mein Bruder trotz der Bitten Steins nicht zu einem längeren Zusammensein zu bewegen gewesen war, weil er wahrscheinlich, selbst aus dem kurzen Gespräch, deutlich ersehen hatte, wie fest Stein noch in seine damaligen Anschauungen verstrickt war.

Nr. 14.

H. von Stein an Nietzsche.

Berlin, NW. 7. October 1885.
Dorotheenstraße 12 II.

Hochverehrter Herr und Freund!

Lassen Sie es mich frei gestehen: eigentlich hat es mich enttäuscht, daß nachdem ich Deutschland und die Schweiz nach Ihnen durchreist und wir uns hierauf durch Zufall zugeführt waren, nun Alles mit einem Tage vorbei sein sollte. Es wäre ein traulicher Verkehr, so meine ich, auf den Wegen Naumburg-Kösen möglich gewesen. Ich fühle, daß sich dies so nicht wiederholen wird, weil unser zufälliges Zusammentreffen warm und gütig vom Geschick gedacht war. Auch ich mußte ja nach wenigen Tagen Kösen verlassen. Wie hätte es mir wohlgethan, Ihnen zuzuhören, Ihnen vielleicht, sich mir mitzutheilen. Auch so wie es geworden ist, ist mir dies Wiedersehen werth und lieb. Eine merkwürdige Erfahrung war mir die entschiedene innere Freiheit, die ich sofort im Gespräch mit Ihnen empfinde. Ich glaube, das ist etwas, was Sie denen, mit denen Sie verkehren, aus Ihrem eigenmächtig-einsam-freien Dasein mitbringen.

Somit also warte ich und hoffe ich darauf, daß

sich zwar nicht diese Gelegenheit des Gedankenaus=
tausches wiederholt, aber eine neue dafür einstellt.

In herzlicher Ehrerbietung

Heinrich von Stein.

Nr. 15.

Nietzsche an H. von Stein.

Leipzig, den 15. Oktober 1885.

Werther und sehr lieber Herr,

Ihr Brief, den ich gestern auf der Post entdeckte, hat mich gerührt: Sie haben Recht — und was hülfe es zu beweisen, daß wenigstens meinerseits kein Un= recht gegen Sie begangen ist? Ich mache es, wie kranke Thiere der Wildniß und verstecke mich in meine „Höhle" — Leipzig ist noch mehr Höhle in diesem Sinne als es Naumburg sein konnte. Die Reise nach dem Norden ist mir nicht zum Besten ge= rathen; die Gesundheit immer trübe und bewölkt, einige Geschäfte, welche Eile zu haben schienen, wollen sich durchaus nicht zu Ende wickeln lassen. Und so weiter.

Gestern sah ich Rée's Buch über das Gewissen: — wie leer, wie langweilig, wie falsch! Man sollte doch nur von Dingen reden, worin man seine Er= lebnisse hat.

Ganz anders empfand ich bei dem Halb=Roman

Nietzsche an H. von Stein, 1885.

seiner Sœur inséparable Salomé, der mir scherzhafter Weise zugleich vor die Augen kam. Alles Formale daran ist mädchenhaft, weichlich, und in Hinsicht auf die Prätension, daß ein alter Mann hier als erzählend gedacht werden soll, geradezu komisch. Aber die Sache selber hat ihren Ernst, auch ihre Höhe; und wenn es gewiß nicht das Ewig=Weibliche ist, was dieses Mädchen hinanzieht, so vielleicht das Ewig=Männliche.

Ich vergaß zu sagen, wie hoch ich die schlichte, klare und beinahe antike Form des Réeischen Buches zu schmecken weiß. Dies ist der „philosophische habitus". — Schade, daß nicht mehr „Inhalt" in einem solchen Habit steckt! Unter Deutschen aber ist es nicht genug zu ehren, wenn Jemand in der Art, wie es R. immer gethan hat, dem eigentlich deutschen Teufel, dem Genius oder Dämon der Unklarheit, abschwört. — Die Deutschen halten sich für tief.

Aber was thue ich! Der Höhlenbär fängt an zu brummen — — Bleiben wir allesammt hübsch tapfer auf unserm Posten, auch mit einiger Nachsicht gegen einander: denn Eines schickt sich durchaus nicht für Zweie. Und vor allem: so wenig als möglich brummen!

Treulich

Ihr N.

(In einer Stunde geht's nach Naumburg: ich will da endlich den Dr. Förster einmal sehen.)

Erläuterungen.

Diese herbstliche Zusammenkunft ist die letzte persönliche Begegnung zwischen meinem Bruder und Stein gewesen, auch finden sich keine weiteren Briefe, obgleich ich mir nicht gut denken kann, daß sie sich nicht mehr geschrieben haben sollten.

Mein letztes Zusammensein mit Heinrich v. Stein fand im Januar 1886 statt, wenige Tage vor unserer Uebersiedelung nach Paraguay. Ich war nach Berlin gereist nur in der Absicht, Dr. von Stein einiges mitzutheilen, was mein Bruder mir vor unserer Trennung anvertraut hatte. Er war im Herbst 1885 noch einmal nach Naumburg gekommen, um mich vor meiner Abreise nach Paraguay zu sehen; wenige Tage vor dem namenlos traurigen Abschied zeigte ich ihm nun jene Kiste voll seiner eignen Manuscripte, die ich alle, ohne sein Wissen und Willen, vor dem Verbrennen und Einstampfen gerettet hatte. Erst war er fast erschrocken, als er die Fülle von Manuscripten sah, nachher aber, als ich ihm einiges dazu erzählte und ihm manche gute Erinnerung kam, rühmte er mein ausgezeichnetes Gedächtniß und sagte: „Lisbeth, Du bist zu meiner Biographin geboren, und wenn Du mich selbst einmal bei Deiner Rückkehr nicht wiederfindest, so wirst Du doch einiges in dieser Kiste finden, was ich für Dich hineinlegen werde." Da er aber nur noch ein einziges Mal vor seiner Erkrankung in Naumburg gewesen ist, so hat er mir nur noch ein starkes Heft aus späterer Zeit hinzugelegt. Im Anschluß aber an jene Bemerkung, daß ich mit meinem guten Gedächtniß zu seiner Biographin geboren sei, hat er noch mit mir bis in

Erläuterungen.

die tiefe Nacht hinein, auch noch auf langen Spaziergängen von seiner Philosophie geredet und vielleicht unter dem Einfluß einer bevorstehenden jahrelangen Trennung mehr gesagt, als er im allgemeinen damals zu sagen geneigt war. Das Einzige, was ich damals noch glaubte für meinen Bruder thun zu können, war, Heinrich v. Stein, dem von meinem Bruder ersehnten Lieblingsjünger, diese Gedanken, so gut ich es damals vermochte, zu übermitteln. Ich selbst hatte über den Schmerz des Abschieds und den großen und neuen, später so furchtbar traurigen Erlebnissen den Inhalt jenes Gespräches vergessen, wurde aber durch Herrn Prof. Dr. Arthur Seidl, der damals im Winter 1885/86 in Berlin studirte und ein Schüler Heinrich v. Stein's war, wieder daran erinnert. Er erzählte mir nämlich, daß ihm Stein nach jener Zusammenkunft mit mir gesagt habe: „Eben war ich mit Frau Förster zusammen und wir haben lange Zeit über die Philosophie ihres Bruders gesprochen. Sie sagt, daß wenn Nietzsche alle seine Pläne zur Ausführung brächte, eine vollständige Umwälzung in der ganzen philosophischen und moralischen Anschauung der Gegenwart stattfinden würde." Bei dieser Erzählung durchzuckte mich eine Erinnerung: ich sah deutlich Dr. v. Stein vor mir in tiefster Bewegung und hörte ihn sich ungefähr ausdrücken: daß er noch nicht alles verstünde, was ich ihm mittheilte, aber daß es ihm zu Muthe wäre, als ob sich ihm neue, ungeahnte Welten aufthäten. Unsere Gespräche bezogen sich hauptsächlich auf den ewigen Wiederkunfts=Gedanken in seiner

Erläuterungen.

Verknüpfung mit dem des Uebermenschen, über welche Ideen sich mein Bruder, wie es jetzt scheint, nur mit mir ausgesprochen hat. Von jenen Unterredungen ist mir unbewußt Vieles in der Erinnerung geblieben. Manchmal konnte ich mich mit den Behauptungen eifriger Nietzsche-Forscher nicht einverstanden erklären, ohne es jedoch beweisen zu können. Erst jetzt, nachdem ich selbst die Manuscripte des Nietzsche-Archives durchgearbeitet habe, zeigt es sich deutlich, wie richtig mein Gedächtniß instinktiv die wichtigsten Punkte von dem Zusammenhang der Philosophie meines Bruders aufbewahrt hatte. Ich hoffe, daß der Schlußband der Biographie davon Zeugniß giebt.

Auch bei diesem letzten Gespräch gab Dr. v. Stein der tiefen Sehnsucht Ausdruck, mit meinem Bruder zusammen leben zu können und versprach mir, daß er, sobald es seine persönlichen Verhältnissen gestatteten, zu ihm gehen wolle. Ob nun sein Entwicklungsgang wirklich der gleiche wie der meines Bruders gewesen wäre, oder ob er für ihn eine tiefe und tragische Enttäuschung geworden sein würde, ist jetzt nicht mehr zu entscheiden. Ein hartes Geschick hat alle Wünsche und Hoffnungen zu nichte gemacht. Am 20. Juni 1887 starb Heinrich von Stein ganz plötzlich an einem Herzschlag. Mein Bruder schreibt mir darüber: „. . . und dann passiren gewöhnlich noch Dinge von Außen her, gegen die man sich nicht zu wehren weiß und die Einen auf eine fast unheilbare Weise verwunden. Der Tod des Dr. v. Stein hat mich auf das Schmerzhafteste berührt, ich war einige Tage ganz wie außer mir. Ich habe in Deutschland so wenig Menschen,

Erläuterungen.

an denen ich eigentlich Freude habe: die meisten halte ich eben aus, als ein sehr geduldiges Thier. Aber mit Stein war es anders!" — An Peter Gast schreibt er am 27. Juni 1887 Alles noch einmal zusammenfassend:

„— Ich kann das Ereigniß nicht verschweigen, mit dem ich schlecht fertig werde: oder vielmehr, ich bin inwendig immer noch ganz außer mir. Heinrich von Stein ist todt: ganz plötzlich, Herzschlag. Ich habe ihn wirklich geliebt; es schien mir, daß er mir aufgespart sei für ein späteres Alter. Er gehörte zu den ganz wenigen Menschen, an dessen D a s e i n ich Freude hatte; auch hatte er großes Vertrauen zu mir. Er sagte noch zuletzt, in meiner Gegenwart kämen ihm Gedanken, zu denen er sonst nicht den Muth fände; ich befreite ihn. Und was haben wir hier oben zusammen g e l a c h t! Er stand im Rufe nicht zu lachen. Sein zweitägiger Besuch hier in Sils, ohne Nebenabsichten von Natur und Schweiz, sondern direkt von Bayreuth hierherkommend und direkt von mir zu seinem Vater nach Halle zurück=reisend — ist eine der seltsamsten und feinsten Aus=zeichnungen, die ich erfahren habe. Es machte hier Eindruck; er sagte im Hôtel: „ich komme nicht wegen des Engadin." — Sein letztes Werk, eine Geschichte der Anfänge der Aesthetik (Descartes und so weiter bis Baumgarten, Kant: sehr gelehrt) ist mir gerühmt worden. — Es war bei weitem die schönste species Mensch unter den Wagnerianern: wenigstens so weit ich sie kennen gelernt habe. — Diese Sache thut mir so weh, daß ich immer wieder n i c h t d a r a n g l a u b e."

Erläuterungen.

Mein Mann gebrauchte für Stein das schöne Wort Goethe's, das wohl auch sonst auf ihn angewandt worden ist: „Nun genießt er im Andenken der Nachwelt den Vortheil, als ewig Tüchtiger und Kräftiger zu erscheinen; denn in der Gestalt, wie der Mensch die Erde verläßt, wandelt er unter den Schatten, und so bleibt uns Achill als ein ewig strebender Jüngling gegenwärtig." Aber mein Bruder empfand den Verlust zu leidenschaftlich, der frühe Tod dieses wundervollen Menschen erschien ihm zu sehr als ein Beispiel nutzloser Vergeudung der verschwenderischen Natur, als daß er mit solchen ausgeglichenen Empfindungen den Verlust hatte auffassen können. Als er im Herbst 1885 einmal über „die Seligkeit sich inter pares zu fühlen" sprach, fügte er hinzu, daß er es eigentlich nur im Zusammensein mit drei Menschen empfunden habe: in den erhabensten Stunden seiner Jugend mit Rohde und Richard Wagner und an jenem herrlichen sonnigen Augusttag in Sils-Maria mit Heinrich von Stein.

VI.

Briefwechsel

zwischen

Friedrich Nietzsche und Dr. Georg Brandes

herausgegeben und erläutert

von

Elisabeth Förster-Nietzsche.

Es wäre ganz falsch wenn man sagen wollte, daß mein Bruder, unter der Einsamkeit gelitten hätte. Nein, sie war seine liebste Freundin, zu welcher er nur zu gern zurückkehrte: „Aber ich habe Einsamkeit nöthig, will sagen Genesung, Rückkehr zu mir, den Athem einer freien, leichten, spielenden Luft. Mein ganzer Zarathustra ist ein Dithyrambus auf die Einsamkeit, oder wenn man mich verstanden hat, auf die Reinheit." Er war glücklich mit sich allein zu sein und dann auch immer wie Erwin Rohde scherzend bemerkte „in der allerbesten Gesellschaft". Mein Bruder hat namenlos n i c h t unter der Einsamkeit, sondern unter der Entbehrung gelitten, Niemanden finden zu können, dem er seine Gedanken mittheilen konnte. Er ist, wie er sich ausdrückte, „lächerlich glücklich gewesen, wenn er mit Jemandem nur irgend ein Fleckchen und Eckchen gemein fand oder zu finden glaubte". Aber immer waren damit grenzenlose Enttäuschungen verbunden, denn oft sah er schon nach der kürzesten Zeit, daß die Verständnislosigkeit wie eine Mauer dazwischen stand, so daß es ihm unmöglich war über seine eigensten Gedanken zu sprechen. „Man hat es nicht in der Hand, sich mitzutheilen, wenn

Einleitung.

man auch noch so mittheilungslustig ist, sondern man muß Den finden, gegen den es Mittheilung geben kann." Und im Juli 1886 bricht er in die leidenschaftliche Klage aus: "Die Unmittheilbarkeit ist in Wahrheit die furchtbarste aller Vereinsamungen, die Verschiedenheit ist die Maske, welche eiserner ist als jede eiserne Maske — und es giebt nur inter pares vollkommene Freundschaft."

Was ihn so tief betrübte, war die Theilnahmlosigkeit und Oberflächlichkeit seiner alten Freunde und seiner neuen Leser, die seine Schriften mit so wenig Ernst und Gewissenhaftigkeit lasen. Er hat es ihnen im Verkehr wenig gezeigt; aber im Herbst 1888 schreibt er, nachdem er sich auf das Bitterste über den Mangel an Takt und Delikatesse beklagt hat, der ihm von Seiten der Deutschen zu theil wurde: "Meine Art will es, daß ich gegen Jedermann mild und wohlwollend bin — ich habe ein Recht dazu, keine Unterschiede zu machen —: dies hindert nicht, daß ich die Augen offen habe. Ich nehme Niemanden aus, am wenigsten meine Freunde, — ich hoffe zuletzt, daß dies meiner Humanität gegen sie keinen Abbruch gethan hat. Es giebt fünf, sechs Dinge, aus denen ich mir immer eine Ehrensache gemacht habe. — Trotzdem bleibt wahr, daß ich fast jeden Brief, der mich seit Jahren erreicht, als einen Cynismus empfinde: es liegt mehr Cynismus im Wohlwollen gegen mich, als in irgend welchem Haß. Ich sage es jedem meiner Freunde in's Gesicht, daß er es nie der Mühe für werth genug hielt, irgend eine meiner Schriften zu studieren: ich errathe aus den kleinsten Zeichen,

Einleitung.

daß sie nicht einmal wissen, was darin steht. Was gar meinen Zarathustra anbetrifft, wer von meinen Freunden hätte mehr darin gesehen, als eine unerlaubte, zum Glück vollkommen gleichgültige Anmaßung? — Zehn Jahre! und Niemand in Deutschland hat sich eine Gewissensschuld daraus gemacht, meinen Namen gegen das absurde Stillschweigen zu vertheidigen, unter dem er vergraben lag: ein Ausländer, ein Däne war es, der zuerst dazu genug Feinheit des Instinkts und Muth hatte, der sich über meine angeblichen Freunde empörte. An welcher deutschen Universität wären heute Vorlesungen über meine Philosophie möglich, wie sie letztes Frühjahr der damit noch einmal mehr bewiesene Psycholog Dr. Georg Brandes in Kopenhagen gehalten hat? —"

Die Beziehungen meines Bruders zu Georg Brandes begannen im Herbst 1887; aber schon im Jahre 1883 hörte er von dessen Interesse für seine Schriften und im Sommer 1886 theilte ein Wiener Herr meinem Bruder in Sils=Maria mit, daß sich Brandes lebhaft nach ihm erkundigt und sich über seine deutschen Freunde entrüstet habe, die ihn bisher todtgeschwiegen hätten. Daraufhin sandte mein Bruder Brandes: „Jenseits von Gut und Böse" und ein Jahr später die „Genealogie der Moral", auf welche Zusendung Brandes mit dem ersten seiner schönen Briefe antwortete. Ich darf wohl sagen, daß diese Briefe in dem Winter 1887/88 die einzigen Lichtpunkte für meinen Bruder waren. Mir kommen immer Thränen und heiße Gefühle der Dankbarkeit wenn ich den Namen Georg Brandes höre; denn gerade in jenem Winter, wo mein Bruder bereits ganz verzweifelte einen einzigen Menschen zu finden, der ihn ernst und tief auffaßte und von seiner Bedeutung irgend welche Ahnung verrieth — da gerade zeigte ihm Brandes durch seine Briefe und noch mehr durch die Thatsache, daß er an der Universität Kopenhagen Vorlesungen über ihn hielt, daß wenigstens ein Einziger den Werth und die Wichtigkeit dieser neuen Philosophie empfand und ebenso stark das Bedürfniß, Andere in dieser hervorragenden Weise auf ihn aufmerksam zu machen. Brandes hat damit meinem Bruder die freudigsten Ueberraschungen bereitet; er schreibt am 13. Mai an Freiherr v. Seydlitz: „Die Nordwinde, scheint es, bringen mir Heiterkeit; und stelle Dir vor, es kommen Nordwinde sogar aus Dänemark zu mir. Das nämlich ist das Neueste: an der Kopen= hagener Universität liest jetzt der Dr. Georg Brandes einen größeren Cyklus Vorlesungen über den deutschen Philosophen Friedrich Nietzsche! Dieselben haben, nach den Zeitungen, einen glänzenden Verlauf, der Saal war jedes Mal zum Brechen voll; mehr als 300 Zuhörer.

„Wie lange wird es dauern, ehe meine peri= pherischen Wirkungen (— denn ich habe Anhänger in Nord=Amerika und sogar in Italien) zurückwirken auf das geliebte Vaterland? — wo man mit einem tückischen Ernste mich seit Jahren gewähren läßt, ohne auch nur zu mucksen. Das ist sehr philosophisch — und klug!"

Es hat manches Jahr gedauert ehe in Deutsch= land die Dozenten der Universität das Verständniß und den Muth gewannen über Friedrich Nietzsche Vorlesungen zu halten. Jetzt ist die Zeit gekommen, wo jeder Universitätslehrer das gefüllteste Auditorium vor sich hat, wenn er über den Umwerther aller Werthe liest — aber Niemand vermag mehr damit den Theuern zu erfreuen. Der Einzige, der es vermocht hat, weil er früh genug die ungeheuere Bedeutung dieser Philosophie erkannte, ist Georg Brandes. Die große, große Schaar Derer, die Friedrich Nietzsche lieben und verehren, sagt ihm dafür Dank, innigen Dank!

Nr. 1.

Brandes an Nietzsche.

Kopenhagen, d. 26. Nov. 1887.

Verehrter Herr!

Vor einem Jahre erhielt ich durch Ihren Verleger Ihr Werk Jenseits von Gut und Böse; vor kurzem kam mir durch denselben Weg Ihr neuestes Buch zu. Ich besitze außerdem von Ihnen „Menschliches, Allzumenschliches". Ich hatte eben die beiden Bände, die ich besaß, nach dem Buchbinder geschickt, als das Werk „Zur Genealogie der Moral" ankam, ich habe es also nicht mit den früheren vergleichen können, wie ich es thun will. Nach und nach werde ich Alles von Ihnen aufmerksam lesen.

Es drängt mich aber dies Mal, Ihnen sogleich meinen ernsten Dank für die Zusendung auszudrücken. Es ist mir eine Ehre, von Ihnen gekannt zu sein, und solcherweise gekannt, daß Sie daran gedacht haben, mich als Leser zu gewinnen.

Es weht mir ein neuer und ursprünglicher Geist aus Ihren Büchern entgegen. Ich verstehe noch nicht völlig was ich gelesen habe; ich weiß nicht immer wo Sie hinaus wollen. Aber vieles stimmt mit meinen eignen Gedanken und Sympathien überein, die Geringschätzung der asketischen Ideale und der tiefe Unwille gegen demokratische Mittelmäßigkeit, Ihr aristokratischer Radikalismus. Ihre Verachtung der Moral des Mitleids ist mir noch nicht durchsichtig. Auch waren in dem anderen Werk Reflexionen über die Frauen im Allgemeinen, die mit meiner eigenen Gedankenrichtung nicht übereinstimmten. Sie sind so völlig anders organisirt als ich, daß ich Schwierigkeit empfinde, mich hineinzufühlen. Sie sind trotz Ihres Universalismus in Ihrer Denkart und Schreibart sehr deutsch. Sie gehören zu den wenigen Menschen, mit denen ich sprechen möchte.

Ich weiß nichts über Sie. Ich sehe mit Staunen, daß Sie Professor, Doctor sind. Ich gratulire Ihnen jedenfalls dazu daß sie geistig so wenig Professor sind.

Was Sie von mir kennen, weiß ich nicht. Meine Schriften versuchen nur bescheidene Aufgaben zu lösen. Die Mehrzahl existirt nur in dänischer Sprache. Seit mehreren Jahren habe ich nicht deutsch geschrieben. Ich habe in den slavischen Ländern mein bestes Publicum, glaub ich. Zwei Jahre nach einander habe ich in Warschau, und in diesem Jahr

Nietzsche an Brandes, 1887.

in Petersburg und Moskau Vorträge in französischer Sprache gehalten. So strebe ich aus den kleinen Verhältnissen meines Vaterlandes heraus.

Obschon nicht mehr jung, bin ich noch immer einer der lernbegierigsten, neugierigsten Menschen. Deshalb werden Sie mich nicht gegen Ihre Gedanken abgeschlossen finden, selbst wo ich anders denke und fühle. Ich bin oft dumm, aber nie im geringsten bornirt.

Erfreuen Sie mich mit einigen Zeilen wenn Sie es der Mühe werth halten.

Ihr zum Dank verpflichteter
Georg Brandes.

Nr. 2.

Nietzsche an Brandes.

Nizza, den 2. Dezember 1887.

Verehrter Herr, ein Paar Leser, die man bei sich selbst in Ehren hält und sonst keine Leser — so gehört es in der That zu meinen Wünschen. Was den letzten Theil dieses Wunsches angeht, so sehe ich freilich immer mehr, daß er unerfüllt bleibt. Um so glücklicher bin ich, daß zum satis sunt pauci mir die pauci nicht fehlen und nie gefehlt haben. Von den Lebenden unter ihnen nenne ich (um solche zu nennen, die Sie kennen werden) meinen ausgezeichneten Freund Jakob Burckhardt, Hans von Bülow, H. Taine, den Schweizer Dichter Keller; von den Todten den alten Hegelianer Bruno Bauer und Richard Wagner. Es macht mir eine aufrichtige Freude, daß ein solcher guter Europäer und Cultur-Missionär, wie Sie es sind, fürderhin unter sie gehören will; ich danke Ihnen vom ganzen Herzen für diesen guten Willen.

Freilich werden Sie dabei Ihre Noth haben. Ich selber zweifle nicht daran, daß meine Schriften irgendworin noch „sehr deutsch" sind: Sie werden das freilich viel stärker empfinden, verwöhnt, wie Sie sind, durch sich selbst, ich meine durch die freie und französisch anmuthige Art, mit der Sprache umzugehen, (eine geselligere Art im Vergleich zu der meinen). Viele Worte haben sich bei mir mit anderen Salzen inkrustirt und schmecken mir anders auf der Zunge als meinen Lesern: das kommt hinzu. In der Skala meiner Erlebnisse und Zustände ist das Uebergewicht auf Seiten der seltneren, ferneren, dünneren Tonlagen gegen die normalen mittleren. Auch habe ich (als alter Musikant zu reden, der ich eigentlich bin,) ein Ohr für Viertelstöne. Endlich — und das wohl am meisten macht meine Bücher dunkel — es gibt in mir ein Mißtrauen gegen Dialektik, selbst gegen Gründe. Es scheint mir mehr am Muthe, am Stärkegrade seines Muthes gelegen, was ein Mensch bereits für „wahr" hält oder noch nicht ... (Ich habe nur selten den Muth zu dem, was ich eigentlich weiß.)

Nietzsche an Brandes, 1887.

Der Ausdruck „aristokratischer Radicalismus" dessen Sie sich bedienen, ist sehr gut. Das ist mit Verlaub gesagt, das gescheuteste Wort, das ich bisher über mich gelesen habe.

Wie weit mich diese Denkweise schon in Gedanken geführt hat, wie weit sie mich noch führen wird — ich fürchte mich beinahe, mir dies vorzustellen. Aber es giebt Wege, die es nicht erlauben, daß man sie rückwärts geht, und so gehe ich vorwärts, weil ich vorwärts m u ß.

Damit ich meinerseits nichts versäume, was Ihnen den Zugang zu meiner Höhle, will sagen Philosophie, erleichtern könnte, soll mein Leipziger Verleger Ihnen meine früheren Schriften en bloc übersenden. Ich empfehle in Sonderheit, deren neue Vorreden zu lesen (sie sind fast alle neu herausgegeben). Diese Vorreden möchten, hintereinander gelesen, vielleicht etwas Licht über mich geben, vorausgesetzt, daß ich nicht dunkel a n s i c h (dunkel an und für mich —) bin, als obscurissimus obscurorum virorum . . .

— Dies wäre nämlich möglich. —

Sind Sie Musiker? Soeben giebt man ein Chorwerk mit Orchester von mir heraus, einen „Hymnus an das Leben". Derselbe ist bestimmt, von meiner Musik übrig zu bleiben und einmal „zu meinem Gedächtniß" gesungen zu werden; angenommen, daß sonst genug von mir übrig bleibt. Sie sehen, mit was für posthumen Gedanken ich lebe. Aber eine Philosophie, wie die meine, ist wie ein Grab — man lebt nicht mehr mit. Bene vixit qui bene latuit

— so steht auf dem Grabstein des Descartes. Eine Grabschrift, kein Zweifel!

Es ist auch mein Wunsch Ihnen einmal zu be=
gegnen.

Ihr
Nietzsche.

NB. Ich bleibe diesen Winter in Nizza. Meine Sommer=Adresse ist: Sils=Maria, Oberengadin, Schweiz. — Meine Universitäts=Professur habe ich aufgegeben. Ich bin drei Viertel blind.

Nr. 3.

Brandes an Nietzsche.

Kopenhagen, 15. Dec. 1887.

Verehrtester Herr!

Die letzten Worte Ihres Briefes sind die, welche am meisten Eindruck auf mich gemacht haben; die nämlich, daß Ihre Augen stark angegriffen sind. Haben Sie gute, die besten Augenärzte um Rath ge= fragt? Es ändert ja das ganze seelische Leben, wenn man nicht gut sieht. Allen, die Sie verehren, sind Sie es schuldig, das Mögliche für Erhaltung und Besserung Ihres Gesichts zu machen.

Ich habe die Beantwortung Ihres Briefes auf= geschoben, weil Sie mir eine Sendung Bücher an=

kündigten, und ich Ihnen gern zugleich für den Empfang danken wollte. Da aber die Sendung noch nicht eingetroffen ist, will ich Ihnen heute ein Paar Worte schreiben. Ich habe Ihre Bücher von dem Buchbinder zurück und habe während ich Vorlesungen ausarbeite und allerlei literarische und politische Wirksamkeit habe treiben müssen, mich nach Vermögen darin vertieft.

17. December.

Sie dürfen mich sehr gerne einen „guten Europäer" nennen, weniger gern einen „Cultur-Missionär". Alle Missionsthätigkeit ist mir ein Greuel geworden — weil ich nur moralisirende Missionäre gesehen habe — und an das, was man Cultur nennt, fürchte ich nicht recht zu glauben. Unsere Cultur als Ganzes kann nicht begeistern, nicht wahr? und was wäre ein Missionär ohne Begeisterung! D. h. ich bin vereinzelter als Sie glauben. Mit dem Deutschsein meinte ich nur, daß Sie mehr für sich schreiben, schreibend mehr an sich selbst denken, als an das große Publicum, während die meisten nichtdeutschen Schriftsteller sich haben zwingen müssen an eine gewisse Pädagogik des Stils, welche denselben zwar klarer und plastischer macht, aber alles Tiefe nothwendig verflacht und den Schriftsteller nöthigt sein intimstes und bestes Selbst, das Anonyme an ihm, für sich zu behalten. So erschrecke ich selbst bisweilen darüber wie wenig von meinem Innersten in meinen Schriften mehr als angedeutet ist.

Ich bin kein musikverständiger Mensch. Die

Künste, von welchen ich einen Begriff habe, sind Plastik und Malerei, ihnen verdanke ich meine tiefsten künstlerischen Eindrücke. Mein Gehör ist unentwickelt. Es ist mir in meiner Jugend ein großer Schmerz gewesen. Ich habe viel gespielt auch einige Jahre mich mit Generalbaß beschäftigt, aber ohne Erfolg. Ich kann gute Musik sehr stark genießen, bin aber doch ein Uneingeweihter.

Ich glaube in Ihren Werken gewisse Uebereinstimmungen mit meinem Geschmack zu spüren, die Vorliebe für Beyle z. B., auch die Vorliebe für Taine; ich habe ihn aber seit 17 Jahren nicht gesehen. Ich bin von seinem Werk über die Revolution nicht so entzückt wie Sie scheinen. Er bedauert und haranguirt ein Erdbeben.

Ich gebrauchte das Wort „aristokratischen Radikalismus" weil es so genau meinen eigenen politischen Ueberzeugungen entspricht. Mich verletzt es aber ein wenig, wenn Sie in Ihren Schriften so schnell und heftig über Phänomene wie Socialismus oder Anarchismus absprechen. Der Anarchismus des Fürsten Krapotkin z. B. ist nicht dumm. Auf den Namen kommt es ja nicht an. Ihr Geist, der in der Regel so blendend ist, scheint mir ein wenig zu kurz zu kommen, wo die Wahrheit in der Nuance liegt. Im höchsten Grade interessiren mich Ihre Gedanken über Ursprung der moralischen Ideen.

Sie theilen — zu meinem freudigen Erstaunen — einen gewissen Unwillen, den ich gegen Herbert Spencer hege. Bei uns gilt er für den Gott der Philosophie. Nur haben diese Engländer in der Regel

den entschiedenen Vorzug, daß ihr weniger hoch=
fliegender Geist Hypothesen scheut, während die
Hypothese die deutsche Philosophie um ihre Welt=
herrschaft gebracht hat. Ist nicht viel Hypothetisches
in Ihren Ideen über den Kastenunterschied als Quelle
verschiedener Moralbegriffe?

Ich kenne Rée, den Sie angreifen, habe ihn in
Berlin gesehen; es war ein stiller, in seinem Betragen
vornehmer Mensch, aber ein etwas trockner, beschränkter
Kopf. Er lebte — nach seiner Aussage als Bruder
und Schwester — mit einer ganz jungen intelligenten
Russin zusammen, die vor ein Paar Jahren ein Buch
herausgab: Der Kampf um Gott, das aber keinen
Begriff von ihrer wirklichen Begabung mittheilen konnte.

Ich freue mich auf den Empfang der Werke, die
Sie mir versprechen. Es wäre mir lieb, wenn Sie
mich in der Zukunft nicht aus den Augen verlieren.

Ihr
Georg Brandes.

Nr. 4.

Nietzsche an Brandes.

Nizza, den 8. Januar 1888.

Verehrter Herr,

Sie sollten sich gegen den Ausdruck „Cultur=
missionär" nicht wehren. Womit kann man dies

heute mehr sein, als wenn man seinen Unglauben an Cultur „missionirt"? Begriffen zu haben, daß unsere europäische Cultur ein ungeheures Problem und durchaus keine Lösung ist — ist dieser Grad von Selbstbesinnung, Selbstüberwindung nicht eben heute die Kultur selbst? —

Es befremdet mich, daß meine Bücher noch nicht in Ihren Händen sind. Ich will es an einer Erinnerung in Leipzig nicht fehlen lassen. Um die Weihnachtszeit herum pflegt diesen Herrn Verlegern der Kopf zu rauchen.

Inzwischen mag es mir gestattet sein, Ihnen ein verwegenes Curiosum mitzutheilen, über das kein Verleger zu verfügen hat, ein ineditum von mir, das zum Persönlichsten gehört, was ich vermag. Es ist der vierte Theil meines Zarathustra; sein eigentlicher Titel in Hinsicht auf das, was vorangeht und was folgt, sollte sein:

Die Versuchung Zarathustra's.
Ein Zwischenspiel.

Vielleicht beantworte ich so am besten Ihre Frage in Betreff meines Mitleids=Problems. Außerdem hat es überhaupt einen guten Sinn, gerade durch diese Geheim=Thür den Zugang zu „mir" zu nehmen: vorausgesetzt, daß man mit Ihren Augen und Ohren durch die Thür tritt. Ihre Abhandlung über Zola erinnerte mich wieder, wie Alles, was ich von Ihnen kennen lernte — zuletzt ein Aufsatz im Goethe=Jahrbuch — auf das Angenehmste an Ihre Natur=bestimmung, nämlich für alle Art psychologischer Optik. Wenn Sie die schwierigeren Rechenexempel der âme moderne nachrechnen, sind Sie damit ebenso sehr in Ihrem Elemente als ein deutscher Gelehrter damit aus seinem Elemente zu treten pflegt. Oder denken Sie vielleicht günstiger über die jetzigen Deutschen? Mir scheint es, daß sie Jahr für Jahr in rebus psychologicis plumper und viereckiger werden (recht im Gegensatz zu den Parisern, wo Alles nuance und Mosaik wird), daß ihnen alle tieferen Ereignisse entschlüpfen. Zum Beispiel mein „Jenseits von Gut und Böse" — welche Verlegenheit hat es ihnen gemacht! Nicht ein intelligentes Wort habe ich darüber zu hören bekommen, geschweige ein intelligentes Gefühl. Daß es sich hier um die lange Logik einer ganz bestimmten philosophischen Sensibilität handelt und nicht um ein Durcheinander von hundert beliebigen Paradoxien und Heterodoxien, ich glaube, davon ist auch meinen wohlwollendsten Lesern nichts aufgegangen. Man hat nichts dergleichen „erlebt"; man kommt mir nicht mit dem Tausendstel von Leidenschaft und Leiden entgegen. Ein „Immoralist"! Man denkt sich gar nichts dabei. —

Anbei gesagt: die Formel document humain nehmen die Goncourt für sich in Anspruch in irgend einer ihrer Vorreden. Aber auch so dürfte immer noch M. Taine der eigentliche Urheber sein.

Sie haben recht mit dem „Haranguiren des Erdbebens", aber eine solche Don=Quichoterie gehört zum Ehrwürdigsten, was es auf dieser Erde giebt . . .

Mit dem Ausdruck besonderer Hochschätzung
Ihr
Nietzsche.

Nr. 5.

Brandes an Nietzsche.

Kopenhagen, 11. Jan. 1888.

Verehrter Herr!

Ihre Bücher hat der Verleger augenscheinlich vergessen mir zu schicken. Aber Ihren Brief habe ich heute mit Dank erhalten. Ich erlaube mir Ihnen anbei in Masse[1]) (weil ich leider kein anderes Exemplar bei der Hand habe) eins meiner Bücher zu senden, eine Sammlung Essays für den Export bestimmt, daher nicht meine beste Waare. Sie stammen von verschiedenen Zeiten her, sind alle zu galant, zu lobend, zu idealistisch gehalten. Meine ganze Meinung sage ich eigentlich in ihnen nie. Der Aufsatz über Ibsen ist noch der beste, aber die Uebersetzung der Verse, die ich machen ließ, ist leider miserabel.

Es giebt einen nordischen Schriftsteller, dessen Werke Sie interessiren würden, wenn Sie nur übersetzt wären, Sören Kierkegaard; er lebte 1813—55 und ist meiner Ansicht nach einer der tiefsten Psychologen, die es überhaupt giebt. Ein Büchlein, das ich über ihn geschrieben habe (übersetzt Leipzig 1879) giebt keine hinreichende Vorstellung von seinem Genie, denn dies Buch ist eine Art von Streitschrift, geschrieben um seinen Einfluß

[1]) Aushängebogen.

zu hemmen. Es ist wohl aber in psychologischer Hinsicht das feinste, was ich veröffentlicht habe.

Der Aufsatz im Goethe-Jahrbuch wurde leider um mehr als ein Drittel verkürzt, weil man den Raum für mich hatte stehen lassen. Er ist dänisch bedeutend besser.

Wenn Sie vielleicht polnisch lesen, werde ich Ihnen ein kleines Buch schicken, daß ich nur in dieser Sprache veröffentlicht habe.

Ich sehe, die neue Rivista contemporanea in Florenz bringt einen Aufsatz von mir über dänische Litteratur. Sie dürfen ihn nicht lesen. Er ist von den wahnsinnigsten Fehlern voll. Er ist nämlich aus dem Russischen übersetzt. Ich hatte ihn aus meinem französischen Text ins Russische übersetzen lassen, konnte diese Uebersetzung nicht kontrolliren; nun erscheint er aus dem Russischen Italienisch mit neuen Lächerlichkeiten; u. A. in den Namen (wegen der russischen Aussprache) immer G für H.

Es freut mich, daß Sie etwas für Sie brauchbares in mir finden. In den letztes 4 Jahren bin ich hier im Norden der angefeindetste Mann. Täglich wüthen die Zeitungen gegen mich, besonders seit meiner letzten langen Fehde mit Björnson, wo die sittlichen deutschen Zeitungen alle gegen mich Partei ergriffen haben. Sie kennen vielleicht sein abgeschmacktes Drama „Der Handschuh", seine Propaganda für die Virginität der Männer und seinen Bund mit den weiblichen Fürsprecherinnen der „sittlichen Gleichheitsforderungen". Etwas ähnliches war gewiß bisher unerhört. In Schweden haben die tollen Frauenzimmer große Vereine geschlossen, in welchen Sie versprechen, "nur jungfräuliche Männer zu heirathen". Ich denke mir, sie bekommen sie garantirt wie Uhren, nur fehlt die Zukunftsgarantie.

Ich habe die drei Bücher von Ihnen, die ich kenne, wieder und wieder gelesen. Es giebt ein paar Brücken die von meiner inneren Welt zu der Ihrigen führen, der Cäsarismus, der Haß gegen die Pedanterie, der Sinn für Beyle ꝛc. ꝛc., aber das meiste ist mir noch fremd. Unsere Erlebnisse scheinen so unendlich verschiedenartige zu sein. — Sie sind ohne Zweifel der anregendste aller deutschen Schriftsteller.

Ihre deutsche Litteratur! Ich weiß nicht, was sie hat. Ich denke mir, alle guten Köpfe gehen in den Generalstab oder die Administration. Das ganze Leben und alle Ihre Institutionen steigern bei Ihnen die gräßlichste Uniformität, und selbst das Schriftstellerthum wird vom Verlegerthum erstickt.

Ihr ergebener und ehrerbietiger
Georg Brandes.

Nr. 6.

Nietzsche an Brandes.

Nizza, den 19. Februar 1888.

Verehrter Herr,
Sie haben mich auf das Angenehmste mit Ihrem Beitrage zum Begriff "Modernität" verpflichtet;

Nietzsche an Brandes, 1888.

denn gerade diesen Winter ziehe ich in weiten Kreisen um diese Werthfrage ersten Ranges herum, sehr oberhalb, sehr vogelmäßig und mit dem besten Willen, so unmodern wie möglich auf's Moderne herunterzublicken... Ich bewundere — daß ich es Ihnen gestehe! — Ihre Toleranz im Urtheil eben so sehr wie Ihre Zurückhaltung im Urtheil. Wie Sie alle diese „Kindlein" zu sich kommen lassen. Sogar Heyse! —

Ich habe mir für meine nächste Reise nach Deutschland vorgesetzt, mich mit dem psychologischen Problem Kierkegaard zu beschäftigen, insgleichen die Bekanntschaft mit Ihrer älteren Litteratur zu erneuern. Dies wird für mich, im besten Sinn des Worts, von Nutzen sein — und wird dazu dienen, mir meine eigene Härte und Anmaßung im Urtheil „zu Gemüthe zu führen".

Gestern telegraphirte mir mein Verleger, daß die Bücher an Sie abgegangen sind. Ich will Sie und mich mit der Erzählung verschonen, warum dies so spät geschehen ist. Machen Sie, verehrter Herr, eine gute Miene zu dem „bösen Spiel", ich meine zu dieser Nietzsche'schen Litteratur.

Ich selber bilde mir ein, den „neuen Deutschen" die reichsten, erlebtesten und unabhängigsten Bücher gegeben zu haben, die sie überhaupt besitzen; ebenfalls selber für meine Person ein capitales Ereigniß in der Krisis der Werthurtheile zu sein. Aber das könnte ein Irrthum sein; und außerdem noch eine Dummheit — ich wünsche, über mich nichts glauben zu müssen.

Nietzsche an Brandes, 1888.

Ein Paar Bemerkungen noch: sie beziehen sich auf meine Erstlinge (— die Juvenilia und Juvenalia): Die Schrift gegen Strauß, das böse Gelächter eines „sehr freien Geistes" über einen solchen, der sich dafür hielt, gab einen ungeheuren Skandal ab: ich war damals schon Prof. ordin., trotz meiner 27 Jahre, somit eine Art von Autorität und etwas Bewiesenes. Das Unbefangenste über diesen Vorgang, wo beinahe jede „Notabilität" Partei für oder gegen mich nahm und eine unsinnige Masse von Papier bedruckt worden ist, steht in Karl Hillebrand's „Zeiten, Völker und Menschen" Band 2. Daß ich das altersmüde Machwerk eines außerordentlichen Kritikers verspottete, war nicht das Ereigniß, sondern daß ich den deutschen Geschmack bei einer compromittirenden Geschmacklosigkeit in flagranti ertappte: er hatte Strauß'ens „alten und neuen Glauben" einmüthig, trotz aller religiös-theologischen Partei-Verschiedenheit, als ein Meisterstück von Freiheit und Feinheit des Geistes (auch des Stils!) bewundert. Meine Schrift war das erste Attentat auf die deutsche Bildung (— jene „Bildung", welche, wie man rühmte, über Frankreich den Sieg errungen habe —). Das von mir formulirte Wort „Bildungsphilister" ist aus dem wüthenden Hinundher der Polemik in der Sprache zurückgeblieben.

Die beiden Schriften über Schopenhauer und Richard Wagner stellen, wie mir heute scheint, mehr Selbstbekenntnisse, vor allem Selbstgelöbnisse über mich dar als etwa eine wirkliche Psychologie jener mir ebenso tief verwandten als antagonistischen Meister

(— ich war der Erste, der aus Beiden eine Art Einheit destillirte; jetzt ist dieser Aberglaube sehr im Vordergrunde der deutschen Cultur: alle Wagnerianer sind Anhänger Schopenhauers. Dies war anders als ich jung war. Damals waren es die letzten Hegelinge, die zu Wagner hielten, und „Wagner und Hegel" lautete die Parole in den fünfziger Jahren noch).

Zwischen den „Unzeitgemäßen Betrachtungen" und „Menschliches, Allzumenschliches" liegt eine Krisis und Häutung. Auch leiblich: ich lebte Jahre lang in der nächsten Nachbarschaft des Todes. Dies war mein großes Glück: ich vergaß mich, ich überlebte mich ... Das gleiche Kunststück habe ich noch einmal gemacht. —

So haben wir also einander Geschenke überreicht: ich denke ein Paar Wanderer, die sich freuen, einander begegnet zu sein? ...

Ich verbleibe Ihr ergebenster

Nietzsche.

Nr. 7.

Brandes an Nietzsche.

Kopenhagen, 7. März 1888.

Verehrter Herr!

Sie leben, denke ich mir, in schönem Frühlingswetter; hier oben ist abscheuliches Schneegestöber und

seit mehreren Tagen sind wir von Europa abge=
schnitten. Außerdem habe ich heute Abend vor
einigen hundert imbecilen Menschen geredet, sehe
viel Graues und Tristes um mich und will, um mir
den Geist ein wenig zu erfrischen, Ihnen für Ihren
Briefe vom 19. Febr. und die reiche Sendung
Bücher danken.

Da ich zu viel zu thun hatte um Ihnen gleich
schreiben zu können, sandte ich Ihnen einen Band
über die deutsche Romantik, den ich in meinem
Schranke fand. Ich möchte aber sehr ungern, daß
Sie glaubten die Sendung habe anderen Sinn als
den eines stummen Dankspruchs.

Das Buch ist 1873 geschrieben, 1886 umge=
arbeitet; aber mein deutscher Verleger hat sich eine
Menge sprachlicher und anderer Änderungen erlaubt,
so daß z. B. die ersten zwei Seiten fast gar nicht
von mir sind. Ueberall wo er meine Meinung nicht
versteht, schreibt er anderes, behauptend, was ich ge=
schrieben habe, sei nicht deutsch.

Außerdem hatte der Mann mir versprochen das
Verlagsrecht der alten Uebersetzung meines Buches
zu kaufen. Hat es aber aus sehr unverständiger
Sparsamkeit nicht gethan; die Folge ist, daß die
deutschen Gerichte mein Buch (weil ich darin Frag=
mente der alten Uebersetzung aufgenommen) in zwei
Instanzen als Nachdruck (!) unterdrückt haben, während
der wahre Nachdrucker meiner Werke sie frei verkauft.

Die Folge wird vermuthlich sein, daß ich von
der deutschen Litteratur mich ganz zurückziehe.

Ich sandte den Band weil ich keinen andern

hatte. Aber sowohl der erste über die Emigranten wie der vierte über die Engländer und der fünfte über die französischen Romantiker sind weit, weit besser; con amore geschrieben.

Der Titel des Buchs „Moderne Geister" ist zufällig. Ich habe an zwanzig Bände geschrieben. Ich wollte für das Ausland einen Band über Persönlichkeiten zusammenstellen, die man im Voraus kannte. So kam er zu Stande. Einiges darin hat viel Studium gekostet; so der Aufsatz über Tegnèr, der zum ersten Mal etwas Wahres über ihn sagt. Ibsen als Persönlichkeit muß Sie interessiren. Er steht leider als Mensch nicht auf der Höhe, die er als Dichter einnimmt. Als Geist ist er von Kierkegaard sehr abhängig gewesen, und noch immer mit Theologie sehr durchdrängt. Björnson ist in seiner letzten Phase ein ganz gemeiner Laienprediger geworden.

Seit mehr als drei Jahren habe ich kein Buch herausgegeben; ich fühlte mich allzu unglücklich dazu. Die drei Jahre waren von den schwersten meines Lebens und ich sehe keine Zeichen, daß bessere in Anbruch sind. Doch werde ich jetzt dazu schreiten den sechsten Band meines Werkes und noch ein anderes Buch zu veröffentlichen. Es wird viel Zeit nehmen.

Ich freute mich herzlich über all die frischen Bücher, blätterte und las.

Die Jünglingsbücher sind mir viel werth; sie erleichtern mir ja sehr das Verständniß; ich steige jetzt bequem die Stufen hinauf, die zu Ihrem Geist hinaufführen. Mit Zarathustra fing ich zu überstürzend an. Es ist mir lieber aufwärts zu schreiten als kopfüber hinunter zu springen wie in ein Meer.

Ich kannte den Aufsatz von Hillebrand und las vor Jahren einige erbitterte Ausfälle gegen das Buch über Strauß. Für das Wort Bildungsphilister bin ich Ihnen dankbar; ich ahnte nicht, daß es von Ihnen komme. Ich nehme keinen Anstoß an der Kritik von Strauß, obwohl ich Pietät gegen den alten Herrn hege. Er war und blieb der Tübinger Stiftler.

Von den übrigen Werken habe ich bis jetzt nur Die Morgenröthe ordentlich und genau studirt. Ich glaube das Buch völlig zu verstehen, habe viele der Gedanken selbst gehabt, andere sind mir neu oder neu ausgeformt, mir aber nicht deshalb fremd.

Damit dieser Brief nicht allzu lang werde, nur ein einzelner Punkt. Ich freue mich über den Aphorismus über den Zufall der Ehen (S. 150). Warum aber graben Sie nicht hier. Sie sprechen einmal mit einer gewissen Andacht von der Ehe, die durch die Voraussetzung eines Gefühlsideals die Gefühle idealisirt habe — hier aber derber, kräftiger. Warum nicht einmal darüber die volle Wahrheit sagen? Ich bin der Ansicht, daß die Ehe=Institution die ja als Bändigerin der Unthiere viel Nutzen gemacht haben kann, mehr Elend noch über die Menschen bringt als die Kirche gebracht hat. Kirche, Königthum, Ehe, Eigenthum, das sind mir vier alte ehrwürdige Institutionen welche die Menschheit von Grund aus umbilden muß um aufathmen zu können. Und die Ehe allein unter diesen tödtet die Individualität, lähmt die Freiheit, ist ein verkörpertes

Brandes an Nietzsche, 1888.

Paradoxon. Das aber ist das Erschreckende, daß die Menschheit noch zu roh ist um sie abschütteln zu können. Die sogenannt freiesten Schriftsteller sprechen noch immer von der Ehe mit einer gläubigen Biedermannsmiene, die mich rasend macht. Und sie bekommen Recht, weil es unmöglich ist zu sagen, was man für den Menschentroß an ihre Stelle setzen könne. Es ist nichts anderes zu thun als langsam die Opinion umformen. Wie denken Sie darüber?

Sehr gerne möchte ich wissen, wie es mit Ihren Augen geht. Es hat mich gefreut zu sehen wie deutlich und klar Ihre Handschrift ist.

Aeußerlich geht Ihr Leben dort unten wohl ruhig hin? Das meine ist ein Kampfleben, das verzehrt. Ich bin in diesen Ländern jetzt noch gehaßter als ich es vor siebenzehn Jahren war; es ist an sich nicht angenehm doch auch insofern erfreulich als es mir beweist, daß ich noch nicht erschlafft bin und in keinem Punkt meinen Frieden mit der allein herrschenden Mittelmäßigkeit gemacht habe.

Ihr aufmerksamer und dankbarer Leser

Georg Brandes.

Nr. 8.

Nietzsche an Brandes.

Nizza, den 27. März 1888.

Verehrter Herr,
ich wünschte sehr Ihnen für einen so reichen und nachdenklichen Brief schon früher gedankt zu haben: aber es gab Schwierigkeiten mit meiner Gesundheit, so daß ich in allen guten Dingen arg verzögert bin! An meinen Augen, anbei gesagt, habe ich einen Dynamometer meines Gesammtbefindens: sie sind, nachdem es in der Hauptsache wieder vorwärts, aufwärts geht, dauerhafter geworden als ich sie je geglaubt habe, — sie haben die Prophezeiungen der allerbesten deutschen Augenärzte zu Schanden gemacht. Wenn die Herren Gräfe et hoc genus omne Recht behalten hätten, so wäre ich schon lange blind. So bin ich — schlimm genug! — bei Nr. 3 der Brille angelangt, aber ich sehe noch. Ich spreche von dieser Misère, weil Sie die Theilnahme zeigten, mich danach zu fragen, und weil die Augen in den letzten Wochen besonders schwach und reizbar waren. —

Sie dauern mich in Ihrem dies Mal besonders winterlichen und düsteren Norden; wie hält man da eigentlich seine Seele aufrecht? Ich bewundere beinahe Jedermann, der unter einem bedeckten Himmel den Glauben an sich nicht verliert, gar nicht zu

Nietzsche an Brandes, 1888.

reden vom Glauben an die „Menschheit", an die „Ehe", an das „Eigentum", an den „Staat" .... In Petersburg wäre ich Nihilist: hier glaube ich, wie eine Pflanze glaubt, an die Sonne. Die Sonne Nizza's — das ist wirklich kein Vorurtheil. Wir haben sie gehabt, auf Unkosten vom ganzen Reste Europa's. Gott läßt sie mit dem ihm eigenen Cynismus über uns Nichtsthuer „Philosophen" und Grecs schöner leuchten als über dem so viel würdigeren militärisch-heroischen „Vaterlande". —

Zuletzt haben auch Sie mit dem Instinkte des Nordländers das stärkste Stimulans gewählt, das es giebt, um das Leben im Norden auszuhalten, den Krieg, den aggressiven Affekt, den Vikinger-Streifzug. Ich errathe aus Ihren Schriften den geübten Soldaten; und nicht nur die „Mittelmäßigkeit", noch mehr vielleicht die Art der selbständigeren und eigeneren Naturen des nordischen Geistes mag Sie beständig zum Kampfe herausfordern. Wie viel „Pfarrer", wie viel Theologie ist in all diesem Idealismus noch rückständig! ... Dies wäre für mich schlimmer noch als bedeckter Himmel, sich über Dinge entrüsten zu müssen, die Einem nichts angehn! —

So viel für dies Mal. Es ist wenig genug. Ihre „deutsche Romantik" hat mich darüber nachdenken machen, wie diese ganze Bewegung eigentlich nur als Musik zum Ziel gekommen ist (Schumann, Mendelssohn, Weber, Wagner, Brahms); als Litteratur blieb sie ein großes Versprechen. Die Franzosen waren glücklicher. Ich fürchte, ich bin zu sehr Musiker um nicht Romantiker zu sein. Ohne Musik wäre mir das Leben ein Irrthum.

Es grüßt Sie, verehrter Herr, herzlich und dankbar

Ihr

Nietzsche.

Nr. 9.

Brandes an Nietzsche.

Kopenhagen, 3. April 88.

Verehrter Herr!

Sie haben den Briefboten den Vermittler unhöflicher Ueberfälle genannt. Das ist als Regel sehr wahr, sollte auch sat sapienti sein, daß er Sie nicht belästige. Ich bin von Natur nicht zudringlich, so wenig, daß ich fast isolirt lebe, schreibe auch selbst ungern Briefe, schreibe überhaupt, wie alle Schriftsteller, ungern.

Gestern aber, wie ich Ihren Brief erhalten hatte und eins Ihrer Bücher vornahm, empfand ich plötzlich eine Art Aerger, daß kein Mensch hier in Skandinavien Sie kenne und entschloß mich schnell, Sie mit einem Schlag bekannt zu machen. Der kleine Zeitungsausschnitt wird Ihnen sagen, daß ich (der ich eben eine Reihe Vorlesungen über Rußland geendigt habe) neue Vorlesungen über Ihre Schriften

Brandes an Nietzsche, 1888.

ankündige. Seit mehreren Jahren habe ich alle meine Vorlesungen wiederholen müssen, weil die Universität die Zuhörer nicht fassen kann; dieses Mal wird es wohl nicht der Fall sein, weil Ihr Name so absolut neu ist, aber die, welche kommen und einen Eindruck Ihrer Werke erhalten werden, das sind die dümmsten nicht.

Da ich sehr gern wissen möchte, wie Sie aussehen, bitte ich Sie mir ein Bild von Ihnen zu schenken. Ich lege die letzte Photographie von mir bei. Noch möchte ich Sie bitten, mir nur ganz kurz und knapp zu schreiben wann und wo Sie geboren sind und in welchen Jahren Sie Ihre Schriften herausgegeben (lieber: verfaßt) haben, denn sie sind nicht datirt. Wenn Sie irgend eine Zeitung haben, worin diese Aeußerlichkeiten stehen, so brauchen Sie nicht zu schreiben. Ich bin ein unregelmäßiger Mensch und besitze weder Schriftsteller-Lexika noch andere solche, worin Ihr Name sich finden könne.

Die Jugendschriften — die unzeitgemäßen — sind mir sehr nützlich gewesen. Wie Sie jung waren und enthusiastisch, auch offen und naiv! Vieles in den reifen Büchern verstehe ich noch nicht recht, Sie scheinen mir oft ganz intime, ganz persönliche Data umzudeuten oder zu generalisiren und geben dem Leser einen schönen Schrein ohne den Schlüssel. Aber das Meiste verstehe ich. Mit Entzücken las ich das Jugendwerk über Schopenhauer; obwohl ich persönlich Schopenhauer wenig verdanke, war es mir aus der Seele gesprochen.

Ein Paar kleine pedantische Correcturen: Fröh=

liche Wissenschaft S. 116. Die angeführten Worte sind nicht die letzten Chamforts, sie stehen bei ihm selbst: Caractères et Anecdotes: Gespräch zwischen M. D. und M. L. als Erklärung des Satzes: Peu de personnes et peu de choses m'intéressent, mais rien ne m'intéresse moins que moi. Der Schluß ist: en vivant et en voyant les hommes, il faut que le coeur se brise ou se bronze.

S. 118 sprechen Sie von der Höhe „in welche Shakespeare Cäsar stellt". Ich finde den Cäsar Shakespeares erbärmlich. Ein Majestätsverbrechen. Und diese Verherrlichung des armseligen Kerls, der nichts anderes konnte als ein Messer in einen großen Mann stechen!

Menschliches, Allzumenschl. II S. 59. Eine heilige Lüge. „Es ist die einzige heilige Lüge, die berühmt geworden ist." Nein, die letzten Worte Desdemonas sind vielleicht noch schöner und eben so berühmt, oft angeführt in Deutschland zur Zeit, wo Jakobi über Lessing schrieb. Nicht wahr?

Diese Kleinigkeiten sollen Ihnen nur sagen, daß ich Sie aufmerksam lese. Ich hätte selbstverständlich ganz andere Sachen mit Ihnen zu besprechen, aber für Briefe taugt das nicht.

Wenn Sie Dänisch lesen, möchte ich Ihnen eine kleine, schön ausgestattete, Arbeit über Holberg senden, die in 8 Tagen erscheinen wird. Sagen Sie mir, ob Sie unsere Sprache verstehen. Wenn Sie Schwedisch lesen, mache ich Sie auf das einzige Genie Schwedens, August Strindberg, aufmerksam.

Wenn Sie über Frauen schreiben, sind Sie ihm sehr ähnlich.

Möchten Sie nur Gutes an Ihren Augen erleben!

Ihr ergebener

Georg Brandes.

Nr. 10.

Nietzsche an Brandes.

Torino (Italia) ferma in posta den 10. April 1888.

Aber, verehrter Herr, was ist das für eine Ueberraschung! — Wo haben Sie den Muth hergenommen, von einem vir obscurissimus öffentlich reden zu wollen! .... Denken Sie vielleicht, daß ich im lieben Vaterlande bekannt bin? Man behandelt mich daselbst, als ob ich etwas Absonderliches und Absurdes wäre, etwas, das man einstweilen nicht nöthig hat, ernst zu nehmen... Offenbar wittern sie, daß auch ich sie nicht ernst nehme: und wie sollte ichs auch, heute, wo „deutscher Geist" ein contradictio in adjecto geworden ist! — Für die Photographie bedanke ich mich auf das Verbindlichste. Leider giebt es nichts dergleichen auf meiner Seite: die letzten Bilder, die ich besaß, hat meine Schwester, die in Südamerika verheirathet ist, mit dahin genommen.

Nietzsche an Brandes, 1888.

Anbei folgt eine kleine Vita, die erste die ich geschrieben habe.

Was die Abfassungszeiten der einzelnen Bücher betrifft, so stehen sie auf dem Titel=Rückblatt von „Jenseits von Gut und Böse." Vielleicht haben Sie das Blatt nicht mehr.

„Die Geburt der Tragödie" wurde zwischen Sommer 1870 und Winter 1871 abgefaßt (beendet in Lugano, wo ich zusammen mit der Familie des Feldmarschall Moltke lebte).

Die „Unzeitgemäßen Betrachtungen" zwischen 1872 und Sommer 1875 (es sollten 13 werden; die Gesundheit sagte glücklicherweise Nein!).

Was Sie über „Schopenhauer als Erzieher" sagen, macht mir große Freude. Diese kleine Schrift dient mir als Erkennungszeichen; wem sie nichts Persönliches erzählt, der hat wahrscheinlich auch sonst nichts mit mir zu thun. Im Grunde steht das Schema darin, nach dem ich bisher gelebt habe; sie ist ein strenges Versprechen.

„Menschliches, Allzumenschliches" sammt seinen zwei Fortsetzungen, Sommer 1876—1879. Die „Morgenröthe" 1880. Die „Fröhliche Wissenschaft" Januar 1882. Zarathustra 1883—1885 (jeder Theil in ungefähr zehn Tagen. Vollkommener Zustand eines „Inspirirten". Alles unterwegs auf starken Märschen, concipirt: absolute Gewißheit, als ob jeder Satz Einem zugerufen wäre. Gleichzeitig mit der Schrift größte körperliche Elasticität und Fülle —).

„Jenseits von Gut und Böse", Sommer 1885 im Oberengadin und den folgenden Winter in Nizza.

Nietzsche an Brandes, 1888.

Die „Genealogie" zwischen dem 10. und 30. Juli 1887 beschlossen, durchgeführt und druckfertig an die Leipziger Druckerei geschickt. (Natürlich giebt es auch philologica von mir. Das geht aber uns Beiden nichts mehr an.)

Ich mache eben einen Versuch mit Turin, ich will hier bis zum 5. Juni bleiben, um dann ins Engadin zu gehen. Winterlich hart, böse bis jetzt. Aber die Stadt superb ruhig und meinen Instinkten schmeichelnd. Das schönste Pflaster der Welt.

Es grüßt Sie Ihr dankbar ergebener

Nietzsche.

Ein Jammer, daß ich weder Dänisch noch Schwedisch verstehe.

Vita. Ich bin am 15. Oktober 1844 geboren, auf dem Schlachtfelde von Lützen. Der erste Name, den ich hörte, war der Gustav Adolfs. Meine Vorfahren waren polnische Edelleute (Niëzky); es scheint, daß der Typus gut erhalten ist, trotz dreier deutscher „Mütter". Im Auslande gelte ich gewöhnlich als Pole; noch diesen Winter einzeichnete mich die Fremdenliste Nizza's comme Polonais. Man sagt mir, daß mein Kopf auf Bildern Matejko's vorkomme. Meine Großmutter gehörte zu dem Schiller-Goethe'schen Kreise Weimars; ihr Bruder wurde der Nachfolger Herder's in der Stellung des Generalsuperintendenten Weimars. Ich hatte das Glück, Schüler der ehrwürdigen Schulpforta zu sein, aus der so Viele (Klopstock, Fichte, Schlegel, Ranke u. s. w. u. s. w.), die in der deutschen Litteratur in Betracht kommen, hervorgegangen sind. Wir hatten Lehrer, die jeder Universität Ehre gemacht hätten (oder haben —). Ich studirte in Bonn, später in Leipzig; der alte Ritschl, damals der erste Philolog Deutschlands, zeichnete mich fast von Anfang an aus. Ich war mit 22 Jahren Mitarbeiter des „Litterarischen Centralblattes" (Zarncke). Die Gründung des philologischen Vereins in Leipzig, der jetzt noch besteht, geht auf mich zurück. Im Winter 1868—69 trug mir die Universität Basel eine Professur an; ich war noch nicht einmal Doktor. Die Universität Leipzig hat mir die Doktorwürde hinterdrein gegeben, auf eine sehr ehrenvolle Weise, ohne jedwede Prüfung, selbst ohne eine Dissertation. Von Ostern 1869—1879 war ich in Basel; ich hatte nöthig mein deutsches Heimatsrecht aufzugeben, da ich als Offizier (reitender Artillerist) zu oft einberufen und in meinen akademischen Funktionen gestört worden wäre. Ich verstehe mich nichts desto weniger auf zwei Waffen: Säbel und Kanonen — und, vielleicht noch auf eine dritte . . . Es ging Alles sehr gut in Basel, trotz meiner Jugend; es kam vor, bei Doktorpromotionen namentlich, daß der Examinand älter war als der Examinator. Eine große Gunst wurde mir dadurch zu Theil, daß zwischen Jakob Burckhardt und mir eine herzliche Annäherung zu Stande kam, etwas Ungewöhnliches bei diesem sehr einsiedlerischen und abseits lebenden Denker. Eine noch größere Gunst, daß ich vom Anfang meiner Baseler Existenz an in eine unbeschreiblich nahe Intimität mit Richard und

Nietzsche an Brandes, 1888.

Cosima Wagner gerieth, die damals auf ihrem Landgute Triebschen bei Luzern wie auf einer Insel und wie abgelöst von allen früheren Beziehungen lebten. Wir haben einige Jahre alles Große und Kleine gemeinsam gehabt, es gab ein Vertrauen ohne Grenzen. (Sie finden in den gesammelten Schriften Wagners Band VII ein „Sendschreiben" desselben an mich abgedruckt, bei Gelegenheit der „Geburt der Tragödie".) Von jenen Beziehungen aus habe ich einen großen Kreis interessanter Menschen (und „Menschinnen") kennen gelernt, im Grunde fast Alles, was zwischen Paris und Petersburg wächst. Gegen 1876 verschlimmerte sich meine Gesundheit. Ich brachte damals einen Winter in Sorrent zu, mit meiner alten Freundin, der Baronin Meysenbug („Memoiren einer Idealistin") und dem sympathischen Dr. Rée. Es wurde nicht besser. Ein äußerst schmerzhaftes und zähes Kopfleiden stellte sich heraus, das alle meine Kräfte erschöpfte. Es steigerte sich in langen Jahren bis zu einem Höhepunkt habitueller Schmerzhaftigkeit, so daß das Jahr damals für mich 200 Schmerzestage hatte. Das Uebel muß ganz und gar lokale Ursache gehabt haben, es fehlt jedwede neuropathologische Grundlage. Ich habe nie ein Symptom von geistiger Störung gehabt; selbst kein Fieber, keine Ohnmacht. Mein Puls war damals so langsam wie der des ersten Napoleons (= 60). Meine Specialität war, den extremen Schmerz cru, vert mit vollkommener Klarheit zwei bis drei Tage hintereinander auszuhalten, unter fortdauerndem Schleim-Erbrechen. Man hat das Gerücht verbreitet, als ob ich im

Irrenhaus sei (und gar darin gestorben sei). Nichts ist irrthümlicher. Mein Geist wurde sogar in dieser fürchterlichen Zeit erst reif: Zeugniß die „Morgenröthe" die ich 1881, in einem Winter von unglaublichem Elend in Genua, abseits von Aerzten, Freunden und Verwandten, geschrieben habe. Das Buch ist eine Art „Dynamometer" für mich: ich habe es mit einem Minimum von Kraft und Gesundheit verfaßte. Von 1882 an ging es, sehr langsam freilich, wieder aufwärts: Die Krisis war überwunden (— mein Vater ist sehr jung gestorben, exakt in dem Lebensjahr, in dem ich selbst dem Tode am nächsten war). Ich habe auch heute noch eine extreme Vorsicht nöthig; ein paar Bedingungen klimatischer und meteorologischer Art sind unerläßlich. Es ist nicht Wahl, sondern Zwang, daß ich die Sommer im Oberengadin, die Winter an der Riviera zubringe ... Zuletzt hat mir die Krankheit den allergrößten Nutzen gebracht: sie hat mich herausgelöst, sie hat mir den Muth zu mir selbst zurückgegeben ... Auch bin ich, meinen Instinkten nach, ein tapferes Thier, selbst ein militärisches. Der lange Widerstand hat meinen Stolz ein wenig exasperirt. — Ob ich ein Philosoph bin? — Aber was liegt daran! ...

Nr. 11.

Brandes an Nietzsche.

Kopenhagen, 29. April 1888.

Verehrter Herr!

Das erste Mal, als ich über Ihre Werke redete, war der Saal nicht ganz voll, vielleicht ein anderthalb hundert Zuhörer, weil man gar nicht wußte, wer und was Sie seien. Als eine große Zeitung aber meinen ersten Vortrag referirt und als ich selbst einen Artikel über Sie geschrieben hatte, war das Interesse rege, und die folgenden Male ist der Saal zum Bersten voll gewesen. Wohl ungefähr 300 Zuhörer achten mit der größten Aufmerksamkeit auf meine Auslegung Ihrer Arbeiten. Die Vorträge zu wiederholen, wie ich seit vielen Jahren pflege, habe ich jedoch nicht gewagt, weil das Thema so wenig populär ist. Ich hoffe Ihnen auf diese Weise einige gute Leser im Norden zu schaffen.

Ihre Werke stehen jetzt sehr schön gebunden in einem meiner Bücherbörte. Ich möchte gern Alles was Sie ausgeführt haben, besitzen.

Da Sie mir in Ihrem ersten Brief ein Musikwerk von Ihnen, einen „Hymnus an das Leben" anboten, schlug ich aus Bescheidenheit die Gabe aus, weil ich in der Musik nicht sehr competent bin. Jetzt glaube ich das Werk durch mein Interesse dafür verdient zu haben und würde Ihnen sehr verpflichtet sein, wenn Sie es mir zukommen lassen wollten.

Ich glaube den Eindruck meiner Zuhörer darin zusammenfassen zu können, daß Sie so empfunden haben, wie ein junger Maler mir es ausdrückte: Dies ist so interessant, weil es sich nicht von Büchern handelt, **sondern von dem Leben**. Wo etwas in Ihren Ideen mißfällt, da ist es als „allzu sehr auf die Spitze gestellt".

Es war nicht hübsch von Ihnen, mir kein Bild zu senden; ich schickte wahrlich das meine nur um Sie ein wenig zu verpflichten. Es ist eine so geringe Mühe, eine Minute einem Photographen zu sitzen, und man kennt jeden Menschen weit besser wenn man eine Idee von seinem Aussehen hat.

Ihr ganz ergebener
Georg Brandes.

Nr. 12.

Nietzsche an Brandes.

Turin, den 4. Mai 1888.

Verehrter Herr,

Was Sie mir erzählen, macht mir großes Vergnügen und mehr noch, daß ich's gestehe — Ueberraschung. Seien Sie überzeugt davon, daß ich's

Ihnen „nachtrage": Sie wissen, alle Einsiedler sind „nachträgerisch"? . . .

Inzwischen wird, wie ich hoffe, meine Photographie bei Ihnen angelangt sein. Es versteht sich von selbst, daß ich Schritte that, nicht gerade um mich zu photographiren, (denn ich bin gegen Zufalls=Photographien äußerst mißtrauisch), sondern um Jemanden, der eine Photographie von mir hat, dieselbe zu entfremden. Vielleicht ist mir's gelungen; denn noch weiß ich es nicht. Im andern Fall will ich meine erste Reise nach München (diesen Herbst wahrscheinlich) benutzen, um mich wieder zu versinnbildlichen.

Der „Hymnus auf das Leben" wird dieser Tage seine Reise nach Kopenhagen antreten. Wir Philosophen sind für nichts dankbarer, als wenn man uns mit den Künstlern verwechselt. Man versichert mich übrigens von Seiten der ersten Sachverständigen, daß der Hymnus durchaus aufführbar, singbar, und in Hinsicht auf Wirkung sicher sei (— rein im Satz: dies Lob hat mir am meisten Freude gemacht). Der vortreffliche Hofkapellmeister Mottl von Carlsruhe (Sie wissen der Dirigent der Bayreuther Festaufführungen) hat mir eine Aufführung in Aussicht gestellt. —

Aus Italien meldet man mir eben, daß die Gesichtspunkte meiner zweiten „Unzeitgemäßen Betrachtung" in einem Berichte über deutsche Geschichts=Litteratur sehr zu Ehren gebracht seien, den ein Wiener Gelehrter Dr. von Zackauer im Auftrage des Florenzer Archivio Storico gemacht hat. Der Bericht läuft in dieselben aus. —

Diese Wochen in Turin, wo ich noch bis zum

5. Juni bleibe, sind mir besser gerathen als irgend welche Wochen seit Jahren, vor allem philosophischer. Ich habe fast jeden Tag ein, zwei Stunden jene Energie erreicht, um meine Gesammt=Conception von Oben nach Unten sehn zu können: wo die ungeheure Vielheit von Problemen, wie im Relief und klar in den Linien, unter mir ausgebreitet lag. Dazu gehört ein Maximum von Kraft, auf welches ich kaum mehr bei mir gehofft hatte. Es hängt Alles zusammen, es war schon seit Jahren Alles im rechten Gange, man baut seine Philosophie wie ein Biber, man ist notwendig und weiß es nicht: aber das Alles muß man sehn, wie ich's jetzt gesehen habe, um es zu glauben. —

Ich bin so erleichtert, so erstarkt, so guter Laune — ich hänge den ernstesten Dingen einen kleinen Schwanz von Posse an. Woran hängt das Alles? Sind es nicht die guten Nordwinde, denen ich das verdanke, diese Nordwinde, die nicht immer aus den Alpen kommen? — sie kommen mitunter auch aus Kopenhagen! ...

Es grüßt Sie dankbar ergeben

Ihr
Nietzsche.

Nr. 13.

Nietzsche an Brandes.

Turin, den 23. Mai 1888.

Verehrter Herr,

Ich möchte Turin nicht verlassen, ohne Ihnen nochmals auszudrücken, wie vielen Antheil Sie an meinem ersten **wohlgerathenen** Frühling haben. Die Geschichte meiner Frühlinge, seit 15 Jahren zum Mindesten, war nämlich eine Schauergeschichte, eine Fatalität von Décadence und Schwäche. Die Orte machten darin keinen Unterschied; es war als ob kein Recept, keine Diät, kein Clima den wesentlich depressiven Charakter dieser Zeit verändern könnten. Aber siehe da! Turin! Und die ersten guten Nachrichten, **Ihre** Nachrichten, verehrter Herr, aus denen mir bewiesen ward, daß ich lebe ... Ich pflege nämlich mitunter zu vergessen, daß ich lebe. Ein Zufall, eine Frage erinnerte mich dieser Tage daran, daß in mir ein Hauptbegriff des Lebens geradezu ausgelöscht ist, der Begriff „Zukunft". Kein Wunsch, kein Wölkchen Wunsch vor mir! Eine glatte Fläche! Warum sollte ein Tag aus meinem siebzigsten Lebensjahr nicht genau meinem Tage von heute gleichen? — Ist es, daß ich zu lange in der Nähe des Todes gelebt habe, um die Augen nicht mehr für die schönen Möglichkeiten aufzumachen? — Aber gewiß ist, daß ich jetzt mich darauf beschränke, von heute bis morgen zu denken, — daß ich heute festsetze was morgen geschehen soll — und für keinen Tag weiter! Das mag unrationell, unpraktisch, auch vielleicht unchristlich sein — jener Bergprediger verbot gerade diese Sorge „um den andern Tag" — aber es scheint mir im höchsten Grade philosophisch. Ich bekam vor mir etwas Respekt mehr, als ich ihn sonst schon habe: — ich begriff, daß ich verlernt habe, zu wünschen, ohne es auch nur gewollt zu haben. —

Diese Wochen habe ich dazu benutzt, „Werthe umzuwerthen". — Sie verstehen diesen Tropus? — Im Grunde ist der Goldmacher die verdienstlichste Art Mensch, die es giebt: ich meine der, welcher aus Geringem, Verachtetem etwas Werthvolles und sogar Gold macht. Dieser allein bereichert, die andern wechseln nur um. Meine Aufgabe ist ganz kurios dies Mal: ich habe mich gefragt, was bisher von der Menschheit am besten gehaßt, gefürchtet, verachtet worden ist — und daraus gerade habe ich mein „Gold" gemacht . . .

Daß man mir nur nicht Falschmünzerei vorwirft! Oder vielmehr; man wird es thun. —

— Ist meine Photographie in Ihre Hände gelangt? meine Mutter hat mir den großen Dienst erwiesen, in einem so außerordentlichen Falle nicht undankbar erscheinen zu müssen. Hoffentlich hat auch der Leipziger Verleger E. W. Fritzsch seine Schuldigkeit gethan und den Hymnus expedirt.

Ich bekenne zuletzt eine Neugierde. Da es mir versagt war, an der Thürspalte zu horchen, um etwas über mich zu erfahren, würde ich gern auf eine andere Weise etwas horchen mögen. Drei Worte zur Charakteristik der Themata Ihrer einzelnen Vorlesungen — wie viel wollte ich aus drei Worten lernen!

Es grüßt Sie, verehrter Herr, herzlich und ergeben
Ihr
Nietzsche.

Nr. 14.

Brandes an Nietzsche.

Kopenhagen, 23. Mai 1888.

Verehrter Herr!

Für Brief und Bild und Musik habe ich bestens zu danken. Der Brief und die Musik waren unbedingt erfreulich, das Bild hätte besser sein können. Es ist ein Profilbild aus Naumburg, charakteristisch in der Form, aber mit zu wenig Ausdruck. Sie müssen anders aussehen; der welcher Zarathustra geschrieben hat, muß viel mehr Geheimnisse in seinem Gesicht geschrieben haben.

Meine Vorträge über Fr. Nietzsche habe ich vor Pfingsten geschlossen. Es endigte wie die Zeitungen sagen, mit einem Beifall „der die Form einer Ovation annahm". Die Ovation kommt Ihnen fast gänzlich zu. Ich erlaube mir Ihnen dieselbe hierdurch schriftlich mitzutheilen. Denn mein Verdienst war nur der, klar und in Zusammenhang, für nordische Zuhörer verständlich, das wiederzugeben, was bei Ihnen in ursprünglicher Form vorlag.

Ich versuchte auch, Ihr Verhältnis zu verschiedenen Zeitgenossen zu bezeichnen, in die Werkstatt Ihrer Gedanken einzuführen, meine eigenen Lieblingsgedanken, wo sie mit den Ihrigen zusammentrafen, hervorzuheben, meine Abweichungen von Ihnen zu bestimmen, und ein psychologisches Bild von dem Autor Nietzsche zu geben. So viel kann ich ohne Uebertreibung sagen: Ihr Name ist jetzt in allen intelligenten Kreisen Kopenhagens sehr populär, und in ganz Skandinavien wenigstens überall bekannt. Sie haben mir nicht zu danken; es ist mir ein Vergnügen gewesen, mich in Ihre Gedankenwelt zu vertiefen. Gedruckt zu werden verdienen meine Vorlesungen nicht, weil ich das rein Philosophische nicht als mein Fach ansehe und nicht gern etwas drucke, das einen Gegenstand behandelt, in welchem ich mich nicht hinreichend competent fühle.

Es freut mich sehr, daß Sie sich körperlich so gestärkt und geistig so wohl aufgelegt fühlen. Hier ist nach langem Winter der milde Frühling gekommen. Wir freuen uns über das erste Grün und über eine sehr schön eingerichtete nordische Ausstellung, die wir in Kopenhagen haben. Auch alle hervorragenden französischen Künstler (Maler und Bildhauer) haben hier ausgestellt. Ich sehne mich jedoch fort, aber muß bleiben.

Doch dies kann Sie nicht interessiren. Ich ver=

gaß Ihnen zu sagen: Wenn Sie die isländischen Sagen nicht kennen, müssen Sie dieselben studiren. Sie werden Manches darin finden, daß Ihre Hypothesen und Theorien über die Moral einer Herren-Race bestärkt.

In einer kleinen Einzelheit haben Sie wohl nicht das Rechte getroffen. Gotisch hat mit gut und Gott gewiß Nichts zu thun. Es hängt mit gießen zusammen, der den Saamen ausgießt, bedeutet H e n g st, M a n n.

Dagegen meinen die hiesigen Philologen, daß Ihre Andeutung bonus — duonus treffend sei.

Ich hoffe, daß wir uns nicht in der Zukunft jemals ganz fremd werden.

Ich bin Ihr treuer Leser und Verehrer
Georg Brandes.

Nr. 15.

Nietzsche an Brandes.
(Postkarte.)

Turin, den 27. Mai 1888.

Was Sie für Augen haben! Der Nietzsche auf der Photographie ist in der That noch nicht der Verfasser des Zarathustra — er ist ein Paar Jahre zu jung dazu.

Für die Etymologie von Gote bin ich sehr dankbar; dieselbe ist einfach göttlich. — Ich nehme an, daß Sie heute auch einen Brief von mir lesen.

Ihnen dankbar zugethan

N.

Nr. 16.

Nietzsche an Brandes.

Sils=Maria, den 13. Sept. 1888.

Verehrter Herr,

Hiermit mache ich mir ein Vergnügen — nämlich mich Ihnen wieder in's Gedächtniß zurückzurufen: und zwar durch Uebersendung einer kleinen bos=haften aber trotzdem sehr ernst gemeinten Schrift, die noch in den guten Tagen von Turin entstanden ist. Inzwischen nämlich gab es böse Tage in Ueber=fluß, und einen solchen Niedergang von Gesundheit, Muth und „Willen zum Leben", Schopenhauerisch geredet, daß mir jene kleine Frühlings=Idylle kaum mehr glaublich erschien. Zum Glück besaß ich noch ein Dokument daraus, den „Fall Wagner. Ein Musikanten=Problem". Böse Zungen wollen lesen „Der Fall Wagner's" . . .

So sehr und mit so guten Gründen Sie sich auch gegen Musik vertheidigen mögen (— die zudringlichste aller Musen), so sehen Sie sich doch einmal dies Stück Musiker=Psychologie an. Sie sind, verehrter Herr Cosmopoliticus, viel zu europäisch gesinnt, um nicht dabei hundert Mal mehr zu hören, als meine sogenannten Landsleute, die „musikalischen" Deutschen.

Zuletzt bin ich in diesem Falle Kenner in rebus et personis — und, glücklicherweise, bis zu dem Grade Musiker von Instinkt, daß mir über die hier vorliegende letzte Werthfrage von der Musik aus das Problem zugänglich, löslich erscheint.

Im Grunde ist diese Schrift beinahe französisch geschrieben — es möchte leichter sein, sie ins Französische zu übersetzen als ins Deutsche. —

Würden Sie mir noch ein Paar russische oder französische Adressen geben können, in deren Fall es Vernunft hätte, die Schrift mitzutheilen?

Ein paar Monate später giebt es etwas Philosophisches zu erwarten: unter dem sehr wohlwollenden Titel „Müßiggang eines Psychologen" sage ich aller Welt Artigkeiten und Unartigkeiten — eingerechnet dieser geistreichen Nation, den Deutschen. —

Dies Alles sind in der Hauptsache nur Erholungen von der Hauptsache: letztere heißt „Umwerthung aller Werthe". — Europa wird nöthig haben, noch ein Sibirien zu erfinden, um den Urheber dieser Werth-Tentative dorthin zu senden.

Hoffentlich begrüßt Sie dieser heitere Brief in einer bei Ihnen gewohnten resoluten Verfassung.

Sich gern Ihrer erinnernd

Dr. Nietzsche.

Adresse bis Mitte November: Torino (Italia)
ferma in posta.

Nr. 17.

Brandes an Nietzsche.

Kopenhagen, 6. Oct. 1888.

Verehrter und lieber Herr!

Ihr Brief und Ihre werthe Sendung haben mich in einem wüthenden Arbeitsfieber getroffen. Deshalb die Verzögerung meiner Antwort.

Ihre Handschrift schon erweckte eine freudige Spannung in meinem Gemüth.

Es ist schlimm und traurig, daß Sie einen schlechten Sommer gehabt haben. Ich glaubte thöricht, Sie seien schon endgültig aus allem körperlichen Leid hinaus.

Die Broschüre hab ich mit größter Aufmerksamkeit und großem Genuß gelesen. So unmusikalisch bin ich nicht, daß ich nicht an solchem meinen Spaß habe. Ich bin nur nicht kompetent. Wenige Tage bevor ich das kl. Buch erhielt, habe ich eben einer sehr schönen Aufführung von „Carmen" beigewohnt, welche herrliche Musik! Indessen mit Gefahr Sie zu erzürnen gestehe ich ein, daß Wagner's „Tristan und Isolde" mir einen unverlöschlichen Eindruck gemacht haben. Ich hörte diese Oper in Berlin einmal in verzweifeltem, ganz zerrissenem Seelenzustand, und ich fühlte mit jedem Ton. Ich weiß nicht ob der Eindruck so tief war, weil ich so krank.

Brandes an Nietzsche, 1888.

Kennen Sie die Wittwe Bizets? Sie sollten ihr die Broschüre senden. Es würde ihr Freude machen. Es ist die lieblichste, charmanteste Frau mit einem nervösen tic, der ihr sonderbar steht, aber ganz ächt, ganz wahr und feurig. Nur hat sie sich wieder verheirathet (mit einem sehr wackeren Mann, dem Advocaten Strauß in Paris). Ich glaube, daß sie etwas deutsch versteht. Ich könnte Ihnen ihre Adresse schaffen, wenn es Sie nicht degoutirt, daß sie — so wenig wie die Jungfrau Marie, die Wittwe Mozarts und Marie-Louise — ihrem Gotte treu geblieben ist.

Das Kind Bizets ist von idealer Schönheit und Lieblichkeit. — Doch ich schwatze.

Ich habe ein Exemplar des Buchs an den größten schwedischen Schriftsteller August Strindberg gegeben, den ich ganz für Sie gewonnen habe. Er ist ein wahres Genie, nur ein Bischen verrückt wie die meisten Genies (und Nicht-Genies). Das andere Exemplar werde ich noch mit Sorgfalt placiren.

Paris kenne ich jetzt wenig. Senden Sie aber ein Exemplar an die folgende Adresse Madame la Princesse Anna Dmitrievna Ténicheff, Quai Anglais 20 Petersburg. Diese Dame ist meine Freundin; sie kennt auch die musikalische Welt Petersburgs und wird Sie dort bekannt machen. Ich hatte sie früher gebeten, Ihre Werke zu kaufen, aber Alles, selbst „Menschliches, Allzumenschliches," war in Rußland verboten.

Auch wäre es klug an den Fürsten Urussow (der in Turgeniews Briefen vorkommt) ein Exemplar zu senden. Er interessirt sich sehr für alles Deutsche, ist fein begabt, ein geistiger Feinschmecker. Ich erinnere mich aber im Augenblick nicht seiner Adresse, kann sie jedoch erfahren.

Ich freue mich, daß Sie trotz aller körperlichen Unannehmlichkeiten so rüstig und kühn arbeiten. Ich freue mich auf Alles, was Sie mir versprechen.

Es würde mir eine große Freude sein von Ihnen gelesen zu werden, aber leider verstehen Sie meine Sprache nicht. Ich habe in diesem Sommer enorm geschaffen. Ich habe zwei große Bücher (von 24 und 28 Bogen) neu geschrieben „Eindrücke aus Polen" und „Eindrücke aus Rußland", außerdem eins meiner ältesten Bücher „Aesthetische Studien" für eine neue Ausgabe ganz umgearbeitet, und die Correcturen von allen drei Büchern allein verbessert. Jetzt bin ich in einer Woche ungefähr mit dieser Arbeit fertig, dann halte ich eine Reihe von Vorlesungen, schreibe indessen andere französische Vorlesungen und fahre im Herzen des Winters nach Rußland um dort aufzuleben.

Das ist der Plan, den ich für meinen Winterfeldzug hege. Möchte er keine russische Campagne werden im schlimmen Sinn.

Bewahren Sie mir freundlichst Ihr Interesse.

Ich bin Ihr treu ergebener

Georg Brandes.

Nr. 18.

Nietzsche an Brandes.

Turin, den 20. Oktober 1888.

Werther und lieber Herr, wiederum kam ein angenehmer Wind von Norden mit Ihrem Briefe: zuletzt war es bisher der einzige Brief, der ein „gutes Gesicht", der überhaupt ein Gesicht zu meinem Attentat auf Wagner machte. Denn man schreibt mir nicht. Ich habe selbst bei Näheren und Nächsten einen heillosen Schrecken hervorgebracht. Da ist zum Beispiel mein alter Freund Baron Seydlitz in München unglücklicher Weise gerade Präsident des Münchener Wagner-Vereins; mein noch älterer Freund, der Justizrath Krug in Köln, Präsident des dortigen Wagner-Vereins; mein Schwager Dr. Bernhard Förster in Südamerika, der nicht unbekannte Antisemit, einer der eifrigsten Mitarbeiter der Bayreuther Blätter — und meine verehrungswürdige Freundin Malwida von Meysenbug, die Verfasserin der Memoiren einer Idealistin, verwechselt nach wie vor Wagner mit Michel Angelo . . .

Andererseits hat man mir zu verstehen gegeben, ich solle auf der Hut sein vor der Wagnerianerin: die hätte in gewissen Fällen keine Skrupel. Vielleicht wehrt man sich, von Bayreuth aus, auf reichsdeutsche Manier, durch Inter-

Nietzsche an Brandes, 1888.

diktion meiner Schrift — als „der öffentlichen Sittlichkeit gefährlich"... Man könnte selbst meinen Satz „wir kennen Alle den unästhetischen Begriff des christlichen Junkers" als Majestäts-Beleidigung verstehen. — — —

Ihre Intervention zu Ehren der Wittwe Bizet's hat mir großes Vergnügen gemacht. Bitte geben Sie mir ihre Adresse; insgleichen die des Fürsten Urussow. Ein Exemplar ist an Ihre Freundin, die Fürstin Dmitriewna Ténicheff abgesandt. — Bei meiner nächsten Veröffentlichung, die nicht gar zu lange mehr auf sich warten lassen wird (— der Titel ist jetzt „Götzendämmerung. Oder: Wie man mit dem Hammer philosophirt"), möchte ich sehr gern auch an den von Ihnen mit so ehrenden Worten mir vorgestellten Schweden[1]) ein Exemplar senden. Nur weiß ich seinen Wohnort nicht. — Diese Schrift ist meine Philosophie in nuce — radikal bis zum Verbrechen...

— Ueber die Wirkung des „Tristan" hätte auch ich Wunder zu berichten. Eine richtige Dosis Seelen-Qual scheint mir ein ausgezeichnetes Tonicum vor einer Wagnerischen Mahlzeit. Der Reichsgerichtsrath Dr. Wiener in Leipzig gab mir zu verstehen, auch eine Karlsbader Kur biene dazu...

— Ach was Sie arbeitsam sind! Und ich Idiot, der ich nicht einmal Dänisch verstehe! — Daß man gerade „in Rußland wieder aufleben" kann, glaube ich Ihnen vollkommen; ich rechne irgend ein russisches

---

[1]) August Strindberg.

Buch, vor allem Dostojewski (französisch übersetzt, um des Himmels Willen nicht deutsch!!) zu meinen größten Erleichterungen.

Von Herzen und mit einem Recht, **dankbar zu sein**

Ihr Nietzsche.

Nr. 19.

Brandes an Nietzsche.

Kopenhagen, 16. Nov. 1888.

Verehrter Herr!

Vergeblich habe ich auf Antwort aus Paris gewartet um die Adresse von Madame Bizet zu erfahren. Dagegen habe ich jetzt die Adresse des Fürsten Urussow. Er wohnt in Petersburg Sergiewskaia 79.

Meine drei Bücher sind jetzt erschienen. Meine Vorlesungen habe ich hier angefangen.

Merkwürdig ist es wie ein Wort in Ihrem Briefe und in Ihrem Buche über Dostojewski mit meinen Eindrücken über ihn zusammenfällt. Ich habe Sie auch in meinem Werk über Rußland genannt, wo ich Dostojewski behandle. Er ist ein großer Poet, aber ein abscheulicher Kerl, ganz christlich in seinem Gefühlsleben und zugleich ganz

sadique. All seine Moral ist was Sie Sklaven=
moral getauft haben.

Der tolle Schwede heißt August Strindberg; er
wohnt hier. Seine Adresse ist Holte bei Kopen=
hagen. Er liebt Sie besonders, weil er meint, seinen
Frauenhaß bei Ihnen zu finden. Deshalb sind Sie
ihm „modern" (Ironie des Schicksals). Als er
in den Zeitungen die Referate über meine Frühlings=
vorlesungen las, sagte er: es ist erstaunlich mit
diesem Nietzsche, vieles bei ihm ist, als ob ich es ge=
schrieben hätte. In französischer Sprache ist sein
Drama Père mit einem Vorwort von Zola er=
schienen.

Ich bin traurig, so oft ich an Deutschland denke.
Welche Entwickelung die jetzige dort! Wie traurig
zu denken, daß man allem Anscheine nach in seiner
Lebenszeit nie geschichtlich das geringste Gute er=
leben werde.

Wie Schade, daß Sie, ein so gelehrter Philologe,
nicht Dänisch verstehen. Ich verhindere nach Ver=
mögen, daß meine zwei Bücher über Polen und
Rußland übersetzt werden, damit man mich nicht
ausweise oder wenigstens das Recht zu reden dort
verweigere, wenn ich wieder dahin reisen will.

Hoffend daß diese Zeilen Sie noch in Turin
finden oder Ihnen doch nachgeschickt werden bin ich

Ihr ganz ergebener

Georg Brandes.

Nr. 20.

Nietzsche an Brandes.

Torino, via Carlo Alberto 6, III,
den 20. November 1888.

Verehrter Herr, Vergebung, daß ich auf der Stelle antworte. Es giebt jetzt in meinem Leben curiosa von Sinn im Zufall, die nicht ihres Gleichen haben. Vorgestern erst; jetzt wieder. — Ach, wenn Sie wüßten, was ich eben geschrieben hatte, als Ihr Brief mir seinen Besuch machte. —

Ich habe jetzt mit einem Cynismus, der welthistorisch werden wird, mich selbst erzählt. Das Buch heißt „Ecce homo" und ist ein Attentat ohne die geringste Rücksicht auf den Gekreuzigten; es endet in Donnern und Wetterschlägen gegen Alles, was christlich oder christlich-infekt ist, bei denen Einem Sehen und Hören vergeht. Ich bin zuletzt der erste Psychologe des Christenthums und kann, als alter Artillerist, der ich bin, schweres Geschütz vorfahren, von dem kein Gegner des Christenthums auch nur die Existenz vermuthet hat. — Das Ganze ist das Vorspiel der „Umwerthung aller Werthe", des Werks, das fertig vor mir liegt: ich schwöre Ihnen zu, daß wir in zwei Jahren die ganze Erde in Convulsionen haben werden. Ich bin ein Verhängniß. —

Errathen Sie, wer in „Ecce homo" am schlimmsten

wegkommt? Die Herren Deutschen! Ich habe ihnen furchtbare Dinge gesagt … Die Deutschen haben es zum Beispiel auf dem Gewissen, die letzte **große Zeit** der Geschichte, die Renaissance, um ihren Sinn gebracht zu haben — in einem Augenblick, wo die christlichen Werthe, die décadence-Werthe, unterlagen, wo sie in den Instinkten der höchsten Geistlichkeit selbst überwunden durch die Gegeninstinkte waren, die Lebensinstinkte. Die Kirche **anzugreifen** — das hieß ja das Christentum wiederherstellen. — (Cesare Borgia als Papst — das wäre der Sinn der Renaissance, ihr eigentliches Symbol.)

— Auch dürfen Sie darüber nicht böse sein, daß Sie selber an einer entscheidenden Stelle des Buchs auftreten — ich schrieb sie eben — in diesem Zusammenhange, daß ich das Verhalten meiner deutschen Freunde gegen mich stigmatisire, das absolute In-Stich-gelassen-sein mit Ehre wie mit Philosophie. — Sie kommen, eingehüllt in eine artige Wolke von Glorie, auf einmal zum Vorschein …

Ihren Worten über Dostojewski glaube ich unbedingt; ich schätze ihn andererseits als das werthvollste psychologische Material, das ich kenne — ich bin ihm auf eine merkwürdige Weise dankbar, wie sehr er auch immer meinen untersten Instinkten zuwider geht. Ungefähr mein Verhältniß zu Pascal, den ich beinahe liebe, weil er mich unendlich belehrt hat; der einzige **logische** Christ.

— Vorgestern las ich, entzückt und wie bei mir zu Hause „Les mariés" von Herrn August Strindberg. Meine aufrichtigste Bewunderung, der nichts Eintrag

Brandes an Nietzsche, 1888.

thut, als das Gefühl, mich dabei ein wenig mit=
zubewundern. Turin bleibt meine Residenz.

Ihr Nietzsche, jetzt Unthier.

Wohin darf ich Ihnen die „Götzen=Dämmerung"
senden? Im Fall, daß Sie noch 14 Tage in Kopen=
hagen sind, ist keine Antwort nöthig.

Nr. 21.

Brandes an Nietzsche.

Kopenhagen, 23. Nov. 1888.

Verehrter Herr!

Ihr Brief traf mich heute in vollem Arbeitsfeuer,
ich halte hier Vorlesungen über Goethe, repetire jeden
Vortrag zwei mal und doch stehen die Leute drei
Viertel Stunde vorher auf dem Platze vor der Uni=
versität aufgestellt um sich einen Stehplatz zu er=
obern. Es amüsirt mich, vor so Vielen den Größten
unter den Großen zu studieren. Ich muß hier
bleiben bis Ende des Jahrs.

Dann kommt aber auch der leidige Umstand dazu,
daß — wie ich benachrichtigt worden — eins meiner
alten Bücher, kürzlich Russisch übersetzt, dazu ver=
urtheilt ist, als „irreligiös" in Rußland öffentlich
verbrannt zu werden.

Wegen meiner zwei letzten Werke über Polen und

Brandes an Nietzsche, 1888.

Rußland mußte ich schon fürchten ausgewiesen zu werden; jetzt muß ich versuchen, jegliche Protection in Bewegung zu setzen, um die Erlaubniß, in Rußland zu reden, in diesem Winter zu erhalten. Dazu kommt, daß jetzt fast alle Briefe an mich und von mir konfiscirt werden. Man ist nach dem Unglück in Borki sehr ängstlich. Es war ebenso kurz nach den berühmten Attentaten. Alle Briefe wurden aufgeschnappt.

Mit lebhafter Freude seh' ich, daß Sie so Vieles wieder hinter sich haben. Glauben Sie mir, ich mache Propaganda für Sie, wo ich nur kann. Noch in der vorigen Woche forderte ich ernstlich Henrik Ibsen auf, Ihre Werke zu studiren. Auch mit ihm haben Sie etwas Verwandtes, wenn auch sehr entfernt Verwandtes. Groß und stark und unliebenswürdig aber doch liebenswerth ist der Sonderling. Es wird Strindberg freuen, daß Sie ihn schätzen. Ich kenne nicht die französische Uebersetzung, die Sie nennen. Aber man sagt hier, daß all die besten Partien in „Giftas" (mariés) weggelassen sind, besonders die witzige Polemik gegen Ibsen. Lesen Sie aber sein Drama „Père"; es ist ein sehr großer Zug darin. Er würde es Ihnen gewiß gerne schicken. Aber ich sehe ihn so selten, er ist menschenscheu wegen einer unendlich unglücklichen Ehe. Denken Sie sich, er verabscheut seine Frau seelisch und kann Sie physisch nicht entbehren. Er ist ein monogamer Misogyn!

Es ist mir merkwürdig, daß der polemische Zug in Ihnen noch so stark ist. In meiner frühen Jugend war ich leidenschaftlich polemisch; jetzt kann ich nur darstellen; bekämpfe nur durch Schweigen. Das Christenthum anzugreifen läge mir so fern als gegen die Wehrwölfe, ich meine gegen den Glauben an Wehrwölfe, eine Broschüre zu schreiben.

Aber ich sehe, wir verstehen uns. Auch ich liebe Pascal. Aber ich war schon jung für die Jesuiten gegen Pascal (in den Provinciales). Die Weltklugen, sie hatten ja Recht; er hat sie nicht verstanden; sie aber haben ihn verstanden und — welch Meisterstück von Frechheit und Klugheit! — sie haben seine Provinciales mit Noten selbst herausgegeben. Die beste Ausgabe ist die der Jesuiten.

Luther gegen den Papst, das ist dieselbe Collision. Victor Hugo hat in der Vorrede zu den Feuilles d'Automne dies feine Wort: On convoque la diète de Worms mais on peint la chapelle Sixtine. Il y a Luther, mais il y a Michel Ange . . . et remarquons en passant que Luther est dans les vieilleries qui croulent autour de nous et que Michel-Ange n'y est pas. — —

Sehen Sie sich das Gesicht von Dostojewski an: halbwegs ein russisches Bauerngesicht, halbwegs eine Verbrecherphysiognomie, flache Nase, kleine durch=
bohrende Augen unter Lidern, die vor Nervosität zittern, diese Stirn groß und durchgeformt, den aus=
drucksvollen Mund, der von Qualen ohne Zahl, von abgrundtiefer Wehmuth, von ungesunden Gelüsten spricht, von unendlichem Mitleid, leidenschaftlichem Neid! Ein epileptisches Genie, dessen Aeußeres schon spricht von dem Strom der Milde, der sein Gemüth erfüllte, von der Welle eines fast wahnsinnigen Scharf=

Erläuterungen.

sinnes, die ihm zum Kopfe stieg, endlich von dem Ehrgeiz, der Größe der Bestrebung und von der Mißgunst, welche Kleinheit der Seele erschafft.

Seine Helden sind nicht nur Arme und Bedauernswerthe, sondern einfältige Feinfühlende, edle Dirnen, häufig Hallucinirte, begabte Epileptiker, begeisterte Sucher des Martyriums, eben die Typen, die wir bei den Aposteln und Disciplen des ersten christlichen Zeitalters vermuthen müssen.

Gewiß steht keine andere Seele der Renaissance ferner.

Ich bin darauf gespannt, wie an mich in Ihrem Buche gedacht sein kann.

Ich bin in treuer Ergebenheit
Ihr
Georg Brandes.

Auf diesen letzten Brief bekam Brandes nur einige Zeilen Antwort, die bereits nach dem Schlaganfall, der alle Geisteskraft meines geliebten Bruders lähmte, auf einen Streifen liniirten Papiers, das er sonst zu seinen Druckmanuskripten verwandte, geschrieben war. Wer die ungeheure Arbeit der letzten sechs, sieben Monate verfolgt, und der unbeschreiblichen Anstrengung seiner armen Augen, sowie der mancherlei widrigen Zufälle und peinlichsten Angriffe gedenkt, wird begreifen, daß dieses letzte halbe Jahr die Kraft dieses wunderbaren Geistes verzehren mußte. In der Lebensbeschreibung werden all die näheren Gründe des namenlos traurigen Ereignisses ausführlicher

Erläuterungen.

dargestellt werden,[1]) hier will ich nur kurz die unfaßbar hochgespannte Geistesthätigkeit meines Bruders während der Monate Mai bis December 1888 andeuten, um es begreiflich zu machen, daß auch der stärkste Geist unter solcher Anstrengung zusammenbrechen mußte.

Er beginnt im Mai mit einer neuen Anordnung des gesammten Materials zum „**Willen zur Macht**", verfaßt den „**Fall Wagner**", „**die Götzendämmerung**", die „**Dionysos-Dithyramben**", arbeitet im Sommer nochmals das Material zu seinem großen theoretisch-philosophischen Hauptwerk um, formt aus dem Inhalt des zweiten Buches des Willens zur Macht: Kritik des Christenthums, der Moral und der Philosophie, und aus dem größten Theil des vierten Buches: Zucht und Züchtung, ein neues, weniger umfangreiches Buch, das er „**Umwerthung aller Werthe**" nennt. In wenigen Wochen schreibt er das I. Buch, den „**Antichrist, Versuch einer Kritik des Christenthums**", und auch noch Einiges von den nächsten Büchern: II. Der freie Geist, Kritik der Philosophie als einer nihilistischen Bewegung; III. Der Immoralist, Kritik der verhängnißvollsten Art von Unwissenheit, der Moral; IV. Dionysos, Philosophie der Ewigen Wiederkunft. — Sodann verfaßt er eine Lebensbeschreibung „**Ecce homo**", ausdrücklich nur für sich und seine Freunde, dazwischen „**Nietzsche contra Wagner**".

Wenn nun auch die in diesen Werken ausgesprochenen Gedanken und die Gedichte schon vielfach

---
[1]) Der letzte Band der Lebensgeschichte wird am 15. Oct. 1904, dem sechzigsten Geburtstag Friedrich Nietzsches, erscheinen.

Erläuterungen.

vorbereitet in seinen Manuskript-Heften aufgezeichnet waren, so schrieb und formte er doch Alles vollkommen neu, viele Stücke sogar mehrere Male, so daß er in den Monaten Juni bis Ende November seine Augen in der allerschlimmsten Weise überanstrengt hat. Dazu kamen die ungeheuren Gemütsbewegungen, die mit all diesen Produktionen verbunden waren, und sammt dem höchst ungünstigen Wetter des Sommers eine „absurde Insomnie" zur Folge hatten, und zuletzt noch im November einige ganz besonders widerliche Angriffe, die die geistige Spannung und die Schlaflosigkeit steigerten. Ach, und bei Alledem kein Hauch von liebendem Verständniß und inniger Antheilnahme der alten Freunde! Wenn er auch wie ein Held mit der äußersten Anspannung der Tapferkeit gegen all diese Erfahrungen, die ihn zu vernichten drohten, kämpfte, so konnte er doch nur durch Schlafmittel die schwermüthigen Nächte der Schlaflosigkeit mildern. Schlafmittel — nicht Opium oder Morphium, sondern Chloral und ein mir unbekanntes Mittel — hatten immer eine sehr seltsame Wirkung auf meinen Bruder ausgeübt, über welche ich an anderer Stelle ausführlicher berichte. Vielleicht sind einige ungenaue Angaben des Briefes an Brandes vom 20. November darauf zurückzuführen, — der Angriff gegen das Christenthum steht z. B. im „Antichrist" und nicht im „Ecce homo", es ist aber auch möglich, daß er damals zweifelhaft war, ob nicht einige Blätter aus dem „Antichrist" in das „Ecce homo" kommen sollten. Sicherlich lag das ganze Werk „Umwerthung aller Werthe" nur in der Gesammtconception und nicht fix und fertig vor ihm.

Erläuterungen.

Dagegen war „Ecce homo" schon einmal Anfang November, vor den häßlichen Angriffen, vollendet, wurde aber späterhin unter dem Einfluß der geschilderten Zustände, vielfach verändert, wodurch manches Fremdartige hineingekommen ist, doch findet sich nirgends ein persönlicher Angriff. Aber jene im letzten Brief erwähnten liebevoll anerkennenden Worte über Brandes, die in der Einleitung zu diesem Briefwechsel angeführt wurden, sind unverändert geblieben. Auch der Entschluß das „Ecce homo" zu veröffentlichen, wurde gewiß nur in dem durch jene Angriffe hervorgerufenen, gereizten Zustande gefaßt, jedenfalls schreibt er an mich im Oktober 1888, vor jenen Angriffen in übermüthigster, glücklichster Herbststimmung: „Ich schreibe in diesem goldnen Herbst, dem schönsten, den ich je erlebt habe, einen Rückblick auf mein Leben, nur für mich selbst, Niemand soll es lesen mit Ausnahme eines gewissen guten Lamas, wenn es über's Meer kommt, den Bruder zu besuchen. Es ist nichts für Deutsche ... Ich will das Manuskript vergraben und verstecken, es mag verschimmeln — und wenn wir allesammt schimmeln, mag es seine Auferstehung feiern. Vielleicht sind dann die Deutschen des großen Geschenks, das ich ihnen zu machen gedenke, würdiger." — Nach dieser Bestimmung habe ich zu handeln! Wenn einmal die Würdigung Friedrich Nietzsches, die Georg Brandes das Verdienst hat inaugurirt zu haben, eine solche Höhe erreicht, daß thörichte und widerliche Bücher und Artikel, wie sie jetzt noch über ihn geschrieben und gelesen werden, keine oder nur empörte Leser finden, dann werden die Deutschen vielleicht würdig sein, auch

Erläuterungen.

die allerletzte Gabe dieses herrlichen Geistes zu empfangen.

In den letzten Tagen des Jahres 1888, traf meinen Bruder, infolge dieser Ueberarbeitung und Gemüthsbewegung und dem Gebrauch der starken Schlafmittel, ein Schlaganfall. Eine Gehirnlähmung machte ihn von da an zu allem weiteren Schaffen unfähig, bis ein erneuter Schlaganfall am 25. August 1900 mir diesen geliebtesten Bruder, der selbst noch während der Zeit seiner geistigen Lähmung von dem Zauber der Güte und der Erhabenheit umflossen war, für immer entriß.

Malwida von Meysenbug

VII.

Briefwechsel

zwischen

Friedrich Nietzsche und Hans von Bülow

herausgegeben und erläutert

von

Peter Gast.

Nietzsche's musikalische Begabung war außerordentlich; sie ist nicht wegzudenken aus seiner Seele. Und wenn Goethe sich in gewissem Sinne einen Plastiker nennen konnte, so hätte sich Nietzsche in eben diesem Sinne einen Musiker nennen dürfen. Musiker waren es denn auch, die ihn zuerst zu verstehen glaubten. Das Dionysische zumal, wie es Nietzsche wiederentdeckt, vielleicht sogar neugeschaffen hatte, schien ihrem Verständniß näher zu liegen, als dem der Philologen und Kulturforscher, der Moralisten und Biologen. Daß freilich Nietzsche mit dem Dionysos-Problem auf noch ganz andere Ziele hinaus wollte, als auf Kunst und Festorgiasmus, ahnten auch die Musiker nicht — nämlich auf die Ermöglichung gewaltig überragender Wesen, auf Menschen des großen Affekts, des weltbewegenden Willens, kurz auf jene Gestalten, die vor Nietzsche's Auge schon stehen mußten, als er in der „Geburt der Tragödie" die bisher höchstgeschätzten Menschentypen (den der Weltverneinung und den des bloßen Intellektualismus) an ihnen maß und sie anders als bisher zu bewerthen hatte. Mochten aber diese Dinge sich auch mit ihren Consequenzen dem Musiker-Verständniß

Einleitung.

zunächst entziehen, so ist doch sicher, daß sie aus derselben lancirenden Kraft stammten, aus der die dithyrambische Musik stammt: aus der Ekstase, dem „Zuviel von Kraft", aus dem ἐνθουσιάζειν, jenem Hochgefühl, das sich in kühnen Visionen ergeht, um aus ihnen die Impulse zur eignen, immer höheren Steigerung zu empfangen. Aber auch das Gegenstück zu Nietzsche's aufbauender Kraft, seine erstaunliche Kunst der psychologischen Analyse, läßt sich als Analogon zu seinem Musiksinn und seiner Freude am polyphonen Gewebe verstehen. Sein Drang, unter alle Oberflächen hinab in's Herz der Dinge, in die Abgründe der Psyche zu bringen, entspricht ganz dem Drange des Musikers, mit seiner Kunst Seelenvorgänge an's Licht zu bringen, denen mit Wort und Begriff nicht beizukommen ist, ja welche nur durch die Musik und keine andre Kunst zu erwecken sind.

Nietzsche's „Geburt der Tragödie aus dem Geiste der Musik", die den ersten Anlaß zu dem folgenden Briefwechsel gab, leistet in dieser Hinsicht das denkbar Eigenartigste. Und wenn der Reiz der Musik zugleich mit darin besteht, daß sie den Geist des Hörers über alles Einzelne hinweg in eine beseligende Allgemeinheit hebt und der Phantasie einen grenzenlosen Spielraum läßt, so war der Eindruck dieser Erstlingsschrift auf unvorbereitete Leser gewiß ein sehr musikähnlicher. Nietzsche selbst bezeichnete das Buch „als ‚Musik' für Solche, die auf Musik getauft, die auf gemeinsame und seltne Kunst-Erfahrungen hin von Anfang der Dinge an verbunden sind".

Der bestwillige Leser des Buches war jedenfalls

Einleitung.

Richard Wagner. In der Gestalt, in der es vorlag, durfte er es als oratio pro domo sua verstehen. In der Gestalt aber, in der es anfangs beabsichtigt war, hätte er dies nicht so unbedingt können. Denn ursprünglich sollte das Buch nur von dem Problemenkreis handeln, der die Entstehung der griechischen Tragödie und die umliegenden Kulturerscheinungen bis in die alexandrinische Zeit betrifft. Die panegyrische Nutzanwendung auf Wagner's Kunst und Kulturbestrebung hat sich, wie wir jetzt wissen, erst später und allmählich zu dem Buche hinzugefunden, und zwar nachdem Nietzsche Anfang April 1871, auf seiner Rückkehr von Lugano nach Basel, auch in Tribschen vorgesprochen und Richard Wagner ziemlich hoffnungslos hinsichtlich seiner nationalen Unternehmung gefunden hatte. Daraufhin entschloß sich Nietzsche, für den Freund öffentlich einzutreten und außer von der im Griechenthum sich vollziehenden **Geburt** der Tragödie auch von einer aus der deutschen Musik erfolgenden **Wiedergeburt** der Tragödie zu sprechen.

Diese nachträgliche „Einmischung der modernsten Dinge" brachte etwas hervor, das Nietzsche nicht ganz so voraussehen konnte: eine Verschiebung in der Adresse des Buches. Nietzsche hatte vor Allen die Philologen und Historiker für seine neue Richtung der Erfassung des Griechenthums gewinnen wollen: beim Erscheinen aber lehnten diese im trocknen Schulton ab. Dagegen drängte sich die Anhängerschaft Wagner's an das Buch, zum Zeichen, daß das Nebensächliche daran für die Hauptsache gehalten

Einleitung.

und manche Grunddifferenz in der Nietzsche'schen und der Wagner'schen Kunstauffassung überhört worden war.

Wir zweifeln nicht, daß auch Hans von Bülow sich im Grunde an die Wagner-Verherrlichung des Buches hielt, an die großen Perspektiven und Zusammenhänge, in denen hier Wagner gesehen und damit einer neuen Epoche seines Ruhmes zugeführt wurde. Einer Huldigung so feierlicher Art mußte Bülow um so begeisterter zustimmen, als ihm seit seinem zwölften Jahr Wagner der Abgott seines Lebens gewesen war, den zu vertheidigen, zu schützen und dem Verständniß der Mitwelt nahe zu bringen ihm als höchste Pflicht galt. Leider besitzen wir keine schriftliche Aeußerung Bülow's, die auf die Geburt der Tragödie näher einginge. Sein Herz wird er dem Autor wohl bei seinem Besuche in Basel ausgeschüttet haben. Dieser Besuch fand in den letzten Tagen des März 1872, wahrscheinlich am 28. (Gründonnerstag) statt. Nietzsche gedachte desselben immer mit besonderer Freude; namentlich war es ihm eine große Genugthuung, daß Bülow ihn dabei gebeten hatte, ihm zum Zeichen seiner Dankbarkeit einige Stücke vortragen zu dürfen. Bülow spielte u. A. Chopin's Barcarolle, deren sich Nietzsche nun stets im Lichte dieser glücklichen Stunde erinnerte. Der Aphorismus 160 im „Wanderer und sein Schatten" ist ein Nachklang dieser Stunde.

Ueber Bülow's Enthusiasmus für die Geburt der Tragödie wird in Nietzsche's Briefen mehrfach berichtet; so am 1. Mai 1872 an Freiherrn von Gers-

Einleitung.

dorff. An Erwin Rohde schreibt Nietzsche nach einer Aufzählung des vielen Erfreulichen, das ihm das Buch in Gestalt von Dankschreiben und anderen Aufmerksamkeiten schon eingetragen habe, Folgendes (11. April 1872): „Hans von Bülow, den ich noch gar nicht kannte, hat mich hier besucht und bei mir angefragt, ob er mir seine Uebersetzung von Leopardi (das Resultat seiner italienischen Mußestunden) widmen dürfe. Der ist so begeistert von meinem Buche, daß er mit zahlreichen Exemplaren davon herumreist, um sie zu verschenken." Ein solches Geschenkexemplar sandte Bülow noch an jenem Besuchstage auch an den Komponisten Felix Dräseke, dem er fünf Tage später schrieb: „Hast Du aus Basel meinen Gruß in Form von Nietzsche's ‚Die Geburt der Tragödie' erhalten? Das mußt Du lesen, — das ist ursamos; nebenbei ist der Autor ein reizender Mensch, ziemlich jung noch."

Nietzsche's Schätzung für Bülow datirt bis in die 50er Jahre zurück. Mit seinem so früh entwickelten Blick für alles Seltne, Bedeutende hatte er aus Bülow's Concertthätigkeit und Schriftstellerei sofort den Eindruck einer der muthigsten und scharfsinnigsten Künstler-Persönlichkeiten seiner Zeit gewonnen. Bülow war vor Allem Polemiker, selbst noch als Virtuos und Dirigent. Jedes Concert, jeder Federstrich von ihm war ein Hieb mit dem Flammenschwert in eine Welt hinein, die ohne solche Kämpfer immer wieder in Schlendrian und Philisterei versinkt. Dabei galt sein Eifer durchaus nicht nur der Einführung neuer Kunstrichtungen, sondern genau ebenso der Heilig=

Einleitung.

haltung und Neu=Entdeckung der Kunst unsrer alten, angeblich so bekannten Meister. Der Name dieses Mannes war Nietzschen auch insofern theuer, als er mit einem seiner wichtigsten Jugendeindrücke zusammenhing — der ersten Bekanntschaft mit Richard Wagner's Tristan durch Bülow's meisterhaften Klavierauszug. Dieses Ereigniß fällt in den April 1862, in eine Zeit also, in der nur erst Wenige Interesse und Verständniß für den Reiz solcher Dissolutokunst=Werke haben konnten. Dafür war dann auch Nietzsche schon zu einer Zeit über Wagner hinausgewachsen, als das größere Publikum erst anfing, sich überhaupt in diese Kunst zu finden.

Engere, persönliche Beziehungen haben sich zwischen Nietzsche und Bülow nicht geknüpft. Nach dem einzigen Besuch im März und der Münchener Zusammenkunft im Juni 1872 sahen sich Beide nie wieder. Dies ist sehr zu bedauern: denn für Nietzsche wäre Bülow einer der erwünschtesten Gesellschafter gewesen, ernst und streng in sich, nach außen aber voll Uebermuth und Humor, der meist in guten, oft auch gewagten Witzen eclatirte. Vielleicht hätte sich hie und da ein Zusammensein ergeben können, wenn nicht eben damals als die „Geburt der Tragödie" erschien (Jahreswende 1871/72) Bülow zur Erspielung eines Privatvermögens für seine Töchter ein jahrelanges Virtuosen=Wanderleben begonnen hätte, das ihn bis zur Uebernahme des Hannoverischen Hofkapellmeisteramtes (September 1877) kreuz und quer durch die alte und neue Welt trieb. Auf alle Fälle gehörte Bülow zu den ganz wenigen Lesern Nietzsche's,

Nietzsche an Hans von Bülow, 1872.

deren Anerkennung ihm am Ende seiner Laufbahn ebenso lieb war wie zu Anfang.

Lassen wir nun die Briefe folgen.

Der erste, gleich nach Erscheinen der "Geburt der Tragödie" geschrieben, ist an deren damaligen Verleger E. W. Fritzsch in Leipzig zur Weiterbesorgung gesandt worden. Als Nietzsche ihn schrieb, war ihm bekannt, daß Bülow am 2. Januar 1872 Florenz nach einem mehr als zweijährigen Aufenthalt für immer verlassen habe; da er aber den Brief nicht genauer zu adressiren wußte, bat er Fritzsch, ihn in Leipzig zurückzubehalten bis Bülow sein für dort angesagtes Concert geben werde. Dieses fand am 26. Jan. 1872 statt, an welchem Tage er Nietzsche's Buch und Brief aus Fritzsch's Händen selbst empfing.

Nr. 1.

Nietzsche an Hans von Bülow.

[Basel, Anfang] Januar 1872.

Ausgezeichneter Herr,

Nehmen Sie von einem Unbekannten, der Sie verehrt, dieses Buch an. Vielleicht macht es Ihnen Freude. — Ich vermuthe so etwas, nach der Theilnahme, die meine Tribschener Freunde diesem Buche geschenkt haben.

Hans von Bülow an Nietzsche, 1872.

Aber ich bitte Sie, es zu lesen.

Mein Verleger Fritzsch ist beauftragt, Ihnen das Exemplar in meinem Namen zu überreichen.

Hochachtungsvoll

Dr. Friedr. Nietzsche, Prof. o. p. in Basel.

Nr. 2.

Hans von Bülow an Nietzsche.

Dresden, den 27. Januar 1872.

Hochgeehrter Herr Professor,

Meister Liszt hatte mich schon vor Kurzem bei unsrem Wiedersehen in Pesth auf die Ehre vorbereitet, die Sie, verehrter Herr, mir durch das Geschenk Ihres neuen Werkes erweisen wollten, welches ich gestern durch Herrn Musikverleger Fritzsch in Leipzig empfangen habe.

Den Dank, welchen diese Auszeichnung beansprucht, vermag ich Ihnen heute natürlich nur in sehr trivialer, unvollständiger Weise auszusprechen. Sie haben mich würdig erachtet, Ihr Werk zu studiren — hierzu werde ich die materielle Möglichkeit erst beim Eintritte der schönen Jahreszeit, zusammentreffend mit der einer längeren Ruhepause in meinem jetzigen Virtuosenwanderleben, finden — ich fürchte mich gleichsam, das Buch auf der Reise anzublättern, da ich bei meinem eingefleischten Hasse gegen Ober=

Erläuterungen.

flächlichkeit zum Grundsatze angenommen habe, mich nach Kräften vor ähnlichen Vergehen gegen den „Geist" zu bewahren.

Meine Concertreise wird vermuthlich sich im März auch auf die Schweiz ausdehnen. Bei einem wahrscheinlichen Besuche Basels werde ich versuchen, Ihnen persönlich den Ausdruck meines hochachtungs= vollen Dankes zu erneuern, mit dem ich heute — leider nur eiligflüchtig — die Ehre habe, mich zu unterzeichnen

Ihren ergebensten Diener

Dr. Hans v. Bülow.

Von diesem Besuche im März wurde schon S. 336 gesprochen.

Bülow reiste hierauf von Basel nach München, um dort die Ostertage zu verleben und am 4. April ein Concert zum Besten des Bayreuther Unternehmens zu geben. Bei diesem Anlaß sprach Ludwig II. den Wunsch aus, Bülow möge im Juni, Juli als Gast= dirigent wieder wie einst Tristan und Meistersinger dirigiren. Bülow fand sich bereit, trotz aller früheren Vorgänge, und stellte sich am 1. Juni zu einem dreimonatigen Aufenthalt abermals in München ein. Nietzsche war von ihm in Basel auf die Möglichkeit dieser Aufführungen vorbereitet worden; jetzt, da sie sich der Verwirklichung näherten, stand es für Nietzsche fest, sich in Gemeinschaft mit seinem ge=

Erläuterungen.

treuen Freunde v. Gersdorff vor Allem den Tristan anzuhören, den er nun schon zehn Jahre (aber eben nur aus dem Klavierauszug) kannte und dem er in der Geburt der Tragödie das Tiefste nachgesagt hatte, das über dies Werk überhaupt gesagt worden ist.

So gab es denn Ereigniß über Ereigniß in diesem für Nietzsche so bedeutsamen Jahr! Zu Anfang desselben das Erscheinen der Geburt der Tragödie; vom 16. Januar bis 23. März die Vorträge über die Zukunft unsrer Bildungsanstalten; Ende März Bülow's Besuch; am 29. April Wagner's Uebersiedelung von Tribschen nach Bayreuth; am 22. Mai Betheiligung an der Bayreuther Grundsteinlegung und der Aufführung von Beethoven's Neunter (mit Erwin Rohde und v. Gersdorff), neue Bekanntschaften bei dieser Gelegenheit, z. B. mit Fräulein v. Meysenbug; am 26. Mai Erscheinen der Rohde'schen Besprechung der Geburt der Tragödie in der „Norddeutschen Allgemeinen Zeitung"; am 1. Juni Erscheinen des Wilamowitz=Möllendorff'schen Angriffs auf die Geburt der Tragödie; am 22. Juni Erscheinen von Richard Wagner's offnem Brief „An Friedrich Nietzsche" in der „Norddeutschen Allgemeinen Zeitung"; am 28. und 30. Juni Besuch der Münchener Tristan=Vorstellungen zusammen mit Freiherrn v. Gersdorff und Fräulein v. Meysenbug.

Vier Tage zuvor, am 24. Juni, hatte Nietzsche v. Gersdorff geschrieben, er möge sich zur Reise bereit halten, denn im „Musikalischen Wochenblatt" werde der erste Tristan=Abend für den 28. Juni angesagt; um sicher zu gehen, wolle er Bülow selbst noch telegraphisch befragen. Von den beiderseitigen Telegrammen ist keines mehr vorhanden, wohl aber das Empfehlungsschreiben an Bülow, das Nietzsche dem betreffenden Brief an Gersdorff (I³, 214) beilegte und das hier folgt:

Nr. 3.
Nietzsche an Hans von Bülow.
Basel, Johannistag, 24. Juni 1872.

Sehr verehrter Freund,

Der Ueberbringer dieser Zeilen, den Ihnen vorzustellen ich mir hiermit erlaube, ist Herr Carl Freiherr von Gersdorff, Ritter des Eisernen Kreuzes, Verehrer des Tristan: er kommt zu dem gleichen Zwecke von Berlin nach München, der mich von Basel dorthin führen wird, sobald ich einen Wink von Ihnen erhalte, daß es Zeit ist.

Sei Ihnen hiermit mein Freund Gersdorff auf das Herzlichste anempfohlen!

Wir dürsten alle nach Tristan!

Haben Sie Wagner's Brief an mich in der Sonntagsbeilage der Nordd. Allgem. gelesen?

Seien Sie herzlich gegrüßt von Ihrem
ergebensten Diener
Dr. Friedrich Nietzsche.

Erläuterungen.

Ueber die Münchener Tage wolle man „Das Leben Friedrich Nietzsche's" von Elisabeth Förster-Nietzsche Bd. II, S. 78 f. nachlesen.

Nietzsche kehrte tief beseligt nach Basel zurück; und als er hörte, Tristan solle nochmals unter Bülow gegeben werden, war er entschlossen, auch dieser dritten Aufführung beizuwohnen. Aus dieser Reise wurde einzig deshalb nichts, weil Freund Gersdorff Anfang August erkrankte und Nietzsche sich gelobt hatte, das Werk nur zusammen mit ihm zu hören (Br. I³, 219).

Als inzwischen Nietzsche daran ging, Bülow in einem Briefe seine Dankbarkeit für die Münchener Eindrücke zu bezeigen, kam ihm eine Eingebung, der er im Hinblick auf Bülow's bisherige Haltung gar wohl folgen durfte. Sein Dank nämlich sollte nicht allein in Worten, sondern zugleich durch ein Zeichen allerpersönlichsten Vertrauens zum Ausdruck kommen: er hoffte, eine ähnliche Theilnahme, wie sie Bülow seiner philosophischen Begabung zollte, auch seiner musikalischen Begabung zugewendet zu sehen. Und so entschloß er sich, ihm zum Andenken ein Musikstück zu verehren, das er im Frühjahr zuvor componirt hatte: es hieß

„Manfred.
Symphonische Meditation."

Er ließ es copiren, versah es mit einer herzlichen Widmung und schrieb dazu folgenden Brief.

Nr. 4.
Nietzsche an Hans von Bülow.
Basel, 20. Juli 1872.

Verehrter Herr,

Wie gerne möchte ich Ihnen noch einmal aussprechen, mit welcher Bewunderung und Dankbarkeit ich Ihrer immer eingedenk bin. Sie haben mir den Zugang zu dem erhabensten Kunsteindruck meines Lebens erschlossen; und wenn ich außer Stande war, Ihnen sofort nach den beiden Aufführungen zu danken, so rechnen Sie dies auf den Zustand gänzlicher Erschütterung, in dem der Mensch nicht spricht, nicht dankt, sondern sich verkriecht. Wir Alle sind aber mit dem tiefsten Gefühle persönlicher Verpflichtung von Ihnen und von München geschieden; und außer Stande, Ihnen dies deutlicher und beredter auszudrücken, gerieth ich auf den Einfall, Ihnen durch Uebersendung einer Composition, in der freilich dürftigen, aber nothwendigen Form einer Widmung intra parietes, meinen Wunsch zu verrathen, Ihnen recht dankbar mich erweisen zu können. Ein so guter Wunsch! Und eine so zweifelhafte Musik! Lachen Sie mich aus, ich verdiene es.

Nun höre ich aus den Zeitungen, daß Sie noch einmal, am 8. August, den Tristan aufführen werden.[1])

---

[1]) Die Aufführung fand, wegen verspäteter Rückkunft des Königs aus den Bergen, erst am 18. August statt.

Nietzsche an Hans von Bülow, 1872.

Wahrscheinlich bin ich wieder zugegen. Auch mein Freund Gersdorff will wieder zur rechten Zeit in München sein. —

Von Hrn. v. Senger[1]) wurde ich in diesen Tagen durch einen Brief erfreut. Haben Sie R. W.'s Sendschreiben über classische Philologie gelesen?[2]) Meine Fachgenossen sind in einer angenehmen Erbitterung. Ein Berliner Pamphlet gegen meine Schrift — unter dem Titel: „Zukunftsphilologie!"[3]) — befleißigt sich, mich zu vernichten, und eine, wie ich höre, bald erscheinende Gegenschrift des Prof. Rohde in Kiel[4]) hat wiederum die Absicht, den Pamphletisten zu vernichten. Ich selbst bin mit der Conception einer neuen, leider wieder „zukunftsphilologischen" Schrift beschäftigt[5]) und wünsche jedem Pamphletisten eine ähnliche Beschäftigung.

---

[1]) der gleichfalls zu den Münchener Tristan-Aufführungen herbeigeeilt und mit Nietzsche durch Bülow bekannt gemacht worden war. (Siehe den nächsten Briefwechsel.)

[2]) S. S. 148, 301, 342 dieses Bandes.

[3]) Ulrich v. Wilamowitz-Möllendorff, Zukunftsphilologie! Eine Erwiderung auf Friedr. Nietzsche's ord. Professors der class. Philologie zu Basel „Geburt der Tragödie". Berlin, Gebr. Bornträger, 1872.

[4]) Erwin Rohde, Afterphilologie. Zur Beleuchtung des von dem Dr. phil. U. v. W.-M. herausgegebenen Pamphlets „Zukunftsphilologie". Sendschreiben eines Philologen an Richard Wagner. Leipzig, E. W. Fritzsch, 1872.

[5]) Gemeint sind die Vorarbeiten zu „Homers Wettkampf" und der daran sich knüpfenden Psychologie des agonalen Triebes bei den Griechen (abgedruckt in der Gesammtausgabe Bd. IX, S. 273—94).

Erläuterungen.

Mitten darin, möchte ich aber wieder die heilende Kraft des Tristan erfahren: dann kehre ich, erneuert und gereinigt, zu den Griechen zurück. Dadurch aber, daß Sie über dies Zaubermittel verfügen, sind Sie mein Arzt: und wenn Sie finden werden, daß Ihr Patient entsetzliche Musik macht, so wissen Sie das pythagoreische Kunstgeheimniß, ihn durch „gute" Musik zu curiren. Damit aber retten Sie ihn der Philologie: während er, ohne gute Musik, sich selbst überlassen, mitunter musikalisch zu stöhnen beginnt, wie die Kater auf den Dächern.

Bleiben Sie, verehrter Herr, von meiner Neigung und Ergebenheit überzeugt!

Friedrich Nietzsche.

Auf diesen Brief, der keine Antwort oder höchstens ein Dankeswort heischte, erwiderte Bülow in einer Weise, daß man an seiner weltmännischen Bildung und seinem Gerechtigkeitssinn hätte irre werden können. Man vergegenwärtige sich die Situation: Nietzsche macht Bülow ein Musikstück zum Geschenk; das Stück ist in jedem Betracht, in Erfindung, Contrasten, Aufbau, Detailtechnik, eine hervorragende symphonische Leistung, von einer Veracität und Größe des Ausdrucks wie sie nur dem dereinstigen Schöpfer des Zarathustra eigen sein konnte (— wir urtheilen nach einer wirklichen Orchesteraufführung des Werkes). Wie aber verhält sich Bülow zu dieser Schenkung? — Ohne um sein Urtheil befragt zu sein, fällt er darüber her gleich einem Beckmesser, und da er sich

Erläuterungen.

in den Kopf gesetzt hat, Nietzsche sei in musikalischen Dingen gewiß nur Empiriker und Dilettant, so sieht er an ihr Fehler, Regelwidrigkeiten, Verstöße (sogar gegen die musikalische Orthographie), von denen — mit Ausnahme einer einzigen, leicht zu beseitigenden Quintenparallele — schlechterdings keine Spur vorhanden ist! Er spricht von „Erinnerungs=schwelgerei an Wagner'sche Klänge", während die Manfred=Meditation ganz und gar Nietzsche's eigene Tonsprache redet! Er ertheilt den höchst bedenklichen Rath, Nietzsche solle Gesangsmusik componiren und auf dem wilden Tonmeere das Wort das Steuer führen lassen! Er giebt zwar zu, in dieser Composition sei „ein ungewöhnlicher, bei aller Verirrung distinguirter Geist zu spüren", meint aber, innerhalb des Reichs der Kunst bedeute sie nicht viel Anderes, als ein Verbrechen im Bereich der Moral.

Dies Alles nimmt sich für Den, der Nietzsche's Composition kennt, äußerst komisch aus. Jedenfalls war der Tag, an dem Bülow sie sich zu Gemüthe führte, ein Tag der Grillen, über die er nicht besser Herr zu werden wußte, als durch die Genugthuung, sich vor einem so erlauchten Geist wie Nietzsche als weit überlegene Autorität zu produziren. Nicht umsonst aber springt ihm beim Schreiben das Wort „pueril" aus seinem Sprachschatz in die Feder, zum Zeichen daß er dunkel fühlte, sein aufnehmendes Ohr sei diesmal nicht das Nietzsche'sche „Ohr der Kalliope" gewesen.

Hier folgt das Aktenstück.

Hans von Bülow an Nietzsche, 1872.

Nr. 5.

Hans von Bülow an Nietzsche.

München, 24. Juli 1872.

Hochgeehrter Herr Professor,

Ihre gütige Mittheilung und Sendung hat mich in eine Verlegenheit gesetzt, deren Unbehaglichkeit ich selten in derartigen Fällen so lebhaft empfunden habe. Ich frage mich, soll ich schweigen, oder eine civilisirte Banalität zur Erwiderung geben — oder — frei mit der Sprache herausrücken? Zu letzterem gehört ein bis zur Verwegenheit gesteigerter Muth: um ihn zu fassen, muß ich vorausschicken, erstlich, daß ich hoffe, Sie seien von der Verehrung, die ich Ihnen als genialschöpferischem Vertreter der Wissenschaft zolle, fest überzeugt — ferner muß ich mich auf zwei Privilegien stützen, zu denen ich begreiflicher Weise höchst ungern recurrire; das eine, überdies trauriger Natur: die zwei oder drei Lustren, die ich mehr zähle als Sie; das andere: meine Profession als Musiker. Als letzterer bin ich gewohnt, gleich Hansemann, bei dem „in Geldsachen die Gemüthlichkeit aufhört", den Grundsatz zu praktiziren: in materia musices hört die Höflichkeit auf.

Doch zur Sache: Ihre Manfred-Meditation ist das Extremste von phantastischer Extravaganz, das Unerquicklichste und Antimusikalischeste, was mir seit

Hans von Bülow an Nietzsche, 1872.

lange von Aufzeichnungen auf Notenpapier zu Gesicht gekommen ist. Mehrmals mußte ich mich fragen: ist das Ganze ein Scherz, haben Sie vielleicht eine Parodie der sogenannten Zukunftsmusik beabsichtigt? Ist es mit Bewußtsein, daß Sie allen Regeln der Tonverbindung, von der höheren Syntax bis zur gewöhnlichen Rechtschreibung ununterbrochen Hohn sprechen? Abgesehen vom psychologischen Interesse — denn in Ihrem musikalischen Fieberprodukte ist ein ungewöhnlicher, bei aller Verirrung distinguirter Geist zu spüren — hat Ihre Meditation vom musikalischen Standpunkte aus nur den Werth eines Verbrechens in der moralischen Welt. Vom apollinischen Elemente habe ich keine Spur entdecken können, und das dionysische anlangend, habe ich, offen gestanden, mehr an den lendemain eines Bacchanals als an dieses selbst denken müssen. Haben Sie wirklich einen leidenschaftlichen Drang, sich in der Tonsprache zu äußern, so ist es unerläßlich, die ersten Elemente dieser Sprache sich anzueignen: eine in Erinnerungsschwelgerei an Wagner'sche Klänge taumelnde Phantasie ist keine Produktionsbasis. Die unerhörtesten Wagner'schen Kühnheiten, abgesehen davon, daß sie im dramatischen, durch das Wort gerechtfertigten Gewebe wurzeln (in rein instrumentalen Sätzen enthält er sich wohlweislich ähnlicher Ungeheuerlichkeiten) sind außerdem stets als sprachlich correkt zu erkennen — und zwar bis auf das kleinste Detail der Notation; wenn die Einsicht eines immerhin gebildeten Musikverständigen wie Herrn Dr. Hanslick hierzu nicht hinreicht, so erhellt

Hans von Bülow an Nietzsche, 1872.

hieraus nur, daß man, um Wagner als Musiker richtig zu würdigen, musicien et demi sein muß. Sollten Sie, hochverehrter Herr Professor, Ihre Aberration in's Componirgebiet wirklich ernst gemeint haben — woran ich noch immer zweifeln muß —, so componiren Sie doch wenigstens nur Vokalmusik und lassen Sie das Wort in dem Nachen, der Sie auf dem wilden Tonmeere herumtreibt, das Steuer führen.

Nochmals — nichts für ungut — Sie haben übrigens selbst Ihre Musik als „entsetzlich" bezeichnet —, sie ist's in der That, entsetzlicher als Sie vermeinen; zwar nicht gemeinschädlich, aber schlimmer als das: schädlich für Sie selbst, der Sie sogar etwaigen Ueberfluß an Muße nicht schlechter todtschlagen können als in ähnlicher Weise Euterpe zu nothzüchtigen.

Ich kann nicht widersprechen, wenn Sie mir sagen, daß ich die äußerste Grenzlinie der civilité puérile überschritten habe: „erblicken Sie in meiner rücksichtslosen Offenheit (Grobheit) ein Zeichen ebenso aufrichtiger Hochachtung", diese Banalität will ich nicht nachhinken lassen. Ich habe nur einfach meiner Empörung über dergleichen musikfeindliche Tonexperimente freien Lauf lassen müssen: vielleicht sollte ich einen Theil derselben gegen mich kehren, insofern ich den Tristan wieder zur Aufführung ermöglicht habe, und somit indirekt schuldig bin, einen so hohen und erleuchteten Geist, wie den Ihrigen, verehrter Herr Professor, in so bedauerliche Klavierkrämpfe gestürzt zu haben.[1]

---

[1] Irrthum! Die Composition war schon im Frühjahr 1872 fertig.

Erläuterungen.

Nun, vielleicht curirt Sie der „Lohengrin" am 30., der übrigens leider nicht unter meiner Direktion, sondern unter der des regelmäßig funktionirenden Hofkapellmeisters Wüllner gegeben wird (einstudirt hatte ich ihn im Jahre 1867), — für Holländer und Tristan sind die Daten noch nicht bestimmt — man spricht vom 3. und 6. August — Andre sagen 5. und 10. August. Etwas Offizielles bin ich außer Stande, Ihnen darüber mitzutheilen, da bis zum Sonntag von Sr. Excellenz ab bis zum letzten Sänger Alle die Ferienzeit auf dem Lande genießen.

Ich bin wiederum in derselben Verlegenheit, wie als ich die Feder in die Hand nahm. Seien Sie mir nicht zu böse, verehrter Herr, und erinnern Sie Sich meiner gütigst nur als des durch Ihr prachtvolles Buch — dem hoffentlich ähnliche Werke bald nachfolgen werden — wahrhaft erbauten und belehrten und deshalb Ihnen in vorzüglichster Hochachtung dankergebensten

H. von Bülow.

In seinem grandiosen Freimuth machte Nietzsche vor seinen Freunden kein Hehl aus diesem Briefe; an Rohde z. B. sandte er ihn am 2. August 1872 mit den Worten: „Ueber meine letzte Composition, die ich zu Pfingsten in Bayreuth Euch vorspielte, habe ich mich endlich wahrhaft belehren lassen; der Brief Bülow's ist für mich unschätzbar in seiner Ehrlichkeit. Lies ihn, lache mich aus und glaube mir, daß ich vor mir selbst in einen solchen Schrecken gerathen bin, um seitdem kein Clavier anrühren zu können." Als aber unter Fachleuten bald auch Stimmen laut wurden, die Bülow Mangel an tieferem Eindringen vorwarfen (— auch Lißt nannte Bülow's Urtheil „sehr desperat"), antwortete Nietzsche in seiner milden und unvoreingenommenen Weise wie folgt.

Nr. 6.

Nietzsche an Hans von Bülow.

Basel, 29. October 1872.

Verehrter Herr,

Nicht wahr, ich habe mir Zeit gelassen, die Mahnungen Ihres Schreibens zu beherzigen und Ihnen für dieselben zu danken? Seien Sie überzeugt, daß ich nie gewagt haben würde, auch nur im Scherze, Sie um die Durchsicht meiner „Musik" zu ersuchen, wenn ich nur eine Ahnung von deren absolutem Unwerthe gehabt hätte! Leider hat mich bis jetzt Niemand aus meiner harmlosen Einbildung aufgerüttelt, aus der Einbildung, eine recht laienhaft groteske, aber für mich höchst „natürliche" Musik machen zu können, — nun erkenne ich erst, wenn auch von ferne, von Ihrem Briefe auf mein Notenpapier zurückblickend, welchen Gefahren der Unnatur ich mich durch dies Gewährenlassen ausgesetzt habe. Dabei glaube ich auch jetzt noch, daß Sie um einen Grad günstiger — um einen geringen Grad natür-

Nietzsche an Hans von Bülow, 1872.

lich) — geurtheilt haben würden, wenn ich Ihnen jene Unmusik in meiner Art, schlecht, doch ausdrucksvoll, vorgespielt hätte: mancherlei ist wahrscheinlich durch technisches Ungeschick so querbeinig auf's Papier gekommen, daß jedes Anstands- und Reinlichkeitsgefühl eines wahren Musikers dadurch beleidigt sein muß.

Denken Sie, daß ich bis jetzt, seit meiner frühsten Jugend, somit in der tollsten Illusion gelebt und **sehr viel Freude** an meiner Musik gehabt habe! Sie sehen, wie es mit der „Erleuchtung meines Verstandes" steht, von dem Sie eine so gute Meinung zu haben scheinen. Ein Problem blieb es mir immer, woher diese Freude stamme? Sie hatte so etwas Irrationelles an sich, ich konnte in dieser Beziehung weder rechts noch links sehen, die Freude blieb. Gerade bei dieser Manfred-Musik hatte ich eine so grimmig, ja höhnisch pathetische Empfindung, es war ein Vergnügen, wie bei einer teuflischen Ironie! Meine andere „Musik" ist, was Sie mir glauben müssen, menschlicher, sanfter und auch reinlicher.

Selbst der Titel war ironisch — denn ich vermag mir bei dem Byron'schen Manfred, den ich als Knabe fast als Lieblingsgedicht anstaunte, kaum mehr etwas Anderes zu denken, als daß es ein tollformloses und monotones Unding sei. — Nun aber schweige ich davon und weiß, daß ich, seit ich das Bessere durch Sie weiß, thun werde was sich geziemt. Sie haben mir **sehr geholfen** — es ist ein Geständniß, das ich immer noch mit einigem Schmerze mache. —

Erläuterungen.

Macht Ihnen vielleicht die mitfolgende Schrift des Prof. Rohde[1]) einiges Vergnügen? Der Begriff der „Wagner'schen Philologen" ist doch neu — Sie sehen, es sind ihrer nun schon zwei.

Gedenken Sie meiner, verehrtester Herr, freundlich und vergessen Sie, zu meinen Gunsten, die musikalische und menschliche Qual, die ich Ihnen durch meine unbesonnene Zusendung bereitet habe, während ich Ihren Brief und Ihre Rathschläge gewiß nie vergessen werde. Ich sage, wie die Kinder sagen, wenn sie etwas Dummes gemacht haben, „ich will's gewiß nicht wieder thun" und verharre in der Ihnen bekannten Neigung und Hochschätzung als

Ihr stets ergebener

Friedrich Nietzsche.

Wie fern es Nietzsche lag, Bülow etwas nachzutragen, beweist außer vorstehendem Brief das Verhalten Nietzsche's in folgender Angelegenheit. Der „Allgemeine Deutsche Musikverein" wollte Anfang 1873 ein Preisausschreiben für eine Schrift über Wagner's Nibelungen-Dichtung erlassen; mit der Erledigung der nöthigen Schritte betraute man Prof. Carl Riedel, den Gründer und Leiter des Riedel'schen Vereins in Leipzig, dem einst als Student auch Nietzsche angehört hatte. Riedel wandte sich alsbald an Nietzsche mit der Bitte, das Amt eines Richters zu übernehmen, desgleichen zwei weitere vorzuschlagen.

---

[1]) Sendschreiben an Rich. Wagner (s. S. 346, Anm. 4).

Erläuterungen.

Da antwortete Nietzsche: „Mit dem dritten Preisrichter wollen wir doch ja recht streng und vorsichtig sein! Wollen Sie meinerseits einen Vorschlag gütigst anhören, so würde ich Herrn Hans von Bülow nennen, von dessen unbedingt gültigem Urtheil, von dessen kritischer Strenge ich die allergünstigste Meinung und Erfahrung habe. Es kommt sehr darauf an, daß wir einen recht klingenden, ebenso anspornenden als abschreckenden Namen finden — und das ist der Name Bülow's. Sind wir darin Einer Ansicht?" (Biogr. II, 211.) Auf die Wahl Bülow's wurde nur deshalb verzichtet, weil das Preisausschreiben kein musikalisches, sondern ein rein litterarisches war (Br. I³, 235).

Und hier, nach einem Rückblick auf die letzten zwölf Seiten, fallen uns jene Schelme ein, die sich den Uebergang Nietzsche's von seiner früheren zu seiner späteren Bewerthung Wagner's nicht anders zu erklären wußten, als aus einer angeblichen Verstimmung Nietzsche's über die Beurtheilung eines seiner Musikstücke durch Wagner! — Was aber Nietzsche, und zwar ungerechtfertigterweise, von Bülow als baare Wahrheit annahm, das würde er von Wagner (der gegen ihn in solchen Dingen viel herzlicher und spaßhafter gewesen wäre, als Bülow) erst recht als Wahrheit angenommen haben. Für die Kenner Nietzsche's bedarf es natürlich keines Hinweises, daß seine spätere Schätzung Wagner's ganz und gar nur aus einer vertieften völkerbiologischen Einsicht stammt, die der Wagner'schen Seele um gewisser Ingredienzien willen einen anderen Rang zuerkennen muß, als die umgebende Welt, welcher Nietzsche's menschheitliche Ziele noch fremd sind.

Von Bülow's Dankschreiben für die jeweilige Uebersendung der „Unzeitgemäßen Betrachtungen" sind nur noch zwei vorhanden: die für „David Strauß" und für „Schopenhauer als Erzieher".

Nr. 7.
Hans von Bülow an Nietzsche.
Baden-Baden, 29. August 1873.

Verehrtester Herr Professor,

genehmigen Sie meine verbindlichste Danksagung für die Fortdauer freundschaftlicher Gesinnung für mich, als deren werthvolles Zeichen ich gestern ihre treffliche Philippica gegen den Philister David empfangen und mit wahrem Gaudium durch- und zu Ende gelesen habe. (Heute ist das Buch in den Händen des Herrn Dr. Ludwig Nohl, der mich darum ersucht.)

Ihre Schilderung des Bildungsphilisters, des Mäcens der Kultur ohne Stil, ist eine echte Mannes-Wort-That, würdig des Autors der „Geburt der Tragödie". Écr.... l'int...... müßte ein heutiger Voltaire schreiben.[1] Die ästhetische Inter-

---

[1] Welches Wort unter l'int..... gemeint ist, vermögen wir nicht festzustellen. Im Abdruck der Breitkopf und Härtel'schen Ausgabe von Bülow's Briefen Bd. IV, 558 sind

nationale ist für unser Einen ein weit odioserer Gegner, als die der schwarzen oder rothen Banditen.

Würden Sie mir eine bescheidene Anfrage verzeihen? Warum haben Sie es vorgezogen, satyrspielend am „Schriftsteller" ein Wilhelm Drach II. zu werden (aus Philologen = Standesbewußtsein?), statt auf dem Kothurn zu bleiben, der Ihnen wie Wenigen steht, und den moralischen Uebelthäter vor's Gericht zu ziehen? Thesis einfach diese: es ist ja gerade genug und übergenug Gift und Galle in dieser Welt. Nun muß noch so ein — im Grunde urconservativer — Bourgeois kommen und in thörichtem Widerspruche gegen die Interessen seiner Kaste Fühlen und Denken der ein für alle Male vom ästhetischen Paradiesflaniren ausgeschlossenen Menschen vergiften helfen!

Pardon — ich hätte gerade von Ihnen gern diese Saite berührt gesehen.

Sehr gespannt auf Nr. 2 der Jetztzeitungemäßheit, hoffend Sie im Laufe Oktobers in der Schweiz persönlich wieder zu begrüßen, unter Erneuerung meines lebhaftesten Dankes Ihr in vorzüglichster Hochachtung ergebenster

Hans v. Bülow.

nach l'int elf Punkte gesetzt, sodaß man (gemäß dem darauffolgenden Satz) auf l'internationale räth. Im handschriftlichen Original stehen aber nur sechs Punkte. Bei Bülow's sonstiger Genauigkeit in solchen Dingen bliebe diese ungenügende Punktauszählung immerhin auffällig.

Nr. 8.

Hans von Bülow an Nietzsche.

London, 1. November 1874.
27 Duke Street, Manchester Square W.

Hochgeehrter Herr Professor,
Bei meiner Rückkehr aus meinem ersten hiesigen Concerte — das beigeschlossene Programm[1]) zeige Ihnen, daß die Vorbereitung auf die Ueberraschung durch Ihr Geschenk eine ganz „entsprechende" war — hatte ich die Freude, Ihr neues Buch,[2]) über den Umweg Florenz mir von Prof. Hillebrand freundlichst nachgesandt, in Empfang zu nehmen. Genehmigen Sie meinen herzlichsten Dank für Ihr liebenswürdiges Erinnern an meine alte Bewunderung für den Verfasser der „Wiedergeburt der Tragödie" und die Versicherung, daß ich Ihre mir sehr „subjektgemäße" Abhandlung über Schopenhauer mit der ihr gebührenden Andacht zu Ende lesen werde, wie ich schon gestern Abend bis zu § 5 zu lesen begonnen habe. Möchte ich in der Frische dieser Ihrer neuen Produktion eine Widerlegung des mir unlängst mitgetheilten Gerüchtes störender körperlicher Leiden des Autors erblicken dürfen! Die „matrigna" Natur — Leopardi'scher Taufe — ist denn doch nicht alle

---

[1]) Nicht mehr vorhanden.
[2]) Die III. Unzeitgemäße Betrachtung.

Hans von Bülow an Nietzsche, 1874.

Tage blind, und sie verleiht Denen, die das Amt des höheren Erziehers zu verwalten haben, Zähigkeit und Festigkeit. Möchte es Ihnen gleich mir ergangen sein, der, vergangenen Sommer zum völligen „Ausspannen" gezwungen, nach drei Monaten eines jammervollen Marasmus, mit Hülfe einer gemäßigten Hydrotherapie sich zu eigner Verwunderung wieder in den thätigen Besitz aller zum struggle for life nöthigen Werkzeuge eingesetzt gefunden hat.

„Oeffentliche Meinungen — private Faulheiten" — brillant![1] Das ist wieder ein geflügeltes Wort gleich dem „Bildungsphilister", selbst in dessen eigenen Kreisen der ausgedehntesten Popularität sicher. Bismarck müßte es einmal im Parlamente citiren!

Erlauben Sie mir die Mittheilung eines häufig gehegten Lieblingsgedankens, der sich nach und nach von der hierzu als unberufen erkannten eigenen Person[2] auf Sie, den Erwählten, zu dessen Vermittlung gerichtet hat?

Schopenhauer's großer romanischer Bruder Leopardi harrt noch immer vergeblich seiner Einführung bei unserer Nation. Seine Prosa ist uns wichtiger als seine Poesie, die, wie Sie wissen, durch Gustav Brandes 69, und ich glaube vor Kurzem durch einen

---

[1] Diese concise Fassung eines Nebengedankens in „Schopenhauer als Erzieher" (Ges.-Ausg. Bd. I, 388f.) gefiel Nietzsche so sehr, daß er, um Bülow zu huldigen, sie in „Menschliches, Allzumenschliches" (Bd. II, Sentenz 482) aufnahm.

[2] Siehe vorn Seite 337 oben.

Anderen (Lobedanz?) verdeutscht worden ist.¹) Mit einer Uebersetzung aber im landläufigen Sinne ist's nicht gethan: es bedarf eines Nach- und Mit-Denkers.

Werden Sie doch dieser "Schlegel"! Auch in — Pardon! — in äußerer, materieller Hinsicht wird die von Ihnen darauf verwendete Zeit keine verlorene sein. Eine deutsche Uebersetzung der Dialoghi und der Pensieri wird gekauft werden wie "warme Wecken".

NB. Haben Sie ihn? Ich könnte Ihnen von München aus mein Exemplar (die beste neueste Livorneser Ausgabe) sofort zusenden lassen.

Ich denke, Sie werden mir zustimmen, wenn ich meine, diesen Sonntag besser mit Fortsetzung der Lectüre Ihres Buches, als mit der dieser Schwärzung weißen Papiers zu verbringen. Auch möchte ich es morgen Ihrem Verehrer Dannreuther²) bei unserer Zusammenkunft leihen — später es auch Herrn Franz Hueffer³) mittheilen, welcher "Welt und

---

¹) Lobedanz hat nichts Italienisches übersetzt. Bülow scheint Robert Hamerling zu meinen, obwohl dessen Verdeutschung nicht nach, sondern drei Jahre vor der Brandes'schen erschienen war. Von den Paul Heyse'schen Leopardi-Uebersetzungen war damals nur erst Weniges in Zeitschriften veröffentlicht.

²) Edward Dannreuther aus Straßburg, seit 1863 in London lebend, erwarb sich große Verdienste um die Einbürgerung Wagner's in England. 1872 hatte er die Londoner Wagner Society gegründet, deren Concerte er leitete.

³) Dr. Franz Hueffer, ein Leipziger Studiengenosse Nietzsche's (Biogr. I, 235f.), schrieb damals für deutsche Zeitungen auch Berichte über das Londoner Musikleben.

Wille" jetzt eifrigst in's Englische zu übersetzen beflissen ist.

Mit bestem Danke und Gruße in vorzüglichster Hochachtung Ihr ganz ergebener

H. v. Bülow.

Nr. 9.

Nietzsche an Hans von Bülow.

[Raumburg] 2. Januar 1875.

Hochverehrter Herr,

ich habe mich durch Ihren Brief viel zu erfreut und geehrt gefühlt, um mir nicht den Vorschlag, welchen Sie mir in Betreff Leopardi's machen, zehnfach zu überlegen. Ich kenne dessen prosaische Schriften freilich nur zum kleinsten Theile; einer meiner Freunde, der mit mir in Basel zusammen wohnt, hat öfters einzelne Stücke daraus übersetzt und las sie mir vor, jedesmal zu meiner großen Ueberraschung und Bewunderung. Wir besitzen die neueste Livorneser Ausgabe! (Soeben ist übrigens ein französisches Werk über Leopardi erschienen, Paris bei Didier, der Name des Autors ist mir entfallen — Boulé?[1])) Die Gedichte kenne ich nach einer Uebersetzung Hamerling's. Ich selber nämlich

---

[1]) Bouché-Leclercq, „Giacomo Leopardi, sa vie et ses œuvres". (Paris 1874.)

verstehe gar zu wenig Italienisch und bin überhaupt, obschon Philologe, doch leider gar kein Sprachenmensch (die deutsche Sprache wird mir sauer genug).

Aber das Schlimmste ist: ich habe gar keine Zeit. Die nächsten fünf Jahre habe ich festgesetzt, um in ihnen die übrigen zehn Unzeitgemäßen auszuarbeiten und um damit die Seele von all dem polemisch= leidenschaftlichen Wuste möglichst zu säubern. In Wahrheit aber begreife ich kaum, wo ich dazu die Zeit finden soll; denn ich bin nicht nur akademischer Lehrer, sondern gebe auch griechischen Unterricht am Baseler Pädagogium. Meine bisherigen schriftartigen Erzeugnisse (ich möchte nicht „Bücher" und auch nicht „Broschüren" sagen) habe ich in spärlichen Ferien und in Krankheitszeiten mir beinahe abge= listet, die Straußiade mußte ich sogar dictiren, weil ich damals weder lesen noch schreiben konnte. Da es aber mit meiner Leiblichkeit jetzt sehr gut steht, keine Krankheit in Sicht ist und die täglichen Kalt= wasserbäder mir keine Wahrscheinlichkeit geben, daß ich je wieder krank werde, so steht es mit meiner schriftstellerischen Zukunft fast hoffnungslos — es sei, daß sich mein Tichten und Trachten nach einem Landgute irgendwann einmal erfüllte.

Auf eine solche schüchterne Möglichkeit werden Sie sich, verehrter Herr, natürlich nicht einlassen; weshalb ich Sie bitten muß, von mir bei diesem Plane abzusehen. Daß Sie aber überhaupt dabei an mich gedacht haben, ist eine Form der Sympathie, über die ich mich nicht genug freuen kann, selbst wenn ich erkennen sollte, daß es für jenes Ver=

Nietzsche an Hans von Bülow, 1882.

mittleramt zwischen Italien und Deutschland würdigere und geeignetere Persönlichkeiten giebt.

Ich verharre in steter Hochschätzung

Ihr ergebenster

Friedrich Nietzsche.

Ob Bülow auf die Zusendung von „Menschliches, Allzumenschliches" geantwortet hat, ist nicht mehr festzustellen. Wie er über dies Buch dachte, erfahren wir aber aus einem Brief vom 22. Mai 1878 an Frau Laussot, die spätere Gattin des Professors Karl Hillebrand in Florenz: „À propos, das Buch von Nietzsche ist doch gut, stellenweise sogar sehr gut. Möge mein neuliches voreiliges Urtheil Dich von der Bekanntschaft damit nicht abschrecken." (B.'s Briefe V, 504.)

Auf den folgenden Brief liegt gleichfalls keine Bülow'sche Antwort vor.

Nr. 10.

Nietzsche an Hans von Bülow.

[Santa Margherita bei Genua, Dez. 1882.]

Hochverehrter Herr,

durch irgend einen guten Zufall erfahre ich, daß Sie mir — trotz meiner entfremdenden Einsamkeit, zu der ich seit 1876 genöthigt bin — nicht fremd

Nietzsche an Hans von Bülow, 1882.

geworden sind: ich empfinde eine Freude dabei, die ich schwer beschreiben kann. Es kommt zu mir wie ein Geschenk und wiederum wie Etwas, auf das ich gewartet, an das ich geglaubt habe. Es schien mir immer, sobald Ihr Name mir einfiel, daß es mir wohler und zuversichtlicher um's Herz werde; und wenn ich zufällig etwas von Ihnen hörte, meinte ich gleich, es zu verstehen und gutheißen zu müssen. Ich glaube, ich habe wenige Menschen so gleichmäßig in meinem Leben gelobt wie Sie — Verzeihung! Was habe ich für ein Recht, Sie zu „loben"! — —

Inzwischen lebte ich Jahre lang dem Tode etwas zu nahe und, was schlimmer ist, dem Schmerze. Meine Natur ist gemacht, sich lange quälen zu lassen und wie mit langsamem Feuer verbrannt zu werden; ich verstehe mich nicht einmal auf die Klugheit, „den Verstand dabei zu verlieren". Ich sage nichts von der Gefährlichkeit meiner Affekte, aber das muß ich sagen: die veränderte Art zu denken und zu empfinden, welche ich seit sechs Jahren auch schriftlich zum Ausdruck brachte, hat mich im Dasein erhalten und mich beinahe gesund gemacht. Was geht es mich an, wenn meine Freunde behaupten, diese meine jetzige „Freigeisterei" sei ein excentrischer, mit den Zähnen festgehaltner Entschluß und meiner eigenen Neigung abgerungen und angezwungen? Gut, es mag eine „zweite Natur" sein: aber ich will schon noch beweisen, daß ich mit dieser zweiten Natur erst in den eigentlichen Besitz meiner ersten Natur getreten bin. —

So denke ich von mir: im Uebrigen denkt fast

Erläuterungen.

alle Welt recht schlecht von mir. Meine Reise nach Deutschland in diesem Sommer — eine Unterbrechung der tiefsten Einsamkeit — hat mich belehrt und erschreckt. Ich fand die ganze liebe deutsche Bestie gegen mich anspringend, — ich bin ihr nämlich durchaus nicht mehr „moralisch genug".

Genug, ich bin wieder Einsiedler und mehr als je; und denke mir — folglich — etwas Neues aus. Es scheint mir, daß allein der Zustand der Schwangerschaft uns immer wieder an's Leben anbindet. —

Also: ich bin, der ich war, Jemand der Sie von Herzen verehrt,

Ihr ergebener

Dr. Friedrich Nietzsche.

(Santa Margherita Ligure [Italia] poste rest.)

———

Im Oktober 1887 erschien die Partitur des „Hymnus an das Leben" für gemischten Chor und Orchester componirt von Friedrich Nietzsche. Leipzig, E. W. Fritzsch (jetzt C. F. W. Siegel). Seine Zusendung an Bülow begleitete Nietzsche mit folgenden Zeilen, auf welche in Bülow's Auftrag dessen Gattin antwortete.

Nr. 11.

Nietzsche an Hans von Bülow.

[Venedig, 22. Oktober 1887.]

Verehrter Herr,

es gab eine Zeit, wo Sie über ein Stück Musik von mir das allerberechtigtste Todesurtheil gefällt haben, das in rebus musicis et musicantibus möglich ist. Und nun wage ich es trotz alledem, Ihnen noch einmal Etwas zu übersenden, — einen Hymnus auf das Leben, von dem ich um so mehr wünsche, daß er leben bleibt. Er soll einmal, in irgend welcher nahen oder fernen Zukunft, zu meinem Gedächtnisse gesungen werden, zum Gedächtnisse eines Philosophen, der keine Gegenwart gehabt hat und eigentlich nicht einmal hat haben wollen. Verdient er das? . . .

Zu alledem wäre es möglich, daß ich in den letzten zehn Jahren auch als Musiker Etwas gelernt hätte.

Ihnen, verehrtester Herr, in alter unveränderlicher Gesinnung zugethan

Dr. Fr. Nietzsche.

Adresse: Nizza (France), Pension de Genève.

Nr. 12.

Marie v. Bülow, geb. Schanzer, an Nietzsche.

Hamburg, 26. Okt. 1887.
Alsterglacis 10.

Hochgeehrter Herr!

Mein Mann ist im Laufe dieser Wochen so erdrückt von Arbeit, daß er nicht im Stande ist, Ihre werthen Zeilen selbst zu beantworten, geschweige das von Ihnen gütigst gesendete Musikstück zu lesen. Da ich zu Ihren Bewunderern zähle, hochgeehrter Herr, natürlich „so weit dies meine geistigen Mittel erlauben", nehme ich mir die Freiheit, Bülow mit diesen Zeilen zu vertreten, Ihnen sein Bedauern übermittelnd, im Augenblick keine bessere Antwort geben zu können.

Mit dem Ausdruck der größten Hochachtung von uns Beiden

Ihre ergebene
Marie v. Bülow.

Einen letzten (nicht mehr vorhandenen) Brief an Bülow schrieb Nietzsche Anfang September 1888 von Sils-Maria aus. Da Bülow in Hamburg die Oper dirigirte, glaubte Nietzsche die Gelegenheit wahrnehmen und ihm das Bühnenwerk eines noch unbekannten Komponisten zur Aufführung empfehlen zu dürfen (Br. I², 530). Auf dieses Anerbieten schwieg aber Bülow.

VIII.
Briefwechsel
zwischen
Fr. Nietzsche und Hugo v. Senger

herausgegeben und erläutert

von

Peter Gast.

Nietzsche lernte Hugo v. Senger gelegentlich der Tristan-Aufführungen vom 28. und 30. Juni 1872 in München kennen. München war damals die einzige Stadt Deutschlands, in welcher Tristan und Isolde, und zwar auch dort selten genug zu hören war: denn nach der von Bülow dirigirten Uraufführung vom 11. Mai 1865 (privatim vor dem König) und den Wiederholungen im Juni, Juli desselben Jahres, ruhte das Werk bis zu den Aufführungen vom 20. und 22. Juni 1869; dann folgte abermals eine dreijährige Pause. Als daher die wiederum von Bülow zu dirigirenden Juni-Aufführungen vom Jahre 1872 in Sicht kamen, ergriff Nietzsche begeistert die Gelegenheit, das ihm längst vertraute Werk zu hören, und zwar in Gemeinschaft mit Freiherrn v. Gersdorff und Fräulein Malwida v. Meysenbug. Unter den vielen Besuchern von auswärts war auch der Generaldirektor des Genfer Orchesters Hugo v. Senger. Bülow, der ihn von früher her kannte, stellte ihn Nietzsche vor, dem sich v. Senger alsbald als inniger Verehrer der „Geburt der Tragödie" offenbarte und dem er u. A. berichten konnte, daß eine seiner

Nietzsche an Hugo v. Senger, 1872.

Freundinnen, Gräfin Diodati in Genf, eifrig damit beschäftigt sei, das Buch in's Französische zu übersetzen. Da sich v. Senger überdies als verdienstvoller Vorkämpfer für die neudeutsche Musik inmitten einer halbfranzösischen Bevölkerung erwies und der freie Zug seines Denkens und Wesens Nietzsche gefiel, so waren sie gar bald Freunde.

Von den zwischen Beiden gewechselten Briefen sind nur noch fünf vorhanden. Gleich der erste Brief v. Senger's fehlt, und so ist es uns nicht möglich zu sagen, welche Bewandtniß es mit dem Sternbild habe, auf welches Nietzsche als auf ein von Senger gebrauchtes Symbol ihrer Freundschaft zurückkommt.

Nr. 1.

Nietzsche an Hugo v. Senger.

Basel, 25. Juli 1872.

Verehrter Freund,

Von Herzen danke ich Ihnen; ich hoffe wie Sie, daß unsere, unter dem Zeichen des Tristan erfolgte Annäherung etwas von dem Charakter jenes Sternbildes an sich tragen möge: nämlich Ernst, Tiefe, Dauer und Glück!

Heute übersende ich Ihnen eine Anzeige meiner Schrift von Erwin Rohde (an der Universität Kiel). Sie ist mir überraschend werthvoll, weil sie klingt

Nietzsche an Hugo v. Senger, 1872.

wie eine freie und schöne Variation zu meinem Thema — und nicht wie eine Recension!¹)

Ich lege ein zweites Exemplar bei und würde mich sehr geehrt fühlen, wenn Sie mit demselben an Mad. Diodati meine angelegentliche Empfehlung machen wollten.

Denken Sie daß ich nächsten Dienstag wieder nach München reise,²) zunächst um bei dem Jubiläum der Universität als einer der Vertreter von Basel zugegen zu sein — sodann um **Lohengrin, Holländer** und **Tristan** zu hören. Sie wissen, daß ich Tristan zwei Mal hörte, — aber die beiden anderen Werke **nie**! Nie! Ist es glaublich! Und ich habe bis jetzt in Europa gelebt!

Haben Sie gute Nachrichten von H. v. Bülow? Die Zeitungen erzählen so Schönes und Hoffnungsvolles, daß ich, vorläufig, mich beschränke zu hoffen, aber nicht zu glauben!³)

---

¹) Rohde's Besprechung der Geburt der Tragödie war in der Norddeutschen Allgemeinen Zeitung vom 26. Mai 1872 erschienen, leider eine Woche später, als Rohde gewollt hatte (Br. II, 316): „denn ihr wesentlicher Zweck war der, für das Bayreuther Fest (die Grundsteinlegung am 22. Mai 1872) ein Freundschaftszeichen zu sein." — Die Besprechung ist wiedergedruckt in Rohde's Kl. Schr. II, 340 ff.

²) Ähnlich schrieb Nietzsche an Freiherrn von Gersdorff (Br. I³, 217). Die Reise unterblieb aber aus dem S. 344 angegebenen Grunde. (Den Lohengrin lernte Nietzsche, in wirklicher Bühnenaufführung, erst am 26. Dezember 1872 in Weimar kennen.)

³) Bülow, der damals, wie wir S. 341 sahen, nur vorübergehend, nur als Wagner-Dirigent auf Wunsch Ludwigs II. nach München gekommen war, wurde von der bayrischen Presse

Ich grüße Sie von Herzen. Vielleicht daß ich bald einmal wieder etwas von Ihnen höre? Oder daß ich Sie sehe? — Zuletzt sind wir Beide in der Schweiz; ist es nöthig, erst nach München zu gehen, um sich im Café Maximilian zu begegnen?

Ihr freundschaftlich
ergebener
Friedrich Nietzsche.

Den folgenden Brief hatte v. Senger einem Packete beigeschlossen, mit dem er die neue Auflage von Heinrich Kiepert's großem „Atlas von Hellas und den hellenischen Kolonien" (Berlin 1872) in prachtvollem Einband Nietzsche zum Geschenk machte.

Nr. 2.

Hugo v. Senger an Nietzsche.

Genf, 18. Sept. 1872.

Hochverehrter Herr und Freund,

Sie werden mir nicht zürnen, wenn ich beifolgend ein kleines Zeichen sende: ein Bild der Urheimat unserer Seelen — Hellas.

Nehmen Sie das von Herzen Gebotene mit dem Herzen auf! und sei es ein Pfand des Verständnisses, das ich für Ihr Wesen habe. —

---
jener Tage als' Nachfolger des Generalintendanten v. Perfall bezeichnet (Br. I³, 216). Das Gerücht bewahrheitete sich nicht.

Nietzsche an Hugo v. Senger, 1872.

Zufällig, übrigens, schreibe ich diese Zeilen bei Frau Diodati, welche Sie innig grüßen läßt. Wir arbeiten zusammen streng an der Uebersetzung Ihres Buches, — und halbwegs sind wir schon fertig damit. Sobald das Ganze, provisorisch, abgeschlossen sein wird, sollen Sie ein Manuscript davon, zu Urtheil, resp. Correcturvorschlägen, bekommen.

— Nun sei Gott über Ihnen, theurer Freund, und genehmigen Sie das Tiefinnigste von mir zu Ihnen!

Ihr

Hugo v. Senger.

(Plateau de Champel 4.)

Nr. 3.

Nietzsche an Hugo v. Senger.

Basel, am 23. Sept. 1872.

Mein verehrter Freund,

Welche Ueberraschungen haben Sie Sich ausgedacht! Wahrhaft typische Ueberraschungen! das Nie-Erwartete so plötzlich heranbringend, daß ich selbst noch zweifelte, als ich den ausgezeichneten und für mich höchst nützlichen Atlas, sammt Ihren liebevollen Begleit-Zeilen, in den Händen hielt! Um Ihnen aber zu zeigen, daß ich recht von Herzen den Sinn Ihres Geschenkes erfasse, erzähle ich Ihnen etwas.

Denken Sie, daß mir in den letzten Jahren die Hoffnung auf eine griechische Reise mehrmals ver-

Nietzsche an Hugo v. Senger, 1872.

lockend nahe getreten ist. Noch in diesem Frühjahr wurde ich von einem Professor der Universität Freiburg im Breisgau recht dringend zu einer solchen Fahrt in das Land der Sehnsucht eingeladen. Der Einladende war der Sohn von Felix Mendelssohn-Bartholdy.[1]) Ich will Ihnen nun erklären, daß dasselbe Buch, das mir Ihre Neigung erworben hat, mich damals zwang, ein solches Anerbieten auszuschlagen. Denn seit jenem Buche ist es mir unmöglich geworden, Das, was wir unser Hellas nennen, und Mendelssohn'sche Antigone-Erinnerungen neben einander zu ertragen: während ich gerade darin den tiefen Sinn Ihres Geschenkes verstehe, daß jetzt jenes Hellas unser Hellas geworden ist, zu dem uns in unserer Musik ein wahrhaft göttlicher Führer gegeben wurde. Nehmen Sie also, mein verehrter Freund, Dank und Glückwunsch dafür, daß Sie einen so schönen Gedanken gedacht und ausgedrückt haben, der mir mehr als Alles Bürge dafür ist, wie tief und wie von Innen heraus Sie an meinen Bestrebungen Antheil nehmen.

Was Sie mir von der rüstig fortschreitenden Uebersetzung sagen, hat für mich etwas Rührendes. Mir zu denken, daß ein mit so zweifelhaften Hoffnungen ausgestreutes Wort in der Ferne Wurzel faßt und durch die Liebe ausgezeichneter Menschen gehegt und zur Blüthe gebracht wird — das ist für mich so neu und so beglückend! Sagen Sie dies auch Frau Diodati und geben Sie mir Nachricht,

---
[1]) Vgl. Brief an Frhrn. v. Gersdorff vom 4. Februar 1872 (Br. I³, 206).

ob ich durch irgend etwas der verehrten Frau meine Ergebenheit und Dienstbarkeit auszudrücken vermag. Seien Sie überzeugt von der herzlichen Liebe
Ihres
Friedrich Nietzsche.

Der Brief v. Senger's, auf den die folgende Antwort Nietzsche's Bezug nimmt, ist verloren gegangen. Doch läßt sich sein Inhalt nach einigen Angaben reconstruiren, die Nietzsche am 21. November 1872 an Rohde schrieb. Demnach lautete v. Senger's Anliegen dahin, Nietzsche möchte für ihn einen Operntext nach Flaubert's „Salambô" dichten, desgleichen einen Cantatentext für altkatholische Reformzwecke!! —

Nr. 4.
Nietzsche an Hugo v. Senger.
[Basel, Mitte November 1872.]

Ihr großes Vertrauen zu mir, werthester Freund, spricht sich in Ihrem Schreiben so offen aus, daß ich heute, mit gleicher Offenheit, Ihnen zu entgegnen genöthigt bin erstens: daß ich Philologe und etwas, wenn Sie wollen, Philosoph bin, dazu hart bestrittener (doch wie Sie aus beifolgender Schrift[1]) ersehen, gut vertheidigter) Philolog. Zweitens, daß ich weder Musiker noch Dichter bin und somit auch bedauerlicherweise Ihnen in diesem Falle weder zu

[1]) Rohde's „Afterphilologie" (s. S. 346, Anm. 4).

Nietzsche an Hugo v. Senger, 1872.

rathen noch sonst zu nützen im Stande bin. Dazu habe ich, wenn Sie gütigst erlauben, in meiner Eigenschaft als Philosoph, der die gegenwärtige Musikentwicklung im Zusammenhang mit einer zu erstrebenden Cultur betrachtet — einige eigne Gedanken über das gegenwärtige Componiren im großen dramatischen Musikstile. Ich weiß recht wohl, daß in den musikalischen Fachzeitschriften die Bedeutung Wagner's gerade dorthin verlegt wird, daß er die alten Formen Sonate, Symphonie, Quartett u. s. w. zertrümmert habe, ja daß **überhaupt** das Ende der reinen Instrumentalmusik mit ihm gekommen sei. Wenn nun daraus gefolgert wird, daß der Componist jetzt nothwendigerweise zur theatralischen Musik übergehen müsse, so bin ich immer sehr besorgt und vermuthe dabei eine Verwechslung. Jeder hat in der Art zu sprechen, die ihm geziemt: und wenn der Titan mit Donner und Erdbeben redet, so hat der Sterblichgeborne doch gewiß noch nicht das Recht, diese Sprachform nachzumachen, noch weniger die Pflicht! Wenn die höhere Kunstform erfunden ist, so sind, nach meiner Empfindung, die kleineren erst recht nöthig, bis zur kleinsten hinab, damit schon die Künstler nach ihrer verschiedenen Art sich aussprechen können ohne fortwährend überdonnert zu werden. Die reinste Verehrung für Wagner zeigt sich gewiß darin, daß man als schaffender Künstler ihm in seinem Bereiche ausweicht und in **seinem** Geiste, ich meine mit der unnachsichtlichen Strenge gegen sich selbst, mit der Energie, in jedem Augenblick das Höchste zu geben was man vermag, eine andre,

Nietzsche an Hugo v. Senger, 1873.

kleinere, ja die kleinste Form belebt und beseelt. Ich freue mich deshalb, daß Sie den Muth haben, die neuerdings so scheel angesehene Cantatenform ernst zu nehmen; und wenn Sie z. B. bei diesem Ernstnehmen im Wagner'schen Sinne eine bessere Musik zu der Goethe'schen Walpurgisnacht zu machen vermöchten als Mendelssohn, so wäre das etwas Ordentliches und eines tüchtigen Wettkämpfers würdig; zudem würde Ihnen Niemand einen schöneren und — wie soll ich sagen? — mehr reformatorischen Text bieten können.

Ich bitte Sie, lieber Freund, mit dieser Auslassung heute fürlieb zu nehmen und dieselbe so günstig und wohlwollend wie möglich zu deuten.

In Treue

Ihr Fr. Nietzsche.

Der dem folgenden Brief vorausgehende Dank v. Senger's für die I. Unzeitgemäße Betrachtung fehlt gleichfalls.

Nr. 5.

Nietzsche an Hugo v. Senger.

Basel, 20. Nov. 1873.

Lieber und werther Freund,

Seien Sie nur ja nicht böse; alle meine Freunde hätten zwar seit Ostern allen Grund es zu sein,

Erläuterungen.

denn ich schreibe ihnen nicht — aber nur weil ich Ihnen nicht schreiben **darf** — denn ich leide an den **Augen**.

Die Schrift, die Ihnen so gut gefallen hat, wurde **diktirt**; so mußte ich mich durchhelfen. Doch geht es immer besser. Vielleicht haben Sie in nicht zu langer Zeit die zweite Nummer meiner Zeitungemäßheit zu erwarten. Ich freue mich von Herzen, daß muthige und künstlerische Menschen sich an solchen Schriften erfreuen.

Und damit verstumme ich schon wieder, mit der herzlichen Erklärung, daß ich Ihnen auch in der schweigenden Periode nicht fremder geworden bin.

Seien Sie recht treulich gegrüßt von Ihrem
Friedrich Nietzsche.

Von weiteren Theilen dieser Correspondenz ist, wie gesagt, keine Spur mehr vorhanden. Seinen Höhepunkt scheint das Verhältniß zwischen Nietzsche und v. Senger in den Tagen vom 6. bis 12. April 1876 erreicht zu haben, in denen Nietzsche in Genf weilte und täglich den Umgang v. Senger's, seiner Familie und seines ausgebreiteten Bekanntenkreises genoß. Eine Vorstellung davon giebt der Brief vom 15. April 1876 an Freiherrn v. Gersdorff (Br. I³, 373). — Später ist das Freundschaftsverhältniß durch ein unbekanntes Vorkommniß vollständig zerstört worden.

IX.

Briefwechsel

zwischen

Friedrich Nietzsche und Malwida von Meysenbug

herausgegeben und erläutert

von

Elisabeth Förster-Nietzsche.

Malwida von Meysenbug ist wohl die einzige Frau gewesen, mit welcher mein Bruder lange Jahre hindurch auf das Herzlichste befreundet war. Zuerst führte sie ihre gemeinsame Verehrung für Richard Wagner zusammen, denn Frl. von Meysenbug war unter den Allererften, welche die „Geburt der Tragödie" lasen, auf das Innigste bewunderten, aber auch etwas mißverstanden, indem das Nebensächliche: das Ein= treten für Wagner, schließlich doch als die Haupt= sache aufgefaßt wurde. Bei der Grundsteinlegung des Festspielhauses in Bayreuth (Mai 1872) lernten sich Beide persönlich kennen, nachdem sie durch Richard und Cosima Wagner schon sehr viel von einander gehört hatten. In ihrem Buch „Individualitäten" schildert Malwida sehr anmuthig dieses erste Kennen= lernen: „Im Jahre 1872 in Florenz lebend, wurde ich von Frau Cosima Wagner auf eine Schrift auf= merksam gemacht, die soeben erschienen war und von einem jungen Professor in Basel herrührte, welcher mit der am Luzerner See lebenden Familie Wagner innig befreundet war. Die Schrift führte den Titel „Die Geburt der Tragödie aus dem Geiste der

Einleitung.

Musik", der Verfasser hieß Friedrich Nietzsche. Es befand sich gerade damals ein kleiner Kreis bedeutender Menschen um mich. Wir lasen diese Schrift zusammen und waren Alle gleich davon begeistert. Die Beleuchtung der zwei Grundelemente des griechischen Lebens, welche der Verfasser mit dem Namen: Dionysisches und Apollinisches bezeichnete, erschloß eine Fülle von geistvollen Gedanken darüber, wie das Wesen der Welt „an sich", das Dionysische, dessen Ursprache die Musik ist, aus der Schönheit der apollinischen Erscheinung das Kunstwerk der Tragödie erzeugt. Wir erfuhren zugleich, daß Nietzsche, ein grundgelehrter Philologe, schon als ganz junger Mann von dem ihn hochschätzenden, berühmten Professor Ritschl als ordentlicher Professor an die Universität Basel empfohlen worden sei. Was uns Alle aber noch mehr anzog, als die Gelehrsamkeit des gründlich mit dem Alterthum Vertrauten, war die Geistesfülle und Poesie in der Auffassung, das errathende Auge des dichterischen Menschen, welcher die innere Wahrheit der Dinge mit seherischem Blicke begreift, da, wo der pedantische Buchstabengelehrte nur die äußere Schale faßt und für das Wesentliche hält. Mit wahrer Wonne erfüllte der Gedanke, eine so herrliche, zugleich wissenschaftlich wie schöpferisch begabte junge Persönlichkeit neben dem Werke zu wissen, welches sich in Bayreuth vorbereitete, wohin Richard Wagner eben nach dem beendigten Kriege übergesiedelt war. Zur Zeit der Grundsteinlegung des Theaters in Bayreuth ging ich dorthin. Die Aufführung der Neunten Symphonie Beethoven's

Einleitung.

durch ein ausgesuchtes Künstlerorchester, von Wagner dirigirt (eine Aufführung, wie sie in solcher Vollendung nicht leicht wieder gehört werden wird), vereinigte schon in den Proben die besonderen Gäste Wagner's in der großen markgräflichen Loge des alten anmuthigen Rokoko-Theaters in Bayreuth. In einer Pause der Generalprobe kam Frau Wagner mit einem jungen Manne auf mich zu und sagte, sie wolle mir Herrn Nietzsche vorstellen. „Wie, Der Nietzsche?" rief ich voll Freude. Beide lachten, und Frau Wagner sagte: „Ja, Der Nietzsche." Und nun gesellte sich zu jenem bedeutenden Geistesbild der Eindruck einer jugendlich schönen, liebenswürdigen Persönlichkeit, mit der sich schnell ein herzliches Verstehen einstellte."

Von Anfang an wird wohl im tiefsten Grunde von beiden Seiten Mancherlei mißverstanden worden sein; denn Malwida, die so innig mit den Vorgängen und Vorstellungen von 1848 verbunden war, und mein Bruder, der, als Aristokrat von Kindheit an, jene Vorgänge stets mit dem tiefsten Mißtrauen betrachtet hatte, waren sicherlich, was politische und soziale Ansichten betrifft, ungefähr entgegengesetzter Meinung. Mein Bruder war aber von früher Jugend an gewöhnt, die Vorstellungen älterer Frauen mit einer gewissen Ehrerbietung und Rücksicht und jedenfalls als das Resultat einer Zeitbewegung, in welche sie durch irgend welchen Zufall hineingestellt worden waren, zu betrachten. Malwida von Meysenbug war 1816 in Kassel geboren, als die Tochter Philippe Rivalier's, der durch den Kurfürsten Wilhelm I. von

Einleitung.

Hessen-Kassel zu dessen Hofmarschall und zu einem Freiherrn von Meysenbug gemacht worden war. Ihre Mutter Johanna, geborene Hausel, soll eine ausgezeichnete Frau gewesen sein. Sie zog später mit den Kindern nach Detmold, da der Vater mit dem Kurfürsten von Hessen nach dessen Abdankung sehr viel auf Reisen war. Durch die Liebe zu einem Dr. Althaus wurde Malwida, echt weiblich, in Vorstellungskreise hineingezogen, die der Stellung ihres Vaters so ziemlich entgegengesetzt waren. Es war rührend, Malwida noch im späten Alter von dieser Jugendliebe und ihren damaligen politischen Idealen sprechen zu hören. In ihrer Begeisterung für die Sache, die der Geliebte vertrat, war sie, auch noch nach seinem Tode, vielfach mit revolutionären Kreisen in enge Beziehung getreten, sodaß sie am 25. Mai 1852 aus Berlin ausgewiesen wurde und sich über Hamburg nach London begab. Dort lernte sie Alexander Herzen kennen, dem sie während der Krankheit seiner Frau und nach ihrem Tode auf das Treulichste in der Erziehung der Kinder beistand. Darin hat sie schließlich auch Ziel, Zweck und Glück ihres Lebens gefunden. Das jüngste Töchterchen Herzen's, Olga, hatte mit ihrem Liebreiz und ihrer Anhänglichkeit von Anfang an ihr ganzes Herz erfüllt. Im Jahre 1861, als das Kind mutterlos war, wurde es ihr als Pflegetochter übergeben, was sie unbeschreiblich glücklich gemacht hat. Von da an war ihr Leben vollständig dadurch ausgefüllt, diesem Kind die beste Mutter zu sein. Sie hat alle Freuden einer glücklichen Mutter, ja Großmutter genossen,

Einleitung.

denn auch die Kinder ihrer Pflegetochter betrachteten sie mit inniger Liebe als Großmütterchen. Sie wurde zärtlich von ihnen „Moumou" genannt.

Als mein Bruder Malwida im Mai 1872 kennen lernte, war diese reizende Pflegetochter bereits mit Gabriel Monod, dem ausgezeichneten Historiker, verlobt. Der Schmerz einer nicht allzufernen Trennung von ihr zeigte sich schon damals in den Gesprächen zwischen Malwida und meinem Bruder in der rührendsten Weise, woran Letzterer auf das Wärmste Antheil nahm, wie wir aus dem Briefwechsel sehen werden. Besonders war dies der Fall, als er die näheren Lebensumstände Malwida's durch die „Memoiren einer Idealistin" kennen lernte. Gerade in Hinsicht auf das wunderschöne Verhältniß zwischen Malwida und ihrem Pflegekind schreibt er: „Eines der höchsten Motive, welches ich durch Sie erst geahnt habe, ist das der Mutterliebe ohne das physische Band von Mutter und Kind; es ist eine der herrlichsten Offenbarungen der caritas." Die „Memoiren einer Idealistin" haben ihm überhaupt einen großen Eindruck gemacht. Er las sie in der Pension Printanière bei Schloß Chillon am Genfersee, an einem herrlichen Frühlingstag gegen Ostern 1876, und schreibt darüber an Freiherrn von Gersdorff: „Ich verdanke sehr viel dem Buche unserer herrlichen Freundin Meysenbug und werde den einen Sonntag, den ich in der höchsten moralischen Nachbarschaft mit ihr verbrachte, von früh bis Nachts im Freien, nicht vergessen."

Nur wenige Wochen nach dem ersten Kennenlernen, gelegentlich der Grundsteinlegung in Bayreuth,

Einleitung.

traf er mit seinem „Herzensfreund" Freiherrn von Gersdorff wiederum mit Malwida von Meysenbug zusammen, und zwar in München, bei der Aufführung des Tristan unter der Leitung Hans von Bülow's. In diesen Tagen wurde aus der Bekanntschaft eine wirkliche Freundschaft, die auch bis zum Erscheinen des „Fall Wagner" mit einigem Auf und Nieder bestanden hat. Beide erinnerten sich dieser wenigen Tage, in welchen sie zweimal den Tristan hörten, mit den wärmsten Empfindungen. Malwida citirt in den „Individualitäten" auch ein gutes Wort, das mein Bruder nach einer dieser Aufführungen gesagt haben soll: „Dies Drama des Todes macht mich gar nicht traurig, im Gegentheil, ich fühle mich glücklich und erlöst." Es war ein Anklang an die Definition der Tragödie in seiner Schrift, an den „metaphysischen Trost, mit welchem uns jede wahre Tragödie entläßt, daß das Leben im Grunde der Dinge, trotz allen Wechsels der Erscheinungen, unzerstörbar mächtig und lustvoll sei".

Nach diesem Zusammensein in München Ende Juni 1872 begann der nachfolgende Briefwechsel, der bis zum Herbst 1876 fast ohne Unterbrechung währte, von da an aber große Lücken aufweist.

Nr. 1.

Nietzsche an Malwida von Meysenbug.

Basel, 24. Juli 1872.

Gnädiges und verehrungswürdiges Fräulein,

in der nächsten Woche will ich wieder nach München reisen, zunächst als Vertreter der Universität bei dem Jubiläum; im Grunde aber benutze ich dies Jubiläum vor mir selbst als Vorwand, es treibt mich die herrliche Erinnerung an meinen letzten Münchener Aufenthalt; und wenn ich es, bei dieser Wiederholung nur halb so gut erlebe, wie damals, so bin ich sehr glücklich. Gersdorff wird wahrscheinlich auch wieder kommen, den Tristan werden wir wahrscheinlich auch wieder hören, — aber das Eine fürchte ich um so mehr: daß ich Sie, verehrtestes Fräulein, und mit Ihnen die heimisch-wohlthuende und erquickende Atmosphäre unseres damaligen Zusammenseins nicht wieder finden werde. Hier muß also die dankbare Erinnerung helfen; und ich verspreche Ihnen hiermit, daß sogleich das erste Glas, welches ich zusammen mit Gersdorff trinken werde, Ihnen und jener schönen Erinnerung geweiht sein soll.

Inzwischen habe ich durch die Zeitungen etwas aus München gehört, was — wenn es wahr sein sollte — für die Bayreuther Dinge ebensowohl als für uns Alle von aufregender Bedeutung ist: daß nämlich Hr. v. Bülow zum Generalintendanten er-

[Nietzsche an Malwida von Meysenbug, 1872.

nannt, Perfall aber gestürzt sei d. h. das inzwischen frei gewordne Amt eines Oberceremonienmeisters erlangt habe. Ich würde aus einer solchen Thatsache auf die günstigsten Möglichkeiten schließen: damit wäre vielleicht die Brücke zu mehrfachen Aussöhnungs=Verständigungen gefunden; und hoffentlich ist es dann auch möglich, die ausgezeichneten Münchener Künstler (ich meine besonders das Orchester) nicht länger in dieser peinlichen Entfernung von Bayreuth halten zu müssen. Auch für die persönlichen Dinge Hrn. v. B.'s wäre damit eine Bahn geöffnet. Uebrigens ist Gersdorff, auf seiner Rückreise von Bayreuth, eine größere Strecke zusammen mit den Masetti's gefahren, in der lebhaftesten Unterhaltung: man hatte ihn an der Lektüre des Tristanbuches als Münchener Festgast erkannt: Gersdorff schreibt, er habe besonders Gelegenheit gehabt, kräftig für Frau Wagner einzutreten, und freue sich, gerade das gekonnt zu haben.

Der Plan — Sie wissen, gnädigstes Fräulein, welcher Plan[1]) — hat die Billigung von Frau Wagner gefunden und ist als „praktisch" anerkannt worden — ein seltner Stolz für mich unpraktischen Gesellen. Leider ist jetzt alle Welt in aller Welt zerstreut: und so hat Gersdorff bis jetzt nur brieflich sich an Frau v. Schleinitz wenden können. Frau W. will Feustel für die geschäftliche Leitung des Unternehmens gewinnen. Der nächste Winter muß die Sache fertig machen; wenn Sie aber, verehrtes Fräulein, die eventuelle Zustimmung der Ihnen be-

---

[1]) Begründung der Wagnervereine (vgl. Br. I³, 557 o.).

freundeten Personen schon jetzt gewinnen könnten, so thun Sie es doch ja, ich bitte Sie recht sehr darum. Bei meinem nächsten Münchener Aufenthalte will ich versuchen, recht thätig zu sein. —

Nächstens erscheint eine Schrift meines Freundes Rohde, als „Sendschreiben eines Philologen an R. W.", in der der Pamphletist gezüchtigt wird. Dagegen bin ich mit dem ersten Entwurfe einer neuen Schrift beschäftigt — der Zustand erster Conceptionen hat etwas Sehr=Beglückendes und Einsam=Machendes; — trotzdem bin ich aber überzeugt, bei manchen Freunden meines früheren Buches einen tüchtigen Mißerfolg zu erleben. Denn es geht darin gar nicht „dionysisch" zu, aber es ist sehr viel von Haß, Streit und Neid die Rede, das gefällt nicht. Denn so sind die meisten Leser — sie construiren sich nach einem Buche den Autor, und wehe, wenn er in einem nächsten Buche ihrer Construktion nicht entspricht!

Nun schreibe ich Ihnen noch ein paar Gedichtchen ab, ungedruckte Gedichtchen von Goethe, als „Reise=segen" der künstlerisch und menschlich sehr befähigten Gräfin Egloffstein zugesandt. Sie wurden mir in diesen Tagen von Frl. Kestner (der letzten noch lebenden Tochter Lotte's) vorrecitirt, und ich citire sie wieder aus dem Gedächtniß — Ihnen, gnädigstes Fräulein, und keinem Menschen weiter; denn die anderen Menschen lassen sie drucken.

Reisesegen.
Sey die Zierde des Geschlechts!
Blicke weder links noch rechts!
Schaue von den Gegenständen

Nietzsche an Malwida von Meysenbug, 1872.

In Dein Innerstes zurück!
Sicher traue Deinen Händen!
Eignes fördre — Freundes Glück!

Reisesegen (bei einer Reise nach Dresden).
Ein guter Geist ist schon genug:
Du gehst zu hundert Geistern!
Vorüber wallt ein ganzer Zug
Von großen, größern Meistern.

Sie grüßen alle Dich fortan
Als ihren Junggesellen;
Sie winken freundlich Dir heran
Zu ihnen Dich zu stellen.

Du stehst und schweigst am heil'gen Ort
Und möchtest gern sie fragen. —
Am Ende ist's ein einzig Wort,
Was sie Dir alle sagen.

Dies Wort ist „Wahrheit". —

Damit nehme ich heute von Ihnen Abschied. Wenn Sie es mir gestatten wollten, so gebe ich Ihnen von Zeit zu Zeit von mir Nachricht, um bei jeder Gelegenheit Ihnen sagen zu können, wie sehr ich Sie, verehrungswürdiges Fräulein, liebe und wie dankbar ich immer an Sie denke.

Mich Ihnen und Fräulein Olga H. recht von Herzen anempfehlend grüße ich Sie als

Ihr ergebenster
Diener
Prof. Dr. Friedrich Nietzsche.

Nr. 2.

Malwida von Meysenbug an Nietzsche.

Gasthof zur Stadt Mainz
Bad Schwalbach, 26ten Juli 1872.

Lieber Herr Nietzsche,

Sie haben mir eine so große Freude durch Ihren Brief gemacht, daß ich nicht umhin kann Ihnen gleich zu antworten, umsomehr da mein Brief Sie sonst auch wohl nicht mehr in Basel anträfe. Wohl ist nichts so wahr, als daß unser ganzer Besitz in dieser Welt sich beschränkt auf „den Gedanken, der ungestört aus unsrer Seel' will fließen und jeden günst'gen Augenblick, den uns ein liebendes Geschick von Grund aus läßt genießen" — (Wagner würde mich gleich in die Klasse der schlechten Philologen verweisen, die mit Citaten sündigen) und so sind denn auch mir unsere Tristan-Tage in München eine unvergeßliche Erinnerung und ein tröstender Besitz geworden, bei denen ich schon oft einkehrte, um mich schadlos zu halten in nüchternen und noch mehr in trüben Stunden. Daß sie auch Ihnen freundlich nachklingen, ist mir eine große wahrhaftige Freude; denn wenn ich mich auch des von Ihnen bezeichneten Fehlers der meisten Leser, sich den Autor nach seinem Buch zu construiren, nicht schuldig gemacht hatte und nur mit dem wärmsten Interesse dem persönlichen Eindruck entgegensah, so

Malwida von Meysenbug an Nietzsche, 1872.

hat sich der doch nun auf das Schönste mit dem Eindruck des Buches verbunden und ein recht tiefes mütterliches Gefühl erzeugt, auf das Sie nun unter allen Umständen bauen mögen. Leider, leider wird sich unser vierblättriges Kleeblatt diesmal nicht wieder zusammenfinden; aber dankbar wird mein Gedanke den Gruß erwidern, den Sie mir beim ersten Glase Wein mit Ihrem, mir auch so herzlich lieben Freund Gersdorff versprechen. Wir sind noch inmitten des langweiligen Badelebens und einer, während ihrer Dauer, ziemlich angreifenden Cur. Da aber auch Olga's Schwester bei uns ist, da meine eignen Schwestern hier sind und wir uns in unserem kleinen Kreis sehr einsam und entfernt von dem Gewühl der Badegäste halten, so würde bei schönem Wetter auch diese Zeit ganz gemüthlich sein können, wenn nicht ein mir bevorstehendes schweres Schicksal seinen Schatten über meine Tage würfe: die wahrscheinlich baldigste Trennung von Olga. Ich habe bei dieser Gelegenheit wieder einmal einen Blick in das Wesen der Welt gethan, bei dem man nichts thun kann als sich das Haupt verhüllen und schweigen, zugleich aber auch noch einmal die ganze Göttlichkeit des tragischen Kunstwerks, wie wir es im Tristan zusammen erlebten, durchempfunden. Wie Tristan weilte ich in der Weltennacht, und was ich da erschaute, kann ich auch Niemand sagen; daß aber einzig jenes tragische Kunstwerk uns erlösen kann aus dem Elend des zerstückelten Dionysus, das habe ich mit untrüglicher Gewißheit gefühlt. Heil darum dem Meister, der uns dieses Kunstwerk schuf! Und möge es

Malwida von Meysenbug an Nietzsche, 1872.

dem Geschick gefallen einmal etwas Vollendetes zu gestatten: das Fest in Bayreuth im Jahre 74!

Daß Cosima Ihren Plan gut findet, hat sie mir geschrieben. Hätte derselbe schon irgend eine feste Gestalt gewonnen gehabt, so hätte ich ihn hier der Prinzessin Margherita vorlegen können. Da ich keinen bestimmten Anknüpfungspunkt hatte, konnte ich nicht wohl die strenge Einsamkeit, in der sie sich hier, wahrscheinlich der Gesundheit halber, hielt, zu durchbrechen suchen; dennoch habe ich etwas Vorbereitendes gethan. Ich bekam nämlich vor ein paar Tagen endlich einen Bericht über das Bayreuther Fest, den ich für ein Florentiner Blatt (mit besonderer Beziehung auf dortige mir bekannte Ansichten) geschrieben hatte, aus Italien zugesandt, und da er in italienischer Sprache geschrieben war, sandte ich ihr denselben mit einem erläuternden und ergänzenden Brief. Leider kam eben in den Tagen die Nachricht von dem Madrider Attentat,[1] und dies soll sie so krank gemacht haben, daß sie ganz unsichtbar ist seit der Zeit und, sobald sie hergestellt ist, abreisen wird. Jedenfalls habe ich aber nun schon Fuß gefaßt und kann ihr in Italien wieder in derselben Sache nahen, sobald dieselbe formulirt ist. Meine Freundin, die Frau Schurz,[2] erwarte ich alle Tage: sie ist bereits

---

[1] auf Amadeo, den Schwager Margherita's, der 1870 von den Cortes zum König Spaniens erwählt worden war, infolge dieses Attentats (vom 19. Juli 1872) aber zu Anfang 1873 abdankte.

[2] Gattin des 1848ers Karl Schurz, damaligen Bundessenators von Missouri.

Malwida von Meysenbug an Nietzsche, 1872.

in Europa und muß baldigst hier eintreffen, und sie werde ich ganz für unseren Plan zu gewinnen suchen.

Auch ich hatte in der Zeitung die Nachricht von Bülow's Ernennung gelesen und ähnliche Hoffnungen wie Sie daran geknüpft. Sie werden mir wohl aus München sagen können, wie es damit steht. Wäre es wahr, so könnte in Bayern ein Kunstleben entstehen, wie es die Welt noch nicht gesehen, und es würde ein Magnet mehr sein, der dorthin zöge, wenn man nicht schon außerdem zur Ansiedlung in Bayreuth entschlossen wäre wie ich es bin. Diesen Winter werde ich wohl in Italien zubringen, da ich in jedem Fall, auch wenn Olga mich noch diesen Herbst verläßt, dort noch mancherlei zu erledigen haben werde; dann aber ziehe ich dem Orte zu, der plötzlich aus einem unbekannten Winkel zu einem strahlenden Culturstern wird und wo ich, außer der Nahrung für den Geist, auch für das Herz mein Theil finde in Cosima, die ich immer tiefer lieben lerne, und den reizenden Kindern. Auch Sie hoffe ich dadurch öfter wiederzusehen. Apropos wo werden Sie Ihre Ferien zubringen? Doch wohl nicht in dem heißen München? Könnten wir nicht an einem Orte zusammentreffen? Wir wollen Anfang August, wenn die Kur hier zu Ende, nach irgend einem schönen stillen Ort, womöglich etwas hoch gelegen, entweder in der Schweiz oder doch der Schweiz nahe, da wir auf dem Rückweg nach Italien diesmal durch die Schweiz müssen. Noch haben wir nicht gewählt; aber es wäre doch schön, wenn Sie auch hinkämen und vielleicht Ihr Buch da beendeten, auf

Malwida von Meysenbug an Nietzsche, 1872.

das ich mich unendlich freue:[1]) denn es giebt einen Haß, den man liebt, und einen Streit, der stärkt. Wie Ihnen beim Schaffen zu Muthe ist, weiß ich wohl. Die einzige Seligkeit, die es giebt, ist das Schöpferische, und wenn bei der Rückkehr in das Ur=Eine Seligkeit ist, so ist es eben, weil es Rückkehr ist in das Ur=Schaffende. Ich denke mir immer, das Nirwana hat eine ganz andere Bedeutung, als das bloße Nichts; es ist Rückkehr in das Ur=Eine, aber nicht elementare Ruhe, sondern tief=einiges Schauen, All=umfassendes Schaffen. Aber ich fange an, Ihnen vorzuphantasiren — das ist eine gefährliche Neigung in mir, der ich mich mit Denen, die ich lieb habe, nur zu gern überlasse.

Ich will nun auch schließen, sonst kommt der Brief nicht mehr zur rechten Zeit nach Basel. Tausend Dank für die Gedichte: die sind wahrer Segen. Haben Sie schöne Tage in München, grüßen Sie Freund Gersdorff, auch die Porges, wenn Sie sie sehen, und schreiben Sie nun bald wieder

Ihrer
Freundin
Malwida Meysenbug.

Olga läßt Sie freundschaftlichst grüßen.

---

[1]) s. S. 346, Anm. 5 und S. 391 Mitte.

Nr. 3.

Nietzsche an Malwida von Meysenbug.

[Basel, 2. August 1872.]

Empfangen Sie, gnädigstes Fräulein, herzlichen Dank und Gruß als Antwort auf einen so liebevollen Brief. Vor allem aber möchte ich selbst etwas von Ihren Rückreise-Projekten profitiren. Wenn Sie also die Schweiz nicht umgehen können, so dürfte ich fast hoffen, auch selber nicht umgangen zu werden? Es wäre in der That herrlich, wenn wir uns noch einmal zusammenfinden könnten; ich habe jetzt den Besuch meiner Schwester und wäre mit ihr gerne bereit, wenigstens für ein paar Tage mich von hier loszumachen. Meine Herbstferien freilich fangen erst am 20. September an; dagegen steht noch die nächste Woche zu meiner Verfügung. Ich bin übrigens doch nicht nach München gereist: mein Entschluß wurde wankend, als mir Gersdorff schrieb, daß er nicht kommen könne. Er ist leider durch ein Ohrübel recht geplagt und selbst verhindert, in seine Heimat zu reisen. Es ist so unerträglich, als Einzelner einer ernsten und tiefen Kunst gegenüberzustehn, — kurz ich blieb lieber in Basel.

Hier war es, bis gestern, grenzenlos heiß und, für einen Gelehrten, eigentlich unmöglich. Heute wiederum würde eine höher gelegene Gegend der Schweiz uns in Nebel und Frost hüllen. Für den

Nietzsche an Malwida von Meysenbug, 1872.

Fall aber, daß das Wetter wieder schön wird und Sie Ihre Abreise beschließen, geben Sie mir doch ja einige Aufträge. Ich werde so vergnügt und glücklich sein, verehrtestes Fräulein, für Sie etwas thun zu können.

Kennen Sie die Frohburg, einen von hier aus sehr gern besuchten und geschätzten Luftkurort inmitten des Jura? Die Frohburg liegt in der Nähe von Olten (Knotenpunkt der schweizerischen Eisenbahnen), bequem zugänglich, mäßig hoch, mit schöner Alpenaussicht und reich an Spaziergängen, rings von der Phantastik der Juraformation umgeben. Sie hat Telegraphenverbindung.

Das ist mein Vorschlag, der aber sofort in's Nichts verschwindet, wenn Sie bereits etwas Sich ausgedacht haben. Nur bitte ich Sie, mir zu sagen, was Sie beschlossen haben: damit ich wenigstens Sie an der Eisenbahn in Basel empfangen kann.

Ich möchte ja nichts versäumen und bin deshalb heute kurz und eilig. Grüßen Sie Fräulein Olga recht von mir und sagen Sie ihr, daß ich die Memoiren ihres Vaters lese.

Bleiben Sie, gnädigstes Fräulein, überzeugt von der Verehrung und Liebe

Ihres ergebensten
Dieners
Friedrich Nietzsche.

Nr. 4.

Malwida von Meysenbug an Nietzsche.

Gasthof zur Stadt Mainz
Bad Schwalbach, 11. August 1872.

Lieber Herr Nietzsche.

Es war anders unter den Sternen beschlossen, als ich gehofft hatte. Der Arzt erklärte, daß Olga ihre Cur noch die ganze heute beginnende Woche fortsetzen müsse, und so sind wir denn bis zum 17. an diesen langweiligen, unschönen Ort gefesselt. Dann, da bei dem unausgesetzt schlechten Wetter die höher gelegenen Orte wenig Gutes versprächen, so ist beschlossen worden, bis Ende August in einer Pension auf der Höhe des Heidelberger Schlosses, nur wenige Schritte von demselben entfernt, zu verweilen, in Gesellschaft eines lieben Freundes, der nicht weiter mit gehn kann, da er Ende August in sein Vaterland, Rußland, zurückkehren muß. Ich habe Ihnen in ihm einen warmen Bewunderer erworben, indem ich ihm Ihr Buch zu lesen gab. Er war darüber ganz außer sich vor Entzücken. — Wenn wir Sie, wie ich fürchte, nun dort nicht sehen werden, so hoffe ich doch, daß dies bei unserer Durchreise durch Basel der Fall sein wird: denn von Heidelberg gedenken wir durch die Schweiz, mit nothwendigem Aufenthalt von ein paar Tagen in Zürich und Genf, nach Italien, in unsere schöne kleine Florentiner

Malwida von Meysenbug an Nietzsche, 1872.

Heimat, zurückzugehen, da der Sommer dieses Jahr einen frühen Abschied zu nehmen scheint und man die Hitze im Süden nicht mehr zu fürchten hat. Es wird dies wohl mein letzter Winter in Italien sein, da sich Olga's Geschick nun so weit entschieden hat, daß sie diesen Winter noch mit mir zusammen bleibt und erst im Frühjahr sich verheirathet. Wenn sie mich verlassen haben wird, siedle ich nach Bayreuth über. Sollten Sie daher italienische Reisepläne haben, so führen Sie sie doch ja bald aus, damit wir noch die Freude haben können, Sie auf dem geweihten Boden umherführen zu können. Wie mir Cosima geschrieben hat, sollen schon im Herbst und Winter Lohengrin in Mailand und Tannhäuser in Bologna aufgeführt werden, worauf ich mich sehr freue. Das Leben in Bayreuth scheint augenscheinlich recht friedlich; am 22. Juli ist die letzte Note der Götterdämmerung geschrieben worden und ich begreife vollkommen das Gefühl, von dem Cosima mir schreibt, daß es in ihrem Herzen getönt habe wie: Nun danket Alle Gott. — —

Aber jemehr ich das begreife und mit ihr tief empfinde, jemehr wundere ich mich immer, daß sie noch so sehr an dem Formellen und den Symbolen des Christenthums hängt. Wenn die hohe Gestalt des edlen Märtyrers, wenn die ethische und historische Bedeutung des Christenthums uns ewig werth und wichtig bleiben, so hat seine historische Form, so haben seine Symbole doch ihren Werth verloren, indem sie sich zum beschränkenden Gefäß des lebendigen Inhalts machten, der hinüber sprudeln will in eine

Malwida von Meysenbug an Nietzsche, 1872.

neue, reichere Fassung. Wenn die Gemeinde des neuen Geistes sich neue Mysterien zu andächtiger Feier ihres intuitiven Wissens schaffen will, wie sie uns Wagner im tragischen Kunstwerk schafft, so ist das recht; und nicht eher wird die Welt wieder schön sein, als bis sie dem neuen dionysischen Mythus die würdigen Tempel baut. Aber Kinder der neuen Zeit noch in der alten Form erziehn, finde ich unrecht: denn der Protestantismus war ja nur schön, solange er eine That der Erlösung war aus der abgenutzten beschränkenden Form; und er mußte wieder überwunden werden, als er selbst zum beschränkenden Dogma wurde. Daß es möglich ist, Kinder ohne diese Formen zu erziehen und ihnen die volle Tiefe des idealen Lebens zu erhalten, habe ich an Olga gesehen. Sie war nach dem Willen ihres Vaters nicht getauft, und als sie nach dem Tode ihrer Mutter, als zweijähriges Kind, zu mir kam, erzog ich sie ohne jeden positiven religiösen Unterricht, außerhalb jedes Dogma's. Als sie achtzehn Jahre alt und dafür reif war, verbrachte ich mit ihr einige Zeit am Gardasee, in tiefer wundervoller Abgeschiedenheit, und da, gelagert auf den Ruinen einer römischen Villa, die auf einer Landzunge in den See hineingebaut war und jetzt mit üppigster Vegetation überzogen ist, zu unseren Füßen den träumenden, tiefblauen See, uns gegenüber die im Rosenlicht glühenden malerischen Bergformen des italienischen Tyrol, in so tiefer Stille daß die Eidechsen zutraulich auf unseren Kleidern spielten, las ich ihr vor aus der uralten Weisheit der Veden und taufte sie auf

Malwida von Meysenbug an Nietzsche, 1872.

das Mysterium der Atma. Ich habe bis jetzt noch nicht Gelegenheit gehabt, die Abwesenheit einer anderen Taufe und Weihe an ihr zu bereuen.

Was denken Sie darüber? Es würde mich sehr freuen, das einmal zu hören.

Wenn Sie Herzen's Memoiren auf Deutsch lesen, so gedenken Sie dabei auch meiner: denn ich habe sie aus dem Russischen, das ich seiner Zeit erlernte, übersetzt.[1]) Wenn Sie sich aber mit ihm beschäftigen (und er verdient es, daß Sie es thun), so lesen Sie auch sein „Vom anderen Ufer",[2]) ein sehr interessantes und für ihn charakteristisches Buch, im heißen Schmerz über die hereinbrechende Reaktion nach 1848 geschrieben, in dem der Skepticismus und die Negation sich bis zur Poesie steigern.

Wie geht es Ihrem Buch? Schreitet dasselbe vorwärts? Ich sehe ihm mit Ungeduld entgegen.

Also bis zum 17. sind wir hier, dann bis Ende August: Heidelberg poste restante. Anfang September hoffe ich Sie in Basel zu begrüßen.

Mit freundlichsten Grüßen von Olga
    Ihre Freundin
        M. Meysenbug.

---

[1]) „Aus den Memoiren eines Russen". Von Alexander Herzen (1. bis 4. Folge, Hamburg 1855—59). Erschien deutsch; in russischer Sprache erst 20 Jahre später.

[2]) 1850 anonym erschienen, in russischer, deutscher und französischer Ausgabe zugleich.

Nr. 5.

Malwida von Meysenbug an Nietzsche.

Pension Müller
auf dem Schloßberg bei Heidelberg,
25. August 1872.

Ich schreibe Ihnen heute nur ein paar flüchtige Worte, lieber Herr Nietzsche, um Ihnen zu sagen, wo wir hier sind und daß wir gedenken am 31. von hier abzureisen und den Abend des Tages, vielleicht auch den Morgen des folgenden, also Sonntags, heute in acht Tagen, in Basel zuzubringen. Ich möchte Sie daher sehr bitten, sich den Abend des nächsten Sonnabends frei zu erhalten, wenn es möglich ist, damit wir denselben zusammen zubringen können. Auch möchte ich Sie bitten, mir früher nach hierher Ihre genaue Adresse zu schicken, d. h. Namen der Straße und Hausnummer, damit ich Sie benachrichtigen lassen kann, da ich noch nicht weiß, mit welchem Zuge wir ankommen, und ich dann gleich am Nachmittag erst ein Geschäft bei Georg habe, um den Abend dann recht frei und schön mit Ihnen genießen zu können.

Von unserer hier ziemlich zahlreichen Gesellschaft werden nur Olga, ich und Olga's Bräutigam über Basel gehn: die Andern gehn schon früher auf anderem Wege in die Schweiz, wo wir uns wieder treffen. Es ist wunderschön hier und ich bringe

Malwida von Meysenbug an Nietzsche, 1872.

meine Morgenstunden täglich im schönen Schloß=
garten mit Schreiben zu. Auch jetzt schreibe ich
Ihnen im Schatten einer herrlichen alten Linde, vor
mir das prachtvolle Neckarthal und die grünen Höhen
des Odenwalds, neben mir die prachtvolle Ruine.

Ich suche eine doppelte Ruhe in diesen Stunden
zu erlangen: einmal die Ruhe für den Körper nach
der aufregenden Cur, dann die Ruhe für die Seele
für die mir bevorstehende Einsamkeit nach der Trennung
von Olga. Wie unermeßlich grausam ist das Leben!
Wenn man schon Alles weiß, schon Alles, bis auf
die Hefe, aus dem dunklen Kelch getrunken hat, so
muß man doch immer von Neuem daran, damit man
ja nicht vergesse, daß der Schmerz unser Erbtheil
und die Freude nur Schein ist. Sollte man nun
deshalb aufhören, sein Herz an andere Wesen hinzu=
geben und ihr Leben zu seinem eignen zu machen?

Das ist eben unmöglich. Aber ebenso ist es sicher,
daß die Griechen allein den einzigen Trost wußten:
denn die absolute Resignation des Buddhismus ist
anti=menschlich. Deshalb bleibt mir eben auch nur
Eines nach jener Trennung: Bayreuth.

Die Nachrichten von dort lauten gut und er=
freulich. Möge es doch lange so bleiben!

Und nun Adieu für heute. Entschuldigen Sie
die kritzliche Schrift: ich schreibe ohne Tisch, mit dem
Blatt in der Hand. Hoffentlich auf baldiges, frohes,
wenn auch kurzes Wiedersehn.

Ihre
M. Meysenbug.

Haben Sie vielleicht das kleine Buch „Français et Allemands" von Gabr. Monod gelesen? Es ist von Olga's Verlobtem und verdient Beachtung, weil es mit außerordentlicher Unparteilichkeit geschrieben ist.

Nr. 6.

Nietzsche an Malwida von Meysenbug.

[Basel, 27. August 1872.]
Schützengraben 45.

Gnädigstes Fräulein, also mit Sonnabend ist Alles in Ordnung: es kommt ein Zeichen von Ihnen imperativisch bei mir an, und ich fliege auf den Bahnhof. Vielleicht darf ich auch im Verlaufe des Nachmittags ein paar Wege für Sie machen. Geben Sie mir doch, ich bitte Sie, einmal irgend eine Gelegenheit, etwas nützlich zu sein, nützlich im allernächsten und realsten Sinne!

Meine Schwester darf ich Ihnen doch aufzeigen? Sie bittet mich wenigstens sehr darum und möchte auch Fräulein Olga kennen lernen. Das Buch des Herrn Gabriel Monod ist mir übrigens gerade in diesen Tagen zu Gesicht gekommen; auch habe ich mehrfach darüber sprechen hören. Ich werde mich herzlich freuen, einen so unparteiisch gesinnten Mann persönlich zu sehen, der noch überdies den Vorzug hat, als Verlobter des Frl. Herzen auf das Schönste empfohlen zu sein.

Nietzsche an Malwida von Meysenbug, 1872.

Daß Sie die Uebersetzerin von Herzen's Memoiren sind, war mir ganz neu; ich bedaure Ihnen nicht schon, bevor ich dies wußte, meine Empfindung über den Werth dieser Uebersetzung ausgedrückt zu haben. Ich war erstaunt über die Geschicklichkeit und Kraft des Ausdrucks und, geneigt, bei Herzen jedes auszeichnende Talent vorauszusetzen, hatte ich stillschweigend angenommen, er habe seine Memoiren selbst aus dem Russischen in's Deutsche übertragen. Meine Freunde sind von mir auf dies Werk aufmerksam gemacht;[1] ich habe aus ihm gelernt, über eine Menge negativer Tendenzen viel sympathischer zu denken, als ich bis jetzt vermochte: und selbst negativ sollte ich sie nicht nennen. Denn eine so edel-feurige und ausharrende Seele hätte sich nicht allein vom Verneinen und Hassen ernähren können.

Ueber manches Andere hoffe ich jetzt mit Ihnen baldigst[2] sprechen zu können: deshalb gestatte ich mir, heute kurz zu schließen und mich Ihrer gütigen Theilnahme wiederholt anzuempfehlen.

Ihr treuergebener
Friedrich Nietzsche.

---

[1] Rohde und v. Gersdorff in Briefen vom 2. Aug. 1872. (Br. I³, 219 und Br. II, 345.)

[2] Der Besuch Malwida's, ihrer Pflegetochter Olga Herzen und deren Bräutigam Mr. Gabriel Monod in Basel verlief, von allen guten Geistern der Freundschaft, Gesundheit und Heiterkeit begünstigt, ungewöhnlich glücklich.

Nr. 7.
Malwida von Meysenbug an Nietzsche.

Wasserheilanstalt Buchenthal
bei Uzwyl, Kanton S. Gallen.
4. September 1872.

Ich habe heute Morgen gehabt was dem Weisen, der nach immer völligerer Befreiung von den Fesseln der Erscheinungswelt strebt, genügen sollte und genügt, um den tiefen Frieden zu empfinden, von dem eine leise Ahnung uns sagt, daß er das Wesen des „Dinges an sich" ist, nämlich: ein paar Stunden ungestörter Einsamkeit und tiefer Ruhe unter grünen Bäumen, umweht von wonnevoller, würzig duftender Luft und voll von befriedigender, schöpferischer Arbeit. Da scheint es mir denn ein lieber Schluß, wenn ich, bevor ich mich wieder in das Reich der Willkür oder des Willens begebe, dem jungen Baseler Freunde einen Gruß zurufe und ihm danke für den frohen Tag, den er mir durch seine Gegenwart neulich bereitet und der noch recht versöhnend in mir nachtönt.

Ja ich hatte wirklich, seit den Tagen in Bayreuth und München, keinen so guten Tag mehr gehabt wie den vorigen Sonnabend. Außerdem aber möchte ich Ihnen noch ein erklärendes Wort sagen über den Scherz, den ich mir erlaubt habe, indem ich Ihnen das kleine räthselhafte Buch [1] als Andenken zurückließ.

---
[1] „Mémoires d'une Idéaliste" (Bâle 1872, Georg & Cie). Die deutsche Ausgabe, dreibändig, erschien erst im Herbst 1875.

Malwida von Meysenbug an Nietzsche, 1872.

Es ist das nämlich Wahrheit o h n e Dichtung meines eigenen Lebens, und es sind ganz besondere Zufälligkeiten, die es zu weitläufig ist zu schreiben, die es mich französisch schreiben ließen und es in die Oeffentlichkeit, für die es eigentlich gar nicht bestimmt war, brachten. Wenn ich es Ihnen nun gab, so möchte ich nicht, daß Sie es mir als Eitelkeit oder Anmaßung auslegten, sondern lediglich als den Wunsch, dem jungen, so schnell und eigentlich so wunderbar gewonnenen Freunde auch Etwas geben zu können, was ein Theil meines Selbst ist, so wie ich in seinem schönen Buche ein so Unschätzbares und meine tiefste Sympathie Erregendes empfangen habe. Glauben Sie aber darum ja nicht, daß Sie es loben oder mir etwas Anerkennendes darüber sagen müßten. Nehmen Sie es hin wie man einen Sommernach=mittag hinnimmt, den man im Waldesschatten in Gesellschaft eines alten guten Freundes verbringt; und wenn es Ihnen nicht behaglich dabei ist, so sagen Sie um Gotteswillen ja nichts, was Sie nicht denken. —

Hier ist es bei schönem Wetter sehr frisch und ländlich schön im Freien; das Haus nebst Gesellschaft ist unangenehm, doch werden wir, glaube ich noch einige Tage länger bleiben müssen, als uns lieb ist, aus Rücksicht für unsere hiesigen Freunde. Ihrer Schwester, die uns Allen den freundlichsten Eindruck gemacht, herzliche Grüße und Ihnen selbst Muth zum Kampfe und alles Gute auf den Weg.

M. Meysenbug.

Nr. 8.

Malwida von Meysenbug an Nietzsche.

16 via Alfieri
Florenz, 3. Nov. 1872.

Ich denke mir, daß Sie, lieber Herr Nietzsche, von Ihrer Ferienreise zurück sind; und da ich nun wieder weiß, wo Sie zu finden, so frage ich mit ein paar Worten an, wie es Ihnen eigentlich geht und was Sie diese Zeit über getrieben haben? Es sind gerade zwei Monate, daß wir uns in Basel sahen, und seit der Zeit habe ich weder direkt noch indirekt etwas von Ihnen gehört, und doch möchte ich Sie nicht gern wieder aus meinem Leben verlieren, nachdem Sie einmal so bedeutend und so freundlich in dasselbe eingetreten sind. Ich schrieb Ihnen einmal von der Schweiz aus, bekam aber keine Antwort. Auch von Bayreuth hörte ich nur einmal: damals gerade nicht sehr heiter, weil es nach den Störungen des Umzugs[1]) war. Daß Friede mit Liszt ist, freut mich ungemein; ebenso das Ehrenbürgerdiplom aus Bologna. Die Uebersetzung des Briefes[2]) war mir übertragen: ich erhielt ihn aber leider erst, als in den Bologneser Blättern bereits eine Uebersetzung er-

---

[1]) des Umzugs von der „Fantaisie" in die Stadt Bayreuth, Ende September 1872.
[2]) des Dankbriefes von Rich. Wagner an den Bürgermeister von Bologna (R. W.'s Schriften Bd. IX, S. 346).

Malwida von Meysenbug an Nietzsche, 1872.

schienen war, aus der einzelne Stellen in hiesigen Blättern abgedruckt wurden. Ich sandte meine sehr getreue Uebersetzung dessenungeachtet an ein hiesiges Blatt und verlangte die Aufnahme des ganzen Briefes, da die einzelnen Stellen zu falscher Auffassung Anlaß geben konnten; ich erwarte nun, ob er erscheinen wird.

Ist Ihres Freundes Rohde Antwort auf die gegen Sie gerichtete Schrift erschienen? Wie steht es mit Ihrem neuen Werke? Ihrem früheren Buche habe ich wieder eine tief entzückte Freundin erworben.

Schuré ist wieder hier und sehr fleißig an seinem Buch, das doch auch nur eine tief eingehende Besprechung und Verherrlichung von Wagner's Ideen zum Zweck hat und, wie ich glaube, sehr schön werden wird.[1]) In Frankreich wird er freilich wohl nicht im Augenblick damit durchdringen, ja sich vielleicht selbst damit unmöglich machen: denn Sie haben wohl gesehen, welche Anti=Wagner=Demonstrationen stattgefunden haben.

Wir leben sehr still hier zu Dreien, da auch Olga's Schwester bei uns ist. Monod ist wieder in Paris, wird sich aber Ende März seine Braut holen. Ich habe mich noch nicht entschieden, wie es dann mit mir wird. Vielleicht gehe ich gleich nach Bayreuth. Wie steht es mit Wunsiedel? Ist der Plan[2]) gereift? Ich hätte gewollt, ich hätte Sie noch vor dem Allen in Italien sehn und Ihnen dies Wunderland zeigen können.

---

[1]) Edouard Schuré's Le drame musical (2 Bde; Paris, Perrin) erschien im Juli 1875 (vgl. Br. I³, S. 342).

[2]) s. S. 390 und 395.

Nietzsche an Malwida von Meysenbug, 1872.

Vielleicht wäre es doch nothwendig gewesen, bevor Sie sich in die einsame theoretische Arbeit vergraben. Hier ist das Apollinische einmal in entzückender Fülle dagewesen, und es thut vielleicht gut diese Erscheinung gesehn und in sich aufgenommen zu haben, ehe man weiter geht.

Wie geht es Ihrer Schwester? Bitte ihr herzliche Grüße zu sagen oder zu schreiben. Lassen Sie bald von sich hören und seien Sie schönstens gegrüßt von

Ihrer M. Meysenbug.

Nr. 9.

Nietzsche an Malwida von Meysenbug.

Basel, 7. November 1872.

Verehrtestes Fräulein,

endlich ist mein Bündelchen für Sie bereit und endlich hören Sie wieder etwas von mir, nachdem ich in ein wahres Grabesschweigen versunken scheinen mußte. Denken Sie, daß ich inzwischen bereits einmal ziemlich in Ihrer Nähe war — nämlich in Bergamo[1]) — und daß nur ein vollendeter plötzlich ausbrechender Widerwille gegen Italien (namentlich Gemälde!) mich schnell wieder zurücktrieb. — Sonst hätten wir uns in diesem Jahre zum vierten Male

---

[1]) Vgl. Br. I³, S. 224.

Nietzsche an Malwida von Meysenbug, 1872.

gesehen und wieder ein solches Wiedersehn feiern können wie das Basler Concil, das ich in herzlichem Angedenken und mit stetem Dank gegen Sie und das liebenswerthe Brautpaar in Erinnerung trage. Zum vierten Male! Vielleicht Einmal mehr als gut ist, nach dem Sprüchwort daß aller guten Dinge drei sind, — kurz, der Dämon trieb mich wieder zurück und setzte mich auf den Splügen, wo ich in der größten Abgeschiedenheit von Menschen und Gesellschaft ein beruhigtes und nachdenkliches Leben führte, in kräftiger, ja schneidender Luft (während die italienische Atmosphäre auf mich einwirkte wie der Dunst einer Badestube — abscheulich und weichlich!)

Uebrigens wird Freund Gersdorff im nächsten Januar über die Alpen steigen: er hat bereits bei mir angefragt, ob er Sie noch in Florenz anzutreffen die Hoffnung hegen könne. Er ist sehr glücklich, da sein Lebensloos jetzt einmal tüchtig umgeschüttelt wird — dadurch daß er die juristische Laufbahn im Dezember aufgeben darf. Er wird nun etwas reisen und dann Landwirthschaft, mit den dazu nöthigen wissenschaftlichen Vorbedingungen, studiren. Den nächsten Sommer denkt er vielleicht in Basel mit Chemie und „Cultur", wie er schreibt, zu verbringen, — was jedenfalls nicht Agricultur, sondern wirkliche Menschheitscultur zu bedeuten hat.

Für die dritte Woche des November und zwar für 8 Tage ist mir ein herrlicher Besuch angekündigt — hier in Basel! Der „Besuch an sich", Wagner mit Frau. Sie sind auf der großen Rundreise, auf der sie alle wesentlichen Theater Deutschlands be-

Nietzsche an Malwida von Meysenbug, 1872.

rühren wollen, bei Gelegenheit aber auch den berühmten Basler Zahnarzt, dem ich also sehr viel Dank schulde!

Die neueste Schrift Wagner's „Ueber Schauspieler und Sänger" kennen Sie schon? Dagegen gewiß noch nicht die Apologie von Prof. Rohde in Kiel, die er, ebenso mit dem Schwert als der Feder, und mit großer Ueberlegenheit über seinen Gegner geschrieben hat. Ich habe es nämlich durch meine Geburt der Tragödie dazu gebracht, der anstößigste Philologe des Tages zu sein, für den einzutreten ein wahres Wunderwerk der Kühnheit sein mag, da alles einmüthig ist, über mich den Stab zu brechen. Abgesehn von der Polemik, mit der ich Sie nicht belästigen würde, enthält aber die Rohde'sche Schrift vielerlei Gutes über die philologischen Fundamente meines Buches und wird dadurch bei Ihnen einige Theilnahme finden können. Wenn ich nur nicht fürchten müßte, daß der großmüthige Schritt Rohde's ihn in ein wahres Nest von Mißgunst und Bosheit hineinführen wird! Jetzt sind wir Beide zusammen auf dem Index! Im Grunde ist es ja eine Verwechslung; ich habe nicht für Philologen geschrieben, obwohl diese — wenn sie nur könnten — mancherlei selbst Rein-Philologisches aus meiner Schrift zu lernen vermöchten. Nun wenden sie sich erbittert an mich, und es scheint, sie meinen, ich habe ein Verbrechen begangen, weil ich nicht zuerst an sie und ihr Verständniß gedacht habe. Auch Rohde's That wird erfolglos bleiben, denn nichts vermag die ungeheure Kluft zu überbrücken. Nun ziehe ich ruhig weiter

Nietzsche an Malwida von Meysenbug, 1872.

auf meiner Bahn und hüte mich den Ekel zu empfinden, zu dem man sonst auf Schritt und Tritt Veranlassung fände.

Verehrtestes Fräulein, Sie haben ja Schwereres, doch Analoges erlebt, und wer weiß, wie weit mein Leben noch dem Ihrigen ähnlich zu werden vermag. Denn bis jetzt habe ich eben nur gerade angefangen mich etwas auszusprechen; ich brauche noch viel guten Muth und kräftige Freundesliebe, vor allem gute und edle Beispiele, um nicht mitten im Sprechen den Athem zu verlieren. Ja, gute Beispiele! Und da denke ich an Sie und freue mich recht von Herzen, mit Ihnen, verehrtestes Fräulein, als mit einer einsamen Kämpferin für das Rechte, zusammengetroffen zu sein. Glauben Sie ein für allemal, daß ich Ihnen das unbedingte Vertrauen geschenkt habe, das ich, in dieser Welt des Mißtrauens, nur unter meinen nächsten Freunden empfinden darf, und daß ich so gegen Sie vom ersten Augenblicke unseres Bekanntwerdens gesinnt gewesen bin. Ebenfalls möge Fräulein Olga überzeugt sein, daß sie auf mich, in jeder Lage des Lebens, rechnen darf. Ich bin Ihnen Beiden von Herzen gut und erhoffe Gelegenheiten, es zeigen zu können. —

Da kommt Ihr freundlicher Brief aus Florenz und erinnert mich zunächst daran, daß es, bei meinem abscheulichen Stillschweigen, eigentlich ganz anders erscheinen mußte als ich vorhin, im liegen gebliebenen und unvollendeten Brief, versichern konnte: warum schrieb ich nur nicht in so langer Zeit! So frage ich mich selbst ganz erstaunt, ohne rechte Gründe oder gar Entschuldigungen zu finden. Aber ich habe es schon erlebt, daß ich mich oft am schwersten entschließe, Denen zu schreiben, an die ich am meisten denke. Aber ich verstehe es nicht. Deuten Sie es nur so gütig wie möglich und lassen Sie es dann vergessen sein. Es giebt so viel Irrationelles, gegen das man sich nur durch Vergessen hilft.

Mit diesem dunkeln Spruche will ich heute schließen. Sie empfangen mit diesem Briefe das Bild,[1]) die Rohde'sche Schrift[2]) und meine fünf Vorträge über die Zukunft unserer Bildungsanstalten. Diese lesen Sie ja mit Vergegenwärtigung eines ganz bestimmten und zwar Baslerischen Publikums; es würde mir jetzt unmöglich erscheinen, so etwas drucken zu lassen, denn es geht nicht genug in die Tiefe und ist in eine farce eingekleidet, deren Erfindung recht gering ist.

Von Herzen Ihr
getreuer
Friedrich Nietzsche.

Ich richte noch die herzlichen Empfehlungen meiner Schwester aus; sie ist nicht mehr hier, will mich aber im Sommer wieder besuchen.

---

[1]) eine von Frl. v. Meysenbug gewünschte Photographie Basels mit dem Blick auf das Münster und die Rheinbrücke. (Vgl. den Schluß von Brief 17.)

[2]) f. S. 346, Anm. 4.

Nr. 10.

Malwida von Meysenbug an Nietzsche.

16 via Alfieri
Florenz, 22. Nov. 1872.

Lieber Herr Nietzsche.

Auf Ihre schöne, liebenswürdige Sendung und Ihren Brief, hätte schon längst ein herzlicher Dank kommen sollen, aber es hat mich Unwohlsein verhindert, Ihnen denselben früher zu sagen. Auch jetzt schreibe ich liegend, denn ein heftiger Stoß gegen die Kniescheibe, den ich am 3. Tag nach unserer Rückkehr mir versetzte und dessen Folgen ich nach einigen Tagen Ruhe beseitigt glaubte, hat sich nun wieder in großen Schmerzen geltend gemacht: so habe ich Hausarrest und muß liegen, um das Bein nicht zu ermüden. In diese kleinen Leiden des menschlichen Lebens drang dann Ihr Brief, mit der für Sie so frohen Nachricht des „Besuchs an sich", wie eine wahre Heilsverkündigung. Vielleicht findet dieser Besuch eben jetzt statt und ich bin im Geiste mit dabei; wäre es, ach wie gern, auch wirklich! Wie manches herrliche, fruchtbringende Wort wird da gesprochen werden, von dem demnächst eine Wirkung ausgehn wird in die Welt! Genießen Sie sie recht, die schönen Tage, und grüßen Sie Meister und Meisterin auf das Beste! Sehr begierig bin ich von dem Resultat der Rundreise zu hören und ob die

Malwida von Meysenbug an Nietzsche, 1872.

Stimm-Ernte ergiebig gewesen ist.[1]) — Leider verhindert mich mein Leiden, zu einer Tannhäuser-Aufführung nach Bologna zu gehn, doch habe ich genaue Nachrichten durch Schuré's, welche hin waren, und einen anderen Bekannten. Die Aufführung hat am Anfang das Schicksal aller Tannhäuser-Aufführungen getheilt; d. h. eine angezettelte Intrigue hat zu einem heftigen Kampf zwischen Beifall und Opposition geführt; aber schon bei der zweiten Aufführung war die Opposition besiegt und bei der dritten war der Beifall ein glänzender. Schuré's, welche die fünfte sahen, waren sehr befriedigt durch die Ausführung; von Chören, Orchester und dem Wolframsänger ganz begeistert. Es scheint aber im Ganzen der Eindruck weniger unmittelbar ergreifend und überwältigend gewesen zu sein, als beim Lohengrin, und ich bin geneigt, mir dies zu Gunsten der Sache zu deuten. Konnte der Lohengrin, der doch der letzten Wagner'schen Entwicklung viel näher steht als der Tannhäuser, die Italiener so mäßig ergreifen, so mußte ihnen Tannhäuser, bei all seiner Schönheit, fast wie ein Rückschritt erscheinen: während sie, hätten sie Tristan in vollkommener Aufführung sehn können, vielleicht zur äußersten Begeistrung entzündet worden wären. Ich wenigstens kann mir das denken. Merkwürdig ist es immer schon, daß die Journale von Wagner-Artikeln wimmeln, daß in allen Musikalienläden

---

[1]) Die Reise Wagner's hatte den Zweck, ihm in Hinsicht auf die für den Nibelungenring zu gewinnenden Sänger einen Einblick in die Leistungen der damaligen Opernbühnen zu verschaffen.

Malwida von Meysenbug an Nietzsche, 1872.

Wagner'sche Musik liegt und daß heftig dafür und dawider gekämpft wird. Gleichgültig kann das eben nicht vorübergehn.

Nun möchte ich Sie aber doch ein wenig schelten, daß Sie so auf der Schwelle von Italien umgekehrt sind. Erstens, welche Freude hätte uns das vierte Mal gemacht! und wie gerne hätten wir Abends, in unserem kleinen Musiksalon, aus dessen Fenstern man die villenbesäte klassische Hügelreihe von Fiesole, im wunderbaren Zauber italienischer Abendbeleuchtungen sieht, Ihrem Spiel zugehört, um das uns, beim Baseler Concil, die schauderhaften Engländer gebracht haben! Hier wäre es Ihnen auch weniger warm und schwül gewesen, und die ernste Freskomalerei der Florentiner Renaissance hätte Ihnen gewiß keinen so widerwärtigen Eindruck gemacht. Was wollten Sie auch in Bergamo? Indeß ich verstehe auch den Splügen und seine stärkende Alpeneinsamkeit. In der Jugend, und am Anfang des Kampfes, sind solche Stunden gottgesegnet: die Wüste, in welcher die Propheten sich vorbereiten für die Mission, die ihnen aufgetragen. Im Alter, und nach dem Kampf, da sind sie zu überwältigend: da wird man versucht sich, wie Empedokles, hinunter zu stürzen in das flammende Herz der Erde, um das große „Vergessen alles Irrationellen" zu finden. Den dunklen Spruch verstehe ich nur zu wohl; ich übe ihn jetzt schon täglich, wo das irrationellste Verhängniß meines Lebens näher und näher rückt, nämlich: genau im Augenblick, wo die Blüthe anfängt sich zu entfalten, das Wesen, auf welches sich seit 20 Jahren beinah mein Leben concentrirt hat, dahin gehn zu sehn, wohin ich ihr weder folgen kann, noch wo sie die Ideen und Sympathien finden wird, in denen ihr Leben wurzelte und die ihre höchst eigenthümliche Natur sich mit leidenschaftlicher, ganz spontaner Liebe angeeignet hatte. Sie kann in jenen Verhältnissen auch eine ausgezeichnete Frau werden, aber sie kann es nur indem sie von vornherein in Kampf tritt mit der sie umgebenden Welt: und das ist es, vorerst wenigstens, was man ihr nicht wünschen kann. Mit Sorge sehe ich auch außerdem jetzt in das von Neuem gährende Chaos in diesem wüsten Paris; sie da hinein zu entlassen, ist mir schrecklich. Mit Dank und Rührung nehme ich daher auch für Olga Ihre Freundeszusage entgegen. Wer weiß, in welche Stürme dies arme Kind noch hinein gerathen wird und wie nöthig sie eines Tags sichre, edle Freunde haben kann. Sie selbst dankt Ihnen herzlich dafür und sagt, sie wird auf Ihr Wort bauen. Einliegend sendet sie die Ihrer Schwester versprochne Photographie und hofft auf die ihr versprochne. Zugleich schicke ich Ihnen die meine, um ein Recht zu haben mir die Ihre zu erbitten.

Die Rohde'sche Schrift[1]) ist ganz vortrefflich und schlägt den armen Dr. phil. gründlich todt. Ich denke doch, die übrigen Philologen werden etwas Respekt bekommen und sich nicht sobald wieder an Sie wagen, wenn sie Sie auch von Herzen verabscheuen. Ich möchte gern einmal eine ganze Anzahl

---

[1]) f. S. 346, Anm. 4.

Malwida von Meysenbug an Nietzsche, 1872.

philologischer Fragen zu meiner Belehrung an Sie richten, behalte dies aber einem anderen Brief vor. Nun komme ich aber auf das Beste Ihrer Sendung zuletzt, auf Ihr Manuskript.[1] — Meine immer leidenden und jetzt besonders angegriffenen Augen hielten mich ab, es gleich selbst zu lesen; und so haben wir es denn gestern Abend im kleinen Kreis, Olga, ihre Schwester, ich und Schuré's, angefangen und wollen es zusammen lesen: wobei ich mich nur hörend verhalte, auf dem Sopha ausgestreckt wegen meines Beines, hinterm Lichtschirm wegen meiner Augen, nur um desto mehr bereit, zu hören und aufzunehmen. Wir haben gestern die Vorrede und erste Vorlesung gelesen und waren Alle so an- und aufgeregt davon, daß Sie mit Befriedigung gesehen haben würden, wie auch ein anderes Publikum, als ein Basler, dieselben zu schätzen weiß. Ich begreife, daß Sie den wichtigen Stoff jetzt nicht mehr in dieser Form drucken möchten: aber uns hat auch gerade die Einleitung mit den reizenden Rheinbildern so viele Freude gemacht. Wir freuen uns Alle auf die Fortsetzung, die Sie sich nun 3—4 Mal die Woche stattfindend denken können.

Der wichtige Gegenstand beschäftigt uns hier gerade auch fast ausschließlich, da man hier sich stark mit Reformen der Bildungsanstalten und Gründung neuer beschäftigt und einige der edelsten Italiener, die sich damit beschäftigen, unsre Freunde sind, wir auch mit Rath und That helfen. So kommen uns

---

[1] „Ueber die Zukunft unserer Bildungsanstalten" (abgedruckt in der Gesammtausgabe Bd. IX, S. 303—419).

denn Ihre Gedanken doppelt erwünscht. Schuré war ganz begeistert davon und bittet, Sie von ihm, als von einem unbekannten Freund, zu grüßen.

Der angekündigte Besuch Gersdorff's ist uns eine sehr frohe Aussicht. Schreiben Sie ihm nur, er soll ja nicht zu spät kommen, damit er uns hier noch in unserer bisherigen Häuslichkeit friedlich bei einander treffe. Wie freue ich mich für ihn der Veränderung seiner Verhältnisse, die er so sehr zu wünschen schien!

Und nun aber leben Sie wohl für heute.

Wenn Wagner's da sind, dann ist der Brief schon viel zu lang: denn er nimmt Ihnen Zeit weg, die besser gebraucht werden kann. Noch einmal schönsten Dank und herzliches Erinnern.

Ihre

Malwida Meysenbug.

Nr. 11.

Nietzsche an Malwida von Meysenbug.

Basel, 20. Dezember 1872.

Verehrtestes Fräulein,

Sie haben mir eine große Freude gemacht, für die ich Ihnen auf der Stelle gedankt hätte, wenn es nicht nöthig gewesen wäre, eine Photographie von mir beizulegen. Nun gab es aber keine — und wie Sie sehen — giebt es jetzt zwar welche, doch wieder vom

Nietzsche an Malwida von Meysenbug, 1872.

alten Seeräuberstil, sodaß ich zu der metaphysischen Annahme gedrängt werde, es möge Das, was die Photographen so und immer wieder so darstellen, mein „intelligibler" Charakter sein; denn mein intellektueller ist es so wenig, daß ich Bedenken trug, Ihnen dies Conterfei meiner schlechteren Hälfte anzubieten. Kurz, ich wollte sagen, es gab erst einen Zeitverlust, weil ich keine Photographie, und dann wieder einen, weil ich eine hatte — aber eben eine solche![1]) Ich erkläre dies ausdrücklich, weil ich Ihre Photographie für unbegreiflich gut halte: wie sich auch meine Schwester über das Bild von Fräulein Olga eben so dankbar als erfreut zu äußern allen Grund hat. Ich reise jetzt für zwei Wochen nach Naumburg, um dort Weihnachten zu feiern: während dieser Zeit will ich meine Schwester dazu bringen, sich photographisch hinrichten zu lassen: wenigstens bezeichnet dieser Ausdruck meine Empfindung, wenn der einäugige Cyklop als deus ex machina vor mir steht. Während ich mich dann bemühe, dem Verderben Trotz zu bieten, geschieht bereits das Unvermeidliche — und ich bin von Neuem als Seeräuber oder erster Tenor oder Bojar et hoc genus omne aeternisirt.

Nun werden Sie die Vorträge gelesen haben und erschreckt worden sein, wie die Geschichte plötzlich abbricht, nachdem so lange präludirt war und in lauter negativis und manchen Weitschweifigkeiten der Durst nach den wirklichen neuen Gedanken und

---

[1]) Zur Vorgeschichte dieses Bildes vgl. Br. I³, 228.

Vorschlägen immer stärker sich eingestellt hatte. Man bekommt einen trocknen Hals bei dieser Lektüre und zuletzt nichts zu trinken! Genau genommen paßte Das, was ich mir für den letzten Vortrag erdacht hatte — eine sehr tolle und bunte Nachtbeleuchtungs= scene — nicht vor mein Baseler Publikum, und es war gewiß ganz gut, daß mir das Wort im Munde stecken blieb. Im Uebrigen werde ich recht um die Fortsetzung gequält: da ich aber das Nachdenken über das ganze Gebiet etwas vertagt habe, etwa auf ein Triennium — was mir, bei meinem Alter, leicht wird —, so wird der letzte Vortrag gewiß nie aus= gearbeitet werden. — Die ganze Rheinscenerie, so wie alles Biographisch=Scheinende ist erschrecklich er= logen. Ich werde mich hüten, die Baseler mit den Wahrheiten meines Lebens zu unterhalten oder nicht zu unterhalten: aber selbst die Umgebung von Rolandseck ist mir in bedenklicher Weise undeutlich in der Erinnerung. Doch schreibt mir auch Frau Wagner, daß sie sich, am Rheine reisend, meiner Schilderung entsonnen habe.

Unser Zusammentreffen hat stattgefunden, in be= glückendster Weise, aber nicht hier in Basel, sondern in Straßburg: nach langem telegraphischen Wetter= leuchten zwischen hier und mehreren süddeutschen Städten wurde endlich der Baseler Aufenthalt als unmöglich erkannt, und so reiste ich denn eines Frei= tags[1]) nach Straßburg, wo wir mit= und beieinander zwei und einen halben Tag verlebten, ohne alle

---

[1]) 22. November 1872. (Vgl. auch Br. I³, 229 u. II, 374.)

Nietzsche an Malwida von Meysenbug, 1872.

sonstigen Geschäfte, sondern erzählend und spazierengehend und Pläne machend und der herzlichsten Zueinandergehörigkeit uns gemeinsam erfreuend. Wagner war mit seiner Reise recht zufrieden, er hatte tüchtige Stimmen und Menschen gefunden und war heiter und zu allem Unvermeidlichen gerüstet. Der ganze Winter geht darauf, denn nach Weihnachten geht es nach dem östlichen Norden Deutschlands, besonders nach Berlin, wo auf drei Wochen etwa Halt gemacht werden soll. Es ist nicht gewiß, aber möglich, daß er nach Mailand, zur Scala=Aufführung kommt.

Gersdorff trifft in der ersten Hälfte des Januar hier ein, um dann unverzüglich weiter, nach Florenz und Rom zu reisen. Im Februar will er mit seinem Vater in Rom zusammentreffen. Er bedarf jetzt, ebenso wie sein Vater, doppelt dieser längst vorbereiteten Reise, da in der allerletzten Zeit sein einziger Bruder, nach dreijährigem leidensvollen Aufenthalte im Irrenhause (Illenau), gestorben ist. Er ist nun die einzige Hoffnung seines Geschlechtes; seine Eltern sind ganz vereinsamt, da auch die letzte und jüngste Schwester, die bisher mit den Eltern zusammen lebte, sich jetzt verheirathet hat, mit einem Grafen Rothkirch=Trach. Uebrigens hat Gersdorff mir neulich ganz begeistert ebenso über Ihre, als die Herzen'schen Memoiren geschrieben: woraus Sie wenigstens Das entnehmen können, daß er, bei seiner Vorbereitung auf Italien, sich doch besonders auch auf Florenz gut vorbereitet.

Beiläufig: was sind denn das für philologische Fragen, verehrtestes Fräulein, die Sie, wie Sie

Nietzsche an Malwida von Meysenbug, 1872.

schreiben, auf dem Herzen haben? Machen Sie doch mit mir einen Versuch — falls Ihnen nicht etwa Wilamowitz den Glauben an meine Philologie erschüttert hat. Für diesen Fall stehe ich aber immer noch zu Diensten, da ich dann Freund Rohde heranziehen würde, an dessen Philologie zu zweifeln ich Niemandem erlaube.

Was haben Sie denn für den nächsten Sommer, nach der sehr schmerzlichen Trennung von Fräulein Olga, beschlossen? Und auf welchen Termin ist die Vermählung angesetzt? Und soll sie in Paris gefeiert werden? Oder bei Ihnen in Florenz?

Das Buch des Hrn. Monod über Gregor von Tours[1]) ist in den deutschen gelehrten Zeitschriften sehr rühmend besprochen und als das Beste und Werthvollste, gerade vom Standpunkte strenger historischer Schule aus, bezeichnet worden, was bis jetzt über Gregor geschrieben ist.

Heute Abend will ich abreisen. Ich sende Ihnen und Fräulein Olga einen herzlichen Weihnachts- und Neujahrsgruß zu. Es lebe dieses Jahr, aus manchen andern Gründen, aber namentlich weil es so schöne und hoffnungsreiche Gemeinsamkeiten geschaffen hat. Es läuft alles auf einer Bahn, und dem Tapferen muß das Gute und das Schlimme gleich recht sein.

Verehrungsvoll Ihr
    getreuer
        Fr. Nietzsche.

---

[1]) In der Bibliothèque de l'École des hautes études erschienen (1872).

Nr. 12.

Malwida von Meysenbug an Nietzsche.

16 via Alfieri
Florenz, 7. Januar 1873.

Noch habe ich dem Seeräuber zu danken, der mir, trotz seines martialischen Aussehens, sehr gefällt außer den Brillen, die jedes Angesicht verunstalten und noch vielmehr ein Bild und ganz besonders dieses, wo die Augen sich ihrer selbst gar nicht zu schämen brauchen — und schon ist nun auch das neue Jahr herbeigekommen und ich habe einen ganzen Vorrath von guten Wünschen für Sie aufgehäuft in der Neujahrsnacht. In der letzten Stunde des verflossenen Jahres saß Olga an meinem Bett und wir besprachen unser vergangenes Leben, das mit dem Jahr zu Ende gegangen ist. In der tief erregten Stimmung, die dies Gespräch hervorgebracht hatte, trat ich schlaflos in das neue Jahr ein, des Guten und der Guten gedenkend, welche die einzigen Lichtblicke in dem sonst an Schmerzen reichen Jahr gewesen. Zu den Guten gehören in erster Linie Sie: und wenn ich auch nicht sagen kann wie Sie „es lebe das Jahr 72", so freue ich mich doch nicht minder der Gemeinsamkeiten, die es geschaffen. Ihnen, dem Tapferen, möge denn nun auch Alles, Gutes und Schlechtes, zum Heile werden, denn Sie haben die große Lebensaufgabe

Malwida von Meysenbug an Nietzsche, 1873.

noch vor sich. Ich war einst auch tapfer in dem Sinn; jetzt bin ich es nur noch im Sinne der großen stummen Resignation. Bis es dahin kam, hat es noch einmal einen heißen Kampf gekostet, der im März, mit Olga's Hochzeit, seinen Abschluß findet. Diese Hochzeit wird, da Sie danach fragen, hier in aller Stille, da keine kirchliche Einsegnung stattfindet, sondern nur Civiltrauung, vor sich gehen. Monod wird nur auf 2 oder 3 Tage kommen (er war kürzlich 14 Tage hier) und dann den Siegfrieds-Vogel (Sie wissen, Olga war bestimmt, denselben in Bayreuth zu singen) mit in das Land der Franken nehmen (wo eben, wie ich höre, wieder ein Schmähartikel gegen Wagner in der Revue des deux mondes erschienen ist). Wie Olga das aushalten wird, begreife ich noch nicht. Talent und Begabung ist ja drüben, das ist unleugbar, oft auch wirkliche Liebenswürdigkeit — und doch ist es eine nüchterne Welt: denn das Gebiet der Intuition, und damit das der höchsten Kunst, scheint ihnen ewig verschlossen. — Sie fragen mich auch, was ich danach im Sommer thun werde. Es fällt mir unsäglich schwer, mich zu entscheiden, weil es so abscheulich ist, sich wieder noch einmal mit all dem Elend einer neueinzurichtenden Existenz zu befassen, ein Elend, das ich zur Genüge im Leben durchgemacht habe und das mich nun förmlich anwidert. Auch kommt es deshalb eben darauf an, mir nun das letzte Nest zu bauen, und da giebt es eben Mancherlei zu erwägen, namentlich weil meine Gesundheit mir allzuviel hemmende Fesseln anlegt. Ich habe in diesen Tagen einen, auch gerade in Bezug darauf

Malwida von Meysenbug an Nietzsche, 1873.

unsäglich liebenswürdigen und guten Brief von Cosima erhalten, und es ist gewiß, daß, nach Olga's Fortgang, unter allen menschlichen Beziehungen, der stärkste Zug mich dorthin zieht. Aber es wird mir auch nicht leicht Italien zu verlassen, wo die zauberische Natur (ich lasse nämlich Ihren momentanen Eindruck nicht als ein bleibendes Urtheil gelten, und weiß es auch, Sie würden diesen Zauber erfahren und eingestehen) den Lebensmüden mit holdem Trost umfängt und ihn sanft hinweghebt über manche schwere Stunde mit ihren milderen Lüften, mit ihrem Traumbild unsterblichen Lebens, weil auch der Winter hier nie völliger Tod ist. Auch interessirt mich die italienische neue Renaissance sehr, und ich habe hier und da Gelegenheit, sogar hülfreich zu werden, und habe allerdings auch viele Menschen, die mir werth sind. Dennoch, glaube ich, wird wohl Bayreuth die Oberhand behalten, und wenn ich auch vielleicht noch nicht ganz übersiedele, werde ich wohl den Sommer da zubringen, um erst zu sehen wie das Klima auf mich wirkt. Leider bin ich nun auch durch den unglücklichen Stoß an's Knie noch invalider geworden als sonst: ich kann nur eben erst ein wenig in den Zimmern herumgehen und bin gestern, zum ersten Mal seit dem 18. November, ausgefahren, wozu man mich aber die Treppe hinunter= und hinauftragen mußte. Auch die Entwicklung dieser Katastrophe muß ich erst noch ein wenig abwarten, da ich den Freunden keinesfalls ein völlig invalides Wesen zuführen möchte. Es thut mir dies auch so leid, indem ich an den bevorstehenden Besuch von Gers=

Malwida von Meysenbug an Nietzsche, 1873.

dorff ¹) denke, auf den ich mich so sehr freue. Ich werde ihn nun leider nicht in Florenz umherführen können, da ich doch so gern sein Cicerone gewesen wäre. Ich muß mich daher auf die Freude beschränken, ihn so oft als möglich hier bei uns zu sehn. Hoffentlich trifft er hier gutes Wetter, damit er Florenz in all seiner Lieblichkeit sieht: denn der Unterschied ist freilich groß, weil die Sonne hier eben Alles mit solcher Schönheit überzieht, wie es im Norden nie der Fall ist.

Ja die Vorträge haben wir mit unendlichem Interesse zu Ende gelesen: und wenn es auch wahr ist, daß man den Schluß etwas vollständiger, eine ausführlichere Entwicklung dessen, was an die Stelle des mit Recht Verneinten treten soll, gewünscht hätte, so finde ich, enthält er doch genug Andeutungen über Das, was Sie meinen, um Gedanken zu wecken und schon jetzt vollständig darauf vorzubereiten. Mir scheint, als brauchten Sie an dem Rahmen für dieses hochbedeutende Werk gar nichts zu ändern. Auch die platonische Form des Dialogs, dünkt mich, müßten Sie beibehalten: sie ist so lebendig und anregend und erleichtert so das Hervorheben der Gegensätze. Sie brauchen eigentlich nur noch auszufüllen. Die 3. und 4. Vorlesung sind ganz wunderschön und bedürfen weniger Zusätze. Die letzte muß in ihren herrlichen Andeutungen vervollständigt werden. Wie

¹) Seine Reise nach Italien ging, wie beabsichtigt (s. S. 425), über Basel, wo eine Woche Aufenthalt genommen wurde. Die ersten Nachrichten v. Gersdorff's aus Florenz erhielt mein Bruder am 30. Januar (Br. II, 393).

Malwida von Meysenbug an Nietzsche, 1873.

tiefbedeutend ist der Hinweis auf den Ausschluß der Kunst in den Bildungsanstalten; wäre das nicht, so könnte es nicht soviel Philister geben. Ich freue mich darauf wenn das Buch einmal vollständig sein wird.

Ich bin nun in Verlegenheit, wie ich es Ihnen wieder zustellen soll; ich habe Angst, es der Post anzuvertrauen. Brauchen Sie es bald? Sonst könnte ich mit Gersdorff darüber sprechen, ob er es mit zurücknehmen kann, wenn seine Reise nicht zu lange dauert.

Lesen Sie vielleicht die Nuova Antologia dort in Basel, eine Florentiner Monatsschrift? Wenn nicht, so will ich Ihnen einen Artikel aus dem Novemberheft[1]) schicken von einem unserer Freunde, dem Professor Villari, der, wenn auch nur kurz, doch auch darauf hindeutet, wie wenig mit den bloßen Lehrschulen gethan ist, wenn man nicht zugleich den ganzen Menschen in die Hand nimmt und wahre Bildung, d. h. Harmonie von Charakter, Wissen und Sitte, erzielt. Es ist ein schöner Artikel und wird Sie interessiren.

Die Reihe meiner philologischen Fragen soll zunächst mit einer pädagogisch-philologischen anfangen. Trotz Wilamowitz-Möllendorff habe ich das gründlichste Vertrauen zu Ihnen (oder: in Sie? — ecco gleich ein philologischer Zweifel, der plötzlich

---

[1]) Scheint die Abhandlung „La scuola e la questione sociale in Italia" enthalten zu haben, die der um das italienische Unterrichtswesen hochverdiente Gelehrte bald darauf auch in Buchform erscheinen ließ.

über mich kommt mit einem förmlichen Erschrecken vor meiner bisherigen Harmlosigkeit). Also: halten Sie das gleichzeitige Erlernen **mehrerer** Sprachen in früher Kindheit für gerathen oder nicht? — Ich lebte nämlich einst im Kreise eifriger Anhänger dieses Systems, die es als einen unermeßlichen Vortheil, als eine Gymnastik des Geistes u. s. w. priesen. Eine Zeitlang theilte ich die Ansicht, weil allerdings Kinder, als eine Art Papageien, spielend leicht über die Schwierigkeiten der Aussprache und des Dialekts hinwegkommen, was dem Erwachsenen oft sehr schwer wird. Dann aber kam ich davon zurück, indem es mir schien, als ob damit eine gewisse Seichtigkeit des Gedankens herbeigeführt werden müsse und die Leichtig= keit der Gymnastik, die Bewegung in die Tiefe, ver= hindere. Wenn die Sprache etwas Anderes ist, als eine zufällige Anhäufung willkürlicher Zeichen, wenn sie im innigsten Zusammenhang steht mit dem Geist eines Volkes, wenn sie mit dem vertrauten Wort in der Tiefe der Begriffe zusammenwächst und sie eigen= thümlich, national wenn man will, sich gestalten hilft, so muß, glaub' ich, dem Kind erst **eine** Sprache zum Eigenthum werden, zum Denkwerkzeug, mit dem sich sein Intellekt der Welt bemächtigt, ehe sich ihm, mit dem fremden Ausdruck, auch eine neue Nuance des Begriffs aufdrängt und die Intensität desselben ver= wischt. Der erwachsende Mensch hat größere Schwierig= keiten mit der Aussprache, aber das ist ja gleich= gültig; dagegen wird sich ihm das volle Interesse an der fremden Anschauungsweise zugleich mit der Sprache entwickeln, ohne ihm Etwas von seiner

Originalität zu rauben. Ich glaube, daß die moderne Erziehung viel dadurch schadet, daß sie die Kinder zugleich in mehreren Sprachen aufzieht.

Erschrecken Sie nicht, es werden nicht Alles so lange Abhandlungen werden. Und nun leben Sie wohl für heute. Herzliche Grüße von Olga und Ihrer

M. Meysenbug.

Olga möchte auch gern eine Photographie von Ihnen.

Nr. 13.

Nietzsche an Malwida von Meysenbug.

[Basel, gegen Ende Februar 1873.]

Verehrtestes Fräulein, es ist mir seit der Abreise meines Freundes Gersdorff[1]) nicht gut gegangen: ich bin aus einem zwar sehr trivialen, aber um so lästigeren grippenartigen Zustande nicht herausgekommen und habe den Winter recht nachdrücklich an mir abgebüßt. So kam es, daß ein kleines Hochzeitsgeschenk, welches ich mir für Fräulein Olga ausgedacht hatte, erst in diesen Tagen fertig wurde und daß ich wieder einmal, Ihnen gegenüber, als ein sündig-säumiger Briefschreiber erscheine. Nehmen wir, um nicht allen Glauben an die Gerechtigkeit zu verlieren, an, daß die langwierige Unannehmlichkeit

---

[1]) Das heißt seit fünf Wochen ungefähr.

Nietzsche an Malwida von Meysenbug, 1873.

von Husten, Heiserkeiten u. s. w. meine Strafe ist: womit ich zugleich die Hoffnung ausspreche, daß der heutige Brief auch eine Wendung meines Gesundheitsstandes mit sich bringen werde.

Vor allem aber, und ganz abgesehn von meinen ganz gleichgültigen Miseren, — wie geht es jetzt mit Ihrem Befinden, verehrtestes Fräulein? Ist der böse Stoß mit seinen Folgen überwunden und können Sie wieder ordentlich in's Freie gehen? Ich wünsche es von Herzen. Denn Sie brauchen jetzt vor allem eine recht tapfere Gesundheit, um die verschiedenen nächsten Ereignisse, Trennungen, Entscheidungen wenn nicht „frohmüthig", wie man hier sagt, so doch muthig zu überstehen. Uebrigens hat mir Frau Wagner einige Andeutungen gemacht, die sich gerade auf jene wichtigen Entscheidungen beziehen. Ich denke immer noch, irgendwann einmal sitzen wir alle in Bayreuth zusammen und begreifen gar nicht mehr, wie man es anderswo aushalten konnte.

Nun spreche ich Ihnen über das kleine Geschenk, welches durch Ihre Hand Fräulein Olga angeboten werden soll: es ist eine vierhändige Composition [1]) von mir, zum Ersatz jener beim Baseler Concil ausgefallenen Musikviertelstunde. Zu Grunde liegt ein

---

[1]) Der Titel dieses noch vorhandenen Tonstücks lautet „Une Monodie à deux". Über die linken Seiten ist (statt des üblichen Secondo) Monsieur Monod geschrieben; über die rechten Seiten (statt Primo) Madame Monod. „Das Stück ist gut gerathen und würde mir keine Bülow'schen Briefe zuziehn" heißt es halb scherzhaft an Rohde (Br. II, 396).

Nietzsche an Malwida von Meysenbug, 1873.

Thema aus meinem fünfzehnten Jahre, das meine Schwester diese Weihnachten unter alten Manuskripten von mir aufgefunden und das ich in den letzten Wochen etwas ausgeführt habe. Ich weiß das Datum der Vermählung nicht; sagen Sie deshalb, verehrtestes Fräulein, dem ausgezeichneten Paare das Herzlichste in meinem Namen und bitten Sie darum, daß meine schlechte Musik wenigstens als ein Symbol freundlich aufgenommen werde möge, als das Symbol einer guten „monobischen" Ehe; und wir wissen ja Alle, daß die besten Dinge oft gerade durch geringe und niedrige Symbole charakterisirt werden. Uebrigens könnte es meiner Musik nichts schaden, wenn sie etwas besser wäre. Das steht aber leider nicht in meinen Kräften. —

Ich begehre jetzt recht nach Sonnenschein und einiger Fröhlichkeit: besonders auch, um ein Manuskript zu Ende zu bringen, das von philosophischen Dingen handelt und an dem ich mit rechter Liebe gearbeitet habe.[1] Alle die großen Philosophen, die während des tragischen Zeitalters der Griechen, das soll heißen während des sechsten und fünften Jahrhunderts gelebt haben, kommen darin vor: es ist höchst merk-

---

[1] Die auf S. 346 Anm. 5 und 391 Mitte erwähnten Vorarbeiten zum „Agon" waren inzwischen für später zurückgelegt worden. Die Gesammtdarstellung der griechischen Philosophen von Thales bis Demokrit, der sich Nietzsche seit dem Sommer 1872 zugewandt hatte, sollte ein Seitenstück zur „Geburt der Tragödie" werden, mit ähnlichen Ausblicken in die Zukunft der Philosophie wie dort in die Zukunft der Kunst. Die umfangreichen Fragmente und Studien zu diesem Buche stehen in Bd. X, S. 1—237 der Gesammtausgabe.

Nietzsche an Malwida von Meysenbug, 1873.

würdig, daß die Griechen überhaupt in jenem Zeit=
raume philosophirt haben — und nun gar, wie!

Wünschen Sie mir etwas Heiteres und Erfreu=
liches, damit ich besonders während der Osterzeit, in
der ich ein paar freie Tage habe, Lust und Muth
zu dieser Arbeit und ihrer Vollendung finde. Ich komme
mit dieser Schrift wieder in ein höchst praktisches
Culturproblem, es wird mir mitunter angst und
bange. —

Ich bin erstaunt und erfreut, verehrtestes Fräu=
lein, daß meine Vorträge so sehr Ihre Theilnahme,
ja Ihren Beifall gefunden haben; Sie müssen mir
aber, auf mein ehrliches Gesicht, glauben, daß ich
alles in ein paar Jahren besser machen kann und
besser machen will. Einstweilen haben diese Vorträge
für mich selbst eine exhortative Bedeutung: sie mahnen
mich an eine Schuld, oder an eine Aufgabe, die ge=
rade mir zugefallen ist, besonders nachdem nun gar
der Meister sie feierlich=öffentlich auf meine Schultern
gelegt hat.[1] Es ist aber keine Aufgabe für so junge
Leute, wie ich bin: man muß mir gestatten wenn
nicht zu wachsen doch älter oder alt zu werden. Jene
Vorträge sind primitiv und dazu etwas improvisirt,
glauben Sie mir es nur. Ich halte nicht viel davon,
besonders auch der Einkleidung wegen. Fritzsch war
bereit, sie zu drucken; ich habe aber geschworen, kein
Buch erscheinen zu lassen, bei dem ich nicht ein Ge=

---

[1] Hindeutung auf die Schlußworte in Wagner's offnem
Brief „An Friedrich Nietzsche", der in der Norddeutschen Allgem.
Ztg. vom 23. Juni 1872 erschienen war (R. W.'s Schriften
Bd. IX, S. 350—358).

Nietzsche an Malwida von Meysenbug, 1873.

wissen so rein wie ein Seraphim besitze. So steht's aber nicht mit diesen Vorträgen: sie dürften und könnten besser sein, es ist anders als bei meiner Musik, die gerade so ist, wie sie sein kann — das heißt in diesem Falle leider „schlecht genug".

Ueber Ihre philologisch=pädagogische Frage [1]) habe ich oft nachgedacht, die Entscheidung dünkt mich allgemeinhin nicht wohl möglich. Es kommt so sehr darauf an, w e l c h e gerade die Muttersprache ist. Leider fehlt es mir sehr an Erfahrungen: aber ich sollte z. B. meinen, es sei für ein deutsches Kind ein wahres Glück, zuerst in einer regelrechten strengen Cultursprache, Französisch oder Latein, erzogen zu werden, damit sich ein kräftiges S t i l g e f ü h l entwickle, das nachher auch der später erlernten, etwas barbarischen Muttersprache zu Gute käme. Dagegen war es bei den Griechen und ist es bei den Franzosen freilich unnütz, eine zweite Sprache überhaupt zu lernen; solche Völker, die ein eignes Stilgefühl in so hohem Grade besitzen, dürfen sich bei ihrer eignen Sprache zufrieden geben. Alle anderen müssen lernen und lernen. (Ich spreche hier natürlich nicht von dem Werth, den das Erlernen einer fremden Sprache für Kenntniß fremder Litteraturen und Wissenschaften hat, sondern nur vom Sprachgefühl und Stilgefühl.)

Warum schreibt denn Schopenhauer so vortrefflich? Weil er viele Jugendjahre hindurch fast nur französisch oder englisch oder spanisch gesprochen hat.

---

[1]) Vgl. hierzu den vier Jahre später niedergeschriebenen Aphorismus „Viele Sprachen lernen" in Menschliches, Allzumenschliches I (§ 267).

Nietzsche an Malwida von Meysenbug, 1873.

Dann hat er, wie er selbst sagt, außerordentlich den Seneca, zu diesem Zwecke, studirt und nachgeahmt. Aber wie ein Deutscher, durch deutsche Lektüre, zu einem Stil kommen soll oder gar durch deutsche Unterhaltung und Geselligkeit, begreife ich nicht. Das Schwankende soll sich am Festen bilden: aber in Deutschland, im Lande der wüstesten Buch- und Zeitungsmacherei (im Jahre 1872 allein 12000 deutsche Bücher!) da sollte Jemand im Sprechen und Schreiben Stil lernen? Ich glaube es nicht, bin aber gerne bereit zu lernen. Denn wie gesagt, ich weiß nichts, habe nichts erfahren und bin kein Fachmann. —

Bleiben Sie mir, verehrtestes Fräulein, wohl geneigt und grüßen Sie Herrn Schuré von mir. Ihnen und Fräulein Olga alles Gute anwünschend, verbleibe ich

Ihr

hochachtungsvoll ergebener

Friedrich Nietzsche.

N. B. Ich danke Ihnen sehr für die Zusendung der Abhandlung des Herrn Villari, die ich ernsthaft lesen will. — Gerne wünschte ich zu erfahren, ob Sie die Adresse meines trefflichen Freundes Gersdorff wissen und mir sagen können. Er schreibt so glücklich über Florenz und ist Ihnen so dankbar.

— Was sagen Sie zu der mitfolgenden Preisaufgabe? Und den Preisrichtern? — [1]

[1] Über das Preisausschreiben des Allgemeinen Deutschen Musikvereins für eine Schrift über Rich. Wagner's Nibelungen-

Nr. 14.

Malwida von Meysenbug an Nietzsche.

16 via Alfieri
Florenz, 27. Febr. 1873.

Lieber Herr Nietzsche, Alles ist grau, trüb und schwer in mir und außer mir: deshalb nahm ich ein rosa Papier um Ihnen zu schreiben, weil ich möchte, daß es bei Ihnen rosa aussähe. Es thut so gut, anderswo Freude in der Welt zu wissen und ein „resolutes Leben im Ganzen, Vollen, Schönen". [1]) In solchem Zustande weiß ich Gersdorff: so war er hier, so ist er in Rom, wo ihn noch außerdem die frohe Nachricht, daß sein Freund, der Bildhauer Rau, [2]) den

---

Dichtung siehe Seite 355 f. Als Preisrichter amtirten mein Bruder und die beiden Germanisten Prof. Karl Simrock in Bonn und Prof. Moritz Heyne in Basel. (Vgl. Br. I³, 235, 262 und Br. II, 392.)

[1]) Reminiscenz an einen Goethe'schen Vers (aus dem Gedicht „Generalbeichte"), den Mazzini auf unsrer Luganer Reise vom Februar 1871 mehrmals citirt hatte und den mein Bruder seitdem gern mit dem Accent jenes alten Italieners im Munde führte. (Vgl. Biogr. II, 56.)

[2]) Leopold Rau aus Nürnberg, Schüler von Reinhold Begas, hatte sich, seiner vielversprechenden Begabung wegen, der mehrjährigen Unterstützung des Freiherrn v. Gersdorff zu erfreuen gehabt. Von ihm stammte auch das Rundbild mit dem Entfesselten Prometheus auf dem Titelblatt der „Geburt der Tragödie". Er starb leider schon 1881, in Rom. (Über die Preiskrönung des Rau'schen Tegetthoffdenkmal-Entwurfs

Malwida von Meysenbug an Nietzsche, 1873.

2. Preis des Denkmals für Tegetthoff, von 2000 fl. gewonnen hat und nun zu fernerer Ausbildung nach Italien gehn kann, zum vollständigen Bacchanten gemacht hat, dem, statt des modernen Carnevals, nur der Dionysus-Zug in den Straßen fehlte, um den Thyrsus zu schwingen. In den vier Wochen, wo er allabendlich bei uns war, müssen Ihnen die Ohren oft geklungen haben, denn es ist unzählige Male von Ihnen die Rede gewesen. Gersdorff hatte sich Ihr Manuskript mit zu sich genommen, um die Vorlesungen noch einmal durchzulesen und, denken Sie nur: der rührende Mensch hat sie sich vom Anfang bis zu Ende abgeschrieben, wenn er Nachts, von aller Anstrengung des Tages ermüdet, nach Hause kam. Er sagt — und mit Recht —, daß sie doch gar zu schön seien, um ihre Existenz auf einem einzigen Manuskript beruhen zu lassen! und dann habe er zu Haus einen prächtigen Schullehrer, dem wolle er das zeigen u. s. w. Es ist wirklich ein trefflicher Mensch! und wie er Alles hier genossen hat, wie tief und lebendig er auffaßte — es war eine Freude das zu sehen. Am Abend las er uns, wenn nicht Andere dazu kamen, aus Schopenhauer vor, mit dem sich Olga noch, zur Abwehr böser Geister, recht durchdringen wollte; wir haben dabei manchen schönen Augenblick gehabt. Aus Rom habe ich schon zwei von Glück überströmende Briefe von ihm. Gestern ist auch sein Vater, ein geistig sehr lebendiger, ge=

---

für Pola hatte mein Bruder bereits aus Zeitungen Näheres erfahren und seiner Freude gegen Gersdorff am 24. Febr. 1873 brieflichen Ausdruck gegeben. Br. I³, 234 f.)

Malwida von Meysenbug an Nietzsche, 1873.

müthlicher alter Herr, einen Abend bei uns gewesen; er ist heute dem Sohn nach Rom gefolgt. Gersdorff's Adresse in Rom ist: 47 via dei due Macelli. —

Nun muß ich Ihnen freilich erklären, warum ich sage, es sieht grau in mir und um mich aus. Oder vielleicht ahnen Sie auch weshalb. Draußen ist es, nach himmlisch schönen Tagen, die wir noch während Gersdorff's Anwesenheit hatten, wieder ganz regnerisch und trüb geworden — und es ist mir das lieb: denn es entspricht das ganz der Stimmung, in der ich mich schon seit Monaten befinde. Ich danke es der Natur, daß sie so mit mir harmonisirt, denn sie ist oft sehr grausam darin und lächelt ihr schönstes, sonnigstes Lächeln auf blutende Herzen herab. Der sich mit raschen Schritten nahende Abschied von Olga ist ein bitterer Schmerz für mich, in **jeder Beziehung**, sodaß ich, trotz der Selbstbeherrschung, die ich übe, und trotz des Ankämpfens dagegen, in dem ich nicht nachlasse, doch noch nicht weiß, wie ich ihn überstehen werde. Wenn wir uns einmal länger und ruhig sehn, werde ich Ihnen die ganze Geschichte meines Lebens mit Olga erzählen, damit Sie mich nicht der Schwäche oder eines übertriebenen Gefühls für schuldig halten.

(— — — — — — — — — —)

Ach wozu erzähl' ich Ihnen dies Alles? Sie können ja doch nur halb begreifen, wie mir zu Muthe ist. Und was für ein Recht habe ich, Sie zu quälen mit meiner Qual? Aber das Herz ist mir nur noch zu voll: und hier muß ich doch schweigen, denn Monod ist bereits da, und ich will Olga, welcher der

Malwida von Meysenbug an Nietzsche, 1873.

Abschied ohnehin schwer genug wird, das Herz nicht noch schwerer machen. Bei Ihnen aber ist es mir, als spräche ich zu einem alten Freund. Doch vergeben Sie der Schwäche: ich hoffe, auch die zu überwinden, wenn das Opfer vollbracht ist. Am 6. März wird die Trauung auf dem Municipium sein und unmittelbar darauf reisen sie weg.

2. März.

Soweit hatte ich neulich geschrieben. Dann kam allerlei dazwischen und vor Allem ein so trauriger Tag, daß ich immer dachte: wär's doch nur ganz vorbei! Und siehe, da kam Ihr Brief! Heiter war er ja auch eigentlich nicht, nicht so rosa wie ich wünschte; aber es war doch wieder ein Zeichen, von woher einzig noch mein Heil kommt: und daß ich diesem Heil zueilen werde, daran zweifeln Sie nicht. Leider bin ich nur nicht so reisefertig als ich möchte, da ich kaum erst wenige Schritte gehn kann und die Treppen noch gar nicht steigen darf: und das ist bei allem Schweren dieses Winters auch noch ein erschwerender Umstand. Einstweilen aber herzlichen Dank! und im Voraus auch den, den Ihnen Olga noch selbst sagen wird, wenn sie das reizende Geschenk erhält, das heute Morgen auch ankam, das ich ihr aber noch bis zum Dienstag vorenthalte, wo ich eine kleine, ernste Feier, ganz allein zwischen ihr und mir, zum Schluß u n s e r e s Lebens veranstalte, bei der N i e m a n d zugegen sein wird, da die zwei letzten Tage von anderen Menschen (Monod's Vater und Schwester kommen) in Anspruch genommen sein werden. Bei der Gelegenheit, wo ich auch ihr meine

Malwida von Meysenbug an Nietzsche, 1873.

Hochzeitsgabe gebe, werde ich auch Ihre reizende Gabe überreichen, damit ihr das Alles ein segnender, schützender Scheidegruß sei, aus einer Welt, der sie leider jetzt den Rücken wendet und in der allein sie doch ganz Das geworden wäre, was sie hätte sein können.

Ach noch einmal: verzeihn Sie doch, daß ich Sie in all diese Schicksale hineinsehn lasse. Ich will auch lieber aufhören, denn heute kommt mir doch nichts Anderes in den Sinn. Ich wünsche Ihnen aber doch alles Heitere und Schöne zu Ostern, und die beste Stimmung, damit das Buch, auf das ich mich schon freue, fertig werde. Könnten Sie die Ostern nicht hier zubringen? Sie könnten zu dieser Zeit sehr gut bei uns wohnen, da wir nun Platz haben und vor Ende April nicht ausziehn. Vielleicht käme hier gute Stimmung. Natalie[1]) und ich sind stille Wesen und würden Sie nicht stören. Was meinen Sie dazu? Oder ist es zu weit?

Für heute leben Sie wohl; ich beginge ein Unrecht, schriebe ich mehr. Die Preisschrift und die Zusammensetzung des Gerichts gefällt mir sehr. Unsere pädagogische Diskussion setze ich später fort.

Ihre Ihnen herzlich geneigte

M. Meysenbug.

Ich wollte rosa fortfahren, fand aber kein Blatt mehr.

---

[1]) Schwester Olga Herzen's.

Nr. 15.

Nietzsche an Malwida von Meysenbug.

[Basel, 6. April 1873.]

Verehrtestes Fräulein, wie gern möchte ich diese Ostern bei Ihnen verbringen und wie dankbar habe ich Ihre Einladung empfangen. Wenn ich auch nicht helfen könnte Sie zu trösten, so wäre es mir doch hier und da gelungen, Sie zu zerstreuen und Ihr Nachdenken irgend wohin abzulenken. Nun muß ich leider so festgebunden sein, daß ich nur für die allerkürzesten Termine (von 8—12 Tagen) um Ostern herum etwas Freiheit habe: das hängt davon ab, daß ich außer meiner Universitätsstellung noch das Amt eines griechischen Lehrers in der obersten Klasse des Pädagogiums inne habe und somit den langweiligen Quälereien schriftlicher und mündlicher Schulexamina u. s. w. ausgesetzt bin. Die freie Zeit ist also zu kurz, um nach Florenz reisen zu können: wie oft habe ich das beseufzt! Denn ich habe wirklich das herzlichste Bedürfniß, Sie jetzt zu sehen und zu sprechen, und würde jedenfalls nur Ihretwegen (und nicht irgendwelcher Malereien halber) nach Florenz gekommen sein. Wenn ich mir besonders noch denke, daß Ihre Gesundheit noch nicht wiederhergestellt ist und daß Sie zu der Fülle von Seelenschmerzen und Beunruhigungen höchst überflüssiger=

Nietzsche an Malwida von Meysenbug, 1873.

weise auch noch leiblich gequält werden, so fühle ich in mir so recht die Ohnmacht des Helfen-wollens und -nicht-könnens! Hoffentlich schreibt Ihnen Frau Olga Monod das Beste und Beruhigendste, vor allem recht oft und ausführlich.

Heute Abend reise ich ab, rathen Sie wohin? — Sie haben es errathen. Und zwar treffe ich dort, um das Glücksmaß voll zu machen, mit dem besten der Freunde, mit Rohde zusammen; morgen Nachmittag halb vier sitze ich im Hause an der Dammallée [1]) und bin ganz glücklich. Wir werden viel von Ihnen sprechen. Dann von Gersdorff, dem „taumelnden Cavalier", wie ihn Wagner nennt.[2]) Was Sie mir erzählen von einer Abschrift, die sich Gersdorff von meinen Vorträgen gemacht hat, ist geradezu rührend und gar nicht zu vergessen. Was ich für gute Freunde habe! Es ist ordentlich beschämend.

In Bayreuth hoffe ich wieder Muth und Heiterkeit mir zu holen und mich wieder in allem Rechten zu befestigen. Mir träumte diese Nacht, ich ließe mir den Gradus ad Parnassum neu und schön einbinden; diese buchbinderische Symbolik ist doch verständlich, wenn auch recht abgeschmackt. Aber es ist eine Wahrheit! Von Zeit zu Zeit muß man sich, durch den Umgang mit guten und kräftigeren Menschen

---

[1]) Wagner's vorläufige Wohnung während des Baues von „Wahnfried".

[2]) Wörtlich hieß es in Wagner's Brief: „Gersdorff, der im Irrgarten der Liebe taumelnde Cavalier" (Br. I³, 237) — wohl nach einem ariostischen Vers.

Nietzsche an Malwida von Meysenbug, 1873.

gewissermaßen neu einbinden lassen, sonst verliert man einzelne Blätter und fällt muthlos immer mehr auseinander. Und daß unser Leben ein gradus ad Parnassum sein soll, ist auch eine Wahrheit, die man sich öfters einmal sagen muß. Mein Parnassus der Zukunft ist, wenn ich mich sehr anstrenge und einiges Glück, sowie viel Zeit habe — vielleicht ein mäßiger Schriftsteller zu werden, vor allem aber immer mehr „mäßig im Schriftstellern". Ich habe von Zeit zu Zeit eine kindliche Abneigung gegen bedrucktes Papier, das mir dann nur wie beschmutztes Papier gilt. Und ich kann mir wohl eine Zeit denken, in der man es vorzieht wenig zu lesen, noch weniger zu schreiben, aber viel zu denken und noch viel mehr zu thun. Denn Alles wartet jetzt auf den handelnden Menschen, der jahrtausendalte Gewohnheiten von sich und Andern abstreift und es besser vormacht, zum Nachmachen. In meinem Hause entsteht eben etwas voraussichtlich sehr Rühmliches, eine Charakteristik unsrer heutigen Theologie, hinsichtlich ihrer „Christlichkeit": mein Freund und Gesinnungsbruder Prof. Overbeck, der freieste Theolog, der jetzt nach meinem Wissen lebt und jedenfalls einer der größten Kenner der Kirchengeschichte, arbeitet an dieser Charakteristik und wird, nach Allem, was ich weiß und worin wir einmüthig sind, einige erschreckende Wahrheiten bekannt machen. Allmählich dürfte Basel ein Bedenken erregender Ort werden. —

Nun wird es dunkel, ich muß an die Abreise und das Einpacken denken und Sie verlassen, ver-

Malwida von Meysenbug an Nietzsche, 1873.

ehrteste und innig bedauerte Freundin. Wäre es doch wenigstens zur Abreise nach Florenz!
In Treue
der Ihrige
Friedrich Nietzsche.

Nr. 16.

Malwida von Meysenbug an Nietzsche.

16 via Alfieri.
Florenz, 6. April 1873.

Lieber Herr Nietzsche.

Die Osterwoche bricht an und noch haben Sie kein Zeichen gegeben, daß Sie die Osterferien hier zubringen möchten. So vermuthe ich denn, daß Ihnen der Ausflug zu weitab liegt und daß Sie mit der Zeit geizen werden, um Ihr Buch zu vollenden. Das ist für Freunde, die Sie gern wiedersehn möchten, eine Entsagung — die aber, in Hoffnung des Buches, einen herrlichen Ersatz verspricht. Möge Ihnen denn wirklich Sonnenschein von Außen und von Innen lächeln, damit das würdige Seitenstück zum „Geburts= buche", wie Gersdorff es nennt, entstehe. Wie sehr ich mich darauf freue, kann ich nicht sagen. Wer das Glück hat wie ich, von den Tausenden von Büchern, die jährlich in deutscher Sprache gedruckt werden (der anderen Sprachen nicht zu gedenken) fast gar nichts zu lesen, der muß sich doppelt auf

Malwida von Meysenbug an Nietzsche, 1873.

ein Buch freuen, durch das man einmal wieder von dem dunklen Grauen vor der Routine und der Schule, das aus jener Bücherwelt her uns anweht, erlöst und mit Wasser, am kastalischen Quelle selbst geschöpft, erquickt wird. Doch war bis jetzt hier das Frühjahr so schön, daß ich Ihnen Florenz gern in diesem Festschmuck von Schönheit gezeigt hätte.

Von Gersdorff habe ich eben wieder einen Gruß vom „ewigen Rom zum himmlischen Florenz" empfangen. Er ist ganz vom italischen Zauber, von der apollinischen Schönheitswelt umfangen und genießt mit verständnißvoller Seele: sodaß ihm auch der rechte Gewinn davon bleiben wird. Eine große Freude hat er gehabt, indem sein Freund Rau, wie Sie wissen, den 2. Preis zum Tegetthoff=Denkmal erhielt, jetzt bei ihm in Rom ist und sich daselbst, zum Studium, ein Jahr lang aufhalten will. Ich habe den jungen Mann hier auf der Durchreise gesehen; er hat mir den angenehmsten Eindruck gemacht: eine ganz ursprüngliche, unmittelbare Natur. Gers= dorff schreibt, daß es wunderbar zu sehen ist, welche Augen er macht bei all den Herrlichkeiten der Kunst, die sich dort vor ihm entfalten.

Jetzt ist es ein Monat, daß der schwerste Tag meines Lebens, der mein glücklichster hätte sein sollen, von mir erlebt wurde. Oft kann ich es noch nicht glauben, daß Alles Wirklichkeit ist, und ich meine noch immer, ich müßte eines Tages aus einem dunklen Traum erwachen und Alles wieder wie sonst finden. Doch scheinen es mir schon undenkliche Zeiten, daß dieser dunkle Traum dauert, und dabei habe ich völlig

Malwida von Meysenbug an Nietzsche, 1873.

die Fähigkeit verloren mir Olga's äußere Erscheinung vorzustellen; zuerst erschrak ich über diesen Zustand, dann aber verstand ich ihn. Mit ihr habe ich so tief im „Ding an sich" gelebt, bin so Eins mit ihr gewesen, daß Zeit und Erscheinung dabei aufgehoben waren und daß ich auch jetzt nur fühle, daß mir ein Theil von mir selbst entrissen ist. Auch sie, bei allem jungen Glück, empfindet den Schmerz der Trennung auf das Bitterste, und es wird dies vielleicht noch mehr der Fall sein, wenn sie nun erst in Paris sein wird. Bisher ist sie noch aus einem irdischen Paradies in das andere gezogen: jetzt aber ist sie auf dem Wege nach Paris und gestern erhielt ich ein paar Zeilen aus Marseille, durch die ein schwermüthiger Ton klang. Sie schrieb:

„Ich komme mir vor wie ein Engel, dem man die Flügel abgeschnitten hat und der nun hülflos auf die Erde gefallen ist. Aber das ist Leben: leiden, entbehren, opfern." — Und doch ist sie auch wieder so voll Jugendlust und Kraft; es ist eben ein seltsames Gemisch in dieser Natur, die zur edelsten Entfaltung bestimmt war. Ich gönne sie Frankreich nicht. Mögen ihre Ideale, Schopenhauer und Wagner, deren Werke ich ihr zum Hochzeitsgeschenk gegeben habe, sie beschützen.

Was nun unsere philologisch=pädagogische Diskussion betrifft, so bin ich darin vollkommen mit Ihnen einverstanden, daß in einem gewissen Alter, also z. B. vom 12.—14. Jahr an, das Studium fremder Sprachen, namentlich der alten, für Knaben und Mädchen nothwendig ist (obgleich Wagner sehr gegen das Latein eifert) und daß eben dann auch erst der wirkliche Nutzen des Studiums festerer Sprachformen anfangen kann. Aber bis dahin, scheint es mir, sollte man das kindliche Gehirn nicht mit mehreren Sprachen behelligen, sondern vielmehr, also bei deutschen Kindern, die größte Aufmerksamkeit darauf wenden, ihnen die eigene Sprache in größtmöglicher Reinheit beizubringen. War es nicht für Griechen ein Vortheil, daß sie nur eine Sprache (ich vermuthe wenigstens, daß sie zur Zeit ihrer Blüthe nur griechisch sprachen, oder konnten sie auch orientalische Sprachen?) kannten und, von ihrem tiefen Kunstsinn getrieben, diese eine Sprache zum edelsten Ausdruck heranbildeten? Ich habe so viele Kinder beobachtet, namentlich die Kinder der Emigration, die keine Heimat, folglich keine Sprache mehr hatten und schon mit 5—6 Jahren mehrere Sprachen geläufig redeten: nun, ich fand stets, daß sich damit eine gewisse Verflachung der Ideen vorfand, indem ihnen die feine Empfindung für die leisen Schattirungen des Begriffs, der sich doch in jeder Sprache dem nationalen Wesen gemäß modificirt, abging: während es in späteren Jahren ein wahrer Genuß für den Geist ist, mit dem Eindringen in eine fremde Sprache plötzlich den Schleier fallen zu sehen, der uns die individuelle Anschauung eines fremden Volkes klar macht und nun die unsere entweder danach umgestaltet oder befestigt. Wenn eine Sprache gemißbraucht wird, wie dies heut zu Tage von unseren Journalisten und sonstigem Pack geschieht, so ist das eine Sache für sich; aber ist es sonst ein so unbe-

Malwida von Meysenbug an Nietzsche, 1873.

dingter Nachtheil, wenn eine Sprache noch entwicklungs= fähig und nicht endgültig fertig ist? Die französische akademische Bestimmtheit hat doch nun auch gewisser= maßen den Tod der Sprache herbeigeführt und inner= halb dieser begrenzten Formen eine Trockenheit, die dann die Heroen der Litteratur, wie z. B. Victor Hugo, mit einer wahrhaften Karikatur von Stil zu beleben suchen. Aber ich wage mich da in Ge= biete, wo ich vielleicht ganz dumme Sachen rede; ich möchte nur etwas von Ihnen lernen. Der Lösung einiger anderer Fragen sehe ich in Ihrem Buch ent= gegen, da sie gerade die griechischen Philosophen der Blüthezeit betrafen und ihr Verhältniß zum Mythos.

Leben Sie wohl! Meine guten Wünsche um= schweben Sie in der Osterzeit, daß es ein fröhliches Auferstehungsfest für Ihre Arbeit werde!

Von Herzen
Ihre M. Meysenbug.

Nr. 17.

Malwida von Meysenbug an Nietzsche.

Florenz, 13. Mai 1873.

Mein lieber Freund.

Da, zu meiner Freude, Gersdorff noch gerade vor Thoresschluß hier durch kommt, d. h. vor Auf= lösung unseres hiesigen Lebens, so halte ich es für gewissenhafter, ihm das mir anvertraute Manuskript

Malwida von Meysenbug an Nietzsche, 1873.

der Vorlesungen wieder mitzugeben, da für den Augenblick ungewisse Geschicke mich aufnehmen und ich es lieber besser wieder in Ihren Händen weiß. Ich habe eben noch einmal darin gelesen und mich daran erfreut. Fast möchte ich doch wieder wünschen es so erscheinen zu sehen, weil es so frisch, so unmittelbar ist, wie es vielleicht nachher nicht mehr sein wird: wenn ich nicht doch noch mehr wünschte, daß Alles, was von Ihnen kommt, in völliger Reife in die Welt hinaus träte, da ja wahrscheinlich Alles zum Kampf auf Tod und Leben bereit sein muß. Ja, armer Freund, Sie sind nun auch rettungslos dem Geschick Derer verfallen, die heimatlose, ausgestoßne Fremdlinge sind in der großen gebildeten Menge, und die da allein zu Hause sind, wo auf einsamer Bergeshöhe, oder in Sternennächten, die großen Geisterstimmen durch die Einsamkeit tönen: Sie haben's „auch gewagt", und nun sind Sie dem Geschick verfallen.

Aber wohl Ihnen!

Gersdorff hat mir heute Morgen nur flüchtig andeuten können, was Ihnen die gehoffte Osterfreude doch getrübt hat.[1] Ja das ist eine lastende Sorge, und eine Schande für das deutsche Volk auch. Wie soll man nur helfen? Alles will erst den Erfolg

---

[1] Der Brief meines Bruders an Gersdorff, in welchem er über die mit Rohde in Bayreuth verlebte Woche vor Ostern (7.—12. April) und über die bei Wagners herrschende Verstimmung betreffs der Aussichtslosigkeit der Festspiele berichtet, ist leider verloren gegangen. Er wird ähnlich gelautet haben wie der Melancholie-Brief an Rohde vom 5. Mai 1873 (Br. II, 406).

Malwida von Meysenbug an Nietzsche, 1873.

sehen, ehe es sich an Hülfe wagt! Als ob sie dann noch nöthig wäre.

Ihr schöner, willkommner Brief hatte sich mit einem von mir gekreuzt, der erst nach Ihrer Abreise nach Basel gekommen sein muß.

Gersdorff wird Ihnen erzählen,[1]) wie sich auch mir alle Pläne immer durchkreuzen, wie schwer ich dazu komme etwas auszuführen, wegen ewig neuer Hindernisse. Sobald ich wirklich an einem Ruheort für die Gesundheit angelangt bin, so schreibe ich es Ihnen. Daß der arme Gersdorff seine schöne Reise so schlecht beschließen mußte, thut mir sehr leid.

Mit herzlichstem Dank statte ich hier auch die alte Schuld für die von mir in Basel bestellte Photographie ab, die Sie so gütig waren mir zu besorgen. Ich habe immer auf eine Gelegenheit gewartet, es persönlich zu thun.

Einstweilen besten Gruß
Ihre
M. Meysenbug.

---

[1]) Frhrn. v. Gersdorff's Abreise von Florenz nach Basel erfolgte bald nach Mitte Mai. Die zunehmende Kurzsichtigkeit meines Bruders machte in jenem Sommer eine langdauernde Atropinbehandlung nöthig, bei der ihm Schreiben und Lesen fast ganz verwehrt war. Als v. Gersdorff, kaum angekommen, die Sachlage überblickte, entschloß er sich in rührendster Weise, den Sommer über in Basel zu bleiben und meinem Bruder die Dienste eines Vorlesers und Sekretärs zu thun. So fertigte er beispielsweise (im Juni) das Druckmanuskript der I. Unzeitgemäßen Betrachtung nach Diktaten meines Bruders. Auch den größten Theil der Correspondenz erledigte er im Sinne meines Bruders: woraus sich das fast gänzliche Fehlen von Nietzsche-Briefen aus dieser Zeit erklärt.

Nr. 18.

Malwida von Meysenbug an Nietzsche.

Bayreuth, 23. Sept. 1873.

Lieber Freund, aus Schonung für Ihre armen Augen, an deren Leiden ich den tiefsten Antheil nehme, da ich sie nur zu wohl kenne, schreibe ich Ihnen nicht: kann aber doch nicht widerstehen, Ihnen einliegenden Artikel zu schicken, der Ihnen Freude machen wird, und dabei einen herzlichen Gruß und Dank für Ihr Buch,[1] das ich mit dem lebhaftesten Interesse gelesen habe, hinzuzufügen.

Daß mein Leben hier das „Leben an sich" ist, können Sie wohl denken: nur stehe ich leider noch dem rauhen Klima mit einem bedenklichen Fragezeichen gegenüber. Aber im Oktober darf ich auf die Freude hoffen, Sie zu sehen, wie mir Wagner sagt:[2] und so verspare ich alle Mittheilungen bis dahin. Nur das Eine sage ich noch, damit es Sie

---

[1] Die I. Unzeitgemäße Betrachtung: „David Strauß, der Bekenner und der Schriftsteller." (Ende August 1873 bei E. W. Fritzsch, Leipzig, erschienen.)

[2] Mein Bruder reiste am 29. Oktober nach Bayreuth und von dort am 2. November zurück nach Basel. Er war eingeladen worden, für die Bayreuther Sache einen „Aufruf an die Deutschen" zu schreiben (s. Biogr. II, 219—223), der bei der Sitzung der Patronatvereinsmitglieder am 31. Okt. zur Berathung stand. Das Nähere über jene Tage giebt der Brief an Gersdorff vom 7. Nov. 1873 (Br. I⁸, 253).

in den Stunden, wo die Augen ruhn, freundlich warm umschwebe: nämlich daß Ihrer hier fortwährend mit warmer Liebe und Theilnahme gedacht wird.

Mit innigsten Wünschen für fortschreitende Besserung
Ihre
M. Meysenbug.

Nr. 19.
Malwida von Meysenbug an Nietzsche.

Villa Semeghini
San Remo, Riviera di Ponente
4. Februar 1874.

Lieber Freund.

Sie wissen, was mich abhält Ihnen zu schreiben und so auch abgehalten hat Ihren Neujahrsgruß zu erwidern, wiewohl ich es in Gedanken auf das Wärmste gethan habe. Jetzt kann ich es mir aber doch nicht versagen, Ihnen wenigstens ein kurzes Lebenszeichen zu geben: denn Sie wissen wahrscheinlich bereits, daß ich unser Aller wahre Heimat[1]) doch habe verlassen müssen und nun wieder ein einsamer Wanderer bin. Nur die äußerste Noth zwang mich, endlich zu scheiden, da mein Münchner Arzt die Ursache der unerträglichen Kopfleiden in einem jahrelang unbeachtet gebliebenen Ohrleiden entdeckte, das

---
[1]) Bayreuth.

Malwida von Meysenbug an Nietzsche, 1874.

bereits so weit gediehen war, daß noch ein wenig mehr Verzug völlige Taubheit des Ohres zur Folge gehabt hätte. Daher die furchtbaren Leiden, die ich zuletzt bei Anhörung von Musik, Vorlesungen, ja den schönsten Gesprächen empfand. Die Rückkehr in die Wärme wurde zur unerläßlichen Forderung, und ich fürchte, mein Schicksal ist für den Rest meiner Tage besiegelt. — Ich brauche Ihnen nicht zu sagen, was dieses Scheiden für mich war, und noch dazu indem ich auch die Freunde in der Noth zurück ließ, um das Werk ihres Lebens, das nun stockt. Doch scheint es, hat mein wirklich heißes Flehen erreicht, daß noch nichts darüber in die Oeffentlichkeit gekommen ist, wie es gleich wieder die Absicht war.

Nein, jetzt geziemt nur stolzes, ernstes Schweigen. Man ist Niemand mehr Rechenschaft schuldig: denn die Masse mißversteht ja doch solche großartige Bekenntnisse und deutet sie schadenfroh nach ihrem Sinn, während den Freunden dadurch jede Möglichkeit genommen wird, ferner thätig zu sein. Es scheint mir nun auch dort ein Geist der Ruhe und Resignation eingekehrt, wie auch ich ihn mir zu erwerben strebe. Ich habe nun auch die letzte Hoffnung verloren auf ein Dasein, das meinem innersten Wesen entsprach und in dem allein sich die Wunde der Trennung von Olga heilen konnte; ich habe nicht Einen sympathischen Menschen hier, außer einem trefflichen Arzt (deutsch), der mein Ohr behandelt; ich darf fast nichts lesen und schreiben und habe Niemand, der mir liest oder für mich schreibt; aber ich habe mir fest vorgenommen ich will nicht zusammenbrechen, sondern im vollen Sinn des Worts Buddha werden und die letzte Stufe der Weisheit zu erreichen suchen. Ich lebe auch ein ganz indisches Leben mit dem Meer, dem Himmel, der Sonne und den Blumen. Und nun habe ich doch schon gesündigt, indem ich Ihnen einen so langen Brief schrieb. Aber hoffentlich geht es besser mit Ihren Augen, und ich hatte solche Sehnsucht einmal wieder mit Ihnen zu verkehren. Es soll nicht oft geschehen, nur von Zeit zu Zeit zwei Worte — und auch zwei Antworte, nichtwahr? damit ich weiß, wie es Ihnen geht. Sollte ich, wie ich es denke, mir mein Winterasyl in Rom gründen, dann besuchen Sie mich einmal, nichtwahr? und ruhen sich bei mir aus? — Ist das 2. Stück der Unzeitgemäßen schon erschienen?

In herzlicher Freundschaft
Ihre
Malwida Meysenbug.

Grüße Ihrer lieben Schwester.

Nr. 20.

Nietzsche an Malwida von Meysenbug.
[Herrn Adolf Baumgartner diktirt.]

Basel, 11. Febr. 1874.

Verehrte Freundin!

Ich wußte gar nicht mehr, wo ich Sie mit meinen Gedanken suchen sollte; von Gersdorff erfuhr ich

Nietzsche an Malwida von Meysenbug, 1874.

nur, daß Ihre Bayreuther Existenz ein Ende erreicht habe; nun höre ich, wo Sie sind, einsam und krank, sodaß ich am liebsten gleich Ihnen nachgereist wäre, wenn es nur irgendwie mit meinem Amt, mit meinen Pflichten verträglich wäre. Dafür verspreche ich Ihnen einen Besuch in Rom. Oder wäre es nicht in Erwägung zu ziehen, ob Genf oder Lugano Ihrer Gesundheit wohlthut? Zeitweilig habe ich selbst daran gedacht, Ihnen Basel vorzuschlagen: denn bis jetzt haben wir einen milden und sonnigen Winter gehabt, und erst seit gestern giebt es Schnee und wirkliche Kälte. Wenigstens weiß ich, daß der Unterschied unseres Klima's mit dem Bayreuther bedeutend ist, und daß wir das Blühen der Bäume fast vier Wochen früher haben. Sehen Sie in diesem Vorschlage nichts als den herzlichsten Wunsch, Ihnen einmal wieder näher gerückt zu sein; denn Ein Leiden haben wir mit einander gemeinsam, welches schwerlich andere Menschen so stark empfinden, das Leiden um Bayreuth. Denn, ach, unsere Hoffnungen waren zu groß! Ich versuchte erst, gar nicht mehr an die dortige Noth zu denken, und, da dies nicht anging, habe ich in den letzten Wochen so viel als möglich daran gedacht und alle Gründe scharf geprüft, weshalb das Unternehmen stockt, ja weshalb es vielleicht scheitert. Vielleicht theile ich Ihnen später etwas von diesen Betrachtungen mit;[1]) zunächst, nämlich etwa in vierzehn Tagen, bekommen Sie etwas Anderes von mir: die von Ihnen erwartete Numero

---

[1]) Sie stehen in Band X, S. 427—450 der Gesammtausgabe.

Malwida von Meysenbug an Nietzsche, 1874.

2 der Unzeitgemäßen mit dem Titel „Vom Nutzen und Nachtheil der Historie für das Leben". Diese Numero 2 erinnert mich daran, daß man gestern in Ludwigsburg David Strauß begraben hat.

Und was macht Frau Monod, und ist es wahr, daß sie einen Knaben geboren hat?

Sie sehen, ich diktirte bis jetzt, also geht es meinen Augen nicht gut. Doch jedenfalls besser. Ach könnte ich Ihnen helfen! Oder irgendwie nützen! Ich denke mit Mitleiden an Sie Arme und bewundere, wie Sie das Leben zu ertragen wissen. Dagegen gerechnet bin ich ein Glücksprinz und muß mich schämen. Meine Wünsche sind um Sie!

Ihr Friedrich Nietzsche.

Nr. 21.

Malwida von Meysenbug an Nietzsche.

Villa Semeghini
San Remo, Riviera di Ponente
3. März 1874.

Mein theurer Freund.

Ich will Ihnen weiter nichts sagen, als daß mich Ihr Brief schon innigst gerührt und erfreut hat, daß ich aber in diesen Tagen wahrhaft in einem Meer von Freude schwimme über Ihr zweites Stück. Ich kann es nur sparsam genießen, weil ich jeden Tag nur wenige Seiten lesen darf: aber diese wenigen

Seiten füllen mich mit solchem Gedankenreichthum, daß er wie eine verborgne Sonne durchleuchtet und Alle merken, daß ich ein heimliches Glück mit mir herumtrage. Es kam umso schöner, als diese Tage gerade Tage wehmuthsvoller Erinnerung sind an das vorige Jahr.

Der unbekannte Gott, an den wir glauben, segne und stärke Sie und schärfe Ihre Waffe zur Fortsetzung Ihres heiligen Kampfes!

Ihre Freundin

M. Meysenbug.

Nr. 22.

Nietzsche an Malwida von Meysenbug.

Basel, Sonnabend vor Ostern [4. April] 1874.

Verehrteste Freundin!

Was für rührende Ueberraschungen haben Sie mir bereitet! Noch Niemand hat mir je Blumen geschenkt, und ich glaube jetzt zu wissen, daß eine eigne Beredsamkeit in dieser stummen Farben=Fülle und =Belebtheit liegt. Diese Frühlingsboten blühten in meinem Zimmer wieder auf und fast eine Woche lang konnte ich mich ihrer erfreuen. Denn so grau ist unser Leben und so schmerzhaft dazu, daß Blumen gleichsam die Ausplauderer eines Geheimnisses der Natur sind: sie verrathen, daß irgendwo Leben, Hoffen, Licht, Farbe auf dieser Welt zu finden sein

Nietzsche an Malwida von Meysenbug, 1874.

muß. Wie oft verliert man allen Glauben daran! Und da ist es ein schönes Glück, wenn die Kämpfer sich gegenseitig Muth zusprechen und sich durch die Uebersendung von Symbolen, seien es Blumen, seien es Bücher, an ihren gemeinsamen Glauben erinnern.

Doch da denke ich an Ihre armen Augen, und bezweifle sehr, daß Sie diese schlechte Schrift lesen können, wenn Sie sie selbst lesen dürften.

Mein Befinden, um davon ein Wort zu sagen, ist seit Neujahr, infolge einer veränderten Lebensweise, recht gut und ohne jedes Bedenken: nur daß ich mit den Augen vorsichtig sein muß. Sie wissen aber, es giebt einen Zustand körperlichen Leidens, der einem mitunter wie eine Wohlthat erscheint; denn man vergißt darüber, was man sonst leidet, oder vielmehr: man meint, es könne einem geholfen werden, wie dem Leib geholfen werden kann. Das ist meine Philosophie der Krankheit: sie giebt Hoffnung für die Seele. Und ist es nicht ein Kunststück, noch zu hoffen?

Nun wünschen Sie mir Kraft zu den noch übrigen elf unzeitgemäßen Betrachtungen. Ich will wenigstens einmal alles aussprechen, was uns drückt; vielleicht fühlt man sich, nach dieser Generalbeichte, etwas befreiter.

Meine herzlichsten Wünsche begleiten Sie, verehrte und liebe Freundin.

Treulich Ihr
Friedrich Nietzsche.

Nr. 23.

Malwida von Meysenbug an Nietzsche.

Villa Semeghini
San Remo, Riviera di Ponente,
8. April 1874.

Lieber Freund, ich hätte Ihnen so gern längst wieder geschrieben, aber ich that es aus Rücksicht auf Ihre Augen nicht. Gestern nun bekam ich Ihren Brief, der mir die frohe Nachricht brachte, daß es Ihnen besser geht; ich konnte Ihre Schrift sehr gut lesen und es that mir sehr wohl, von Ihnen zu hören. Es ist eigentlich die einzige Freude, die in meine jetzige Existenz herein scheint, wenn ein Brief von einem der Kampfgenossen kommt: denn ich lebe hier in einer Welt, die mich mit Schmerz daran mahnt, wie klein die Zahl der Erkennenden ist und wie die große Mehrzahl nicht einmal in jener Schönheit und Unschuld der Blumen vegetirt, die uns diese so rührend macht, sondern alle Häß=lichkeit und tief innerliche Entzweiung der Erscheinung des Willens aufweist, ohne zum Erkennen der Wahr=heit und damit zur Erlösung zu kommen. Während Sie diesen Schmerz theoretisch durchmachen in Betrachtung jener Fragen, aus denen vielleicht Hülfe kommen könnte, so mache ich ihn wieder einmal so recht im Gemüthe durch, indem mir hier einige der seltsamsten, wild=häßlichsten Willensoffenbarungen

Malwida von Meysenbug an Nietzsche, 1874.

bekannt geworden sind, die ich seit lange gesehen. Nur das **Mitleid** bildet hier, wie immer, die einzige Brücke, die zu jener Welt hinüberführt, und es wird häufig hier angeregt; so begleiten wir auch morgen ein junges Mädchen zum Grabe, die der Tod an ihrem achtzehnten Geburtstage abrief, die einzige letzte Liebe einer alten Tante, der bereits Alles gestorben und die mit dieser Nichte hierher gekommen war, hoffend den erblichen Keim der schrecklichen Krankheit hier noch bei Zeiten zu ersticken. Es war zu spät, und morgen werden wir Deutsche unsere Pflicht gegen die Verlaßne erfüllen.

Aber warum schreibe ich Ihnen nur von so traurigen Dingen, wenn ich Ihnen doch lieber sagen sollte, wie ich jetzt Ihre Schrift zum zweiten Mal mit steigender Freude lese! Freilich ist es auch eine tragische Freude: aber alle wahre Freude ist das im Grunde und es erquickt wie Meerluft, zu sehen, wie in einer jugendlichen Seele die Kraft des Zorns und der gerechten Empörung zur Flamme wird, die wie das Morgenroth einer besseren Zukunft leuchtet.

Ja, Hundert wie Sie,[1] und uns wäre geholfen!

---

[1] Bezieht sich auf die Stelle der II. Unzeitgem. Betr.: „Wodurch nützt dem Gegenwärtigen die monumentalische Betrachtung der Vergangenheit, die Beschäftigung mit dem Klassischen und Seltnen früherer Zeiten? — Er entnimmt ihr, daß das Große, das einmal da war, jedenfalls einmal **möglich** war und deshalb auch wohl wieder einmal möglich sein wird. Nehme man an, daß Jemand glaube, es gehörten nicht mehr als hundert produktive, in einem neuen Geiste erzogene und wirkende Menschen dazu, um der in Deutschland gerade jetzt modisch gewordnen Gebildtheit den Garaus zu machen wie

Malwida von Meysenbug an Nietzsche, 1874.

Das heißt, es wäre einmal wieder ein göttlicher Moment, wo das Schicksal gleichsam zum Troste zeigte, was möglich wäre — so wie jene Hundert der Renaissance ein göttlicher Moment waren. Wie Wenige auch von ihnen mögen im vollen Glauben diesen Moment genossen haben; Raffael vielleicht, dieser Götterliebling, wenn er umgeben von der Schaar seiner hochbegabten Schüler wie ein wahrer König des Geistes zum Vatikan ging. Dafür riefen ihn aber auch die Götter früh heim, damit ihm der holde Wahn nicht zerfließe; aber Michelangelo dann, welch ein gigantischer Schmerz!

Uns leuchtet doch nun wieder eine Hoffnung auf eine Erfüllung, im nächsten Jahre in Bayreuth. Das heißt, ob ich es noch schauen werde, was ich mir doch so heiß ersehnt habe, ist freilich zweifelhaft. Das gestern erfolgte Verdikt meines Arztes weist mir auf immer Italien zur letzten Heimat an. Eine sorgfältige Untersuchung hat nun ergeben, was ich längst ahnte: daß nicht nur die rechte Seite des Kopfes, sondern auch die rechte Lunge und die Leber krank sind und daß also nur noch ein mildes gleich= mäßiges Klima mir zum Heile werden kann, wobei zugleich ausgesprochen wurde, daß der letzte Versuch, wieder im Norden zu leben, mir unberechenbar ge= schadet habe. Dämonisch ist auch wieder diese Fügung, daß dieser Ausspruch jetzt kommt, wo das Einzige, was mich noch auf Erden anzieht, jenseits der Alpen

müßte es ihn bestärken, wahrzunehmen daß die Cultur der Re= naissance sich auf den Schultern einer solchen Hundert=Männer= Schaar heraushob!" (Ges.=Ausg. Bd. I, S. 298; auch S. 338.)

Malwida von Meysenbug an Nietzsche, 1874.

liegt. Aber vielleicht ist es gerade deshalb, damit ich endlich noch dahin gelange, aus dem zu heißen Herzensleben los mich ringend und ganz mich in das Brahm versenkend, schon hier im Nichtwahnland zu sein und mir den Lohn der Nichtwiedergeburt zu verdienen.

Sonst, wie gern wäre ich nach Basel[1]) gekommen, um mir einen Sohn zu gewinnen, nun ich die Tochter verloren. Aber verloren habe ich sie freilich auch nur der leiblichen Erscheinung nach: denn ein treueres Herz giebt es wohl kaum auf der Welt und es vergeht fast kein Tag, an dem ich nicht einen Brief erhalte. Ja, sie ist Mutter und hat ein Christkind geboren. Sie lebt so ganz in ihrem reinen Menschenthum, im Streben ihre Pflichten im heiligsten Sinne zu erfüllen und ihre kleine Welt mit dem Glanze ihrer Liebe und ihrer Anmuth zu erhellen, daß ihr Paris und Alles, was außerhalb derselben liegt, völlig entschwindet. Der einzige dunkle Schatten in ihrem Leben ist die Trennung von mir. Da ich nicht nach Paris kann, wollen sie im Herbst, wenn ich von Ischia zurückkehre, zum Rendezvous nach Florenz kommen. Ob es aber dazu kommen wird? Ich rechne kaum darauf, ja ich weiß kaum ob ich es wünsche: denn sie wieder fortziehn zu sehen wird nur den alten Schmerz wieder wachrufen. Sie hat mir schon mehrere Mal herzliche Grüße an Sie aufgetragen.

Aber nun genug für Ihre Augen und die meinen.

---

[1]) Bezieht sich auf den Vorschlag S. 458.

Nietzsche an Malwida von Meysenbug, 1874.

Ja, ich wünsche Ihnen Kraft zu dem Trefflichen, das Sie uns noch geben wollen; aber ich wünsche Ihnen überhaupt auch alles Gute und alles Beste.
Ihre alte Freundin
Malwida Meysenbug.

Nr. 24.
Nietzsche an Malwida von Meysenbug.
Basel, 25. Oktober 1874.

Endlich, verehrtestes Fräulein, komme ich wieder dazu, Ihnen etwas von mir zu erzählen, nämlich dadurch, daß ich Ihnen wieder etwas Neues von mir überreiche.[1] Aus dem Inhalte dieser letzten Schrift werden Sie genug von dem errathen, was ich inzwischen in mir erlebt habe. Auch daß es mit mir im Verlaufe des Jahres mitunter viel schlechter und bedenklicher stand, als im Buche zu lesen steht. In summa aber doch daß es geht, vorwärts geht und daß es mir nur gar zu sehr am Sonnenscheine des Lebens fehlt; sonst würde ich sagen müssen, daß es mir gar nicht besser gehen könnte, als es geht. Denn es ist gewiß ein hohes Glück, mit seiner Aufgabe schrittweise vorwärts zu kommen — und jetzt habe ich drei von den 13 Betrachtungen fertig und die

---
[1] Die III. Unzeitgemäße Betrachtung: „Schopenhauer als Erzieher".

Nietzsche an Malwida von Meysenbug, 1874.

vierte spukt im Kopfe; wie wird mir zu Muthe sein, wenn ich erst alles Negative und Empörte, was in mir steckt, aus mir heraus gestellt habe, und doch darf ich hoffen, in 5 Jahren ungefähr diesem herrlichen Ziele nahe zu sein! Schon jetzt empfinde ich mit wahrem Dankgefühle, wie ich immer heller und schärfer sehen lerne — geistig! (leider nicht leiblich!) und wie ich mich immer bestimmter und verständlicher aussprechen kann. Wenn ich in meinem Laufe nicht völlig irre gemacht werde oder selber erlahme, so muß etwas bei alledem herauskommen. Denken Sie sich nur eine Reihe von 50 solcher Schriften, wie meine bisherigen 4, alle aus der inneren Erfahrung heraus an's Licht gezwungen, — damit müßte man doch schon eine Wirkung thun, denn man hätte gewiß vielen Menschen die Zunge gelöst und es wäre genug zur Sprache gebracht, was die Menschen nicht so bald wieder vergessen könnten und was gerade jetzt wie vergessen, wie gar nicht vorhanden erscheint. Und was sollte mich in meinem Laufe stören? Selbst feindselige Gegenwirkungen werden mir jetzt zu Nutzen und Glück: denn sie klären mich oftmals schneller auf, als die freundlichen Mitwirkungen; und ich begehre nichts mehr, als über das ganze höchst verwickelte System von Antagonismen, aus denen die „moderne Welt" besteht, aufgeklärt zu werden. Glücklicherweise fehlt es mir an jedem politischen und sozialen Ehrgeize, sodaß ich von da aus keine Gefahren zu befürchten habe, keine Abziehungen, keine Nöthigung zu Transaktionen und Rücksichten; kurz, ich darf heraussagen, was ich denke, und ich will einmal erproben, bis zu welchem Grade unsre auf Gedankenfreiheit stolzen Mitmenschen freie Gedanken vertragen. Ich fordere vom Leben nicht zu viel und nichts Ueberschwängliches; dafür bekommen wir Alle in den nächsten Jahren etwas zu erleben, worum uns alle Vor- und Nachwelt beneiden darf. Ebenfalls bin ich mit ausgezeichneten Freunden wider alles Verdienst beschenkt worden; nun wünsche ich mir, vertraulich gesprochen, noch recht bald ein gutes Weib, und dann denke ich meine Lebenswünsche für erfüllt anzusehen. — Alles Uebrige steht dann bei mir.

Nun habe ich genug von mir gesprochen, verehrteste Freundin, und noch gar nicht verrathen, mit welcher herzlichen Theilnahme ich immer an Sie und an Ihr schweres Lebensloos gedacht habe. Ermessen Sie es an dem Tone unbedingten Vertrauens, in dem ich vor Ihnen von mir spreche, wie nahe ich mich Ihnen allezeit gefühlt habe und wie sehr ich wünschte, Sie hier und da ein wenig trösten und unterhalten zu können. Nun leben Sie aber leider so schrecklich entfernt. Vielleicht aber mache ich mich doch einmal um die nächste Osterzeit auf, Sie in Italien zu besuchen, vorausgesetzt, daß ich weiß, wo Sie da zu finden sind. Inzwischen meine innigsten Wünsche für Ihre Gesundheit und die alte Bitte, mir freundlich gewogen bleiben zu wollen.

 Treulich
  Ihr
   ergebenster Diener
    Friedrich Nietzsche.

Ich bin kürzlich 30 Jahre alt geworden.

Anbei die Photographie meiner Schwester, die nicht mehr bei mir ist.

Nr. 25.

Malwida von Meysenbug an Nietzsche.

30 Angelo Custode, 3º piano
Rom, 15. Nov. 1874.

Ich hätte Ihnen, lieber theurer Freund, schon längst für Ihren herzlichen, trefflichen Brief gedankt (der mir von Florenz nachgeschickt wurde), hätte ich nicht auch zugleich für das 3. Stück danken wollen, um Ihre Augen nicht durch zu bald sich folgende Briefe zu ermüden. Dieses aber wollte ich erst lesen, da mir schon der Titel eine solche Fülle von Freude verhieß, daß ich wußte, ich würde Ihnen danach schreiben müssen. Aus durch Logis-suchen und -einrichten unruhig bewegter Zeit rettete ich mir schöne ruhige Stunden, in denen ich mich in Ihre Schrift versenkte — und wahrlich, wenn es nicht die bittere Entbehrung des Umgangs mit den liebsten Menschen wäre, so möchte ich sagen, ich freute mich meiner Entfernung von Deutschland; denn all das Hassenswürdige, das Widerwärtige, Verletzende, was mich auch bei meinem letzten Aufenthalt so sehr betroffen gemacht hatte, lag mir fern und aus Ihren Worten grüßte mich nur wieder jene Urschöne des deutschen Geistes, wie sie seine herrlichsten Genien uns offen-

Malwida von Meysenbug an Nietzsche, 1874.

baren und durch die man sich über alle Gegenwart erhoben, in den Kreis des ewig Herrlichen versetzt fühlt. Ja, so vortrefflich die beiden ersten Stücke waren, so ist dies dritte doch das vollendetste in jeder Beziehung und auch der Witz und die Ironie haben darin jenen Adel erlangt, der sie zu den edelsten Waffen des Geistes macht. Welch höheres Ziel aber kann man der Menschheit noch stecken, als das ihr hier vorgeschriebne? Ja, die Erzeugung des Genius, des Künstlers und des Heiligen[1]) — darauf allein kommt es an, und wahrlich nicht darauf, die Heerde zu vermehren. Sonderbarerweise war diese selbe Betrachtung das Thema aller meiner Briefe an Olga seit einiger Zeit: denn ich finde, daß Die, welche die Menschheit durch Erschaffung der Familie fortsetzen, sich tief und heilig von dieser Ansicht durchdringen und durch dieselbe den Willen leiten lassen sollten. Oh, wie Recht haben Sie: wie verstecken die meisten Menschen sich sogar hinter gute Vorwände, Pflichterfüllung, Studium, Wohlthätigkeitseifer u. s. w., nur um nicht mit ihrem eigentlichen Gewissen zusammen zu kommen (denn es giebt ja auch ein officielles Gewissen, das vollkommen zufrieden ist mit jenen Dingen) und um sich nicht einzugestehen, daß es auf ganz andere Dinge ankommt, wenn man es wirklich mit dem Leben ernst nimmt. Doch wenn auch die große Heerde der sogenannten Gebildeten, Rechtschaffnen, Liebenswürdigen nicht hört und sich gleichgültig abwendet, weil sie ein inneres Grauen

---

[1]) Siehe „Schopenhauer als Erzieher", Abschnitt 5 (Bd. I, S. 440 der Gesammtausgabe).

Malwida von Meysenbug an Nietzsche, 1874.

anwandelt in den bedenklichen Spiegel zu blicken, so haben Sie doch auch **darin** Recht: diese Sachen werden eine Wirkung haben, und eine gewaltige wiederum bei Denen, auf die es allein ankommt. Und wäre es nur Das, daß S i e sich in dieser Arbeit vollenden, daß S i e die Wahrheit aus sich heraus= bilden, aus sich enthüllen (wie Michelangelo, der immer sagte „scoprire", wenn er von seiner Kunst sprach), eben als wenn er die im Marmor lebende Idee „enthüllte"), so wäre das schon ein wichtigerer Dienst für die Menschheit, als alle politischen Er= oberungen. Hat doch auch Schopenhauer z u n ä ch st nichts Anderes gethan. Was mich aber unsäglich freut bei Ihrer Schrift und Ihrem Brief, ist die Ruhe, die mir beide geben, daß Sie über den eigentlich gefährlichen Punkt des Zweifels und der Empörung nun hinaus sind und daß jeder Schritt vorwärts jetzt wirklich ein Schritt der Befreiung und der Er= lösung ist. W i e gerne möchte ich es nun sein können, die Ihrem Leben den Sonnenschein zu geben ver= möchte, der Ihnen einzig fehlt! — Möchten liebevolle Mächte es denn nun bald so fügen, wie meine Wünsche es für Sie erflehen.

Um Ihnen auch noch ein Wort von mir zu sagen, so haben Ihre Gedanken mich nun in R o m zu suchen, wo ich den Winter verbringen will, um zu sehen, ob das mildere Klima (viel milder, als das von Florenz) der leider nicht allzu guten Gesundheit gut zu thun vermag (um danach einen definitiven Entschluß zu fassen). Die Sommercur hat nicht den gehofften Erfolg gehabt; wahrscheinlich hat das

Malwida von Meysenbug an Nietzsche, 1874.

chronische Uebel im vorigen Winter zu große Fort=
schritte gemacht. Ich erlebte manches Interessante im
Sommer: u. A. die Bekanntschaft mit Benediktinern
des, nach Monte Cassino größten Benediktinerklosters
in Italien, bei La Cava am Golf von Salerno. Ich
fand in ihnen so geistvolle, unbefangene, in edelster
Bildung frei sich bewegende Menschen, daß ich nicht
umhin konnte, mit dem deutschen, noch dazu Berliner
Bildungsphilister, von dem ich ein glänzendes Exemplar
gerade in der Nähe hatte, eine für die Priester höchst
günstige Parallele zu ziehen. — Nachher war ich in
Amalfi, dem Paradies des Südens; in dem wunder=
baren Ravello, einer altmaurischen Stadt aus der
Zeit, als die Sarazenen dort an den Küsten herrschten,
in einer Berg=Einöde, wie eine verzauberte Märchen=
stadt erhalten; in Pästum, wo ich, mit inniger
Rührung, den schönen Göttern des Olymp eine
Libation brachte und, durch die roth glühenden Tra=
vertinsäulen des Tempels hindurch, wehmüthig das
blaue Meer grüßte, in das Poseidon, trauernd über
den Verfall seines Heiligthums, sich auf ewig nun
zurückgezogen. Dann verbrachte ich gute Stunden in
Pompeji und im Museum von Neapel unter den
Marmor= und Bronzestatuen. Da fühlt man es
recht, daß es nur auf die Erschaffung des Genius
und des Künstlers ankommt: denn nirgends kann
man sich so in das Wesen jener geistvollsten künst=
lerischen Menschen, welche die Griechen waren, ver=
setzen, wie da, wo so viel edle griechische Werke ver=
sammelt sind. Eine ganze Weltanschauung, und welche
erhabne, liegt in der Darstellung der Stufenleiter

Malwida von Meysenbug an Nietzsche, 1874.

der Natur, die heut zu Tage ihren Anfang im Affen und ihre Spitze im Gelehrten hat, während sie bei jenen künstlerischen, dichtenden Menschen mit dem Faun, dem sorglos, glücklich lächelnden, das Dasein sinnlich froh genießenden Uebergangsgeschöpf zwischen Thier und Mensch beginnt und im erhabensten Wesen, im Halbgott, endet, von dessen wundervollen Typen ich Ihnen nur einen Bronzekopf zeigen möchte, von dem schon Winckelmann sagte: es sei eines der schönsten Dinge, die man auf Erden sehen könne. Wenn es noch eines Beweises bedürfte, was es mit der unzerstörbaren Heiterkeit der Griechen für eine Bewandtniß hat, so müßte man diesen Kopf ansehen. Was der alles ausdrückt, das ist nicht zu sagen: er ist geneigt und blickt so recht eigentlich hinunter in das Wesen der Welt, mit heiligem Zorn, mit grenzenloser Verachtung, mit unsäglichem, überwältigendem Mitleid; dabei das erhaben schönste Menschenantlitz, das man sich denken kann, die Form durch den Ausdruck zur höchsten Idealität verklärt. Ueberhaupt: wie gern wandelte ich mit Ihnen einmal unter Göttern, im Vatikan und Capitol! Doch weiß ich nicht, ob ich einen kurzen Besuch von ein paar Wochen wünschen soll. Ich möchte, daß Ihnen Italien lieb würde, wie es mir lieb ist, und daß Sie es so sähen, daß die störenden Nebeneindrücke Ihnen möglichst entzogen blieben. Mir ist Rom, wenn ich nicht bei Denen leben kann, die meine Seele liebt, die einzige Stadt, die ich mir wähle. Neben dem modernen Leben, das hereindringt, banal und unkünstlerisch wie überall, neben den Mängeln und Lastern aller

Malwida von Meysenbug an Nietzsche, 1874.

großen Städte, hat es noch ein Seitenleben, voll großer Eindrücke, voll Stimmung für die Seele, die nach dem letzten Grade der Pilgerschaft, nach der Heiligung, strebt; es giebt Ruhe, weil es einem nirgends so entgegentritt, daß „alles Vergängliche nur ein Gleichniß ist", und weil man sich fast die Flügel wachsen fühlt, die hinübertragen, wo Alles Ereigniß wird. —

Für die nächsten Monate werde ich nicht allein sein: meine zwei Schwestern kommen, sie mit mir zu verbringen und einen lebenslangen Wunsch, Rom zu sehen, zu befriedigen. Es freut mich, weil sie gut und wirklich gebildet sind und weil, was uns einst trennte, längst verschwunden ist. Doch die Hauptsache, die ich mir ersehne, ist: so viel Gesundheit, um arbeiten zu können. — Die Hoffnung, Olga wiederzusehn im Herbst, wo ein Rendezvous in Florenz sein sollte, ist vereitelt worden; nun hofft sie, daß ich Ende April nach Paris komme. Aber ich weiß nicht, ob ich die Kraft haben werde, die lange Reise zu unternehmen. Sonst geht es ihr gut; sie hat auch schon Ihre 3. Unzeitgemäße gelesen.

Nun habe ich Ihnen aber so viel geschrieben, daß Ihre Augen ganz angegriffen sein werden: aber es war mir solch eine Freude, mit Ihnen zu reden. Könnte ich Sie doch zuweilen spielen hören! —

Leben Sie wohl und bleiben Sie gut
 Ihrer alten Freundin
  M. Meysenbug.

Ihrer lieben Schwester werde ich selbst danken.

Nr. 26.

Nietzsche an Malwida von Meysenbug.

Naumburg, 2. Januar 1875.

Liebe Freundin, wenn ich so spät auf einen so ausgezeichneten und jedes Dankes würdigen Brief antworte, so liegt der Grund in meinem curiosen Elend, zu dem jetzt mein Basler Beruf geworden ist. Ich habe gegenwärtig und für ein paar Semester so viel zu thun, daß ich ordentlich in Betäubung von einem Tag in den andern gelange: so will's die „Pflicht"; und trotzdem ist mir oft dabei zu Muthe, als ob ich mit dieser „Pflicht" meiner eigentlichen P f l i c h t nicht nachkäme; und mit der l e t z t e r e n hängt gewiß der Verkehr mit den wenigen Menschen zusammen, welche — wie Sie — in Allem, was sie thun und leben, mich an Das, was n o t h thut, erinnern.

Nun, ich lese griechische Litteraturgeschichte und interpretire die Rhetorik des Aristoteles und gebe Stunden über Stunden, die Gesundheit hält's aus, die Augen eingeschlossen: nach der äußerlichen Ansicht der Dinge geht es mir also g u t. Dabei aber weiß ich gar nicht mehr, w a n n ich wieder dazu kommen soll, meinen unzeitgemäßen Cyklus fortzusetzen. Mein geheimes, aber hoffnungsloses Dichten und Trachten geht auf ein Landgut. Ja, Weisheit mit einem Erbgut! wie Jesus Sirach sagt.

Nietzsche an Malwida von Meysenbug, 1875.

Jetzt habe ich 10 Tage Ferien hinter mir: ich verlebte sie mit Mutter und Schwester und fühle mich recht erholt; ich ließ währenddem alles Denken und Sinnen hinter mir und machte Musik. Viele tausend Notenköpfchen sind hingemalt worden, und mit einer Arbeit bin ich ganz fertig. Der "Hymnus an die Freundschaft" ist jetzt zweihändig und vierhändig anzustimmen; seine Form ist diese:

Vorspiel: Festzug der Freunde zum Tempel der Freundschaft.
Hymnus, erste Strophe.
Zwischenspiel — wie in traurig-glücklicher Erinnerung.
Hymnus, zweite Strophe.
Zwischenspiel — wie eine Wahrsagung über die Zukunft. Ein Blick in weiteste Ferne.
Im Abziehen: Gesang der Freunde, dritte Strophe und Schluß.

Ich bin sehr zufrieden damit. Wollte Gott, es wären's auch andre Menschen, zumal meine Freunde! Die Dauer der ganzen Musik ist genau 15 Minuten. — Sie wissen, was darin alles vorgehen kann: gerade die Musik ist ein deutliches Argument für die Idealität der Zeit. Möchte meine Musik ein Beweis dafür sein, daß man seine Zeit vergessen kann, und daß darin Idealität liegt!

Außerdem habe ich meine Jugend-Compositionen revidirt und geordnet. Es bleibt mir ewig sonderbar, wie in der Musik die Unveränderlichkeit des Charakters sich offenbart; was ein Knabe in ihr ausspricht, ist so deutlich die Sprache des Grundwesens

Nietzsche an Malwida von Meysenbug, 1875.

seiner ganzen Natur, daß auch der Mann daran nichts geändert wünscht — natürlich die Unvollkommenheit der Technik u. s. w. abgerechnet.

Wenn nach Schopenhauer der Wille vom Vater, der Intellekt von der Mutter vererbt, so scheint es mir, daß die Musik als der Ausdruck des Willens auch Erbgut vom Vater her ist. Sehen Sie sich in Ihrer Erfahrung um; im Kreise der meinigen stimmt der Satz.

Heute Nacht fahre ich nach Basel zurück, durch hohen Schnee und kräftige Kälte; seien Sie froh, verehrte Freundin, jetzt nicht in unserm Bärenhäuter-Klima zu sein. —

Gestern schrieb Frau Wagner und Gersdorff an mich. Wir hoffen alle, in der Mitte dieses Jahres zu den Bayreuther Proben zusammen zu kommen.

Ach könnten Sie doch dabei sein! Und möchte Ihnen dies Jahr erträglich und leicht werden! Und einiges Beglückende und Gute schenken!

Ich sah gestern, als am ersten Tage des Jahres, mit wirklichem Zittern in die Zukunft. Es ist schrecklich und gefährlich zu leben — ich beneide Jeden, der auf eine rechtschaffne Weise todt wird.

Im Uebrigen bin ich entschlossen, alt zu werden: denn sonst kann man es zu nichts bringen. Aber nicht aus Vergnügen am Leben will ich alt werden. Sie verstehen diese Entschlossenheit.

Mit den herzlichsten Wünschen allezeit der Ihrige
    Friedrich Nietzsche.

Meine Schwester will allernächstens schreiben.

Nr. 27.

Nietzsche an Malwida von Meysenbug.

Basel, 7. Februar 1875.

Verehrteste Freundin,

heute giebt es eine Bitte oder wenigstens eine Anfrage. Inzwischen nämlich ist meine Schrift über Schopenhauer, an der Sie eine so rührende und mich geradezu beschämende Freude gehabt haben, in's Französische übersetzt worden. Es hat sich in den letzten Jahren ein junger Mann, Adolf Baumgartner, sehr an mich angeschlossen, und in ihm habe ich, wie ich hoffe, einen der Unserigen heran erzogen — Sie glauben nicht, wie gute Hoffnungen ich habe. Also: dessen Mutter, Marie Baumgartner-Köchlin, ist die Uebersetzerin; auch sie hat sich immer mehr unsern Ansichten genähert (sie ist beiläufig eine dankbare Leserin gewisser idealistischer Memoiren und überhaupt eine treffliche und erfahrene Frau, mit einem wackeren Deutschen als Gatten und voll der unglaublichsten Liebe für ihren Adolf). Die Familie ist eine elsässische, Frau Baumgartner kämpfte in Sonetten und Schriften gegen die Annexion. Nun suchen wir einen Pariser Verleger und fragen bei Ihnen an, ob nicht vielleicht durch Herrn Monod hier geholfen werden könnte.

Die Uebersetzung ist sehr gut und geschickt, von mir in Betreff des Gedankens revidirt; wir haben

die Hoffnung, daß Frau Wagner sie einmal durch=
lesen wird, bevor sie in die Druckerei wandert.

Der Titel wäre „Arthur Schopenhauer". Ich
sollte denken, es müßte für Franzosen Mancherlei
darin stehen, was sie nöthigte, einmal aufzuhorchen.

Wenn Sie, verehrtestes Fräulein, ein Wörtchen
davon in einem Brief an Frau Olga sagen wollten
— wie dankbar wäre ich Ihnen! —

Wissen Sie bereits, daß seit gestern meine
Schwester in Bayreuth ist, auf besonderen Wunsch
von Frau Wagner, welche nächstens mit Wagner
nach Wien und Pesth zu Concerten reist und während=
dem eine Stellvertreterin nöthig hatte. Meine
Schwester ist sehr glücklich, einen Dienst hier leisten
zu dürfen, aber sehr beklommen darüber, ob sie ihn
wirklich leisten kann. Genug, ich meine, es ist eine
hohe Schule für sie und die schönste Vorbereitung
für die Bayreuther Sommerfeste, deren Gast wir
beide sein werden. Diese beiden Jahre sind für mich
geweiht — ich weiß nicht, wodurch ich verdient habe,
sie zu erleben.

Ich brüte an einigem Neuen und habe immer,
bevor ich bis zu einem bestimmten Punkte bin, rechte
Angst, wie vor böser Zauberei und dem Unsegen und
Mehlthau feindseliger Mächte. Schicken Sie mir
Ihren Segen, ich bitte Sie darum.

Einen ausgezeichneten Brief von Frl. Mathilde
Maier aus Mainz,[1]) als Antwort auf den „Schopen=

---

[1]) der bekannten Freundin Wagner's, die auch Schopen=
hauer persönlich gekannt hatte.

hauer", wollte ich auch noch erwähnen. Dagegen ist Frau G. in Florenz diesmal nicht zufrieden, sondern durch meine letzte Schrift fast „rebellisch" geworden, wie sie selbst sagt, findet alles viel zu „polemisch" und bezweifelt den ganzen Weg, den ich gehe. Ja, was weiß ich von meinem „Weg"! Ich gehe ihn, weil ich es sonst gar nicht aushalten könnte, und habe also keinen Grund, mir über ihn Zweifel und Bedenken zu machen. Es geht mir in summa ja eigentlich besser als allen meinen Mitmenschen, seit ich auf diesem Wege bin, über den die zwei Sonnen Wagner und Schopenhauer leuchten und ein ganzer griechischer Himmel sich ausspannt. —

Bewahren Sie mir Ihre Liebe und nehmen Sie meine herzlichsten Wünsche für Ihr Wohl an.

Ihr ergebenster und
getreuer
Friedrich Nietzsche.

Nr. 28.

Malwida von Meysenbug an Nietzsche.

52 via Giulio Romano
Rom, 13. Februar 1875.

Mein lieber Freund, für zwei so schöne inhalts= reiche Briefe bin ich nun Ihre Schuldnerin und kann Ihnen nicht genug dafür danken. Wenn ich nicht früher auf den ersten antwortete, so war es wahr=

Malwida von Meysenbug an Nietzsche, 1875.

sich nur, weil ich immer fürchte, zu oft zu kommen und Ihrem ohnehin so überhäuften Leben eine neue Bürde aufzuerlegen. Sonst denke ich so viel an Sie, und Ihr Schicksal ist eines von denen, die mir am meisten am Herzen liegen. Ich kann Ihnen nicht sagen, welch ein Trost und welche Freude es mir ist, daß Sie selbst dieses Schicksal so freudig auffassen und daß der hohe Muth, leben zu wollen, sich stärkt. Ich verstehe natürlich vollkommen, weshalb Sie lange zu leben wünschen, und gebe Ihnen vollkommen Recht. Wem das Schicksal die Einsicht gab in früher Stunde, daß das Leben einen metaphysischen Zweck hat, dem muß es auch ein langes Leben geben, um diesen Zweck vollständig zu erreichen. Ich kann Ihnen nicht sagen, wie hoch mich der Ausspruch in Ihrem Schopenhauer erfreute: „alle Cultur hat eine metaphysische Bedeutung".[1]) (Sie werden vielleicht über kurz oder lang einmal sehen, wie wir beinah mit denselben Worten denselben Gedanken ausdrückten.)

Daß diese herrliche Schrift so begeisterte Anhänger findet, freut mich ungemein. Daß ihre Zahl zuerst nicht groß sein würde, war wohl vorauszusehen; aber sie wird sich mehren, dessen bin ich gewiß: denn diese Schrift gehört zu den Dingen, deren Tag kommen muß, wie er für Schopenhauer und für Wagner kam.

Ihren Auftrag habe ich alsbald erfüllt: ich schrieb noch an demselben Tag an Olga und legte

---

[1]) Bd. I, S. 462 der Gesammtausgabe. (Nicht wörtlich.)

Malwida von Meysenbug an Nietzsche, 1875.

ihr die Sache an das Herz. Sobald ich Antwort habe, lasse ich es Sie wissen.

Es thut mir leid, daß Ihre elsässer Freundin gegen die Annexion war. Ich war zwar auch dagegen und hätte viel darum gegeben, hätte man nach Sedan Frieden gemacht: aber jener Abneigung in den besten, edelsten Elsässern zu begegnen, macht mich immer traurig, weil ich es mit einer Art von Beschämung empfinde, daß wir sie nur äußerlich erobert haben. Wären sie uns mit Liebe zurückgekehrt, welch ein schönes Wiederfinden wäre es gewesen! Um so vortrefflicher aber ist es, daß Sie den Sohn zu einem Mitglied der Gemeinde erziehen; das ist das Gebiet des reinen Aethers, wo die irdische Trübe nicht hinreicht.

Mit Sorge und heißen Wünschen begleite ich unsere Freunde auf der schweren Fahrt zu den Concerten. Freilich werden Sie wieder herrlich werden und die sie hören sind zu beneiden; aber für Wagner ist es doch jedesmal eine furchtbare Anstrengung. Liszt ist zur selben Zeit von hier abgereist, wohl um sie zu treffen. Hoffentlich thut er auch einmal etwas. Wie leicht wäre es für ihn, eine bedeutende Summe zum Bayreuther Theater zu liefern! Zwei, drei Concerte könnten gewaltig helfen, ohne daß es ihm die Hälfte Mühe machte, die es Wagner macht.

Daß Ihre Schwester in Bayreuth ist, hatte ich gerade aus einem Brief von Cosima ersehen. Ich freue mich sehr darüber. Die Annäherung an Cosima kann für jedes junge Mädchen nur ein herrlicher Gewinn sein und ich bin überzeugt, Ihre Schwester

Malwida von Meysenbug an Nietzsche, 1875.

wird hinwiederum auf die Kinder einen äußerst wohlthätigen Einfluß haben.

Wissen Sie nicht, ob sie einen Brief von mir um Neujahr herum erhalten hat? Es wäre möglich, daß Naumburg den hiesigen Postbeamten eine terra incognita wäre. Ich kann mich freilich nicht beklagen: denn trotzdem, durch meine Schuld, mehrere meiner Correspondenten, so auch Sie, eine falsche Adresse hatten, sind mir doch alle Briefe richtig zugekommen. Jene von mir damals angegebene Wohnung bezog ich nämlich nicht, da sie mir als sehr kalt geschildert wurde; fand dagegen eine, die ich seit Ende November mit meinen Schwestern bewohne, die unendliche Vorzüge und nur Einen Mangel hat, nämlich daß sie hoch ist. Dafür aber ist sie von Sonne umflossen, ein wichtiger Umstand gerade im Süden, weil jeder Sonnenstrahl, auch im Winter, solche Macht hat, daß er besser wärmt als Oefen und Camine. Dann aber hat sie eine wunderbare Aussicht: wir übersehen nämlich das ganze Capitol, an dessen Fuß unser Haus steht und mit dem wir uns, weil im obersten Stock, auf gleicher Höhe befinden. Der denkwürdige Platz, mit den schönen, nach Michelangelo's Zeichnungen gebauten Palästen, die antike Reiterstatue des Marc Aurel, die colossalen Dioskuren, die am Eingang des schönen Aufgangs stehen, der reizende, immer grüne von Palmen, Aloen und Cactus erfüllte kleine Garten, der den Aufgang umgiebt und in dem das klassische Thier, eine lebendige Wölfin, umherspaziert, gegenüber der prachtvolle Palazzo Caffarelli, auf dem tarpejischen Felsen

Malwida von Meysenbug an Nietzsche, 1875.

(das deutsche Gesandtschaftslokal) — Alles dieses sehen wir vom Fenster aus in all dem zauberhaften Wechsel der Beleuchtungen, von der ersten Morgensonne an bis zur Gluth des Sonnenuntergangs. Oben auf dem Dach haben wir außerdem eine große Terrasse, auf der man geradezu einen Spaziergang machen kann und wo man die Peterskuppel und das halbe Rom, in seiner wunderbaren monumentalen Gestalt, überschaut. Es ist wahr, es ist eine apollinische Welt, eine Welt des schönen Scheins; aber es liegt doch ein adelnder Einfluß in dieser Verklärung der Erscheinung und man fühlt sich wie getrennt von dem Gemeinen, Banalen, indem jeder Blick so auf würdige, erhabne oder entzückende Gegenstände trifft. Wissen Sie, was ein Lieblingswunsch von mir ist?

Sie einmal einen ganzen Winter hier haben zu können und mit Ihnen in dem Zauberkreis zu leben, den Rom nothwendig um jedes denkende und fühlende Wesen zieht.

Auch das geliebte Griechenthum würde Ihnen hier noch manche Offenbarung geben. So stand ich neulich lange vor der wunderbaren Statue des Sophokles, einem der herrlichsten g r i e c h i s c h e n Werke, das noch ganz unversehrt hier erhalten ist. Da fühlt man erst, was wahre Bildung ist; diese Harmonie von Geist und Form, dieser Ausdruck vom Adel des Genius, von der Erhabenheit des Weisen, von der Anmuth der schönsten Dichterseele in jedem Zug des herrlichen Angesichts, in jeder Fingerspitze, in jeder Falte des Gewandes, möchte man sagen — das ist so einzig, daß man ergriffen vor dem Marmor

Malwida von Meysenbug an Nietzsche, 1875.

steht und heiße Sehnsucht nach jener Welt, nach jenem einzigen Moment wahrer Cultur die Seele füllt. Und wenn die Römer auch ungleich unsympathischer sind, so ist es doch immer noch eine merkwürdige Empfindung, wenn dieser denkwürdige Boden sich öffnet und seine verborgnen Schätze wieder an's Tageslicht bringt. So hat man jetzt, bei Bauten auf dem Esquilin, vollständig die Academia aus den Gärten des Mäcenas bloßgelegt, in der Virgil und Horaz einst ihre Werke vor einem hochgebildeten Auditorium lasen, und eine reizende Venusstatue hat man dort gefunden nebst anderen Skulpturwerken: Alles Beweise eines Culturzustandes, wie wir ihn nicht mehr haben.

Aber wir haben Bayreuth! Oh, daß ich es nur miterleben darf!

Meinen Segen zu Ihrem neuen Werk sende ich Ihnen, so tief und innerlich, daß er aus der Region kommt, wo das wahre Gebet hindringt und Erhörung findet.

Ich hätte Ihnen noch so viel zu sagen, aber für heute ist es doch genug.

Nur noch liebevollste Grüße
von
Ihrer
M. Meysenbug.

Malwida von Meysenbug an Nietzsche, 1875.

Nr. 29.

Malwida von Meysenbug an Nietzsche.

52 via Giulio Romano
Rom, 28. Februar 1875.

Lieber Freund, Monod will sehr gern übernehmen wegen des Manuskripts mit einem Verleger zu unterhandeln; er meint aber, es wäre nöthig, daß man ihm das Manuskript dazu schicke, da sich sonst nicht leicht ein Verleger darauf einlasse. Dann möchte er, daß Frau Baumgartner so gütig wäre, ihm ihre Bedingungen mitzutheilen, da auch diese die Sache mehr oder minder leicht machten. Er bedauert sehr, daß nicht alle drei Stücke übersetzt sind, da er meint, daß besonders das zweite mehr Anklang in Frankreich gefunden haben würde, als das dritte. Auch verlege sich ein Band leichter, als eine Broschüre, wenn letztere nicht eine Tagesfrage behandle. — Lassen Sie also Frau Baumgartner, wenn sie nicht inzwischen anderweitig verfügt hat, das Manuskript mit der gewünschten Auskunft an Monod schicken.

Seine Adresse ist: 76 rue d'Assas, Paris. Wie wünschte ich, daß die schöne Schrift auch da auf einigen fruchtbaren Boden fiele. Es scheint ja fast, als ob die politischen Verhältnisse dort einen etwas festeren Charakter annehmen wollen; vielleicht entwickelt sich ja dann auch wieder ein ernsterer, mehr

Malwida von Meysenbug an Nietzsche, 1875.

nach Innen gekehrter Sinn unter der Jugend. Wer wollte es nicht wünschen, daß jenes begabte Volk sich von seinem tiefen Fall erhole?

Ich hatte in meinem letzten Brief nicht mehr Raum, Ihnen auf Früheres, aus Ihrem Naumburger Brief, zu erwidern: nämlich wie innig ich mich gefreut hatte, daß Ihr musikalischer Genius wieder einmal zu seinem Recht gekommen war. Wie gern hörte ich den „Hymnus an die Freundschaft"! Ihr Spiel hat mir einen so tiefen, nicht zu vergessenden Eindruck hinterlassen! Ihrer ersten Bemerkung, daß in der Musik die Unveränderlichkeit des Charakters sich offenbart, stimme ich vollkommen aus Erfahrung bei. Als junges Mädchen beschäftigte ich mich eifrig mit Generalbaßstudien und componirte sehr viel. Natürlich besitze ich längst nichts mehr von all jenen Produktionen, aber ich erinnere mich ihrer deutlich und sie stimmen vollkommen zu dem Grundton meiner Natur. Ueber die zweite Bemerkung, daß die Musik auch Erbgut vom Vater her sei, wüßte ich keine Erfahrung anzuführen: aber ich zweifle nicht daran, da die Musik, als Ausdruck des Willens, mit diesem vom Vater her kommen muß. Ueber die Unveränderlichkeit des Charakters aber überhaupt habe ich auch in letzter Zeit wieder einige recht merkwürdige Beobachtungen gemacht. Es drängt sich mir dabei immer wieder lebhaft die Einsicht auf, wie ganz der Intellekt nur dem Wesen der Erscheinung angehört, da er so wenig über das Urwesen in uns vermag, und wie vollständig die Bedingungen unserer Individuation, sowie unserer Erlösungsfähigkeit, jenseits

Malwida von Meysenbug an Nietzsche, 1875.

unseres Eintritts in die Erscheinung liegen, vollkommen metaphysisch sind.

Hierbei fällt mir eine Bitte ein, die ich Ihnen schon seit lange vortragen wollte: nämlich, wenn Sie einmal Muße und Lust dazu haben, mir Ihre Meinung über den Eduard in den „Wahlverwandtschaften" zu sagen. Ich will Ihnen dann nachher den Grund eines so sonderbaren Verlangens und auch meine Ansicht über ihn schreiben.

Denken Sie, daß ein für sehr intelligent geltender Mann mir neulich, in Beziehung auf Ihr 3. Stück, sagte: „er sei entschieden dagegen, daß man den Philosophen als Lehrer hinstelle". Und Griechenland? Freilich, Gott sei's geklagt, wenn Philosophen wie Hegel Lehrer werden und die Ideen der Jugend fälschen. Aber Schopenhauer! — Dagegen sagte mir neulich eine junge Frau, die nichts von Philosophen weiß und eine ganz intuitive Natur ist, sie erzöge jetzt schon ihr siebenjähriges Töchterchen dafür, ganz aus sich selbst den Trieb zu finden, die ihr von der Großmutter zu eitler Thorheit verschwenderisch gegebenen Mittel zum Besten Anderer, Unbemittelter, liebevoll zu verwenden. Ich bestärkte sie natürlich darin und freute mich des edlen Instinkts der Mutter. Das ist es: die Bildungsphilister fürchten die Philosophie für die Jugend, sie soll ein abstraktes Gebiet bleiben, während sie, natürlich zunächst in praktischer Uebung, die Grundlage aller Erziehung sein sollte.

Ist Gersdorff schon bei Ihnen, so grüßen Sie

Nietzsche an Malwida von Meysenbug, 1875.

ihn herzlich: ich habe ihm noch nach Hohenheim geschrieben.¹)

Seien Sie liebevollst gegrüßt.

M. Meysenbug.

Nr. 30.

Nietzsche an Malwida von Meysenbug.

[Basel, 24. März 1875.]

Verehrteste Freundin,

hier schicke ich Ihnen ein ganzes Bündelchen Briefe: möchte ich damit ein wenig von der Freude zurückgeben, welche ich bei jedem Ihrer liebevollen Briefe empfange!

In dieser Stube ist oft von Ihnen gesprochen worden, wie immer wenn der treue Gersdorff und ich unsere Gedanken über unsere wahren Freunde austauschen; und ebenfalls haben Sie in Frau Baumgartner eine herzlich verehrende Freundin gewonnen: was Ihnen irgendwann einmal, vielleicht bald, durch einen Brief bezeugt werden soll. —

Inzwischen hat sich mein Verleger Schmeitzner die Erlaubniß ausgebeten, für einen Pariser Ver=

---

¹) Freiherr v. Gersdorff, der nach dem Tod seiner beiden Brüder sich nunmehr als künftiger Majoratsherr dem Studium der Landwirthschaft widmete, besuchte seit Oktober 1874 die Akademie Hohenheim bei Stuttgart. Die Osterferien 1875 verbrachte er ungefähr vom 9. März bis Anfang April in Basel.

Nietzsche an Malwida von Meysenbug, 1875.

leger zu sorgen: wozu ich umso lieber meine Einwilligung gegeben habe, als ich so Herrn Monod keine Beschwerde mache, wenigstens zunächst nicht. Sollte Schmeitzner kein Glück haben, so würde ich dann dankbar die Vermittlung Hrn. Monod's annehmen.

Es giebt jetzt ein paar Tage Ferien, und ich brauche sie. Gersdorff ist schon über 14 Tage um mich. Es ist an der Nr. 4 [1]) gearbeitet worden.

Seit Neujahr ist auch, ganz nebenbei, ein neues größeres Musikstück fertig gemacht, ein „Hymnus auf die Einsamkeit",[2]) deren schauerliche Schönheit ich aus vollem dankbaren Herzen verherrlicht habe. — Vom Hymnus auf die Freundschaft habe ich Ihnen erzählt. —

Da fällt mir ein, daß ich etwas über Eduard

---

[1]) Als Nr. 4 der Unzeitgemäßen Betrachtungen war ursprünglich „Wir Philologen" geplant. Diese ist hier gemeint. (Die jetzige Nr. 4, „Richard Wagner in Bayreuth", sollte Nr. 5 werden.) Frhr. v. Gersdorff hatte in jenen Osterwochen 1875 eine Abschrift der vielen vereinzelten Aufzeichnungen meines Bruders zu „Wir Philologen" gefertigt, sodaß dieser hoffen konnte, das Ganze alsbald in eine abschließende Form zu bringen. Doch gab es in jener Zeit ein Ereigniß im Freundeskreis meines Bruders, das er sich sehr zu Herzen nahm (s. Br. II, 493 f. und I³, 311 f.) und über dem er das Convolut in der Hoffnung auf frohere Tage zurücklegte, um es nie zu vollenden. Das gesammte Material zu dieser Unzeitgemäßen steht in Bd. X, S. 343—423 der Werke.

[2]) Von dieser Composition, die mein Bruder damals mehrfach vorgespielt hat und deren sich auch die Freunde noch deutlich entsinnen, ist die Handschrift bis jetzt leider nicht wieder aufgefunden worden.

Nietzsche an Malwida von Meysenbug, 1875.

sagen soll; aber heute werde ich's schuldig bleiben. Lange, lange kam das Werk mir nicht zu Gesicht und ich dachte nie über Eduard nach. Wollen Sie mit etwas ganz Unreifem fürlieb nehmen, so würde ich als meine Meinung dies bezeichnen. Nur im Lichtstrahl von Ottiliens Liebe sieht Eduard so aus, wie er billigerweise immer erscheinen sollte. Aber Goethe hat ihn geschildert, wie er Alle schildert, die ihm selber ähnlich oder gleich sind, und wie er sich selbst malt: ein wenig banaler und flacher als er ist; wie es Goethe liebte, nach eignen Geständnissen, sich immer etwas niedriger zu geben, schlechter zu kleiden, geringere Worte zu wählen. Diese Liebhaberei Goethe's hat der Goethe=verwandte Eduard büßen müssen. Aber, wie gesagt, Ottiliens Liebe zeigt uns erst, wer er ist, oder läßt es uns errathen; daß diese gerade den lieben mußte, hat Goethe zur Verherrlichung solcher Naturen erfunden, welche tiefer sind, als sie je scheinen, und deren Tiefe erst der seherische Blick wahlverwandter Liebe ergründet. —

Aber wie gesagt und versprochen: ich will das Werk einmal wieder lesen und dann Ihnen schreiben.

Ein hiesiger Patrizier hat mir ein bedeutendes Geschenk in einem echten Dürer'schen Blatte gemacht; selten habe ich Vergnügen an einer bildnerischen Darstellung, aber dies Bild „Ritter, Tod und Teufel" steht mir nahe, ich kann kaum sagen, wie. In der Geburt der Tragödie habe ich Schopenhauer mit diesem Ritter verglichen;[1] und dieses Vergleiches wegen bekam ich das Bild.

---
[1] Band I, S. 143 f. der Gesammtausgabe.

Nietzsche an Malwida von Meysenbug, 1875.

So Gutes erlebe ich. Ich wünschte, ich könnte andern Menschen täglich etwas Gutes erweisen. Diesen Herbst nahm ich's mir vor, jeden Morgen damit zu beginnen, daß ich mich fragte: Giebt es Keinen, dem du heute etwas zu Gute thun könntest? Mitunter glückt es, etwas zu finden. Mit meinen Schriften mache ich zu vielen Menschen Verdruß, als daß ich nicht versuchen müßte, es irgend wodurch wieder gut zu machen.

Und nun, verehrteste Freundin, mag der Brief fortlaufen, sonst kommt Evchens[1]) schriftlicher Erguß zu spät.

Meine Schwester ist mit Glück und Nutzen in Bayreuth, in einer Art von hoher Schule. Wagner's Rückkehr hat sie durch eine kleine Aufführung gefeiert, bei der die guten Kinder sehr hübsch ihre Verschen hergesagt haben. — Siegfriedchen hat meiner Schwester gesagt „ich liebe dich mehr als mich selbst". Lauter gute Nachrichten bekam ich bisher: doch weiß ich nicht, ob ich die Nachricht eine gute nennen darf, daß Wagner nach Ostern in München und Berlin Concerte geben will.

Ihnen das Beste und mir Ihre Liebe anwünschend bleibe ich treulich

Ihr
Friedrich Nietzsche.

---

[1]) Eva v. Bülow, damals achtjährig, die meinem Bruder einen sehr lieblichen Kinderbrief aus Bayreuth geschrieben hatte.

Malwida von Meysenbug an Nietzsche, 1875.

Nr. 31.

Malwida von Meysenbug an Nietzsche.

Hôtel Victoria, Münster am Stein
bei Bad Kreuznach an der Nahe [2. Juli 1875].

Sie werden sehr erstaunt sein, lieber Freund, wenn Sie diesen Brief sehen, der Ihnen plötzlich vom Norden her zukommt, anstatt vom Süden, und noch dazu nach einer so langen Pause, die durch meine Schuld in unserem Verkehr eingetreten ist. Ach ja, das Schicksal treibt sein dummes Spiel mit den Menschen, und es giebt Solche, denen es bestimmt zu sein scheint, immer im Widerspruch mit ihren Neigungen handeln zu müssen. Zu diesen gehöre ich entschieden. Ich hatte Ihnen soviel zu schreiben, so viel auf Ihre schönen letzten Briefe zu erwidern, daß ich immer auf eine gute ruhige Stunde wartete, um es zu thun, und die wollte gar nicht kommen. Statt dessen traten zu treffende Entscheidungen an mich heran, die mir wieder das einzig ersehnte Gut, die Ruhe, raubten. In Kürze Folgendes nur zur Erklärung: meiner Schwestern römischer Aufenthalt ging zu Ende und damit die im Winter inne gehabte größere Wohnung. Mir noch eine neue suchen, da man im Sommer doch Rom verläßt, war unthunlich. Da das einzige Ziel meiner noch übrigen Lebenswünsche (um dessentwillen ich für meine Gesundheit mehr sorge, als ich sonst thun würde) nur dieses ist:

Malwida von Meysenbug an Nietzsche, 1875.

den nächsten Sommer ganz in Bayreuth zu verbringen, so fühlte ich es als eine Pflicht, mich dies Jahr aufzumachen und zu Olga zu gehen, so furchtbar schwer mir der Entschluß der weiten Reise in das mir jetzt so antipathische Land auch wurde. Aber ich habe Olga seit ihrer Verheirathung nicht wieder gesehen: sie hat jetzt zwei Kinder, das zweite noch zu klein, um an's Reisen zu denken; ihre Sehnsucht nach mir ist verzehrend, ihr Wesen scheint sich immer holdseliger zu entfalten, und es wäre am Ende eine Unterlassungssünde meinerseits, den Einfluß, den ich vielleicht noch befestigend und erweiternd dabei ausüben kann, nicht auszuüben, — kurz ich erkannte es als das Rechte, in diesem Sommer zu ihr zu gehen und ihr denselben zu weihen. Es wird wahrscheinlich das einzige Mal sein, daß ich sie in ihren neuen Verhältnissen sehe, und ich möchte i h r das Andenken hinterlassen, daß mein Auge sie darin geschaut und mein Segen auch darin auf ihr und ihren Kindern geruht hat. Das nächste Jahr, wenn ich es erlebe, gehört Bayreuth, und dann ist mein Wanderleben beschlossen. Dann bleibe ich in meiner neuen römischen Heimat, die ich mir schon für nächsten Winter ausgesucht, mit dem Blick in die Campagna und die Ruinen des alten Rom, so recht ein Platz um in erhabner Beschaulichkeit auf das Nirwana vorzubereiten. Nun kam aber der dringende Befehl des Arztes hinzu, eine Cur in Kreuznach möglich zu machen, da allerdings die Gesundheit durchaus keinen festen Bestand wieder gewinnen will. Mit dem höchsten Widerstreben fügte ich mich end-

Malwida von Meysenbug an Nietzsche, 1875.

lich dem kategorischen „Sie müssen" und mußte nun zugleich der Hoffnung entsagen, die ich heimlich genährt, dann auch noch nach Bayreuth zu einem Theil der Proben kommen zu können. Ich habe es nun vorgezogen, die Cur erst abzumachen und dann zu Olga zu gehen (jedoch nicht nach Paris, sondern auf das Land in die Nähe). Dort werd' ich in Ruhe bis zum Herbst bleiben und dann wieder Romwärts ziehen. Aber dabei hege ich den geheimen Plan, Basel zu berühren und wenigstens mit Ihnen einen Tag zu verbringen.

Hier bin ich nun ganz allein, habe mich mit Absicht von dem nur allzu banal aussehenden Menschenknäuel, der die Badegesellschaft bildet, entfernt logirt, betreibe meine Cur und beende den 2. Theil der Memoiren d'une Idéaliste. Von meinem Fenster sehe ich die Ebernburg,[1] die natürlich jetzt nach deutscher Sitte in ihren noch stattlichen Ringmauern eine Schenkwirtschaft zum Vergnügen der Badegäste enthält, die aber von weitem noch einen schönen Eindruck macht. Meine Augen haften immer an dieser Stelle und ich muß der heroischen Menschen denken, die da mit Feder und Schwert den kühnen Kampf kämpften, gegen denselben Feind, gegen den sich auch heute wieder mit Recht das deutsche Reich erhebt und der leider heute noch so stark ist, daß, wenn der arme Hutten es wüßte, es ihm schwerlich eine Lust dünken würde, zu leben. Daß Bismarck es erkannt hat, daß dieser Kampf, und zwar diesmal bis zum Ende, vom deutschen Reich durchgekämpft werden muß, wird seine

---
[1] Franz von Sickingen's Humanisten-Veste.

Malwida von Meysenbug an Nietzsche, 1875.

größte Ehrenkrone bleiben. Aber wird er bis an das Ende kommen bei der Lauheit der Menge, der jetzt die Begeisterung des Glaubens fehlt, die Luther wenigstens zur Seite stand? Und selbst Luther mußte es ja gegen Ende seines Lebens erfahren, das alte Loos aller Geistesheroen: daß der kurze Rausch eines idealen Ahnens in der Menge verflog und die Fluth der Gewöhnlichkeit und des Stumpfsinns Alles wieder mit Schlamm bedeckte. Denn offen gestanden halte ich von der protestantischen Kirche nicht viel mehr, als von der katholischen; die Protestanten haben ja das wundertiefe Symbol ebenso gut verknöchert wie die Katholiken, und dazu sind sie phantasieloser. Sie haben nur die Macht nicht, sonst — wer weiß was wir erlebten, wenn sich der Kampf auch gegen s i e wendete.

Was Sie mir über den Goethe'schen Eduard schrieben, hat mich sehr erfreut. Ja, Sie haben die einzig richtige Seite getroffen, die ihn erhebt: daß Ottilie ihn liebt. Aber ganz reicht es doch nicht aus: denn solchen schönen, ganz weiblich liebevollen Seelen ist es auch eigen, der ersten Liebe jenen idealen Inhalt, den das eigne Herz umschließt, verklärend mitzutheilen. Eduard scheint mir eine Illustration des „Willens" in seiner nie zur Verneinung durch höhere Einsicht geleiteten Furchtbarkeit, wie es wenige giebt. Daß Goethe ihn meisterhaft gezeichnet, daß er eben so und nicht anders sein mußte, versteht sich: aber es entschuldigt Eduard nicht. Er ist das vollendetste Bild des liebenswürdigen Egoisten, der hinreißend ist, solange Alles nach Wunsch geht, und ohne Erbarmen

Malwida von Meysenbug an Nietzsche, 1875.

grausam, sobald der Conflikt hereinbricht. Zunächst heirathet er Charlotte, trotzdem sie ihm die Zukunft mit Ottilien vorbereitet. Er ist es, der mit Ab=weisung jeder warnenden, vernünftigen Stimme das Schicksal heraufbeschwört, indem er die Anwesenheit der durchkreuzenden Elemente fordert; der, ohne auch nur den leisesten Versuch eines Kampfes, sich der Liebe zu Ottilien hingiebt; der dann Charlotte zur Mutter macht, während er an Ottilien denkt und, als der Conflikt da ist, keine andre befreiende Thätigkeit weiß, als den Krieg, und den Tod sucht um der Qual des Schmerzes zu entgehen. Und als der Tod ihn nicht findet, ist sein erster Akt der der Alles über=fluthenden Leidenschaft, der die tragische Katastrophe herbeiführt. Dann auch noch läßt er der gequälten Ottilie keine Ruh, zwingt sie, in das Schloß und die Qual zurückzukehren. Daß er die Nacht an ihrer Thürschwelle verbringt, daß er stirbt, nachdem sie ge=storben, entsühnt ihn nicht; er befriedigt sich nur wieder, indem er der Qual des Lebens ohne sie ent=flieht. Aber gerade weil dies so vollendet durch=geführt ist, darum ist der Charakter künstlerisch ein Meisterwerk. — Ich will Ihnen nun auch sagen, wie ich dazu kam, Sie zu fragen. Es war nämlich das einzige Mal, daß ich in Bayreuth ganz ernstlich mit Wagner aneinander kam. Er wurde so böse, als ich meine Meinung über Eduard sagte, wie er es sonst nie über mich gewesen ist. Ich bleibe aber doch bei meiner Ansicht. Nur was Sie sagen, hat mich ge=troffen und mein Urtheil gemildert. —

Leben Sie wohl für heute, lieber Freund. Ich

wollte nur einmal ein Lebenszeichen geben und schreibe bald wieder. Herzlichsten Gruß an Gersdorff. Ihm schreibe ich in diesen Tagen. Wann kommt das 4. Stück der Unzeitgemäßen?

Ihre alte, pilgernde Freundin.

Nr. 32.

Nietzsche an Malwida von Meysenbug.

Steinabad, Schwarzwald, 11. August 1875.

Hochverehrte Freundin,
es ist nicht Undankbarkeit, sondern Noth, was mich so lange verstummen machte, das glauben Sie mir wohl gern. Ich weiß nichts Besseres als daran zu denken, wie ich doch in den letzten Jahren immer reicher an Liebe geworden bin; und dabei fällt mir Ihr Name und Ihre treue tiefe Gesinnung immer zuerst mit ein. Wenn mir nun die Möglichkeit fehlt, Solchen, die mich lieben, Freude zu machen, ja selbst der Glaube daran, so fühle ich mich ärmer und beraubter als je — und in so einer Lage war ich. Es war mir, meiner Gesundheit wegen, so aussichts= los zu Muthe, daß ich glaubte, ich müßte nun unter= ducken und wie an einem heißen drückenden Tage nur eben unter der Schwüle und Last so fort= schleichen. Alle meine Pläne veränderten sich darnach und immer überlief's mich schmerzlich bei dem Ge= danken: deine Freunde haben Besseres von dir erwartet,

Nietzsche an Malwida von Meysenbug, 1875.

sie müssen nun ihre Hoffnungen fahren lassen und haben keinen Lohn für ihre Treue. — Kennen Sie diesen Zustand? Ich bin jetzt über ihn wieder hinaus, weiß aber nicht, auf wie lange, — doch mache ich wieder Entwürfe über Entwürfe und suche mein Leben in einen Zusammenhang zu bringen — ich thue nichts lieber, nichts angelegentlicher, sobald ich nur einmal wieder allein bin. Daran habe ich einen förmlichen Barometer für meine Gesundheit. Unsereins, ich meine Sie und mich, leidet nie rein körperlich, sondern alles ist mit geistigen Krisen tief durchwachsen, sodaß ich gar keinen Begriff habe, wie ich je aus Apotheken und Küchen allein wieder gesund werden könnte. Ich meine, Sie wissen und glauben das so fest wie ich und ich sage Ihnen etwas recht Ueberflüssiges!

Das Geheimniß aller Genesung für uns ist, eine gewisse Härte der Haut wegen der großen innerlichen Verwundbarkeit und Leidensfähigkeit zu bekommen. Von Außen her darf uns wenigstens so leicht nichts mehr anwehen und zustoßen; wenigstens quält mich nichts mehr, als wenn man so auf beiden Seiten in's Feuer kommt, von Innen her und von Außen. —

Meine durch die gute Schwester eingerichtete Häuslichkeit, die ich in den nächsten Tagen kennen lernen werde, soll für mich so eine neue feste harte Haut werden: es macht mich glücklich, mich in mein Schneckenhaus hinein zu denken. Sie wissen, nach Ihnen und einigen Wenigen strecke ich die Fühlhörner immerdar mit Liebe aus; verzeihen Sie den thierischen

Malwida von Meysenbug an Nietzsche, 1875.

Ausdruck! Ihnen und Allen, die Ihnen am Herzen liegen, das Beste wünschend

Ihr allzeit getreuer

Friedrich Nietzsche.

Nr. 33.

Malwida von Meysenbug an Nietzsche.

Paris, 17. Okt. 1875.
76 rue d'Assas

Lieber Freund.

Mit schwerem Herzen ergreife ich die Feder um Ihnen zu sagen, daß ich zu den andern Opfern dieses Sommers auch noch das fügen muß, nicht nach Basel zu gehen.[1]) Ich mag immer gern von jeder Zeit meines Lebens mir sagen können, ich habe etwas darin ganz gethan: wenn ich auch auf der andern Seite schmerzlich dabei entbehren muß. Da ich nun einmal hier war, so wollte ich für Olga, so weit es in meiner Macht stand, auch Alles vollenden, was ich für ihr Wohl für nothwendig hielt. Das hat sich nun bis jetzt hingezogen. Mittlerweile ist aber der Herbst so früh, trüb und schaurig hier eingezogen, daß ich heftig erkältet bin und mich eilen muß, die beschwerliche Reise rasch hinter mir zu haben,

---

[1]) Im Namen meines Bruders hatte ich Malwida sehr dringend eingeladen, auf ihrer Rückfahrt nach Rom uns in Basel zu besuchen.

Malwida von Meysenbug an Nietzsche, 1875.

um womöglich im Lande der Sonne noch etwas aufzuathmen. So fahre ich denn morgen Abend von hier ab, um übermorgen in Turin zu sein: jenseits der Alpen, und den darauf folgenden Tag in Florenz, wo Geschäfte mich ein paar Tage festhalten. Dann aber will ich so schnell als möglich mein kleines römisches Heim zu erreichen suchen, um dem bösen Feind, dem Winter, gewaffnet entgegen zu gehen und wieder zur Sammlung und Ruhe zu kommen. Wie leid es mir thut, dem Besuch bei Ihnen zu entsagen, brauche ich Ihnen nicht erst zu versichern, Sie glauben es mir. Es sollte ein licht-erfüllter Schluß des in mancher Hinsicht trüben Sommers sein: allein ich kenne nun schon mein Schicksal und unterwerfe mich. Es freut mich aber unbeschreiblich, durch einen Brief von Cosima zu hören, daß es Ihnen in Ihrer Häuslichkeit gut geht. Auch erfuhr ich bei der Gelegenheit, daß Ihr Geburtstag in diesen Tagen war.

Lassen Sie sich dazu die liebevollsten Wünsche gefallen! Sind es auch arme ohnmächtige Dinger, so kann man doch dem Herzen nicht wehren, sie für die Freunde zu hegen: und darin, daß sie aus dem ewigen Bedürfniß der Liebe aufsteigen den lieben Menschen das Leben schön zu machen, liegt ihr einziger Werth. Es ist auch Das eine Art Sympathie zwischen uns, daß wir in demselben Monat geboren sind.[1])

So sage ich Ihnen denn leider schriftlich Lebewohl. Gebe das Schicksal uns das Wiedersehen, welches wir uns wünschen, am Eingang zu Walhall!

---

[1]) 28. Oktober 1816 und 15. Oktober 1844.

Malwida von Meysenbug an Nietzsche, 1876.

Grüßen Sie Ihre liebe Schwester und sagen Sie ihr nochmals meinen gerührten Dank für ihre liebenswürdige Einladung. Möge sich Ihr häusliches Leben recht wohlthätig an Ihnen erzeigen! und möge es mir vergönnt sein, Sie doch noch einmal darin zu besuchen.

Mit herzlichen Grüßen
Ihre M. Meysenbug.

Ist die 4. Unzeitgemäße bald fertig?
Meine Adresse in Rom ist:
132 Monte Caprino.
Es ist nämlich im Archäologischen Institut, wo ich wohnen werde.

Nr. 34.

Malwida von Meysenbug an Nietzsche.

132 Monte Caprino, Campidoglio
Rom, 12. Jan. 1876.

Mein lieber Freund.

Wie lange ist es her, daß ich Ihnen nicht geschrieben, nichts direkt von Ihnen gehört habe! Seit mir der so freudig entworfene Plan, über Basel zu reisen, durch die Gesundheit vereitelt wurde und ich nur schnell über die Alpen eilen mußte, um in die Ruhe meines Winterquartiers und zu der Wohlthat freilich noch viel milderer Lüfte zu gelangen — sind

Malwida von Meysenbug an Nietzsche, 1876.

meine Gedanken unzählige Male zu Ihnen gewandert, aber von da bis zur Feder wird es immer schwerer. Ich hatte in den ersten Wochen hier eine eilige Arbeit, die mir alle Schreibkraft hinwegnahm, und dann kam, anstatt der nothwendigen Ruhe, in der man nur das Wünschenswerthe thut, ein tragisches Ereigniß so erschütternder Art, daß es nicht nur die Stimmung raubte, sondern mir auch eine Menge der traurigsten und quälendsten Schreibereien auferlegte, die mich wieder zu den Briefen, die ich liebe, unfähig machten.

[— — — — — — — — — —]

In die Mitte dieser Aufregungen traf Ihr junger Bekannter und Schüler Albert Brenner[1]) und war mir von vornherein, als Ueberbringer mündlicher Grüße, willkommen. Doch befremdete mich sein Wesen und Reden, sodaß ich augenblicklich einsah, daß hier Hilfe noth thue; ich sah mich demnach

---

[1]) Stud. jur. Brenner, geb. 1856 zu Basel, gehörte, nachdem er am dortigen Pädagogium Schüler meines Bruders im Griechischen gewesen war, auch zu seinen Universitätshörern. Ein beginnendes Lungenleiden nöthigte ihn, im Spätherbst 1875 nach Italien zu gehen. Im Winter 1876/77 sehen wir ihn mit Frl. v. Meysenbug, meinem Bruder und Dr. Paul Rée in Sorrent. Von dort kehrte er zur Wiederaufnahme seiner Universitätsstudien im April 1877 nach Basel zurück. Im darauffolgenden Winter verschlimmerte sich sein Leiden zusehends: im Mai 1878 starb er. Von seinen Produktionen ist unseres Wissens nur die Novelle „Das flammende Herz" erschienen (unter dem Pseudonym Albert Nilson im Juliheft 1877 der Rodenberg'schen „Deutschen Rundschau"), ein Kabinettstück erzählerischer Kunst, das zur Zeit des großen Sevillaner Malers Zurbarán spielt.

Malwida von Meysenbug an Nietzsche, 1876.

veranlaßt, sein Vertrauen beinah zu erzwingen. Ich fand ihn moralisch und physisch so krank, daß es mir gewissenlos schien, ihn einsam, ohne Rath, nach Catania ziehn zu lassen, da es klar war, daß er Absichten hatte, das Ende des Empedokles zu suchen.

So beredete ich ihn, in Rom vorerst zu bleiben, sich der Behandlung eines trefflichen jungen Wiener Arztes anzuvertrauen und die herrlichen Eindrücke Roms auf sich wirken zu lassen: denn ihm war das ganze Dasein schon so schattenhaft geworden, daß er die Fähigkeit verloren hatte, es als Schule anzusehn, aus der man den ewigen Kern erlösen muß.

Schopenhauer, Leopardi und Hölderlin waren für ihn zu einer gefährlichen Drei geworden; er wollte in sich den Willen besiegen und vernichtete die Jugendkraft, die nöthig ist, um das Leben erst zu begreifen, dann zu überwinden. Der Arzt, ein tief verstehender und wohlwollender Mensch, und ich, wir haben ihm Beide sein Leben so gut als möglich eingerichtet, ihn zur Ordnung und praktischen Verwaltung seiner Geldverhältnisse 2c. angeleitet (er wußte davon nichts); er muß ein streng geregeltes Leben führen, und schon beginnen die unfehlbaren Eindrücke Roms seine für alles Schöne und Erhabene empfängliche Seele zu füllen und er sagte mir mit wahrem Glück, er fange wieder an, unmittelbar zu empfinden. Aber dennoch ist noch viel zu thun übrig; ich wollte ihm das Gefühl geben, auch für Andere etwas zu sein, und bat ihn, mir vorzulesen, da ich, meiner schlechten Augen wegen, immer weniger lesen kann und doch so Vieles habe, was ich lesen

Malwida von Meysenbug an Nietzsche, 1876.

möchte. Er that es ein paar Mal mit großem Eifer: aber sein Hals ist auch leidend und so stellte es sich heraus, daß es ihn zu sehr angriff. Sowie die Tage und meine Gesundheit es erlauben, werde ich öfter mit ihm gehen in die himmlischen Villen der Umgegend, wo Kunst und Natur zusammen das Herrlichste bieten. Er hat für Alles Sinn und scheint mir werth, daß man Nichts unterläßt, um ihn zu retten. Er ist ein edel empfindender und geistig begabter Mensch; aber er hat zu früh in das volle Antlitz der Wahrheit geschaut, ehe er noch die Kraft hatte, sie zu ertragen, und ich sehe an seinem Beispiel, daß der Schleier der Maja bis zu einem gewissen Grade nothwendig ist: denn wer zu plötzlich aus der blendenden Helle der Erscheinungswelt in die purpurne Nacht des Urwesens hinunter sieht, dem verwirrt sich der Blick und er hat weder die Kraft mehr, die Bilder des Lebens richtig zu erfassen, noch fest und ernst in jene Nacht hinab zu schauen, bis ihm, in Alles überstrahlendem Glanze, die Ursonne aufgeht, die da unten leuchtet.

Nun habe ich Ihnen nur von dem Schützling gesprochen, der es mir wurde, weil S i e ihn schickten, und ich hätte Ihnen doch noch Allerlei zu erzählen gehabt. Jetzt bleibt kein Raum mehr, als, mich nach I h n e n zu erkundigen. Cosima gab mir vor einiger Zeit ziemlich gute Kunde von Ihnen: daß Ihre Häuslichkeit schön ist, daß Sie gute Schüler haben. Möchte nur auch die Gesundheit kräftig aushalten und möchte dieses Jahr uns nun wirklich Alle zum schönsten Feste unseres Lebens vereinen! Ich denke

Nietzsche an Malwida von Meysenbug, 1876.

nur mit scheuer Ehrfurcht an die Möglichkeit dieses Glücks und wage nicht, darauf zu rechnen. —

Leben Sie wohl, grüßen Sie herzlichst Ihre Schwester und gedenken Sie bisweilen

Ihrer Freundin

M. Meysenbug.

Wo ist Gersdorff? Er ist ganz verstummt.

Nr. 35.

Nietzsche an Malwida von Meysenbug.

Basel, Charfreitag, 14. April 1876.

Hochverehrtes Fräulein,

es gab vor 14 Tagen ungefähr einen Sonntag, den ich allein am Genfersee und ganz und gar in Ihrer Nähe verbrachte, von früh bis zu dem mondglänzenden Abend:[1] ich las mit wiederhergestellten Sinnen Ihr Buch[2] zu Ende und sagte mir immer wieder, daß ich nie einen weihevolleren Sonntag erlebt habe; die

---

[1] Wie schon S. 387 erwähnt, war dies in der Pension Printanière bei Chillon=Montreux, Sonntag den 2. April 1876.

[2] Die „Memoiren einer Idealistin", zuerst 1872 in kürzerer Fassung französisch erschienen (s. S. 408), waren inzwischen von Frl. v. Meysenbug zu einem dreibändigen Werk in deutscher Sprache umgearbeitet worden. Die zwei ersten Bände desselben kamen zu Stuttgart im Herbst 1875 heraus, der dritte um die Mitte Februar 1876. Jetzt befindet sich das Werk im Verlag von Schuster & Loeffler.

Nietzsche an Malwida von Meysenbug, 1876.

Stimmung der Reinheit und Liebe verließ mich nicht und die Natur war an diesem Tage nichts als das Spiegelbild dieser Stimmung. Sie gingen vor mir her als ein höheres Selbst, als ein **viel höheres** —, aber doch noch mehr ermuthigend, als beschämend: so schwebten Sie in meiner Vorstellung und ich maß mein Leben an Ihrem Vorbilde und fragte mich nach dem Vielen, was mir fehlt. Ich danke Ihnen für sehr viel mehr, als für ein Buch.

Ich war krank und zweifelte an meinen Kräften und Zielen; nach Weihnachten glaubte ich von Allem lassen zu müssen und fürchtete nichts **mehr**, als die Langwierigkeit des Lebens, das mit Aufgebung der höheren Ziele nur wie eine ungeheure Last drückt. Ich bin jetzt gesünder und freier, und die zu erfüllenden Aufgaben stehen wieder vor meinen Blicken, ohne mich zu quälen. Wie oft habe ich Sie in meine Nähe gewünscht, um Sie etwas zu fragen, worauf nur eine höhere Moralität und Wesenheit, als ich bin, Antwort geben kann! Aus Ihrem Buche entnehme ich mir jetzt Antworten auf sehr bestimmte mich betreffende Fragen; ich glaube mit meinem Verhalten nicht eher zufrieden sein zu dürfen, als bis ich Ihre Zustimmung habe. Ihr Buch ist für mich aber ein strengerer Richter, als Sie es vielleicht persönlich sein würden. Was muß ein Mann thun, um bei dem Bilde Ihres Lebens sich nicht der Unmännlichkeit zeihen zu müssen? — das frage ich mich oft. Er muß das alles thun, was Sie thaten und durchaus nichts **mehr**! Aber er wird es höchstwahrscheinlich nicht vermögen, es fehlt ihm der sicher leitende Instinkt der allzeit hülfbereiten Liebe. Eines der höchsten Motive, welches ich durch Sie erst geahnt habe, ist das der Mutterliebe ohne das physische Band von Mutter und Kind; es ist eine der herrlichsten Offenbarungen der caritas. Schenken Sie mir etwas von dieser Liebe, meine hochverehrte Freundin, und sehen Sie in mir Einen, der als Sohn einer solchen Mutter bedarf, ach so sehr bedarf!

Wir wollen uns viel in Bayreuth sagen: denn jetzt darf ich wieder darauf hoffen, dorthin gehen zu können: während ich ein paar Monate auch den Gedanken daran aufgeben mußte. Wenn ich jetzt nur, als der Gesündere, **Ihnen** etwas erweisen könnte! Und warum lebe ich nicht in Ihrer Nähe!

Leben Sie wohl! Ich bin und bleibe

der Ihrige in

Wahrheit

Friedrich Nietzsche.

Ich bin sehr dankbar für den Brief Mazzini's.[1]

---

[1] Dieses Autograph hatte Frl. v. M. meinem Bruder in der richtigen Annahme übersandt, daß es ihn, und auch mich, umsomehr interessiren werde, als wir Mazzini ein Jahr vor seinem Tode noch persönlich kennen und lieben gelernt hatten: auf jener Februar-Reise über den Gotthard nach Lugano 1871. (Vgl. S. 439 Anm. 1 und „Das Leben Friedrich Nietzsche's" Bd. II, S. 56.)

Nr. 36.

Malwida von Meysenbug an Nietzsche.

Rom, 30. April 1876.

Theurer Freund! Hätte mein Buch mir keine andere Freude bereitet, als mir Ihren letzten Brief zu bringen, so würde ich es doch dafür segnen und mich für berechtigt halten, es geschrieben zu haben. Es bedarf nicht vieler Worte mehr zwischen uns: wir wissen, was wir einander sind und wollen es in alle Ewigkeit bleiben. Wie sehr aber theile ich den Wunsch, daß wir näher bei einander leben könnten, daß ich Ihnen die Liebe und Treue einer Mutter beweisen könnte; daß wir zusammen manche der ewigen Probleme lösen könnten, um die sich eigentlich das ganze Leben bewegt, die dessen Inhalt und Kern bilden und ohne die es überhaupt nur eine Qual wäre, zu sein. Es ist auch ganz speziell Dieses, was, außer dem allertiefsten Danke für Ihren Brief, mich heute zu Ihnen führt. Mir liegen nämlich zwei Menschen jetzt am Herzen, für deren Schicksal mir beinah eine innere Verantwortlichkeit auferlegt scheint, so tief werth sind sie mir, so intens fühle ich was ihnen noth thut, so sehr scheint es mir (ohne Anmaßung), daß gerade ich ihnen zunächst geben kann, was sie bedürfen. Das sind Sie und Ihr junger, mir zugesandter Freund Albert Brenner.

Der Letztere hat sich mir eigentlich ganz und

Malwida von Meysenbug an Nietzsche, 1876.

gar anheim gegeben und ich sehe deutlich, daß ich sein Schicksal, auf zwei oder drei Jahre mindestens, in die Hand nehmen muß, wenn er wirklich gerettet und zum bedeutenden Menschen werden soll, der er werden kann. Dazu aber gehört Ruhe und Concentration. Ruhe für seinen Körper und seinen Geist, die ihn befähigt zu reifen und sich zu seiner eigentlichen Bestimmung, die er dann erst ganz erkennen wird, vorzubereiten, kann ich ihm nur geben, wenn ich ihn ganz zu mir nehme, ihm das Asyl des Sohnes bereite, der unter schützendem Flügel die gefährliche Zeit des Uebergangs vom Jüngling zum Mann verbringt. Dies läßt sich aber in Rom nicht thun, da Rom theuer ist und meine Mittel nicht ausreichen würden. Ich bin bereit, um eine edle Individualität zu retten, das Opfer zu bringen, Rom zu verlassen und einen kleineren Ort zu beziehen, wahrscheinlich Fano am adriatischen Meer, eine kleine Stadt mit gesundem Klima, herrlichen Seebädern, primitiv billig, wo eine sehr ausgezeichnete deutsche Freundin von mir schon seit mehreren Jahren lebt.

Und nun kommt der zweite Punkt. Nicht ihm allein, auch I h n e n möchte ich diese Heimat, wenigstens für ein Jahr lang bieten. Sie m ü s s e n im nächsten Winter von Basel fort! Sie m ü s s e n sich ausruhen unter einem milderen Himmel, unter sympathischen Menschen, wo Sie frei denken, reden und schaffen können, was Ihre Seele füllt, und wo wahre verstehende Liebe Sie umgiebt. Dies wäre hier der Fall. Ihr junger Freund, der Sie verehrend liebt,

Malwida von Meysenbug an Nietzsche, 1876.

und ich, die Sie mütterlich liebt, wir würden Ihnen die Ruhe bereiten, die Ihnen nöthig wäre, um wieder ganz zu erstarken und vielleicht, ohne Anstrengung, von dem zu schaffen, was uns Dreien als das Wichtigste erscheint; die anderen Stücke,[1]) die Ihnen noch in Gedanken liegen, Sie könnten sie sogar dem jungen Freund diktiren, und der würde durch Sie lernen und auch schneller zum Ziele kommen, als wenn nur ich allein ihn leite. Wir Drei könnten vielleicht, da wir alle Altersstufen vertreten und also die jedesmalige Stufe der Einsicht und Empfindung darstellen, manches Problem gemeinschaftlich lösen, das für die Welt von Bedeutung wäre.

Was mich aber bedenklich macht, ist dieses: daß es eben nicht Rom wäre, was ich Ihnen zu bieten hätte; daß es ein kleiner Ort wäre, der zwar auch nicht ohne Charakter ist (wie alle, selbst die kleinsten Orte in Italien), dazu das Meer und die schönen Apenninen=Kette in der Ferne hat, aber doch eben kein Ort ist, um dessentwillen man nach Italien käme. Freilich Ruhe wäre da mehr, als hier, und das Klima würde Ihnen vielleicht auch zusagender sein, da es, des Meeres wegen, frischer und anregender ist — aber es wären eben nicht die Eindrücke von Rom, es wäre nicht der große Zug, der hier durch Alles geht und den man gleichsam mit der Luft eintrinkt.

Was sagen Sie nun dazu, mein lieber Freund? Ich mußte Ihnen eine so lange Epistel schreiben, um Ihnen Alles klar zu machen und möchte gern, daß

---

[1]) der Unzeitgemäßen Betrachtungen (s. vorn S. 466 f.).

Nietzsche an Malwida von Meysenbug, 1876.

Sie mir, nur mit ein paar Worten, noch im Laufe dieses Monats Ihre Ansicht sagten, da ich in den ersten Tagen Juni von hier zu gehen gedenke, mich in Florenz bei Olga's Bruder aufhalten will, um dann, in langsamem Vorrücken, schon Anfang Juli Bayreuth zu erreichen, wo ich wenigstens den ganzen Juli und August zubringen will. Ehe ich aber von hier gehe, müßte ich für den betreffenden Wechsel Vorbereitungen machen.

Wie gern ich Brenner mit nach Bayreuth brächte, ihm diesen für sein Leben vielleicht entscheidenden Eindruck gönnte, kann ich nicht sagen: aber das wird nun wohl, glaube ich, nicht gehen.

Leben Sie wohl, entschuldigen Sie diesen langen Brief um des Gegenstandes willen und seien Sie tausendmal gegrüßt
von
Ihrer M. Meysenbug.

Brenner läßt Ihnen aufs Wärmste danken für Ihren Brief.

Freundlichstes und Bestes Ihrer Schwester!

Nr. 37.

Nietzsche an Malwida von Meysenbug.

Basel, 11. Mai 1876.

Verehrteste Freundin, ich weiß wirklich nicht, wie ich Ihnen für das in Ihrem Briefe Ausgesprochne

Nietzsche an Malwida von Meysenbug, 1876.

und Angebotne danken soll! Später will ich Ihnen sagen, wie zur rechten Zeit dies Wort von Ihnen gesprochen wurde und wie gefährlich mein Zustand ohne dieses Wort geworden sein würde: heute melde ich Ihnen nur, daß ich kommen werde, um in Fano mit Ihnen zusammen ein Jahr zu leben. Ich sprach mit dem Präsidenten der hiesigen Universitäts=Curatel über die Möglichkeit eines Urlaubs vom Oktober 1876—7; die definitive Beantwortung meiner Anfrage kann erst in 14 Tagen gegeben werden, aber daß man mir die volle Freiheit dazu geben wird, steht völlig sicher: darauf dürfen Sie sich verlassen!

Wahrhaftig, mit Niemandem möchte ich jetzt so gern ein Jahr als mit Ihnen zubringen, — das dürfen Sie im wörtlichsten Sinne nehmen! Wollte ich es Ihnen genauer sagen warum — so würden Sie sehen, wie hoch ich Sie liebe und ehre.

Unserem Freunde Brenner weiß ich gar kein besseres Loos zu wünschen, als in den Schutz Ihrer Mutterliebe zu kommen. Ich will mich bemühen, ihm auch meinerseits ein wenig von Nutzen zu sein, ich habe Mancherlei erfahren und manches Gute vor mir; vielleicht, daß er aus Rückblick und Vorblick etwas für sich selber entnehmen kann. Übrigens will ich gern ihm philologische Anleitung geben, falls er sie wünschen sollte.

Ich dachte diese Tage immer an „Fanum Fortunae":[1] für mich soll es ein „Glückstempel" sein!

---

[1] Dies ist thatsächlich der altrömische Name Fano's, das sich aus Ansiedelungen um einen Fortunatempel entwickelt hat.

Erläuterungen.

Mein Glück wird sein, Das zu thun, wozu mich eine innere Stimme treibt; sonst will ich nichts. Es ist aber freilich sehr viel, und vielleicht der unbescheidenste Anspruch auf Glück. — Sie werden einen sehr unvollkommnen Menschen in mir kennen lernen.

In Dankbarkeit und Verehrung
Ihnen ergeben   Ihr
Friedrich Nietzsche.

P. S. Ihr Buch wird von mir überallhin verbreitet, Freund Overbeck las es als erstes Werk zusammen mit seiner Braut. Ich schenkte es einer Engländerin, der Frau des Herrn v. Senger in Genf, meines neuen Freundes. — In diesem Buche leben Sie fort und hören nicht auf, den Menschen wahrhaft Gutes zu thun.

Die geheimnißvollen Andeutungen, warum gerade damals das Anerbieten, ein volles freies Jahr in Italien zu leben, so besonders zur rechten Zeit kam, bezogen sich nur zum geringsten Theil auf meines Bruders Gesundheit, deren Besserung ja all seine Briefe aus jenen Wochen ausdrücklich betonen, — sondern vor Allem und hauptsächlich auf die Zweifel, die ihm in Hinsicht auf Wagner und seine Kunst gekommen waren. Schon im Januar 1874 hatte sein Glaube an die ganze Richtung Wagner's, an ihren psychischen Werth für die Zukunft der Menschenseele,

Erläuterungen.

ja schon an ihren rein artistischen Werth, eine tiefe Erschütterung erlitten. Die Aufzeichnungen aus jenem Monat, die bald darauf auch gegen Frl. v. Meysenbug erwähnt werden (s. S. 458) und die jetzt in Bd. X, S. 427—450 der Gesammtausgabe stehen, lassen erkennen, welchen harten Kampf meines Bruders Liebe zu Wagner und seine Rechtschaffenheit gegen sich miteinander zu kämpfen hatten. Ich selbst gestehe bereits eine Ahnung davon erhalten zu haben, als er im Herbst 1875, mitten im Niederschreiben von „Richard Wagner in Bayreuth", das Manuskript unvollendet bei Seite legte. Da er mir die ersten acht Abschnitte dieser IV. Unzeitgemäßen Betrachtung vorgelesen und mich dadurch entzückt hatte, so begehrte ich natürlich sehr nach der Fortsetzung. Als ich mir nun einmal darnach zu fragen erlaubte (ich that das sonst nie, weil mein Bruder im Allgemeinen nur ungern über noch nicht vollendete Werke sprach) sagte er ganz traurig: „Ach Lisbeth, wenn ich das nur könnte". Wenn er sich jetzt nun so sehnsüchtig nach diesem Zusammensein mit Malwida aussprach, so war der geheimnißvolle Hintergrund, daß er hoffte, sich in Malwida's Nähe wieder in seinen alten Empfindungen für Richard Wagner zu befestigen, da bei diesem Zusammensein jedenfalls das Liebevollste und Beste über Wagner gesagt werden würde. Natürlich konnte Malwida nicht ahnen, wie auch ihr nachfolgender Brief beweist, welche Gedanken dem Brief meines Bruders zu Grunde lagen.

Malwida von Meysenbug an Nietzsche, 1876.

Nr. 38.

Malwida von Meysenbug an Nietzsche.

Rom, Himmelfahrtstag [25. Mai] 1876.

Ihr Brief, theurer Freund, war wieder einmal eines von den Schicksalszeichen, an denen man zu erkennen glaubt, daß nicht Alles dämonisch und unsinnig in der Welt ist: obschon ich auch wieder so zaghaft geworden bin, daß ich selbst solchen Zeichen nicht mehr traue, bis sie Wirklichkeit geworden sind. Auch hat es mich geängstigt was Sie andeuten: daß etwas Neues, Schreckliches Sie bedroht hat — welches doch nun die Gesundheit nicht sein konnte, da es Ihnen nach der Reise besser ging. Ach, eigentlich dürfte man doch nie ruhig sein: denn während man so hinlebt, rauscht vielleicht irgend ein Nachtgespenst mit schwarzen Fittigen um das Haupt der liebsten Freunde und man hat nachher nur noch den Schmerz, ruhig gewesen zu sein in der Stunde, in der sie litten. Halten wir aber doch die Hoffnung aufrecht, daß das Vorgenommne gelingt! Man erträgt sonst wirklich das Leben nicht mehr. Ich trachte auch danach, noch Besseres zu bereiten als Fano; doch das ist vorerst Nebensache. Es handelt sich zunächst darum, daß Sie in Ruhe kommen, um zu schaffen was Ihnen die innere Stimme gebietet.

Denken Sie, daß wir jetzt hier, nämlich die Marchesa X., Brenner und ich, die Geburt der Tragödie

Malwida von Meysenbug an Nietzsche, 1876.

wieder zusammen lesen, auf meiner schönen Loggia (wo der Palatin mit seinen Ruinen und seiner wunderbaren Vegetation, das Albaner Gebirg und die Campagna uns gegenüber liegen) und dabei eifrig diskutiren. Mich entzückt das Werk auf's Neue, sodaß es fast noch mehr ist, als wie ich es zum ersten Mal las. Ich fühle daran, daß ich innerlich noch gewachsen bin und daß ich diese wundervolle Schrift nun erst in ihrer ganzen Tiefe erkenne. Hätten Sie nichts geschrieben als das — es wäre genug um für immer Ihren Namen unter den Edelsten der Menschheit zu nennen.

Aber nun ist ja noch besonders das 3. Stück meine Bibel, die ich immer bei mir führe:[1] denn höher hat noch keine Religion oder Ethik der Menschheit ihr Ziel gesteckt, wie Sie es da thun. Und was nun noch kommen wird! — Brenner versteht Sie auch immer völliger und lernt von Ihnen; die X. aber ist eine von den Naturen, die gern begreifen möchten und doch nur bis zu einer gewissen Grenze kommen, über die es absolut nicht hinausgeht. Sie kommt immer mit dem Begriff der Wirklichkeit dazwischen, d. h. sie begreift eben nur Euripides und den modernen Zuschauer und daher unmöglich den Sinn der ganzen Schrift. An solchen Beispielen (denn die X. gehört zu den besseren Menschen) sehe ich immer, wie wenig den Menschen noch zu helfen ist, weil ihnen nur das Empirische das Wirkliche ist. Insofern thun auch die Naturwissenschaften, glaube ich, jetzt vielen Schaden: abgesehen von dem ungeheuren Nutzen, den sie für die Erkenntniß der Mechanik des Weltganzen

---

[1] „Schopenhauer als Erzieher."

Malwida von Meysenbug an Nietzsche, 1876.

haben. Sie machen aber die Menschen zu sicher, weil es so bequem ist, auf der breiten Grundlage der Empirie auszuruhn und nicht mehr zu suchen.

Mir ist in diesen Tagen etwas Sonderbares begegnet, nämlich einmal wieder zu dichten, und zwar ganz plötzlich, aus einer tiefen Erregung heraus, die sich aus allerlei Vorgefallnem ergab. Brenner hatte in letzter Zeit mehrere Mal reimlose Gedichte geschrieben und wir hatten viel darüber gesprochen. Dazu kam nun, wie gesagt, ein schmerzliches Erleben und in Folge dessen das Einliegende, was ich Ihnen schicke, weil mir ist, als müßten wir uns Alles zeigen: ich Ihnen mein Geringes, damit ich mir Ihr Hohes verdiene. Es ist ja weiter garnichts; aber es freut mich, wenn Sie es lesen.

  Dunkel
  Scheint mir die Nacht;
  Freudlose Ruhe
  Liegt auf der schlummernden Erde.
  Hie und da blitzen
  Lichtchen herauf
  Aus der feuchten Tiefe,
  Wie ein ängstliches Fürchten
  Beschränkter Menschen
  Vor dem grausigen Dunkel.
  Ich aber trete
  Furchtlos hinaus,
  Müde des ewigen Truges,
  Den in des Tages
  Täuschender Helle,
  Sinnebethört,
  Immer von Neuem das Herz
  Am Herzen begeht. —

Malwida von Meysenbug an Nietzsche, 1876.

Heilige Nacht,
Du nur bist Wahrheit!
In Dir verschwindet
Jener gleißende Prunk,
Den die Maja verleiht.
Frei, in unsterblicher Schöne,
Schöner als die Rose,
Die am Morgen
Der Thau in's Leben geküßt,
Schwebt die vollendete Seele
Aus der welkenden Hülle
In den Kreis
Vollendeter Freunde,
Wo die heilige Liebe,
Los von sündiger Lust,
Wie ein still leuchtender Aether
Frei um Selige fließt.

— — — —

Da — aus dem himmlischen Dunkel
Tritt ein strahlender Stern;
Ja, Symbol nur
Ist die sichtbare Welt! —
„Wirkliche Menschen"?
Ihr wähnt's,
Euch ist nur das Greifbare wirklich.
Lehrte der Tod Euch noch nicht,
Was dieses Wirkliche sei?

Am 2., 3. Juni geh' ich von hier nach Florenz, wo ich bis zum 12. bleibe: „Villa Herzen fuori Porta San Gallo." Dann geh' ich nach Fano und Anfang Juli nach Bayreuth. Wann kommen Sie hin?

Ich grüße Ihre liebe Schwester und Sie selbst tausendmal.

Ihre Freundin
M. Meysenbug.

Erläuterungen.

Der weitere Briefwechsel mit Malwida über das geplante Zusammensein in Italien war auf Wunsch meines Bruders von mir übernommen worden. Aus dem Projekt Fano, das Malwida nach der Besichtigung Fano's nicht mehr zu befriedigen schien, wurde allmählich Castellammare oder Sorrent. Die letzte Entscheidung darüber behielt man sich einstweilen vor. Auf alle Fälle aber wurde damals fest beschlossen, ein ganzes Jahr zusammen zu verleben, und zwar in Italien. Die zwölf Monate Urlaub vom Oktober 1876—1877 hatte die Universität Basel unter Belassung des vollen Gehaltes gewährt, mit der einzigen Bedingung, daß mein Bruder für die sechs griechischen Stunden, die er wöchentlich am Pädagogium zu geben hatte, einen Gelehrten zum Ersatz suche und ihn honorire. Alles arrangirte sich auf das Beste. In dem Frohgefühl, das ihm die Aussicht auf ein Jahr Freiheit gab, warf er auch wieder einen Blick in seine unvollendet gebliebene Unzeitgemäße Betrachtung „Richard Wagner in Bayreuth" und beschloß, dies Manuskript, so weit es vollendet war, Wagner zum Geburtstag zu schenken. Er gab es Herrn Peter Gast (der damals das 2. Semester meines Bruders wegen in Basel studirte) zur Abschrift. Die Bewunderung, welche Peter Gast für das Manuskript äußerte, dazu meines Bruders Wunsch, zu den großen im August 1876 beginnenden Festspielen in Bayreuth nicht stumm zu bleiben, veranlaßte ihn, das Manuskript doch in den Druck zu geben, sodaß er Wagner zum 22. Mai 1876 nur einen Brief als Glückwunsch sandte, den wir heute

(Nietzsche an Richard Wagner, Mai 1876.)

als ein köstliches Geschenk betrachten, da er zu den ganz wenigen Briefen gehört (zwei oder drei an der Zahl), die in Wahnfried der Vernichtung entgangen sein sollen. Er lautet: „An einem solchen Tage, wie Ihr Geburtstag ist, höchst verehrter Mann, hat eigentlich nur die allerpersönlichste Aeußerung ein Recht; denn Jeder hat etwas durch Sie erlebt, das ihn ganz allein, in seinem tiefsten Innern, angeht. Solche Erlebnisse kann man nicht addiren, und der Glückwunsch im Namen Vieler würde heute weniger sein als das bescheidenste Wort des Einzelnen. Es sind ziemlich genau sieben Jahre her, daß ich Ihnen in Tribschen meinen ersten Besuch machte, und ich weiß Ihnen zu Ihrem Geburtstage nicht mehr zu sagen, als daß ich auch, seit jener Zeit, im Mai jedes Jahres meinen geistigen Geburtstag feiere. Denn seitdem leben Sie in mir und wirken unaufhörlich als ein ganz neuer Tropfen Blutes, den ich früher gewiß nicht in mir hatte. Dieses Element, das aus Ihnen seinen Ursprung hat, treibt, beschämt, ermuthigt, stachelt mich und hat mir keine Ruhe mehr gelassen, sodaß ich beinahe Lust haben könnte, Ihnen wegen dieser ewigen Beunruhigung zu zürnen, wenn ich nicht ganz bestimmt fühlte, daß diese Unruhe mich gerade zum Freier- und Besser-werden unaufhörlich antreibt. So muß ich Dem, welcher sie erregte, mit dem allertiefsten Gefühle des Dankes dankbar sein; und meine schönsten Hoffnungen, die ich auf die Ereignisse dieses Sommers setze, sind die, daß Viele in einer ähnlichen Weise durch Sie und Ihr Werk in jene Unruhe versetzt werden und dadurch an der Größe

Ihres Wesens und Lebensganges einen Antheil bekommen. Daß dies geschehen möge, das ist heute mein einziger Glückwunsch für Sie (wo gäbe es sonst das Glück, das man Ihnen wünschen könnte?). Nehmen Sie ihn freundlich an aus dem Munde Ihres wahrhaft getreuen Friedrich Nietzsche."

Erst gegen Mitte Juni, als der Druck der Schrift fast vollendet war, beschloß er die Anfügung einiger Schlußkapitel (der Abschnitte 9—11), die er am 17. und 18. Juni in Badenweiler entwarf und nach wenigen Tagen in die Druckerei schickte. Ende Juni war der Druck beendet, so daß die Schrift noch rechtzeitig für die Festspiele ungefähr am 9./10. Juli erschien. In dem folgenden Brief schildert Malwida den Eindruck, den diese „Unzeitgemäße" oder sehr „Zeitgemäße" auf sie gemacht hatte.

Nr. 39.

Malwida von Meysenbug an Nietzsche.

Bayreuth, 13. Juli 1876.
Brandenburger Straße
bei Ingenieur Kolb.

Theurer Freund, ich hätte Ihnen augenblicklich für Ihre Gabe danken mögen, hätte ich nicht vorher sie lesen wollen, um Ihnen im vollen Gefühl des Eindrucks zu schreiben. Nun habe ich sie gelesen und bin so begeistert davon, daß ich Ihnen nur sagen

Malwida von Meysenbug an Nietzsche, 1876.

kann: konnte Etwas die tiefe Glücksempfindung, die mich hier durchströmt, verstärken, so ist es Ihre Schrift gewesen, der unübertrefflich schöne Ausdruck für Alles, was man selbst, diesem Menschen und seinem Werke gegenüber, empfindet. Zu dem seltnen, einzigen Glücke Wagner's — nach so vielem bitteren Unglück und Leiden — gehört auch dieses, einen so reinen Spiegel gefunden zu haben, in dem sein Bild sich zeigt wie es auf ewig den Erkennenden und Verstehenden feststehen muß. Und was Wagner mit seinen Werken, das thun Sie mit Ihren Schriften: Sie zeigen der Menschheit ihre heiligen Ziele, wie es noch Keiner gethan, selbst Schopenhauer nicht, schon im 3. Stück, nun wieder in diesem, und wenn die Zeit kommt von der Sie reden, wo man Wagner verstehen wird, wo er sein Volk gefunden haben wird, dann wird man auch erst Sie ganz erkennen und mit tiefer Liebe umfassen. Lassen Sie sich einstweilen an der Liebe der Wenigen genügen und gönnen Sie mir das Recht, auf Sie glücklich-stolz zu sein, wie es nur eine Mutter auf den geliebtesten Sohn sein könnte.

Ich bin nun seit dem 3. hier und habe bereits die ganze „Götterdämmerung" in den Proben mit erlebt. Denn es ist ein Erleben: ein Erleben, das ein ganzes Leben voll Bitterkeit und Schmerz versöhnt und verklärt, das den Menschen heiligt und bessert, das das Herz überfließen macht von unsäglichem Mitleid mit der Menschheit, sodaß man nur vergeben, nicht zürnen kann, weil man sieht, wie bei Siegfrieds Tod, wie es keine Schuld giebt, sondern

Malwida von Meysenbug an Nietzsche, 1876.

nur Täuschung und Verhängniß. Ich möchte, Sie kämen auch früher, um noch Proben mitzumachen; ich fürchte, wenn Sie nur zu den Aufführungen kommen, so wird es zu viel, zu überwältigend für Sie sein. Durch die Proben, durch die man sich mehr in das Detail verliert, zwischen denen längere Ruhezeiten sind, wird man langsamer ergriffen und beglückt und für den großen Eindruck des Ganzen vorbereitet. Denn wenn es auch durchaus so ist, wie wir es schon damals in München empfanden, daß man glücklich und ruhig danach wird, wie wenn man in seiner eigentlichen Heimat gewesen wär, so ist es doch, ganz materiell betrachtet, für erschütterte Nerven eine Aufgabe, die man soviel wie möglich erleichtern muß. Ich wenigstens fühle es auch in dieser Beziehung als ein Glück, so früh gekommen zu sein, abgesehen von der Freude, die theuersten Menschen nun noch ein wenig in Ruhe zu sehen, was nachher, wenn der Menschenschwarm kommt, nicht mehr möglich sein wird. Denken Sie, daß Wagner sehr Lust hat, den Winter in Italien zu verbringen! Doch über Alles das mündlich!

Den jungen Freund Brenner habe ich auch mit hier. Es ist mir gelungen, durch Heckel's Freundlichkeit einen Freiplatz für ihn zu erobern, und die Reise habe ich ihm möglich gemacht.

Ich sah ein, daß dies Miterleben zu wichtig für ihn war, daß es entscheidend für sein ganzes Leben sein würde, daß er an einem Wendepunkt stand, wo nur ein kühner Schritt der That ihn befreien und ihm mit einem Mal die Richtung zu der höchsten Einsicht geben konnte. Er besucht, durch Cosima's Güte, die Proben gleichfalls und ich sehe seine Flügel wachsen. Er hat Ihre Schrift auch mit Begeisterung gelesen und liebt und verehrt Sie über Alles. — Olga und ihre Schwester Natalie erwarte ich heute; auf Olga's Tisch liegt Ihre herrliche Gabe, sie erwartend. Sie sehen also: ein ganzer Kreis von Freunden erwartet Sie schon mit Sehnsucht. So kommen Sie nur bald.

Ihre M. Meysenbug.

Gegen Ende Juli 1876 ging mein Bruder nach Bayreuth; ich kann nur wiederholen, was ich in der Biographie sage: daß, wenn ein gütiges Geschick über der Freundschaft meines Bruders mit Richard Wagner gewaltet hätte, es ihn verhindert haben würde, nach Bayreuth zu gehen. Immer noch verband er mit dem Namen Bayreuth den Glauben und die Hoffnung, daß sich ihm dort Wagner und seine Kunst auf eine neue, überwältigende Art und Weise zeigen würde. Die Vision eines Festes, bei dem die Darsteller und die Zuschauer in gleicher Weise merkwürdig und bewundernswerth sein sollten, und wo diese beiden Factoren in der Höhe ihrer Empfindung vereinigt eine in's Ungeheure gesteigerte Wirkung hervorrufen müßten, — Alles das bewegte ihn im tiefsten Innern und erfüllte ihn mit großen unbestimmten Hoffnungen. Ganz deutlich sagt er es selbst in einer privaten Aufzeichnung, warum ihm diese Festspiele in Bayreuth in so schmerzlichem Lichte erschienen sind: „Mein Fehler war der, daß ich nach Bayreuth mit einem

Erläuterungen.

Ideal kam: so mußte ich denn die bitterste Enttäuschung erleben. Die Ueberfülle des Häßlichen, Verzerrten, Ueberwürzten stieß mich heftig zurück." Was er innerlich und äußerlich dort erlebte, bitte ich im II. Band der Biographie nachzulesen. —

Die kurze Zeit nach den Sommerferien und vor der Reise nach Italien verlebte er unter der Obhut guter Freunde in Basel, da ich direkt von Bayreuth zu unserer Mutter gereist war. Er fühlte sich während dieser Wochen nicht wohl, noch dazu ihm der Augenarzt eine Cur verordnete. Er schreibt darüber an Richard Wagner am 27. Sept. 1876: „Ich habe jetzt Zeit, an Vergangenes, Fernes wie Nahes, zu denken, denn ich sitze viel im dunkelen Zimmer, einer Atropin-Cur der Augen wegen, welche man nach meiner Heimkehr für nöthig fand. Der Herbst, nach d i e s e m Sommer, ist für mich, und wohl nicht für mich allein, m e h r Herbst, als ein früherer. Hinter dem großen Ereignisse liegt ein Streifen schwärzester Melancholie, aus dem man sich gewiß nicht schnell genug nach Italien oder in's Schaffen oder in Beides retten kann." (Ob Richard Wagner den wahren Sinn dieser Worte verstanden hat, weiß ich nicht; jedenfalls hat er sich nichts davon merken lassen, als er dann einige Wochen später mit seiner Familie nach Sorrent kam, um mit Malwida und meinem Bruder dort zusammen zu treffen.) Der nachfolgende Brief an Frl. von Meysenbug schildert ausführlich den traurigen Zustand seiner Gesundheit in dieser kurzen Zwischenzeit.

Nietzsche an Malwida von Meysenbug, 1876.

Nr. 40.

Nietzsche an Malwida von Meysenbug.

Basel, 26. September 1876.

Liebes, verehrtestes Fräulein!

Ich hatte Freund Brenner gebeten, Ihnen von mir Nachricht zu geben, zumal ich ungefähr 3 Wochen durch eine Atropin-Cur der Augen im wörtlichen Sinne am Schreiben verhindert war; aber der junge Dichter hält es, wie es scheint, mit Versprechungen wie alte Dichter. Mir geht es seit meiner Heimkehr schlecht; ich diktire diesen Brief unter abscheulichen Kopfschmerzen vom Bette aus.

Deshalb vertröste ich mich ganz und gar auf das Zusammensein mit Ihnen im Golf von Neapel. Wir wollen dort schon die Gesundheit erzwingen! An dieser Hoffnung hat mich bisher nichts irre gemacht. Wissen Sie, daß Dr. Rée mich begleiten will, im Vertrauen darauf, daß es Ihnen so recht ist? Ich habe an seinem überaus klaren Kopfe ebenso wie an seiner rücksichtsvollen, wahrhaft freundschaftlichen Seele die größte Freude. Es kommt nicht darauf an, daß er mit uns beisammen wohnt. Ihre Pläne sollen natürlich, wenn dies nicht angeht, in keiner Weise gestört werden: aber darauf dürfen Sie rechnen, daß wir Drei zusammen, Rée, Brenner und ich, um die Mitte Oktober in Castellamare oder Sorrent, je nach Ihrer Mittheilung, eintreffen werden. Eine

Erläuterungen.

Nachricht unter meiner hiesigen Adresse kommt jedenfalls in meine Hände (Schützengraben 45).

Wagner telegraphirte mir von Venedig aus. Von morgen ab ist seine Adresse: Bologna, Hôtel d'Italia.

In treuester Freundschaft
 und Verehrung
  Ihnen ergeben
   Friedrich Nietzsche.

Am 1. Oktober ging mein Bruder mit Dr. Rée nach Bex, wo er ungefähr drei Wochen blieb. Ende des Monats traf er dann in Sorrent ein und schrieb mir am 28. Oktober 1876: „Da sind wir, in Sorrent! Die ganze Reise von Bex bis hierher nahm acht Tage in Anspruch; in Genua lag ich krank, von dort brauchten wir drei Tage Meerfahrt ungefähr und siehe, wir entgingen der Seekrankheit; ich ziehe diese Art zu reisen der mir ganz schrecklichen Eisenbahnfahrerei weit vor. Wir fanden Fräulein von Meysenbug in einem Hôtel in Neapel und reisten gestern zusammen in die neue Heimat Villa Rubinacci, Sorrente près de Naples. Ich habe ein ganz großes hohes Zimmer, vor ihm eine Terrasse. Ich komme vom ersten Meerbad zurück: das Wasser war wärmer, nach Rée, als die Nordsee im Juli. Gestern Abend waren wir bei Wagners, welche, fünf Minuten von uns, im Hôtel Victoria wohnen und noch den Monat November bleiben. Sorrent und Neapel sind schön, man übertreibt nicht. Die Luft ist hier eine Mischung

Erläuterungen.

von Berg- und Seeluft. Für die Augen ist es sehr wohlthätig; vor meiner Terrasse habe ich unter mir zunächst einen großen grünen Baumgarten (der auch im Winter grün bleibt), darunter das sehr dunkle Meer, dahinter den Vesuv. Hoffen wir."

Der Aufenthalt in Sorrent mit Malwida, Dr. Paul Rée und Albert Brenner war im Allgemeinen eine der angenehmsten und wohlgelungensten Erholungszeiten meines Bruders, obgleich er im Grunde seiner Seele allerhand an diesem Zusammensein auszusetzen hatte. Vor Allem waren es ihm zu viel Menschen, woran er aber selbst schuld war, da er Dr. Rée selbst dazu aufgefordert und Albert Brenner Malwida direkt zugeschickt hatte. Die beständigen Unterhaltungen zu vier Personen in so verschiedenen Lebensaltern waren ihm etwas unbequem. Bei dem zarten Bedacht, den er in der Unterhaltung auf seine Zuhörer nahm, konnte diese niemals in die Tiefe gehen, weil natürlich auf den jungen Schüler Brenner, auf unsere liebe idealistische Freundin Malwida und auf den sehr skeptischen Dr. Rée ganz verschiedenartige Rücksichten zu nehmen waren. Es fehlte dem Gespräch die feinste Nuance, die man doch nur dem Zwiegespräch geben kann. Besonders fiel ihm Dr. Paul Rée, trotz seiner wahrhaft rührenden Liebenswürdigkeit gegen ihn, auf die Dauer etwas schwer. Daß zum Beispiel Rée öfter annahm, er wäre mit ihm gleicher Ansicht, und dies auch ganz unbefangen gegen Malwida aussprach, machte ihn zuweilen ungeduldig, oder, wie er sich ausdrückte, „es verdroß ihn". Um der Gerechtigkeit willen muß ich hinzu-

Erläuterungen.

fügen, daß Rée betonte, daß er zu dem größten Theil der Ideen meines Bruders in gar keinem Verhältniß stehe und ihm überhaupt das Verständniß dafür fehle. Aber schon die Annahme, daß Rée glaubte, in einem Theil der Meinungen mit meinem Bruder übereinzustimmen, stellte die Höflichkeit des Letzteren auf eine allzustarke Probe, noch dazu Malwida dieser Ansicht Glauben zu schenken schien. Daß Rée nicht begriff, daß ein Gedanke, von meinem Bruder ausgesprochen, ganz andere Hintergründe und unendlich weitere Horizonte hatte, als wenn er, den Worten nach, etwas Aehnliches behauptete, wirkte manchmal geradezu peinlich auf das zarte Empfinden meines Bruders.

Mein Bruder wäre also lieber allein mit Malwida zusammen gewesen, mit diesem wahrhaft mütterlichen, durch und durch edlen Wesen, für welches man die allerhöchste Hochachtung empfinden mußte! obgleich natürlich durch das nähere Kennenlernen gegenseitig auch einige Eigenschaften zu Tage kamen, die nicht ganz zusammenstimmten, z. B. der Umstand, daß Malwida niemals zwischen Mensch und Mensch zu unterscheiden vermochte und in ihrer Güte und Freundlichkeit Naturen und geistige Begabungen auf die gleiche Stufe stellte, die unendliche Grade von einander geschieden waren. Es ist dies der schöne Fehler aller Idealisten, Menschen und Dinge nicht so zu sehen wie sie wirklich sind, sondern wie sie gerne möchten, daß sie wären. Damals empfand mein Bruder noch eine gewisse Rührung bei diesem Fehler Malwida's. Später aber, als die Folgen dieses

Erläuterungen.

Hanges ihm mehrmals recht unerwünschte Erfahrungen eintrugen, dachte er weniger günstig darüber.

Noch über eine andere Eigenschaft Malwida's äußerte sich mein Bruder während seines Aufenthaltes in Sorrent bedauernd: darüber nämlich, daß sie keinen Humor besaß und scherzhaft gemeinte Bemerkungen tief ernst auffaßte, woraus dann allerhand recht drollige Mißverständnisse entstanden. So gab gleich die erste Karte, die er nach seiner Abreise von Sorrent schrieb, zu einem solchen Mißverständniß Veranlassung. Er mußte nämlich diese Rückreise allein machen, weil Dr. Rée und Albert Brenner schon vier Wochen zuvor nach Rom gegangen waren. Nun hatten zwar andere Freunde, Freiherr und Freifrau v. Seydlitz, die inzwischen nach Sorrent gekommen waren, Alles für seine Abreise und Reise auf das Sorgfältigste vorbereitet und eingerichtet; trotzdem war viel darüber gescherzt worden, was meinem Bruder bei seiner Kurzsichtigkeit für Unannehmlichkeiten begegnen könnten. Daran anknüpfend schrieb er sogleich nach der Landung in Genua an Freiherrn v. Seydlitz eine Karte, die seine Erlebnisse, Seekrankheit ꝛc. in's Scherzhafte, Ungeheuerliche übertreibt: „Der hatte aes triplex um die Brust, der zum ersten Mal das Meer befuhr', sagt Horaz; ich hatte nur aurum triplex, daran lag's, — es war gräßlich! — Heute ein in allen Beziehungen gebrochener Mann; auch moralisch: denn ich bin äußerst mißtrauisch, zähle alle Augenblicke Hab und Gut, verdächtige die Mitmenschen und komme mir nicht werth vor, daß mich die Sonne bescheint: was auch nicht der Fall ist. — Dant und

Erläuterungen.

Preis Ihnen Beiden!" — Nun kann es auch sein, daß er das Gleiche, noch etwas übertriebener, an Malwida selbst geschrieben hat; jedenfalls hat sie es ernst genommen: was bei dem späteren Besuch, Herbst 1877 in Basel, auf die erheiterndste Weise zu Tage kam. Mein Bruder konnte da nicht umhin, sich etwas zu beklagen, daß, wenn er „ein bischen Unsinn mache", Malwida es immer falsch verstünde.

Vielleicht kann es aber auch sein, daß es Malwida's damalige Stimmung nicht erlaubte, die Abreise meines Bruders scherzhaft aufzufassen. Sie fühlte sich etwas gekränkt, daß mein Bruder schon im Mai 1877 gewissermaßen frohgemuth nach der Schweiz zurückkehrte. Dies war aber erklärlich, da ihm die schwüle weichliche Frühlingsluft in Sorrent gar nicht gut that. Andrerseits konnte diese leichtbeschwingte fröhliche Abreise umsoweniger Veranlassung zur Kränkung geben, als damals nicht nur ein baldiges Zusammentreffen in der Schweiz, sondern sogar ein dauerndes Zusammenleben für die Zukunft geplant war. Jene Idealkolonie, die Vereinigung freier Geister, war ideell und praktisch durchaus in feste Aussicht genommen. Daß schließlich daraus nichts geworden ist, lag zunächst an den ungünstigen Nachwirkungen der zuletzt in Italien verlebten Frühlingszeit auf die Gesundheit meines Bruders; sodann aber vor allen Dingen an dem leidenschaftlichen Widerstand Erwin Rohde's, der nicht genug Worte finden konnte um meinen Bruder zu verhindern, seinen Abschied in Basel zu nehmen. Ehe ich im Frühling 1877 von Naumburg nach der Schweiz reiste, um mit meinem

Malwida von Meysenbug an Nietzsche, 1877.

Bruder wieder zusammenzutreffen, kam Rohde nochmals von Jena nach Naumburg, um mich zu beschwören, meinem Bruder Alles auszurichten, was er gegen einen Abschied von Basel gesagt hätte. Ich selbst war viel mehr von der Idealkolonie begeistert und richtete deshalb in Basel erst Alles wieder ein, nachdem ich mit meinem Bruder ausführlich den Plan besprochen hatte. Schließlich entschied aber als Hauptgrund, daß mir mein Bruder gestand, daß er es gar nicht aushalten könne mit einer ganzen ihm näherstehenden Gesellschaft zusammen zu essen und zu wohnen; „gewöhnliche Pensionsheerdenthiere" genügten da besser, weil die nicht den Anspruch erhöben, etwas von ihm zu verstehen. Schon in Sorrent, bei dem sonst so schönen Zusammensein zu Vier, wären ihm zwei Menschen zu viel gewesen, so gern er sie auch gehabt hätte.

Anfang Mai 1877 war also mein Bruder von Sorrent abgereist, und es begann nun wieder ein allerdings oft unterbrochener Briefwechsel zwischen ihm und Malwida.

Nr. 41.

Malwida von Meysenbug an Nietzsche.

Sorrent, Freitag den 11. Mai 1877.

Lieber Freund! So sind wir denn wieder so weit, daß wir uns schreiben müssen, das Schlimmste was

Malwida von Meysenbug an Nietzsche, 1877.

uns passiren kann! Trotzdem sollen Sie aber doch einen Gruß von Sorrent im Norden vorfinden. Hoffentlich trifft Sie derselbe in gutem Zustand am Ziel der Reise. Ich sage nichts über den Schmerz, mit dem ich Sie scheiden sah, und über die Sorge, mit welcher ich Sie, Stunde für Stunde, auf der Reise begleitete. Vielleicht empfinden Sie es, und wenn nicht, wäre es unnütz darüber zu sprechen. Seydlitzens brachten bis zur Einschiffung gute Kunde. Trina und ich sahen um 2 Uhr in der Ferne das Schiff ziehen, welches Sie trug. Ich hatte vergessen Ihnen zu sagen, doch ja im Vorüberfahren mein liebes Ischia recht anzusehn. Man sieht das Haus sehr deutlich, wo ich wohnte. Das Wetter wurde noch am Tage, wo Sie gingen, wunderschön. War es Ihrer Reise zu Liebe, oder um Sie zu strafen, daß Sie nicht noch ein wenig Geduld gehabt?

Ich hoffe das Erstere!

Jetzt ist die Götterzeit da. Den ersten Nachmittag war ich mit Seydlitzens in Villa Massa, dann, Ananas essend, bei ihnen. Gestern machte ich allein unseren neulichen, langen, herrlichen Weg über die Höhen und traf, oben im Haus, wo der Weg nach Cesarana absteigt, eine natürliche „Tarantella"; es war Festtag, eine Alte schlug das Tamburin, ein Knabe spielte die Maultrommel, junge Mädchen mit Rosen im Haar, bloßen Füßen und kurzen Röckchen, tanzten in harmloser Lust. Es war reizend, dionysisch. Ich blieb lange dort, zuzusehn. Heute sind Seydlitzens nach Capri. — Ich bin zufrieden mit meiner Einsamkeit; gute Gedanken besuchen mich und im Salon sieht es ganz schön aus, so ordentlich und so blumengeschmückt.

Möge Pfäfers für Sie das Gute bringen, das ich vom Süden erhofft hatte! Und wenn die letzte Zeit Ihnen trübe und verhüllt war, mögen Sie mit Wohlgefallen der Winterzeit in Sorrent gedenken!
Ihre Freundin
M. Meysenbug.

Ihrer Schwester schrieb ich.
Trina schickt Grüße und beste Wünsche.

Nr. 42.

Nietzsche an Malwida von Meysenbug.

Lugano, Sonntag Morgen [13. Mai 1877].

Verehrteste Freundin,

nachdem ich durch Nachdenken herausgebracht habe, daß eine Karte, obschon leichter als ein Brief, doch nicht schneller geht als ein Brief, müssen Sie nun schon einen längeren Bericht über meine bisherigen Odysseischen Irrfahrten hinnehmen. Das menschliche Elend bei einer Meerfahrt ist schrecklich und doch eigentlich lächerlich, ungefähr so wie mir mitunter mein Kopfschmerz vorkommt, bei dem man sich in ganz blühenden Leibesumständen befinden kann — kurz, ich bin heute wieder in der Stimmung des „heitern Krüppelthums", während ich auf dem Schiffe

Nietzsche an Malwida von Meysenbug, 1877.

nur die schwärzesten Gedanken hatte und in Bezug auf Selbstmord allein darüber im Zweifel blieb, wo das Meer am tiefsten sei, damit man nicht gleich wieder herausgefischt werde und seinen Errettern noch dazu eine schreckliche Masse Gold als Sold der Dankbarkeit zu zahlen habe. Uebrigens kannte ich den schlimmsten Zustand der Seekrankheit ganz genau aus der Zeit her, wo ein heftiges Magenleiden mich mit dem Kopfschmerz im Bruderbunde quälte: es war „Erinnerung halb verklungner Zeiten". Nur kam die Unbequemlichkeit hinzu, in jeder Minute dreimal — bis achtmal die Lage zu wechseln und zwar bei Tag und Nacht: sodann in nächster Nähe Gerüche und Gespräche einer schmausenden Tischgesellschaft zu haben, was über alle Maßen ekelerregend ist. In Livorno's Hafen war es Nacht, es regnete: trotzdem wollte ich hinaus; aber kaltblütige Verheißungen des Capitäns hielten mich zurück. Alles im Schiffe rollte mit großem Lärme hin und her, die Töpfe sprangen und bekamen Leben, die Kinder schrieen, der Sturm heulte; „ewige Schlaflosigkeit war mein Loos", würde der Dichter sagen. Die Ausschiffung[1] hatte neue Leiden; ganz voll von meinem gräßlichen Kopfschmerz, hatte ich doch stundenlang die schärfste Brille auf der Nase und mißtraute Jedem. Die Dogana ging leidlich vorbei, doch vergaß ich die Hauptsache, nämlich mein Gepäck für die Eisenbahn einschreiben zu lassen. Nun ging eine Fahrt nach dem fabelhaften Hôtel National los, mit zwei

---

[1] in Genua, am 10. Mai (Himmelfahrtstag).

Nietzsche an Malwida von Meysenbug, 1877.

Spitzbuben auf dem Kutscherbock, welche mit aller Gewalt mich in eine elende Trattoria absetzen wollten; fortwährend war mein Gepäck in andern Händen, immer keuchte ein Mann mit meinem Koffer vor mir her. Ich wurde ein paar Mal wüthend und schüchterte den Kutscher ein, der andere Kerl riß aus. Wissen Sie, wie ich in's Hôtel de Londres gekommen bin? Ich weiß es nicht, kurz es war gut; nur der Eintritt war greulich, weil ein ganzes Gefolge von Strolchen bezahlt werden wollte. Dort legte ich mich gleich zu Bett und sehr leidend! Am Freitag, bei trübem regnerischen Wetter, ermannte ich mich um Mittag und ging in die Gallerie des Palazzo Brignole; und erstaunlich, der Anblick dieser Familienportraits war es, welcher mich ganz heraushob und begeisterte; ein Brignole zu Pferd, und in's Auge dieses gewaltigen Streitrosses der ganze Stolz dieser Familie gelegt — das war etwas für mein deprimirtes Menschenthum! Ich achte persönlich Van Dyck und Rubens höher, als alle Maler der Welt. Die andern Bilder ließen mich kalt, ausgenommen eine sterbende Cleopatra von Guercino.

So kam ich wieder in's Leben zurück, und saß den übrigen Tag still und muthig in meinem Hôtel. Am nächsten Tage gab es eine andre Erheiterung. Die ganze Reise von Genua nach Mailand machte ich mit einer sehr angenehmen jungen Ballerina eines Mailänder Theaters zusammen; Camilla era molto simpatica, o Sie hätten mein Italienisch hören sollen! Wäre ich ein Pascha gewesen, so hätte ich sie mit nach Pfäfers genommen, wo sie mir,

Nietzsche an Malwida von Meysenbug, 1877.

bei der Versagung geistiger Beschäftigungen, etwas hätte vortanzen können. Ich bin immer noch von Zeit zu Zeit ein bischen ärgerlich über mich, daß ich ihretwegen nicht wenigstens ein paar Tage in Mailand geblieben bin. Nun näherte ich mich der Schweiz und fuhr die erste Strecke auf der Gotthardbahn, welche fertig geworden ist, von Como nach Lugano. Wie bin ich doch nach Lugano gekommen? Ich wollte eigentlich nicht recht, aber ich bin da. Als ich die Schweizer Grenze passirte, unter heftigem Regen, gab es einen einmaligen starken Blitz und Donnerschlag. Ich nahm es als gutes Omen hin, auch will ich nicht verschweigen, daß je mehr ich mich den Bergen näherte, mein Befinden immer besser wurde. In Chiasso entfernte sich mein Gepäck auf zwei verschiedenen Zügen von einander, es war eine heillose Verwirrung, dazu noch Dogana. Selbst die beiden Schirme folgten entgegengesetzten Trieben. Da half ein guter Packträger, er sprach das erste Schweizerdeutsch; denken Sie, daß ich es mit einer gewissen Rührung hörte: ich merkte auf einmal, daß ich viel lieber unter Deutschschweizern lebe, als unter Deutschen. Der Mann sorgte so gut für mich, so väterlich lief er hin und her — alle Väter sind etwas Ungeschicktes —, endlich war alles wieder bei einander und ich fuhr nach Lugano weiter. Der Wagen des Hôtel du Parc erwartete mich: und hier entstand in mir ein wahres Jauchzen, so gut ist alles: ich wollte sagen, es ist das beste Hôtel der Welt. Ich habe mich etwas mit mecklenburgischem Landadel eingelassen, das ist so eine Art von Deutschen, die

Nietzsche an Malwida von Meysenbug, 1877.

mir recht ist; am Abend sah ich einem improvisirten Balle der harmlosesten Art zu; lauter Engländer, Alles war so drollig. Hinterdrein schlief ich, zum ersten Male gut und tief; und heute Morgen sehe ich alle meine geliebten Berge vor mir, lauter Berge der Erinnerung. Seit acht Tagen hat es hier geregnet. Wie es mit den Alpenpässen steht, will ich heute auf der Post erfahren.

Mir kommt auf einmal der Gedanke, daß ich seit Jahren keinen so langen Brief geschrieben, ebenso daß Sie ihn gar nicht lesen werden.

Sehen Sie also nur in der **Thatsache dieses Briefes** ein Zeichen meines Besserbefindens. Wenn Sie nur den Schluß des Briefes entziffern können! ps: Ich denke mit herzlicher Liebe an Sie, alle Stunden mehrere Male; es ist mir ein gutes Stück mütterlichen Wesens geschenkt worden, ich werde es nie vergessen.

Trina der Guten meine besten Grüße.

Ich vertraue mehr als je auf Pfäfers und Hoch= gebirge.

Leben Sie wohl! Bleiben Sie mir, was Sie mir waren, ich komme mir viel geschützter und ge= borgener vor; denn mitunter überkommt mich das Gefühl der Einöde, daß ich schreien möchte.

Ihr dankend ergebener
Friedrich Nietzsche.

Dritter Bericht des
 Odysseus.[1])

---

[1]) Die ersten zwei „Berichte des Odysseus", am 11. und 12. Mai auf Postkarten von Genua aus nach Sorrent ge= schrieben, fehlen im Nachlaß von Frl. v. Meysenbug.

Wie schön hatten Seydlitzens mich auf's Schiff gebracht! Ich kam mir wie ein ideales Gepäckstück aus einer besseren Welt vor.

Nr. 43.

Malwida von Meysenbug an Nietzsche.

Sorrent, 17. Mai 1877.

Nun, lieber Freund, wie gut war es, daß Ihr Brief aus Lugano den traurigen Genua-Karten so bald folgte! Die hatten mich in die peinigendste Unruhe Ihretwegen versetzt, — aber die Kalypso, welche den wandernden Odysseus so heiter stimmte, hat mich sehr beruhigt. In Zukunft, wenn Sie wieder an den Selbstmord denken, werde ich Ihnen zurufen: Ma che! Camilla è molto simpatica, und dann müssen Sie gleich still sein und coraggio und pazienza haben. Seydlitz hat mir gestern eine sehr schöne Illustration zu dem erwähnten Vorgang gezeigt, welche Sie gewiß sehr amüsiren wird. Gebe nun — (ja, wen soll man eigentlich nennen, da Gott abgesetzt ist?) — also: gebe nun der unerklärliche Lebensprozeß, daß Pfäfers Ihrem Vertrauen entspreche! Aber bitte: Vorsicht! —

Denken Sie, letzten Sonnabend fing der Vesuv an, Abends in lichtem Feuerschein zu prangen. Seitdem jeden Abend und dabei die wunderlichsten Wettererscheinungen, und am Tag eine Rauchwolke

Malwida von Meysenbug an Nietzsche, 1877.

von solcher Stärke und schwarz, wie sie die fünf Schiffbrüchigen auf Lincoln Island sahen. Ich muß immer an die Beschreibung denken. Sonntag waren wir in Pompeji; da keine entrée war, gingen wir vor Tisch und nachher tüchtig umher und haben ohne Führer viel besser gesehen, als mit. Seydlitz sieht sehr gründlich und gut und hat viel Urtheil. Ich mußte immer schmerzlich daran denken, wie wenig Sie und Rée davon gesehen haben. Wir waren auch im Amphitheater, das Einzige was von der andern Seite der Stadt bis jetzt offen liegt. Die Luft war schwül, die Sonne von Dünsten versteckt, der schwarze Krater sah so nah und so unheimlich dampfend herüber, daß man sich ganz in die Stimmung von damals versetzen konnte, als das Unheil geschah. Ich sah im Geiste das Amphitheater gefüllt, unten die Opfer warten, die Löwen, von banger Ahnung erschreckt, zaudern, sie anzugreifen ꝛc., kurz es war aufregend. Man erwartet nun den Ausbruch. Offenbar hat das Feuer sich bereits dem Rande genähert und zuweilen züngelt die Flamme schon heraus. Sie können denken, daß Trina und ich den ganzen Abend observiren.

Ich hatte auch eine Soirée!! Die Guerrieri war hier, um ihren Knaben abzuholen; trank Thee bei mir mit Anselmo,[1]) bedauerte sehr, Sie nicht mehr gesehen zu haben. — Ich hatte wieder Briefe von unbekannten Freundinnen. Denken Sie: eine Schweizerin! aus Winterthur, schreibt im Namen

---

[1]) Marchese Anselmo Guerrieri-Gonzaga, der Uebersetzer des „Faust" und andrer Werke Goethe's.

Malwida von Meysenbug an Nietzsche, 1877.

eines Kreises von Freunden! Dann waren sehr nette Danziger Damen hier im Haus, ein paar Tage, welche mir die Theilnahme von ganz Danzig versicherten!! Kurz ich könnte eitel werden, wenn ich Anlage dazu hätte. Aber wie viel ich mich auch prüfe, ich finde keinen Beleg für Rée's Theorie in mir: es muß also doch wohl auch andere Käuze in der Welt geben. — Schückings sind noch nicht da, kommen erst nächste Woche, da er noch einen Roman in Rom beendigen will.[1])

Es ist mir auch ganz recht, denn es ist eine himmlische Stille um mich, die mir wohlthut; nur fliehen die Tage zu schnell. — Ich habe einen Brief, der für Sie anlangte, nachgeschickt, auch die Post beauftragt, mit etwaigen andern dasselbe zu thun. Ihr Brief an Wagner ist abgegangen.

Mit tausend guten Wünschen
  Ihre Freundin M. Meysenbug.

Nr. 44.

Malwida von Meysenbug an Nietzsche.

Sorrent, 5. Juni 1877.

Lieber Freund, auf derselben Stelle, wo Sie immer zuletzt saßen, auf der großen Terrasse, im selben Fauteuil, sitze ich, um Ihnen noch einmal von

---

[1]) Lewin Schücking schrieb damals an dem Roman „Die Herberge der Gerechtigkeit".

Malwida von Meysenbug an Nietzsche, 1877.

hier einen längeren Gruß zu senden. Heute sind es 4 Wochen, daß Sie gingen, 8 Wochen, daß die Andern gingen, und übermorgen gehe auch ich. So endet der schöne Sorrentiner Aufenthalt, der mir nur einen Schmerz zurückläßt in der sonst vollständig lieben Erinnerung: daß Sie so schlimm scheiden mußten und den schönen Süden so wenig genossen haben. Um desto mehr beglücken mich die tröstlichen Nachrichten, welche Ihre letzten Karten,[1]) besonders die heute empfangene, bringen. So hat Ihr Glaube denn doch geholfen. Daß die Bäder das Uebel nicht verschlimmerten, scheint mir schon ein großer Erfolg. Möchte das Hochgebirg nun das Weitere thun. Wenn Ragaz wirklich hilft, muß ich am Ende auch noch hin. Ich hatte immer eine geheime Sehnsucht nach Gastein, welches doch wohl ähnlich ist.

Der Vesuv zögert noch immer mit dem letzten Akt, obwohl sich bereits ein neuer Auswurfskegel im Krater gebildet hat, aus dem Lava fließt, aber noch nicht über den Rand des Kraters. Der Rauch ist kolossal stark. Das geheime Hoffen, den Ausbruch zu sehen, hält mich immer noch hier, obgleich es freilich auch außerdem himmlisch ist: die wahre Schönheit des Südens wieder, von der man sich keinen Begriff macht, wenn man Italien nicht im Sommer sah! Von Seydlitz hatte ich einen lustigen Brief aus dem Hôtel Royal in Neapel, wo es ihr namentlich so gut gefiel, daß sie länger blieben als sie wollten. Jetzt werden sie in Amalfi ꝛc. sein

---

[1]) Auch diese Karten haben sich nicht vorgefunden.

Malwida von Meysenbug an Nietzsche, 1877.

und ich denke sie noch in Neapel zu treffen, da sie gleichfalls auf den Vesuv warten. Ich hatte ihm noch einige Bemerkungen über seine Novelle gemacht und vermuthe, er arbeitet sie noch um, denn er war im Feuereifer des jungen Autorenthums.[1]) Er hat aber auch entschieden große Begabung, übersprudelnd von Gedanken und Phantasie, muß aber noch, wie bei Musik und Malerei, viel lernen. Denken Sie, daß Bamberger in Paris zu Monod gesagt hat, Brenner's Novellen seien chefs-d'œuvre! Daher schreibt der undankbare Knabe mir aber nicht einen einzigen Brief!

Bis jetzt ist der Aeschi=Plan noch festgehalten, obgleich ich geschrieben habe, daß es etwas niedrig sei. Monods kommen hin und Natalie und ich, sonst weiß ich von Niemand. Seydlitzens sagten: „vielleicht"; Frl. Bütow (die wir mit Unrecht zur Aristokratin gemacht haben und die jetzt Ihre Schriften liest) sagt: „hoffentlich"; Brenner denk' ich wohl, — sonst Niemand. Rée wird wohl zu viel zu thun haben, da er nun doch in die Tretmühle des Professorenthums muß. Ein recht unseliges Beginnen, das ihn schon jetzt anwidert. Er schreibt: Rohde's Braut sei, was man ein reizendes Mädchen nennt! Der Aufschub der Hochzeit scheint mir ein bedenklicher Umstand. Von Ihrer Mutter und Schwester hatte ich sehr liebevolle Briefe. Ich vermuthe Over=

---

[1]) Die Novelle des Freiherrn v. Seydlitz hieß „Im todten Punkt". Sie erschien 1882 unter dem Pseudonym Eginhart Frey in der „Internationalen Monatsschrift" (Schloß=Chemnitz, Ernst Schmeitzner).

Malwida von Meysenbug an Nietzsche, 1877.

beck[1]) hat Ihnen sehr vom letzten entscheidenden Schritt abgerathen, welchen Sie hier planten. Ja, wenn es nun besser würde, wär' es ja auch sehr zu bedenken: obwohl ich das Besserwerden doch nun auch als endlich eintretende Wirkung der langen R u h e ansehn möchte.

Ich lese, soviel es die armen Augen erlauben, die Burckhardt'schen Vorlesungen[2]) noch einmal mit wahrem Entzücken; möchte nur, ich hätte die Lücken ausgefüllt die darin sind. Und ich lehre mir Griechisch dabei; einige Wörter, wie Polis, Agon, Symposion habe ich dem Sinne nach erkannt und dadurch mir die Buch=staben eingeprägt. Wäre ich nur 10 Jahre jünger und mein Kopf noch wie er damals war, so lernte ich noch Griechisch. Es muß eine Wonne sein, es zu verstehen. Ich begreife doch nicht, wie Cosima schreiben konnte, sie habe beim Lesen des Thukydides die Empfindung gehabt, als habe sie es mit wilden Thieren zu thun (außer Perikles). Was die Wild=heit und Grausamkeit betrifft (die freilich groß sind) sind wir Modernen etwa besser? Wenn jetzt die Russen zur Nachtzeit auf der Donau an die türkischen Monitors anfahren und Torpedo's anlegen, sich schnell in Sicherheit bringen und dann das türkische

---

[1]) Wie S. 532 erwähnt, war es Erwin Rohde gewesen, der direkt und indirekt meinem Bruder die Niederlegung der Basler Professur dringend widerrieth (vgl. auch Br. II, 534 f.).

[2]) Jacob Burckhardt's „Griechische Kulturgeschichte" war von Dr. jur. Kelterborn nach seinem Kollegienheft aus=gearbeitet und meinem Bruder im Juli 1875 zum Geschenk gemacht worden.

Malwida von Meysenbug an Nietzsche, 1877.

Schiff mit der schlafenden Mannschaft in die Luft fliegt, ist das menschlicher, als wenn die Griechen die Bewohner eroberter Städte ermordeten? Der Unterschied ist vielmehr der: in der Wildheit und Thierheit gleichen wir ihnen noch ganz, nur ist's etwas mehr übertüncht; aber in der heroischen göttlichen Schönheit und Unmittelbarkeit stehen wir weit hinter ihnen zurück. Wie tausend Fragen möchte ich Ihnen dabei thun; aber ach — wo sind die schönen Tage von Aranjuez hin, wo ich das in nächster Nähe konnte?

Ich gehe nun nach Florenz, wo mich Briefe treffen: 5 via Garibaldi. Das ist die Zwischenstation der weiten Reise. Dann möchte ich eigentlich gern über den Splügen, um diese schöne Straße auch noch einmal zu sehen, da ich nun doch nochmals so schwach bin, die weite Reise zu unternehmen. Mir scheint es, der Karte nach, nicht sehr um nach dem Thuner See, im Vergleich mit Turin, Genf? Sie können mir das am besten sagen: ob es um ist, ob es viel theurer ist und ob man die Via mala bei Tag überfährt: denn sonst hat man ja nichts davon

Nun aber will ich Ihren Augen nicht länger wehe thun. Mir ist's, als nähme ich jetzt erst Abschied von Ihnen. Möchte uns in wenigen Wochen ein frohes Wiedersehn beschieden sein und noch mehr!!

Ihre Freundin

M. Meysenbug.

Trina sendet beste Grüße und freut sich sehr der guten Nachricht.

Malwida von Meysenbug an Nietzsche, 1877.

Nr. 45.

Malwida von Meysenbug an Nietzsche.
(Postkarte.)

Chiavenna, 23. Juni 1877.

Lieber Freund, ich bin schon nahe am Fuß der Alpen, in Chiavenna; wollte heute hinüber: aber es regnet; so warte ich einen Tag, um die Via mala womöglich schön zu sehen. Gestern Fahrt über den Comer See, war herrlich, bin aber todmüde; dazu quälende neuralgische Schmerzen in Schulter und Arm. Nein, es geht nicht mehr mit dem Reisen, und dies ist das letzte Mal. Ihre Karte aus Rosenlauibad[1]) erhielt ich noch in Florenz. Ich sage: möchte es Ihnen besser gehn als mir!

Wagners gehen nach Seelisberg, Vierwaldstätter See, und sagen, ich müsse dahin kommen. Wahrscheinlich thue ich's, bis Olga kommt (20. Juli).

Monods wollen bestimmt Acschi. Sobald ich feste Adresse habe, schreibe ich Ihnen.

Ihre Malwida.

---

[1]) Nicht mehr vorhanden.

Nr. 46.

Malwida von Meysenbug an Nietzsche.
(Postkarte.)

Seelisberg, Canton Uri, Vierw. See
28. Juni 1877.

Nun sind wir Nachbarn und ich möchte gern wissen, wie es Ihnen geht. Mich hat die Reise über alle Maßen angegriffen: ich werde lange brauchen, um mich nur etwas zu erholen. In Chur fand ich einen Brief von Cosima, welche mir schrieb, daß sie in 6—7 Tagen hierher auf 1 Woche kommen würden, da sie nach München zur Nibelungen=Noth müßten. Natürlich ging ich nun gleich hierher, um, sie erwartend, mich auszuruhn, da ich nachher doch wieder umziehn muß nach Aeschi. Hier ist es schön, aber — Sie wissen wohl das ewige Aber: die furchtbaren Exemplare der aus dem Gorilla entwickelten Species, die uns verwandtschaftlich nahe stehen. Außerdem zu kostbar! Wäre die Sorrenter Kolonie hier, allein wie dort, fänd' ich es sehr schön. Es thut mir sehr leid, daß ich nicht zu Ihnen kommen kann: aber es ist unmöglich, für meinen Kopf auch zu kalt. Hoffentlich kommen Sie nach Aeschi. Geben Sie bald Nachricht und seien Sie herzlichst gegrüßt! Trina grüßt auch.

Nr. 47.

Nietzsche an Malwida von Meysenbug.

Rosenlauibad, Sonntag 1. Juli 1877.
4000 Fuß, aber wie geschützt, mild, gut für die Augen! (6 frs. die Pension, sehr gut.)

Hochverehrte Freundin,

es hat mich betrübt, daß mein ausführlicher Reiseplan in Betreff des Splügen zu spät nach Florenz gelangt ist, wahrscheinlich nur um Einen Tag zu spät. Ich glaubte nicht, daß Sie so schnell von dort aufbrechen würden. (Diese Tinte ist schrecklich, und ich habe sie mir eigens kommen lassen! Aber man hat sie gefälscht, alle Lebensmittel sind in der ganzen Welt unecht, und Tinte ist doch für uns ein Lebensmittel!)

So! Jetzt geht es besser. —

Ich bedaure sehr, daß das Reisen Ihnen so schlecht bekommen ist; in der That, das muß aufhören, und die Vielen, welche Sie lieben, müssen sich ein bischen bemühen und über die Alpen steigen.

Aeschi, glaube ich, wird Ihnen entsprechen: es ist dem Klima nach ähnlich wie Sorrent, natürlich etwas alpiner; aber eine ähnliche Mischung von guter Berg-, Wald- und Seeluft. Für meine Bedürfnisse ist es, so lange die ganz heiße Zeit währt, freilich viel zu niedrig; ich kann also erst später hinkommen. Das

Hochgebirge hat immer einen wohlthätigen Einfluß auf mich gehabt. Zwar liege ich hier auch krank zu Bett wie in Sorrent und schleppe mich Tage lang unter Schmerzen herum, aber je dünner die Luft, umso leichter trage ich es. Jetzt habe ich eine Kur mit St. Moritzer Wasser begonnen, die mich mehrere Wochen beschäftigen wird. Es wurde mir sehr empfohlen, nach Ragazer Kur in die Höhe zu gehn und dies Wasser zu trinken: als Mittel gegen eingewurzelte Neurosen gerade in dieser Combination mit Ragaz. Bis zum Herbst habe ich nun noch die schöne Aufgabe, mir ein Weib zu gewinnen. Die Götter mögen mir Munterkeit zu dieser Aufgabe geben! Ich hatte wieder ein ganzes Jahr zum Ueberlegen und habe es unbenutzt verstreichen lassen. Im Oktober bin ich entschlossen wieder nach Basel zu gehn und meine alte Thätigkeit aufzunehmen. Ich halte es nicht aus ohne das Gefühl, nützlich zu sein; und die Baseler sind die einzigen Menschen, welche es mich merken lassen, daß ich es bin. Meine sehr problematische Nachdenkerei und Schriftstellerei hat mich bis jetzt immer krank gemacht; so lange ich wirklich Gelehrter war, war ich auch gesund; aber da kam die nervenzerrüttende Musik und die metaphysische Philosophie und die Sorge um tausend Dinge, die mich nichts angehen. Also ich will wieder Lehrer sein; halte ich's nicht aus, so will ich im Handwerk zu Grunde gehn. Ich erzählte Ihnen, wie Plato diese Dinge auffaßt. — Meine besten Wünsche und Grüße für die unermüdlichen Bayreuther (ich bewundere alle Tage dreimal ihre

Malwida von Meysenbug an Nietzsche, 1877.

Tapferkeit). Bitte beruhigen Sie mich über das Londoner Gesammtergebniß, man erzählte mir etwas sehr Schlimmes. Wie gern unterhielte ich mich mit Frau Wagner, es ist immer einer meiner größten Genüsse, und seit Jahren bin ich ganz darum gekommen! —

Ihre mütterliche Güte giebt Ihnen das traurige Vorrecht, auch Jammer=Briefe zu bekommen!

Overbeck hat keineswegs mir zugerathen, nach Basel zu gehen. Wohl aber meine Schwester, die mehr Vernunft hat, als ich.

Es müssen mehrere Karten (von mir an Sie) nicht angekommen sein.

Leben Sie wohl, recht wohl! Ihnen herzlich
ergeben Friedrich Nietzsche.

Nr. 48.

Malwida von Meysenbug an Nietzsche.

Seelisberg, Freitag 6. Juli 1877.

Lieber Freund!

Es versteht sich von selbst, daß ich mein mütterliches Vorrecht in Anspruch nehme, Jammer=Briefe ebensowohl wie gute, wie es sich eben fügt, zu erhalten. Lasse ich dem sohnlichen Freunde doch das Gleiche zu Theil werden, wovon hiernach eine Probe. Zunächst aber zur Beantwortung Ihrer Briefe und

Malwida von Meysenbug an Nietzsche, 1877.

Karte.[1]) Sehr leid that es mir, daß Sie die schöne Reisebeschreibung umsonst geschrieben. Ich erhielt sie hier. Meine Reise war übrigens theilweise dieselbe, nur über den himmlischen Comer See, Chiavenna und Splügen. Das Thal nach dem Dorfe Splügen finde ich ebenso schön wie die Via mala. Aber im Ganzen ist das m e i n e Natur nicht. M e i n e Natur ist Comer See, Sorrent, Capri, römische Campagna. Das Starre, gefühllos Uebermächtige dieser Gebirgsriesen, das grauenvolle Abbild ewigen Todes und hoffnungsloser Vernichtung in der Schnee-Region, bringen in mir immer eine Manfred-Stimmung hervor und ich möchte am liebsten immer à la Manfred ein Ende machen. Deshalb ist mir auch die Schweiz nicht sympathisch, so schön und großartig die Natur auch ist. Dazu das greuliche Klima, die jähen Uebergänge von Wärme zur Kälte ec. —

Doch weiter was Sie betrifft. Das zunächst Beste war Ihr unterstrichnes „g u t", gestern auf der Karte. Ich sagte Ihnen schon in Sorrent, ich glaube, Sie müßten Eisenwasser trinken. Möge das „g u t" nun anhalten. Dies ändert natürlich auch alle andern Fragen. Ich kannte die Meinung Ihrer Schwester und Rohde's schon durch einen Brief der Ersteren. Ihr Entschluß ist der entgegengesetzte des zuletzt in Sorrent gefaßten und ich gestehe, daß bis jetzt meine Ansicht diesem treu bleibt. Aber allerdings die Gesundheit ändert dabei Vieles. Können Sie Ihren Beruf wieder erfüllen, so ist die Baseler Stellung

---

[1]) Von den hier gemeinten Briefen ist der mit der Reisebeschreibung, desgleichen die Karte, nicht mehr auffindbar.

Malwida von Meysenbug an Nietzsche, 1877.

gewiß eine sehr vorzügliche und Ihre Wirkung auf die Jugend schien mir auch wichtiger, als sie Ihnen in Sorrent erschien. Als Gelehrter haben Sie ja auch schriftstellerisch eine große Aufgabe vor sich, all das herrliche gesammelte Material zusammenzustellen und den Griechenhungrigen Seelen mitzutheilen. Nur kommt es darauf an, ob der andere Mensch in Ihnen Sie in Ruhe läßt und nicht ewig an den Schranken rütteln wird, welche der Gelehrte ihm setzt. Kann Ihre Gesundheit so erstarken, um auch den zu befriedigen, dann ist es gut, dann bleibt nichts zu wünschen übrig als eine ordentliche Frau. Aber ich habe jetzt gar nicht mehr das Recht mitzusprechen, seitdem mein italienischer Rath so wenig gefruchtet hat.

Nun noch Antwort wegen Seydlitz. — Die letzte Adresse war: München, Hôtel Vier Jahreszeiten. Aber das ist schon lange her. Da wollten sie sich trennen, sie nach Kreuznach, er zur Mutter und mit der reisen. Anfang August wollen sie in die Schweiz kommen, wohl auch nach Aeschi.

Nun kommt mein Jammer. Denken Sie, daß dieser Ort mir greulich unsympathisch ist; beschränktester Gartenraum, ganz von deutschem und schweizer Spießbürgerthum mit Geschrei und Gelächter und von haarsträubender, trommelnder Musik eingenommen. Unvernünftig große Gebäude, mit luxuriösen Sälen, deshalb unverschämt theuer. Für mich und Trina 16½ fr. per Tag, ohne Wein, Licht, Geld für die Musik, Bedienung 2c. Dazu die Herauffahrt allein 14 frcs. unten vom See an 2c. Dazu abscheulich abwechselndes Wetter, mehrere Tage

Malwida von Meysenbug an Nietzsche, 1877.

solche Kälte, daß ich mich wärmer anziehen mußte als im Winter in Sorrent und doch die wüthendsten Schmerzen in Kopf, Augen und Armen davontrug. Bei Alledem hielt ich aus in Hoffnung auf ein paar Tage mit den Freunden, auf den Genuß, den auch Sie so hoch schätzen: mit Cosima zu verkehren. Da — heute früh ein Telegramm von Wagners aus Heidelberg: Fidi erkrankt, bleiben dort auf unbestimmte Zeit, erwarten mich da. Das ist nun rein unmöglich, abgesehn von allem Andern, schon der Kosten wegen. Das Reisen zu Zweien kostet eben gar zu viel, da ich es wirklich nicht mehr wagen kann, allein zu reisen, und auch nicht zu anhaltende Touren machen kann. Nun, ist das nicht Jammer? Bin ich hierher gekommen, habe das Doppelte ausgegeben was ich gebraucht hätte, wäre ich gleich nach Aeschi; habe meine Gesundheit ruinirt, anstatt die einzige Zeit des Sommers zu ihrem Wohle zu benutzen, und bin nun getäuscht in der Hoffnung des Ersatzes für so viel Unangenehmes; muß wieder packen und reisen und weiß Gott, ob nicht wieder umsonst; denn die letzten Nachrichten aus Paris waren auch nicht gut. Hätte ich das ahnen können, so wär' ich wirklich in Ragaz geblieben und hätte dort die Bäder versucht. Das wäre doch etwas gewesen. Um das Maß voll zu machen, erfahre ich auch die unangenehmsten Dinge vom Verleger. [—]

Nun lieber Freund, ist das nicht Jammers genug? Dafür können Sie mir nun wenigstens 10 Jammerbriefe schreiben.

Natürlich eile ich nun von hier fort: übermorgen

will ich nach Aeschi und da mein Schicksal erwarten. Wenn es mir da ebenso mitspielt wie hier, dann gehe ich direkt über die Alpen zurück und verlasse Italien nie wieder. Benedetta Italia mia! da wenigstens läßt einen die Natur nicht im Stich.

Adieu für heute. Möge es bei Ihnen beim „gut" bleiben und bei mir nicht allzusehr beim schlecht.

Ihre Freundin M.

Nr. 49.

Malwida von Meysenbug an Nietzsche.

Thun, 17. Juli 1877.

Aber lieber Freund, Sie sind ja ganz verstummt, hoffentlich ist es kein schlechter Nachsatz zu dem „gut" in Ihrer letzten Karte. Oder sollte ich vergessen haben Ihnen eine Adresse anzugeben?

Es passirt mir jetzt zuweilen. Oder sollte eine Karte verloren sein? Ich glaube, von Ihren früheren Karten ist keine verloren. Sie sehen ich bin noch hier, seit sieben Tagen mit Olga, ihren Kindern und Natalie zusammen. Monod ist noch bis Ende des Monats in Paris beschäftigt. Wir haben hier in dem wunderschönen Hôtel Bellevue eine Woche Pension genommen, um mit Bequemlichkeit einen passenden Ort zu suchen. Die gute Natalie ist umher gefahren und wir sind nun in Unterhandlungen mit Faulen= seebad, welches, trotz des greulichen Namens, sehr

Malwida von Meysenbug an Nietzsche, 1877.

schön sein soll. Es liegt etwas tiefer als Aeschi, aber auch mit Aussicht auf Thuner und Brienzer See und die Hochalpen.

Ich lebe natürlich jetzt ganz für die lieben Wesen, die mich umgeben. An Arbeit ist kein Gedanke; ich enthalte mich ihrer auch gänzlich, um meine Augen zu schonen. Wenn Monods gehen, gedenke ich noch einige Tage in Basel zu verbringen um Ihren Augenarzt zu fragen, denn ich glaube Mannhardt hat sich geirrt.

Von Wagners weiß ich im Augenblick nichts. Fidi's Krankheit war eine Mandelentzündung, gar nicht gefährlich, hielt sie aber in Heidelberg zurück; wo Wagners wieder allerlei Ehrenbezeigungen zu Theil geworden sind. Furchtbar leid thut es mir, sie nicht gesehen zu haben. Ich hätte so viel hören mögen, hätte ihnen so viel zu sagen gehabt. Aber es ist ein Sommer des Verfehlens und Nichtgelingens.

Olga's Kinder sind reizend und machen mir viele Freude. Natalie hat neulich ein Rendezvous mit Brenner gehabt in Olten, um die Friedau zu besehen, die ihr aber nicht gefallen hat. — Rée ist von seiner Augenentzündung hergestellt und erfreut sich jetzt der Gegenwart seiner Pflegeschwester in Stibbe.

Rohde's Braut soll sehr schön sein. Es freut mich, daß er in so guter Stimmung der Ehe entgegengeht. Und Sie? —

Geben Sie bald mit einer Zeile Nachricht: Thun poste restante. Alle gedenken Ihrer mit Grüßen, auch Bébé, und auf Wiedersehn.

Ihre Freundin M. Meysenbug.

Nr. 50.

Nietzsche an Malwida von Meysenbug.

Rosenlauibad, 27. Juli 1877.

Ist es möglich, verehrteste Freundin, so viel Mißgeschick zu haben? Ich war unterwegs, Sie zu suchen, und bin mißmuthig hierher zurückgekehrt, nach einer sehr unangenehmen, durch Krankheit getrübten und unsinnig kostspieligen Herumreiserei. Sie hatten keine Adresse gegeben, aber ich glaubte an Aeschi, wie mein Vater an's Evangelium, und so war ich auch in Aeschi.

Jetzt will ich Rosenlaui fünf Wochen lang nicht verlassen (eigentlich ist's kein Wollen, sondern Müssen, unter dem Despotismus des Geldbeutels). Dann kehre ich nach Basel zurück, wo meine Schwester schon für unsern gemeinsamen Winteraufenthalt „arbeitet". Mein Trost ist, daß Sie auch dorthin kommen wollen. Aber wie leid thut es mir, nun gar Niemanden der Ihrigen zu sehen — ich sah mir in Aeschi und Umgegend jeden kleinen Jungen an, ob er nicht Bébé wäre. Weil mir der Ort zu sonnig und zu windig vorkam, suchte ich Sie auch im Henstrichbade und blieb einen Tag dort, es ist eine Stunde von Aeschi entfernt; auch an Faulenseebad dachte ich. Aber nichts war über Sie zu erfahren als zuletzt die Notiz, von der ich jetzt Gebrauch mache, daß Briefe nach Thun poste restante zu schicken seien.

Nietzsche an Malwida von Meysenbug, 1877.

Ein Telegramm nach Aeschi blieb unbeantwortet, natürlich; ich erklärte es mir aus einem Zufalle.

Ich hatte Rosenlaui verlassen, um in Luzern eine eintägige Zusammenkunft mit meiner Schwester zu haben, zur Feier ihres Geburtstages. Aber das Wetter wurde so schlecht, und meine Gesundheit schwankte hin und her, daß ein Tag nach dem andern verstrich: zuletzt wurde eine Abwesenheit von 14 Tagen daraus. Wie viel haben wir an Sie gedacht, wie mit Ihnen gelitten! Denn Sie haben einen heil=losen Sommer bis jetzt erlebt. Jetzt wird es ent=setzlich heiß; als ich nach Aeschi kam, hätte man mich essen können, wenn ich sonst schmackhaft wäre: denn gekocht war ich.

Hier ist es gut, aber zu viel Steigens für Sie, fürchte ich. Der Pensionspreis für Alles, Licht und Bedienung einbegriffen ist, jetzt 7 oder 8 frcs. (Der Wein wird besonders gerechnet.) Es sind nur Eng=länder da, sehr angenehme (z. B. der General=Staats=anwalt Englands und der berühmteste englische Land=schaftsmaler).

Mit Dr. Fuchs habe ich mich versöhnt. Ich fand einen sehr gehaltreichen Brief vor (62 Quart=seiten, nebst geschriebenen Beilagen). In Meiringen fand ich bei Tisch einen Dr. med. Eiser aus Frank=furt, der alle meine Schriften im Berner Oberlande herumführte; ich habe eine ärztliche Consultation mit ihm gehabt, er fand, daß Schrön[1]) mich mit homöo=pathischen Dosen behandelt habe. Jetzt trinke ich

---

[1]) Professor der Medizin an der Universität Neapel.

wieder St. Moritz. — Ich freue mich, daß Sie an Prof. Schieß gedacht haben. — Mit wahrem Leidwesen sage ich aus der Ferne Lebewohl, Ihnen und allen Ihren Lieben.

F. N.

Nr. 51.

Malwida von Meysenbug an Nietzsche.

Bad Faulensee am Thuner See,
28. Juli 1877.

Jetzt bin ich aber außer mir! Nachdem ich meine gestrige Karte[1]) fortgeschickt, erhielt ich Ihren Brief. Wie ist es möglich, daß wir uns so verfehlten, bei einer halben Stunde Entfernung! Wir sind Alle ganz trostlos darüber und ich möchte doch sagen, Sie sollten noch hierher kommen: die Reise geht ja gen Basel, Sie müßten sie also doch später machen; und die Preise sind hier dieselben. St. Moritz können Sie auch hier trinken, und es ist ein Uebergang von der Höhe zu der Tiefe. Nein, ich habe nie solch ein Verfehlen erlebt wie diesen Sommer! Es ist zu tückisch! Die Mutter Seydlitz suchte mich auch in Seelisberg, dann in Thun, und kam immer wenn ich eben weg war.

Von Wagners weiß ich jetzt gar nichts.

Also bestimmt Basel für den Winter? Möge es

---

[1]) Nicht mehr vorhanden.

Malwida von Meysenbug an Nietzsche, 1877.

das Rechte sein! Ich bin so zur absoluten Resignation gekommen, daß ich nur immer bei Allem innerlich sage: "Schicksal, nimm deinen Lauf!" Was hilft auch das Widerstreben? Bald mehr.

Nr. 52.

Malwida von Meysenbug an Nietzsche.

Faulenseebad, Thuner See,
31. Juli 1877.

Es ist ein herrlicher Tag heute, so schön wie ich noch keinen in diesem Sommer erlebt habe (hier, diesseits der Alpen!). Ich sitze schon seit früh Morgens im Freien oberhalb des Sees mit Olga und den Kleinen. Monod, Natalie und zwei Freunde M.s, sind zu einer Bergexcursion ausgezogen, die für Olga und mich zu ermüdend war. Jetzt sind Olga und die Kinder in's Haus und ich will rasch noch einmal meinen Vorschlag wiederholen: könnten Sie nicht Zwischenstation zwischen Rosenlaui=Bad und Basel hier machen? Es ist wirklich unbeschreiblich lieblich hier; freilich keine wilde Natur wie sie Ihnen gefällt, aber doch kühne Bergformen und ausgedehnte Waldung gleich vom Hause an. Seydlitzens könnten dasselbe thun, d. h. hier auch eine Station machen. Aber ich glaube schon an kein Finden mit meinen Freunden mehr diesen Sommer. Es ist alles zu schlimm gegangen bis jetzt. Von Wagners

Malwida von Meysenbug an Nietzsche, 1877.

habe ich gar keine Nachricht; ich habe nach Heidelberg und nach Bayreuth geschrieben, aber nichts wieder gehört: was mich bei Cosima's Treue im Verkehr wundert.

Ich erfahre hier recht wie sehr man Sie in der Schweiz kennt und hochstellt. Wenn ich nur Ihren Namen nenne, sagt man gleich: oh ja, ein ausgezeichneter Mann ꝛc. — Der Arzt hier, Dr. Jonquières aus Bern, ein sehr intelligenter und angenehmer junger Mann, hat Ihre Schriften gelesen und möchte Sie sehr gern kennen lernen, hat sich schon sehr nach Ihrer Krankheit erkundigt und nimmt sehr Theil daran. — Haben Sie gelesen, was mit Dühring in Berlin passirt ist? Daß man ihm das Lesen verboten hat und daß Sozialisten und Studenten in Folge dessen für ihn sich vereinen, was in Berlin große Unruhe weckt? Es scheint allerdings, daß er persönlich ein schroffer und unfreundlicher Mensch ist; aber daß er etwas gegen die alte Professorenclique auftritt, gefällt mir doch sehr.

Ob es Rée nicht gehen wird wie ihm? Dem Prorektor der Universität Jena hat ja sein Buch[1]) sehr mißfallen. Er ist übrigens leider der Dritte in unserem Bunde geworden, d. h. augenleidend. Wenn nur die Seebäder im Januar nicht daran Schuld sind!

Brenner's Novelle[2]) ist in der letzten Nummer

---

[1]) Die in Sorrent beendigte Schrift Dr. Paul Rée's „Der Ursprung der moralischen Empfindungen" (Chemnitz 1877, Ernst Schmeitzner).

[2]) „Das flammende Herz" (s. Anm. S. 503).

Malwida von Meysenbug an Nietzsche, 1877.

der "Rundschau" erschienen. Wir haben sie hier zusammen gelesen und Monod war auch sehr damit zufrieden. — Ich bin neugierig, was Sie zu der Novelle Seydlitzens[1]) sagen werden. Eigentlich ist es schon ein Roman, aus dem Rahmen der Novelle herausgetreten und mit einer Fülle der Phantasie. Aber er muß noch lernen sich beschränken, es ist wie mit seinen übrigen Gaben. Er ist wirklich ein überaus begabter Mensch, den man immer lieber gewinnt, jemehr man ihn kennt. Ich habe eine herzliche Zuneigung für ihn (oder sollte man sagen zu ihm?).

Mein Arzt hier brennt mir den Hals mit Höllenstein, weil er fand, daß ich einen ganz beträchtlichen Rachenkatarrh habe, was ich übrigens längst wußte. Ebenso constatirt er im Auge einen chronischen Katarrh und behandelt es demgemäß. Wenn es nur ein paar Wochen so schönes Wetter bliebe wie es jetzt ist, das würde mir sehr gut thun.

Bei Ihnen ist nun wohl auch noch immer die alte Abwechslung von besser und schlecht; und wie soll es nun den Winter gehn? — Ach ich, — das ist mir schon eine abgethane Sache, und wenn nur etwas Erleichterung kommt, bin ich sehr dankbar. Aber die Jungen, für die das Leben noch einen Sinn und eine Aufgabe hat — da müßte doch geholfen werden können.

Haben Sie etwas zu Ihrem Januarheft[2]) hinzu-

---

[1]) Vgl. Anm. auf S. 544.
[2]) Die sogenannten "Sorrentiner Papiere", deren Inhalt zum größten Theil in "Menschliches, Allzumenschliches" aufgenommen wurde.

gefügt? Sind die Dryaden in Rosenlaui so mittheilend wie in Sorrent? Und wie ist es mit den Heirathsplänen? Wenn ich Sie sähe, würde ich Ihnen eine dumme Geschichte erzählen. Zum Schreiben ist es zu lang, da ich Sie doch nicht mit 62 Seiten heimsuchen will gleich Dr. Fuchs. Doch freut es mich, daß Sie versöhnt sind. Es giebt doch eigentlich so wenig bedeutende Menschen, daß man ungern einen aufgiebt wegen Dingen, welche nicht unbedingt wesentlich sind.

Viele herzliche Grüße von den Meinen hier, die es ungemein bedauern, daß Sie uns verfehlt haben. Vielleicht erhalten Sie bald einmal Besuch.

In Treue
Ihre M. M.

Nr. 53.

Nietzsche an Malwida von Meysenbug.

Rosenlaui, Sonnabend, 4. August 1877.

Liebste muttergleiche Freundin,

es geht nicht! Ich habe mich bei meiner Rückkehr nach Rosenlaui sofort für den ganzen August gebunden, in der Annahme, Sie seien wirklich, wie es Ihr Seelisberger Brief verhieß, wegen des elenden Wetters sofort wieder über die Alpen zurückgegangen. So habe ich denn hier einen Ausnahme-Pensionspreis, viel geringer als alle Anderen (denn ich brauche

Nietzsche an Malwida von Meysenbug, 1877.

viel weniger, esse immer für mich, nicht table d'hôte: denken Sie, ich habe in meinem Leben n i e s o o p u l e n t gelebt wie in Sorrent). Dann bekommt es mir hier immer besser; wo kann ich aber auch, wie hier, vor dem Frühstück zwei Stunden und vor dem Abendessen zwei Stunden wie hier im S c h a t t e n der Berge spazieren gehen! —

Am ersten September beziehe ich meine neue Wohnung in Basel.

Ich entbehre Sie und hätte Ihnen so Manches zu sagen.

Dr. Eiser machte mir die Freude, vier Tage mit seiner Frau mich hier zu besuchen; wir sind uns s e h r nahe gekommen und überdies: ich habe den besorgtesten Arzt für mich gewonnen, den ich mir nur wünschen kann. Ich stehe jetzt also unter s e i n e m Régime: ziemlich gute Hoffnung! Er ist erfahren, Sohn eines Arztes, selber in den 40er Jahren, ich gebe viel auf die g e b o r e n e n Aerzte.

Dann habe ich mit einem Engländer und dessen Familie, Mr. G. Croom Robertson, Neigung um Neigung eingetauscht; es that mir weh, ihn heute scheiden zu sehen. Er ist Professor im University College London und Herausgeber der b e s t e n philosophischen Zeitschrift (nicht nur für England, sondern überhaupt; höchstens Th. Ribot's Revue philosophique steht ihr gleich).

Ihm ist gelungen, was Monod in Betreff aller französischen Autoritäten der Historie mit seiner Revue gelungen ist: an seiner Zeitschrift „Mind" arbeiten a l l e philosophischen Größen (Spencer,

Nietzsche an Malwida von Meysenbug, 1877.

Tylor, Maine, Darwin u. s. w., u. s. w.). — Er war sehr eingenommen für Rée's Buch, will darauf sehr aufmerksam machen und versprach, wenn Rée oder ich nach London käme, eine persönliche Beziehung zu allen den genannten Autoritäten zu vermitteln. Er sprach sehr gut über Wagner und Londoner Concerte. Beim Abschied habe ich seiner Frau noch Ihre „Memoiren" in einer Weise empfohlen und an's Herz gelegt, daß — u. s. w. Dasselbe habe ich neulich mit zwei polnischen Damen gethan, mit denen ich mich innerhalb zweier Wochen förmlich befreundet habe, Mutter und Tochter de Hattowski, der Vater ist russischer General in Tiflis. — In summa: die Menschen sind recht gut mit mir gewesen.

Prof. Heinze (ord. Prof. der Philosophie) in Leipzig bedauert sehr, daß Rée nicht dort sich habilitire: er verlange längst nach einer Vertretung dieser Richtung. — Deussen's „Elemente der Metaphysik",[1] ein Leitfaden für Schopenhauer, ist erschienen. Viel Indisches darin.

Ueber Brenner schreibt P. Gast; ich lege den Brief bei, bitte ihn mir gelegentlich wieder aus.

So! Die Augen thun wieder weh. Ihrer Gesundheit gute Kräftigung von Herzen ersehnend und mit herzlichen Empfehlungen an die Ihrigen

Ihr treuer

Friedrich Nietzsche.

---

[1] Vgl. den Brief darüber an Deussen selbst Br. I³, 408 ff. (Das Buch ist jetzt im Verlage von F. A. Brockhaus, Leipzig.)

Nr. 54.

Malwida von Meysenbug an Nietzsche.

Faulensee, 10. August 1877.

Lieber Freund, mit wie tiefer Rührung ich Ihre Gedichte[1]) gelesen habe, kann ich nicht sagen. Ich danke Ihnen tausendmal dafür. Ich hatte bei der Fahrt über den Splügen auch eins gemacht, wage aber nicht, es Ihnen zu schicken. Ich war so froh über Ihren Brief und die tröstlichen Nachrichten, welche mir Monods brachten. Gepriesen sei der Arzt und das Brom! Dem Gehirn, welchem solche Gedichte entspringen, ist noch kein Schaden zugefügt. — Sehr leid that mir zweierlei: erstens, daß durch Olga's Migräne der Besuch gestört wurde, dann daß mein Telegramm zu spät kam und daß Sie noch am Ende dafür haben bezahlen müssen. Ich dachte bestimmt, der Telegraph gehe dort hinauf, da wir hier ihn sogar im Hause haben. Daß Seydlitzens an dem Tage hier waren, wissen Sie durch Monods. Ich freute mich sehr, sie wiederzusehen.

Von Cosima habe ich endlich Nachricht aus Bayreuth. Sie scheinen Alle wohl und freuen sich ihres Heims.

Der Brief von Gast hat mich erfreut, sowohl

---

[1]) „Am Gletscher" und „Der Herbst". Beide Gedichte, damals soeben entstanden, waren Herrn und Frau Prof. Monod, die meinen Bruder in Rosenlaui ungefähr am 5. August besucht hatten, für Frl. v. Meysenbug mitgegeben worden.

Malwida von Meysenbug an Nietzsche, 1877.

wegen des Urtheils über Brenner, als auch der hübschen Art, in welcher er seinen Fehler (doch wohl den Baseler Artikel?) eingesteht. Auch daß er Ihnen eine Stütze sein wird.

Von Nerina hat Ihnen Monod wohl ein troppo nero Bild entworfen. Er mag sie nicht. Aber auch ich bin allerdings sehr von ihr enttäuscht und schreibe ihr gar nicht mehr. Cosima schrieb mir, Gersdorff sei in Dresden, philosophisch resignirt und male. Wissen Sie seine Adresse? Ich will ihm schreiben. Ich möchte nicht, daß er, auch nur von ferne, denken könnte, ich habe in der Angelegenheit nicht stets als seine **wahre** Freundin gehandelt.[1]

In diesen Tagen erwarte ich eine neue unbekannte Freundin, welche mich, mit ihrem Onkel durch Italien reisend, in Florenz gesucht hat und nun hierher an mich schrieb, eine Zusammenkunft zu erbitten. Der Brief verspricht etwas. Sie erzählt, daß im verschrienen Wupperthal (sie ist aus Elberfeld) die Zahl meiner Freunde groß sei und daß sie mit Ed. v. Hartmann von dem Buche gesprochen, dessen **allerhöchsten bewußten** Beifall es habe. Er läse sonst nie Memoiren, Briefe x., aber dieses Buch habe er mit Noten und Anmerkungen versehen, in seiner Bibliothek. Ist das nicht komisch?

Doch nun genug des Geplauders für heute. In Basel sehen wir uns doch noch hoffentlich.

Ihre Freundin M.

---

[1] Ueber die Angelegenheit „Nerina", welche Fräulein v. Meysenbug, vor Allem aber dem armen Freiherrn v. Gersdorff manche Jahre des Lebens verbittert hat, s. S. 571 ff.

Nr. 55.

Nietzsche an Malwida von Meysenbug.
(Postkarte.)

Rosenlauibad, 28. August 1877.

Verehrteste Freundin, ist meine Karte verloren gegangen? Ich hatte so große Freude an Monod's plötzlichem Erscheinen; wäre nur die arme Olga nicht krank geworden! Wir haben uns so wenig sagen können. Zum Rendezvous kann ich nicht kommen, Gründe dieselben. Am 1. Sept. Abends bin ich in Basel; meine gute Schwester arbeitet jetzt schon mächtig in Umzug und Einrichtung. — Ach könnte ich doch Basel 4000 Fuß in die Höhe heben! — Aber wir sehen uns! Schönsten Dank für die schwarzen Kappen!

Treulich Ihr F. N.

Nr. 56.

Nietzsche an Malwida von Meysenbug.

Basel, Montag 3. September 1877.
Gellertstraße 22.

Verehrte liebe Freundin,

wie freuen wir uns Sie hier zu sehen, wie bedauern wir, daß Monods unserem Basel nur eine

Nietzsche an Malwida von Meysenbug, 1877.

Durchfahrt gönnen! Unter allen Umständen möchten wir am Bahnhofe sein — also wann? Um 5 Uhr vermuthlich? —

— Nun, ich bin hier. Die ganze letzte Zeit in Rosenlaui war für mich schlecht; mit heftigem Kopfweh verließ ich es früh um 4 Uhr, allein, im Finstern. —

Wohnung, Umgebung und meine gute Schwester — Alles finde ich um mich herum reizend, anreizend, festbannend. — Aber in mir kriecht mancher Wurm der Sorge.

Ich schlief zwei Nächte so gut, so gut!

Auch waren schöne Briefe da, von Overbeck, Frau Ott und Dr. Eiser, der es als Arzt verlangt, daß ich bald nach Frankfurt zu einer neuen Berathung komme. —

Was sagen Sie von Sorrent! Noch jüngst in Rosenlaui brachte ich eine schlaflose Nacht damit zu, in lieblichen Naturbildern zu schwelgen und mich zu besinnen, ob ich nicht auf irgend eine Weise oben auf Anacapri wohnen könnte. Ich seufzte aber immer bei der Einsicht, daß Italien mich entmuthigt, mich kraftlos macht (wie haben Sie mich in diesem Mai kennen gelernt! Ich schäme mich; so war ich nie!) In der Schweiz bin ich mehr ich, und da ich die Ethik auf möglichste Ausprägung des „Ich" und nicht auf Verdunstung baue, so — — —

In den Alpen bin ich unbesiegbar, namentlich wenn ich allein bin und ich keinen andern Feind als mich selber habe.

Ich habe meine Studien über griechische Litte=

ratur vorgenommen — wer weiß ob was daraus wird? —

Leben Sie wohl. Haben Sie das Feenweibchen gefunden, welches mich von der Säule, an welche ich angeschmiedet bin, losmacht?

Herzlichstes und Gutes voraussendend,

Ihnen entgegen F. N.

Nr. 57.

Malwida von Meysenbug an Nietzsche.

Bad Faulensee, 4. Sept. 1877.

Schönen Dank für Ihren schönen Brief. Ja Donnerstag um 5 Uhr werden wir in Basel sein und Monods bleiben ½ Stunde bis der Zug weitergeht. Ich freue mich, daß Sie das holde kleine Mädel sehn werden; der liebe bébé hat leider auf der Stirn eine große Brandwunde, die man ihm mit Ammoniak nach einem Wespenstich gemacht hat und die ihn augenblicklich sehr entstellt, aber er ist ein gar lieber und intelligenter Bursch. Was mir die Trennung kostet, können Sie denken. — Ich freue mich, Sie so gut installirt zu wissen. Wegen Sorrent hatte mir Seydlitz etwas gesagt. Ueber das Alles mündlich. Auch für das Feenweibchen habe ich eine Adresse. Mit liebevollsten Grüßen an die Geschwister und auf Wiedersehn.

Ihre M. Meysenbug.

Erläuterungen.

Der Baseler Besuch von Fräulein von Meysenbug, Herrn und Frau Monod sammt den reizenden Kindern war meinem Bruder und mir eine außerordentliche Freude. Monods blieben schließlich doch einen Tag, Malwida aber noch einige Tage länger, sodaß wir uns recht genießen konnten. Fräulein von Meysenbug machte uns bei dieser Gelegenheit auch zu Vertrauten in der öfter erwähnten Nerina=Angelegenheit, über welche ich hier einige Worte sagen möchte.

Freiherr von Gersdorff hatte durch ihre Vermittlung eine junge Ausländerin kennen gelernt, von deren Charakter und Lebensumständen unsere liebe Malwida mit ihrem Mangel an Menschenkenntniß eine vollkommen falsche Schilderung entworfen hatte. Im Vertrauen auf Malwida's Urtheil und Fürsprache hatte sich Gersdorff mit der jungen Dame, die einer vornehmen, aber gewissermaßen degenerirten Familie entstammte, verlobt. Da der Verbindung sehr berechtigte Hindernisse von Seiten seiner Eltern entgegengestellt wurden, Gersdorff aber, obwohl die Einwände einsehend, sich dadurch nur noch mehr getrieben fühlte, die Dame zu lieben und ihre verworrenen Familienangelegenheiten zu seinen eignen zu machen, — so ergab sich eine wunderliche Situation, in welcher man sich schließlich von allen Seiten mit Vorwürfen gegen die arme Malwida wandte. Wir empörten uns darüber und erboten uns, ihr in diesen Kämpfen sozusagen als Schild zu dienen. Mein Bruder, der die Macht der Liebe und den Einfluß einer Braut etwas unterschätzte, wandte sich mit

Erläuterungen.

einem strengen, acht Seiten langen Brief an Gersdorff, um Fräulein von Meysenbug zu vertheidigen und außerdem den Freund vor dieser ganz verkehrten Verbindung zu warnen. Gersdorff stellte darauf zwar jeden Kampf gegen Fräulein von Meysenbug ein, fühlte sich aber sonst durch den Brief meines Bruders sehr gekränkt; — übrigens mit vollem Recht, wie mein Bruder später zugab: denn im Eifer, Malwida zu vertheidigen und Gersdorff von einer ganz unüberlegten und wenig erfreulichen Heirath zurückzuhalten, hatte er ziemlich harte Worte gewählt. Wenn nun auch Gersdorff erklärte „Nietzsche durfte dies schreiben, aber kein Anderer", so fühlten doch Beide, daß es besser sei, den persönlichen Verkehr für eine Zeit aufzugeben; doch hielt ich den brieflichen Austausch nach den Wünschen meines Bruders aufrecht. Es versteht sich von selbst, daß Fräulein von Meysenbug in dieser ganzen Angelegenheit das Beste für Gersdorff gewollt hatte und sehr unglücklich war, daß für ihn solche Unannehmlichkeiten daraus erwuchsen. Ihr Mangel an Menschenkenntniß hat ihr in dieser Hinsicht sowohl, als wie späterhin in einer ganz anders gearteten Angelegenheit meinem Bruder gegenüber, einen sehr übeln Streich gespielt. Und wenn mein Bruder in „Jenseits von Gut und Böse" schreibt, wie fehlgreifend oft die beste Liebe und Freundschaft sei, so gedachte er gewiß auch an seine Erfahrungen mit unserer lieben edlen Malwida. Die beiden Freunde haben sich in späteren Zeiten, als diese unglückliche Verlobung aufgelöst war, nochmals brieflich über diese Angelegenheit ausgesprochen, und fanden sich dann wieder in der alten warmen Freundschaft zu einander.

Der nächste Brief Malwida's ist an mich gerichtet, da ich in jener Zeit die Correspondenz zwischen meinem Bruder und seinen Freunden übernommen hatte.

Nr. 58.

Malw. v. Meysenbug an Elisabeth Nietzsche.

3 via della Polveriera
Rom, 29. Dez. 1877.

Liebe Elisabeth, das neue Jahr soll nicht kommen ohne meinem lieben Geschwisterpaar auch sichtbar die Wünsche zuzutragen, welche ich ihm im Herzen, voll warmer Liebe, weihe. Daß sie so unvermögend sind, diese Wünsche, das ist das ewige Leid der Liebe, die sich so allmächtig wähnen möchte. Aber unterlassen kann man das Wünschen doch nicht. Freilich vor einem Jahr, am ersten Neujahrstag, als wir so fröhlich in Quisisana[1]) saßen, Ihr Bruder so herrlich spielte und die Sonne so purpurn das köstliche Panorama vor uns überstrahlte, da dachte ich nicht, daß die frohe Hoffnung auf Genesung, die wir damals berechtigt waren zu hegen, nach Jahresfrist noch nicht erfüllt sein würde, daß wir Alle, anstatt schön vereinigt in

---

[1]) Villen-Ort um das königliche Parkschloß Quisisana bei Castellammare.

Malw. v. Meysenbug an Elisabeth Nietzsche, 1877.

der Kolonie, in alle vier Winde zerstreut, einsam das Jahr beschließen müßten, das so verheißungsvoll anfing. Aber die Hoffnung auf völlige Genesung Ihres Bruders will ich doch nicht fahren lassen, wenn auch die andern schönen Pläne wohl ewig Luftschlösser bleiben werden. Ja dieser Winter gleicht dem vorigen, dem schönen, gar nicht. Das Schicksal hat sich diesmal gegen mich verschworen und auch die Anwesenheit meiner Schwestern hat mir bis jetzt mehr Noth und Sorge als Freude gebracht. Das arme Mädchen derselben liegt jetzt bereits seit 8 Wochen am Typhus danieder und erhält uns in einem beständigen Schwanken zwischen Furcht und Hoffnung, und während wir am Weihnachtstag ihren Tod erwarteten, ist sie seit gestern und heute wieder so, daß wir auf Rettung hoffen dürfen. [— —]

So bin ich ziemlich einsam in meiner entlegnen Wohnung, die entlegner ist vom römischen Centrum als die Ihre vom Baseler. Ich würde dies nun nicht empfinden, da es wirklich lieblich bei mir geworden ist, die Sonne so warm hereinscheint, daß ich fast nie heize und ich viel auf meinem Balkon bin und der köstlichen Aussicht genieße, wenn — ich recht viel arbeiten könnte, wozu ich eine unendliche Lust verspüre. Aber da steckt es! Augen und Kopf wollen nicht und so sind die Abende wohl sehr schwer durchzubringen. Es wagt sich nämlich Niemand Abends heraus, da es ein wenig einsam ringsum ist. Nur Ein Besucher kommt, aber freilich nicht oft. Doch ist es sehr interessant. Denken Sie: ein Erzbischof! Der Prior des Klosters, welchem mein Haus gehört. Es

Malw. v. Meysenbug an Elisabeth Nietzsche, 1877.

ist ein Kloster der Maroniten, jenes merkwürdigen Volksstammes, der am Libanon herum wohnt und sich eine gewisse edle Unabhängigkeit bewahrt hat, während die Armenier sich als Handelsvolk, Juden dem Geiste nach, sich allen Religionen und Sitten angepaßt haben. Mein Erzbischof nun ist ein echter Orientale, schön, feurig, spontan, nicht zugespitzt und übertüncht mit heuchlerischer Glätte wie die römischen Priester. Er bot mir an, mir Arabisch zu lehren; — wenn ich jünger wäre und gute Augen hätte, würde ich es annehmen. Dann erzählte er mir vom Libanon, von arabischer Litteratur, lobte die Türken außerordentlich und sagte: erst seitdem er beinah ganz Europa und seine Regierungen kenne, sähe er ganz ein, wie human, wie innerlich civilisirt die Türken wären und wie innerlich barbarisch Europa wäre! Und das von einem Katholiken, dem der Halbmond doch ein Greuel sein müßte! Ach es ist doch empörend, die Russen als Träger der Civilisation preisen zu hören, indem sie diesen scheußlichen Krieg, all die Verwüstung und den Jammer über Millionen Menschen bringen, bloß um das längst in's Auge gefaßte habsüchtige Ziel ihrer Politik: Konstantinopel, zu erreichen.

Ich habe übrigens meinem Orientalen gesagt, daß ich weder katholisch sei, noch werden könne, überhaupt keinem dogmatischen Bekenntniß angehöre, und nach diesem offenen Geständniß ist er doch wiedergekommen: was ich ihm zur Ehre anrechne. Solche Typen sieht man nun eben nur in Rom. Litterarische Berühmtheiten sind hier, z. B. Fanny Lewald, die,

Malw. v. Meysenbug an Elisabeth Nietzsche, 1877.

trotz Adolfs Tod, in alle Gesellschaften geht. Da ich aber nicht gehe, sehe ich sie auch nicht. Dann Paul Heyse, der aber ganz wie ein Einsiedler lebt, seitdem sie ihr einziges Kind verloren haben. Doch will ich ihn aufsuchen, da mir an ihm etwas liegt, an Fanny L. nicht. —

Ein neues Stück von Ritter: „König Roderich", empfehle ich zur Lektüre. Es gefällt mir im Ganzen besser als der „Milde Welf", aber es scheint mir auch wieder, wie dieses, an der Mangelhaftigkeit der Hauptfigur, des Helden, zu leiden. Ich möchte das Urtheil Ihres Bruders wissen.

Nerina schreibt mir wieder Bände voll. Ich halte mich ganz außerhalb der alten Geschichten. Uebrigens giebt sie jetzt Stunden, was ich ehre.

Dank für Ihre Hülfe. Ja, wären wir zusammen! Mit herzlicher Liebe Ihre und Ihres Bruders treue Freundin

M. Meysenbug.

Im Anfang des Winters 1877/78 hatte sich mein Bruder recht wohl befunden, aber nach Weihnachten kehrten die Augenschmerzen und Migräne in sehr heftiger Form wieder. Er ging Anfang März auf längere Zeit nach Baden=Baden eine Wasserkur zu gebrauchen, die ihm auch recht wohl bekam. Darauf schrieb uns Malwida:

Nr. 59.

Malw. v. Meysenbug an Elisabeth Nietzsche.

3 via della Polveriera
Rom, 23. März 1878.

Liebe Elisabeth, doppelten Dank diesmal für die guten Nachrichten. Wie grenzenlos ich mich freue, daß die Kur gut ausfällt, können Sie denken. Da hat Wagner wieder einmal Recht gehabt, welcher immer behauptete, eine vernünftig geleitete Wasserkur sei das Wahre für Ihren Bruder. Möge die gute Wirkung nur anhalten. — Ich hätte schon früher geschrieben, allein meine Augen sind ungewöhnlich schlecht und, da mir Frl. Horner schon so viel mit Lesen und Schreiben hilft, mag ich ihr nicht auch noch die Briefe aufbürden. Leider galoppirt die Zeit so, daß auch diese Vereinigung, welche mir eine recht wohlthuende gewesen ist, bald ihrem Ende zugeht. [—]

Halten Sie mich au courant über Ihres Bruders Befinden und seien Sie Beide tausendmal gegrüßt

von Ihrer

getreuen

M. M.

Malwida von Meysenbug an Nietzsche, 1878.

Nr. 60.

Malwida von Meysenbug an Nietzsche.

Rom, 14. April 1878.

Theurer Freund.

Ich schreibe Ihnen auf ausdrückliche Anordnung Ihrer Schwester, sonst thäte ich es Ihren Augen nicht zu Leide. Aber wenn ich auch stumm bin, so wissen Sie doch, wie oft meine Gedanken bei Ihnen weilen und Leid und Freud mit Ihnen theilen. Daß es nur wieder besser ging in Baden, ist schon ein hoher Trost, wenn auch die Cur noch nicht Alles vollbracht hat. Ich denke immer, schließlich muß die Kolonie es doch noch vollenden, denn es giebt ja auch Kolonien, wo äußerst wenig gesprochen wird, ja wo das Schweigen geradezu höchste Pflicht ist, wie bei den Trappisten und wo das Gefühl der Nähe genügt, während man eigentlich als Einsiedler lebt. Nun, wir wollen sehen, ob die Zukunft nicht dergleichen aufbewahrt.

Die meisten meiner Erlebnisse wissen Sie durch meine Mittheilungen an Ihre Schwester. Ich füge nur hinzu, daß ich die mir auf Ostern versprochen gewesene Freude nicht haben werde, nämlich: Olga hier zu sehen. Leider will ihre Gesundheit sich auch garnicht erholen und die weite Reise für nur kurz mögliche Dauer, wurde als unthunlich erkannt. So muß ich mich denn wieder resigniren.

Erläuterungen.

Die Fremden laufen schon in Haufen von hier fort, bald wird es einsam sein, aber unsäglich schön. Gestern fuhr ich die via Appia entlang und dachte Ihrer, es war griechische Stimmung.

Nun sollen Sie sich aber nicht länger anstrengen. Leben Sie wohl, Sie wissen, daß ich auch ohne sichtbares Zeichen Sie oft besuche und bis an's Ende bin und bleibe

Ihre treue Freundin

M. Meysenbug.

Der arme Brenner![1]

Nach Ostern 1878 kehrte mein Bruder sehr frisch und gestärkt von Baden-Baden zurück, um seine Vorlesungen an der Universität Basel wieder aufzunehmen. Wir faßten nun den Entschluß, den eigenen Haushalt in Basel aufzugeben, da wir deutlich sahen, daß ein beständiger Wechsel des Aufenthaltsortes meinem Bruder am allerbesten bekam. Eigentlich hatte er die Absicht, seinen Abschied von seinem Amte zu nehmen: aber nun glaubten wir doch, daß es richtiger wäre, noch einen letzten Versuch zu machen und ein neues Régime einzurichten, nur mit einem kleinen Absteigequartier in Basel. Mein Bruder wollte soviel wie möglich in den Bergen leben, die ja von Basel aus so schnell zu erreichen sind, und nur zu seinen Vorlesungen nach Basel kommen. Der sechs Stunden Griechisch am Pädagogium hatte

---

[1] Er starb nach einer langen Agonie Anfang Mai 1878.

Erläuterungen.

ihn die Erziehungsbehörde Basel's auf Grund seines Gesundheitszustandes enthoben.

Trotzdem der Winter 1877/78 im Allgemeinen so ungünstig für seine Gesundheit war, hatte mein Bruder doch mit der freundlichen Hülfe von Herrn Peter Gast, dem mein Bruder diktirte, den ersten Aphorismenband „Menschliches, Allzumenschliches" druckfertig gemacht. Da am 30. Mai 1878 der 100jährige Todestag Voltaire's gefeiert wurde und sein Buch kurz vorher erschien, so widmete es mein Bruder diesem freien Geist zum ehrenden Gedächtniß. Der Inhalt aber, die Gedankengänge des Buches haben nichts mit Voltaire zu thun.

Merkwürdigerweise kam am 30. Mai eine Büste Voltaire's bei meinem Bruder an, mit einigen anonymen Zeilen: „L'âme de Voltaire fait ses compliments à Frédéric Nietzsche". Es blieb damals ein ungelöstes Rätsel, wer diese Büste geschickt hatte, doch ist es mir späterhin so erschienen, als ob es der gute Gersdorff gewesen wäre. Da er meinem Bruder nicht mehr schreiben konnte, aus Rücksicht für seine damalige Braut, so wollte er ihm vielleicht sonst etwas Liebes erweisen. Wir sind aber damals gar nicht auf diesen Gedanken gekommen; mein Bruder glaubte, daß der Absender entweder Malwida selbst oder Jemand aus deren Bekanntenkreis gewesen sein müßte.

Nr. 61.

Nietzsche an Malwida von Meysenbug.
(Postkarte.)

[Basel, 11. Juni 1878.]

Wer hat denn am 30. Mai an mich gedacht? Es kamen zwei sehr schöne Briefe (von Gast und Rée) — und dann noch etwas Schöneres: ich war ganz ergriffen — — das Schicksal des Mannes, über den es auch nach 100 Jahren nur Partei=Urtheile giebt, stand mir als furchtbares Symbol vor Augen: gegen die Befreier des Geistes sind die Menschen am unversöhnlichsten im Haß, am ungerechtesten in Liebe. Trotzdem: ich will stille meinen Weg gehen und auf Alles verzichten, was mich daran hindern könnte. Die Krisis des Lebens ist da: hätte ich nicht das Gefühl der übergroßen Fruchtbarkeit meiner neuen Philosophie, so könnte mir wohl schauerlich einsam zu Muthe werden. Aber ich bin mit mir einig.

— Mit Sorrent ist nun bei uns das Bild des guten Albert Brenner für immer verknüpft; rührend und melancholisch — das Grab des Jungen=Alten in dieser ewig jugendlichen heiteren Welt. — Von ganzem Herzen Ihnen gut und zugethan

F. N.

Da ich Anfang des Sommers 1878 von Basel fortging, so giebt es aus dieser Zeit zwischen Mal=

wiba und uns keine weitere Correspondenz von Belang; mein Bruder enthielt sich des Briefschreibens fast vollständig. Obgleich er nun das obenerwähnte Régime durchführte, so wenig wie möglich in Basel zu sein, dessen Klima sich ihm in der That als nachtheilig erwies, so ging es ihm doch allmählich (besonders um Weihnachten 1878) immer schlechter. Seine einzige Freude in jenem trüben Winter war, mit Hülfe von Frau Marie Baumgartner den zweiten Band von „Menschliches, Allzumenschliches" (damals „Vermischte Meinungen und Sprüche" genannt) zusammenzustellen und den Druck zu besorgen. Bei dieser Arbeit fühlte er immer deutlicher, daß er auf seiner eignen Bahn zu seinen eignen Zielen schreite. Als das Buch fertig war, sandte er ein Exemplar an Malwida, dem ein Blatt mit folgender Widmung beilag:

Nr. 62.
Nietzsche an Malwida von Meysenbug.
[Basel, 14. März 1879.]

Dem lieben, allerverehrtesten
Fräulein Malwida von Meysenbug

Friedrich der Schweigsame
(der viel zu leiden hat, aber auch viel mehr von Ruhe und Glück zu genießen bekommt, als Sterblichen gewöhnlich eingeschenkt wird. — Ich gehe vorwärts, aufwärts, vertrauen Sie mir immer weiter!)

Nr. 63.

Malwida von Meysenbug an Nietzsche.

Rom, 28. März 1879.

Lieber Schweigsamer!

Ich bin auch schweigsam gewesen, weil mir verkündet war, daß Sie durchaus keine Correspondenzen mehr wünschten. Aber gedacht habe ich Ihrer sehr viel und Ihnen manchen Gedankenbesuch in Ihrer Einsamkeit gemacht. Sie gehen auf ein erhabenes Ziel zu, ich verstehe es wohl: die Freiheit, und die Ruhe in derselben, des Weisen, welchem selbst das Leiden zum Gewinn wird. Es ist rührend und schön, an den einsamen Wanderer zu denken, welcher unverdrossen, auf rauhem Pfade, der Höhe zustrebt, auf der man im reinen Geistesäther athmet. Da, mein Freund, wird Ihnen dann auch Manches wieder klar und werth werden, was Ihnen einst theuer war und was Sie jetzt, bei der nothwendigen Einseitigkeit des Weges, gar nicht mehr, oder nicht im rechten Lichte erblicken.

Dank für Ihr Buch.[1] Ich habe ihm leider noch nicht viel Zeit widmen können, da mein leibliches Auge mir gar oft den Dienst versagt und ich augenblicklich mit dringender Arbeit beschäftigt bin. In Kurzem hoffe ich Ihnen einen gedruckten Gegengruß zu schicken.

---

[1] „Vermischte Meinungen und Sprüche."

Erläuterungen.

Vielleicht führt mich das jährliche Rendezvous doch diesen Sommer wieder nach der Schweiz. Dann hoffe ich Sie zu sehen.

Ich will Ihre Augen nicht länger ermüden. Aber wir sehen uns mit anderen Augen, als unsere armen Blöden, und bleiben uns nah.

M. M.

Ostern 1879 nahm mein Bruder seinen Abschied von der Universität Basel, der ihm von der Erziehungsbehörde mit dem größten Bedauern und der ehrenvollsten Anerkennung seiner Verdienste gegeben wurde. War doch mein Bruder, trotz der schwankenden Gesundheit, zehn Jahre lang bemüht gewesen, seine Amtspflichten so gewissenhaft wie möglich zu erfüllen: — in den fünf ersten Jahren seines Lehramtes that er sogar mehr, als man irgendwie von ihm fordern konnte, indem er Collegen am Pädagogium vertrat und älteren Studenten der inneren Schweiz (die oft älter waren, als er selbst) ohne jedes Entgelt griechische Privatstunden gab, damit sie ihr Lehrer-Examen bestehen konnten. Deshalb schrieb er an Malwida (S. 475 f.) „ich gebe Stunden über Stunden", später aber auch, daß es ein vollkommen sinnloser Mißbrauch seiner Kräfte gewesen sei. Schon im Herbst 1878 hatte der berühmte Augenarzt Prof. Alfred Gräfe erklärt, daß, wenn er noch länger in seinem Amte bliebe, die Abnahme der Sehkraft zur völligen Erblindung führen würde. Der letzte Winter 1878/79 hatte dieses Urtheil bestätigt, da er eine solche Verschlimmerung der Augenschwäche gebracht hatte, daß es thatsächlich als die höchste Zeit erschien, den Abschied zu nehmen.

Der erste Sommer in der Freiheit und im Engadin brachte ihm eine ganz wesentliche Besserung, und als geistigen Ertrag das herrliche Büchlein: „Der Wanderer und sein Schatten". Alle Freunde waren beglückt, als es ihnen im Dezember 1879 zugeschickt wurde, auch Malwida.

Nr. 64.

Malwida von Meysenbug an Nietzsche.

3 via della Polveriera
Rom, 27. Dez. 1879.

Wie ein Bote des Heils kam mir vor einigen Tagen der „Wanderer mit seinem Schatten" entgegen, denn er gab mir endlich Kunde, daß der Freund nicht nur noch wandert, sondern im regen Austausch mit den eignen Gedanken das einzige Glück genießt, welches keinem Wechsel unterliegt und uns selbst über das Leiden, so lange es uns dieses nicht nimmt, erhebt.

Dank, bester Wanderer, für die schöne Gabe, deren Genuß mir nur langsam zu Theil wird, da die wohlbekannten Feinde auch mir Mäßigkeit in dem Besten, was der Mensch hat, leider zur Pflicht machen.

Seit den letzten Zeilen der guten Elisabeth, welche

Malwida von Meysenbug an Nietzsche, 1879.

ich noch in der Schweiz erhielt, weiß ich nichts von Ihnen. Sie hatte mir einen längeren Bericht versprochen, den ich aber nie erhalten: ebenso wie sie wohl meine Zeilen, von Paris aus an sie gerichtet, nicht erhalten hat. Denn ich war schließlich noch mehrere Wochen bei Olga in Paris, von wo mir das Scheiden schwer wurde, da ich fühle, wie viel ich noch in Olga's Leben bin, und da die Gegenwart, in der Liebe mit ihr und den holdseligen Kindern, mein Herz wieder so ausfüllte, daß ich mich fragte, ob denn dies nicht doch besser sei, als das einsame Gedankenleben, wenn das auch auf die Höhen führt, wo die Sonne nie untergeht. — Doch die Novemberkälte führte mich zurück und zerhieb den gordischen Knoten.

Nun bin ich einsam, doch ernst-heiter, und die Sonne strahlt mir.

Geben Sie mir durch Elisabeth bald Nachricht.
M. Meysenbug.

Leider war mein Bruder im Herbst 1879 nach Naumburg gegangen, gegen welches er sonst immer des Klima's wegen eine starke Abneigung gehabt hatte. Auch in jenem Winter 1879/80 bekam es ihm wieder so schlecht, daß er die Monate November, Dezember, Januar immer als den Höhepunkt seiner Krankheit und als die schlimmste Zeit seines Lebens bezeichnete. Er glaubte, daß sein Tod nahe sein müsse, und schreibt in dieser Stimmung an Malwida:

Nr. 65.

Nietzsche an Malwida von Meysenbug.

Naumburg, 14. Januar 1880.

Obwohl Schreiben für mich zu den verbotensten Früchten gehört, so müssen Sie, die ich wie eine ältere Schwester liebe und verehre, doch noch einen Brief von mir haben — es wird doch wohl der letzte sein! Denn die furchtbare und fast unablässige Marter meines Lebens läßt mich nach dem Ende dürsten, und nach einigen Anzeichen ist mir der erlösende Hirnschlag nahe genug, um hoffen zu dürfen. Was Qual und Entsagung betrifft, so darf sich das Leben meiner letzten Jahre mit dem jedes Asketen irgend einer Zeit messen; trotzdem habe ich diesen Jahren viel zur Läuterung und Glättung der Seele abgewonnen — und brauche weder Religion noch Kunst mehr dazu. (Sie merken, daß ich darauf stolz bin; in der That, die völlige Verlassenheit hat mich erst meine eignen Hülfsquellen entdecken lassen.) Ich glaube mein Lebenswerk gethan zu haben, freilich wie Einer, dem keine Zeit gelassen war. Aber ich weiß, daß ich einen Tropfen guten Oeles für Viele ausgegossen habe und daß ich Vielen zur Selbst-Erhebung, Friedfertigkeit und gerechtem Sinne einen Wink gegeben habe. Dies schreibe ich Ihnen nachträglich, es sollte eigentlich bei der Vollendung meiner

„Menschlichkeit" ausgesprochen werden. Kein Schmerz hat vermocht und soll vermögen, mich zu einem falschen Zeugniß über das Leben, wie ich es erkenne, zu verführen.

Zu wem dürfte ich dies Alles sagen, wenn nicht zu Ihnen? Ich glaube — aber es ist unbescheiden es zu sagen? — daß unser Charakter viele Aehnlichkeiten hat. Z. B.: wir sind Beide muthig, und weder Noth noch Geringschätzung kann uns von der Bahn, die wir als die rechte erkennen, abbrängen. Auch haben wir Beide in uns und vor uns Manches erlebt, dessen Leuchten Wenige der Gegenwärtigen gesehen haben — wir hoffen für die Menschheit und bringen uns selber als bescheidenes Opfer, nicht wahr? — —

Hören Sie Gutes von Wagners? Es sind drei Jahre, daß ich nichts von ihnen erfahre: die haben mich auch verlassen, und ich wußte es längst, daß Wagner von dem Augenblicke an, wo er die Kluft unsrer Bestrebungen merken würde, auch nicht mehr zu mir halten werde. Man hat mir erzählt, daß er gegen mich schriebe. Möge er damit fortfahren: es muß die Wahrheit auf jede Art an's Licht kommen! Ich denke in einer dauernden Dankbarkeit an ihn, denn ihm verdanke ich einige der kräftigsten Anregungen zur geistigen Selbständigkeit. Frau Wagner, Sie wissen es, ist die sympathischste Frau, der ich im Leben begegnet bin. — Aber zu allem Verkehren und gar zu einem Wiederanknüpfen bin ich ganz untauglich. Es ist zu spät.

Ihnen, meine liebe, schwesterlich verehrte Freundin,

Erläuterungen.

der Gruß eines jungen Alten, der dem Leben nicht gram ist, ob er gleich nach dem Ende verlangen muß.

Friedrich Nietzsche.

Aber es ging damals nicht mit seinem Leben zu Ende, sondern im Gegentheil! Diese schlimme Zeit November bis Januar in Naumburg im Winter 1879/80 war der Höhepunkt seines Leidens gewesen, von da an ging es ihm von Monat zu Monat immer besser. Anfang Februar 1880 wandte er sich dauernd dem Süden zu; alle jene Orte, in welchen er die nächsten zwei Jahre verlebte, Riva, Venedig, (dazwischen Marienbad), Genua, Sils-Maria und wieder Genua sind ihm zu Sprossen auf der Stufenleiter zur Gesundheit geworden. Schon die Zeit der Entstehung der „Morgenröthe", Winter 1880/81, bringt die hymnischen Klänge der sich bessernden Gesundheit. Indessen erst in seinem zweiten Genueser Winter, 1881/82, fühlte er sich vollkommen wiederhergestellt. Er ward von der leidenschaftlichsten Glücksempfindung erfüllt, vorzüglich im Monat Januar 1882, denn die fünf Jahre zuvor war immer zur Zeit der Winter-Sonnenwende, wenn er sich auch das ganze Jahr über viel besser gefühlt hatte, ein Rückschritt seines Befindens gekommen. Aber diesen ganzen Winter 1881/82 verlebte er in der strahlendsten Gesundheit und der glücklichsten Schaffenskraft, sodaß die gesammte „Fröhliche Wissenschaft" wie ein Glückshymnus auf seine Genesung klingt. Man höre nur wie er den Wintermonat Januar 1882 preist:

Erläuterungen.

Der du mit dem Flammenspeere
Meiner Seele Eis zertheilt,
Daß sie brausend nun zum Meere
Ihrer höchsten Hoffnung eilt:
Heller stets und stets gesunder,
Frei im liebevollsten Muß: —
Also preist sie deine Wunder,
Schönster Januarius!

Man muß wissen und sich immer vor Augen halten, was die Gesundheit meinem Bruder bedeutete: nicht etwa nur Schmerzlosigkeit, sondern vor allem die Möglichkeit, die ungeheuren Pläne, die seinem Geiste vorschwebten, ausführen zu können. Was er in den sieben Jahren, von 1881—88, geleistet hat, ist einfach phänomenal! Man sehe nur die veröffentlichten Werke und Nachlaßschriften dieser Zeit, die zusammen zehn Bände einnehmen. Dabei darf man nicht vergessen, auf welchen umfangreichen Studien und Vorarbeiten sie beruhen. Wäre ihm die Hauptarbeit, das Schaffen selbst, nicht ein köstliches Spiel gewesen, so hätte er viel eher unter der Last übermäßiger geistiger Arbeit zusammenbrechen müssen.

Während der Zeit 1880/82 hat die geistige Entwicklung meines Bruders vielleicht ihren größten Schritt vorwärts gethan, alle neuen Probleme zeigten sich in voller Deutlichkeit, zudem kam er allen früheren Idealen gegenüber zur vollen Klarheit. Er wußte nun ganz gut, daß Niemand von seinen Freunden verstand, welchen Weg er inzwischen gewandelt war und welche Ziele ihm vor Augen schwebten. Aber in dem Glück, seinen eigenen Weg gefunden zu haben,

Erläuterungen.

nahm er damals diese Entfremdung der Ansichten ohne Schmerz, als etwas Natürliches hin. Die frühere Zeit des innerlichen Schwankens zwischen seinen persönlichen Zuneigungen und den allmählich sich entwickelnden Grundwahrheiten war ihm viel schmerzlicher gewesen. Er pflegte deshalb damals scherzhaft zu sagen: „Sechs Jahre (1869—75) habe ich gebraucht, um meine Gesundheit durch meine leidenschaftliche Wagnerei gründlich zu ruiniren; sechs Jahre (1875—81) habe ich wiederum nöthig gehabt, um mich davon zu befreien und wieder gesund zu werden." Er war sich auch ganz bewußt, daß in den Urtheilen seiner Freunde viel Irrthümliches und Mißverständliches existirte, besonders auch in denen der lieben Freundin Malwida. Das hinderte ihn aber durchaus nicht, aufrichtig mit ihr befreundet zu bleiben. Was ihn immer wieder in herzlicher Freundschaft zu Malwida führte, war ihre feinfühlige, liebenswürdige Natur, die sich gerade auch in dem vorliegenden Briefwechsel so ungemein sympathisch zeigt. Man kann überhaupt sagen, daß nur in der ersten Zeit ihrer Bekanntschaft, als sie sich auf dem gemeinschaftlichen Boden ihrer Liebe und Verehrung für Richard Wagner begegneten, ihre künstlerischen und philosophischen Überzeugungen wenigstens äußerlich übereinstimmten. Es war also nicht die Gleichartigkeit ihrer Ansichten der Untergrund ihrer Freundschaft, sondern, daß sich zwei tapfere und edle Naturen, die sich innerlich verwandt fühlten, gefunden hatten.

So blieb denn auch in der späteren Zeit, als die wissenschaftlichen und künstlerischen Ansichten der

Erläuterungen.

Beiden ziemlich entgegengesetzt waren, ihre Freundschaft fast unverändert fortbestehen. Frl. von Meysenbug war im Leben mit viel zu viel verschiedenen und bedeutenden Menschen zusammengekommen und befreundet gewesen, um fanatisch überzeugt zu sein und zu fordern, daß es nur eine richtige Anschauung gebe. Mein Bruder nahm sogar an, daß sie den begeisterten Ueberzeugungen aller Heerführer des Geistes und der Politik gegenüber, im innersten Herzen nicht nur Toleranz, sondern beinahe eine gelinde Skepsis empfinden müsse, — worin er sich vielleicht irrte. Aber gerade dieser Gedanke hatte für ihn etwas ungemein Anziehendes. In ihren gemeinsamen Gesprächen, selbst bei seinen Briefen, fühlte ich immer deutlich, daß er diese Skepsis Malwida's herauslocken möchte. —

Als sich mein Bruder nun im Winter 1881/82 wieder so froh und gesund fühlte, empfand er auch das Bedürfniß, mit den Freunden, auf deren Sympathie er noch rechnen konnte, wieder anzuknüpfen und ihnen von seiner Wiederherstellung und überströmenden Glücksgefühlen Mittheilung zu machen. So schreibt er auch an Malwida:

Nr. 66.

Nietzsche an Malwida von Meysenbug.

[Genua, Februar 1882.]

Mein hochverehrtes Fräulein, eigentlich haben wir von einander schon einen letzten Abschied genommen — und es war meine Ehrfurcht vor solchen letzten Worten, welche mich für so lange Zeit vor Ihnen stumm gemacht hat. Inzwischen ist Lebenskraft und jede Art von Kraft in mir thätig gewesen: und so lebe ich denn ein zweites Dasein und höre mit Entzücken, daß Sie den Glauben an ein solches zweites Dasein bei mir niemals ganz verloren haben. Ich bitte Sie heute, recht lange, lange noch zu leben: so sollen Sie auch an mir noch Freude erleben. Aber ich darf nichts beschleunigen — der Bogen, in dem meine Bahn läuft, ist groß und ich muß an jeder Stelle desselben gleich gründlich und energisch gelebt und gedacht haben: ich muß noch lange, lange jung sein, ob ich mich gleich schon den Vierzigern nähere. — Daß jetzt alle Welt mich allein läßt, darüber beklage ich mich nicht, — ich finde es vielmehr erstens nützlich und zweitens natürlich. So ist es und war es immer die Regel. Auch Wagner's Verhalten zu mir gehört unter diese Trivialität der Regel. Ueberdies ist er der Mann seiner Partei; und der Zufall seines Lebens hat ihm eine so zufällige und unvollständige Bildung gegeben, daß er weder die

Erläuterungen.

Schwere noch die Nothwendigkeit meiner Art von Leidenschaft begreifen kann. Die Vorstellung, daß Wagner einmal geglaubt haben kann, ich theilte seine Meinungen, macht mich jetzt erröthen. Zuletzt, wenn ich mich über meine Zukunft nicht ganz täusche, wird in meiner Wirkung der beste Theil der Wagner'schen Wirkung fortleben — und das ist beinahe das Lustige an der Sache. — — —

Senden Sie mir, ich bitte Sie, Ihren Aufsatz über Pieve di Cadore: ich wandle gern Ihren Spuren nach. Vor zwei Jahren habe ich gerade diesen Ort sehnsüchtig in's Auge gefaßt. — Glauben Sie dem nicht, was Freund Rée von mir sagt — er hat eine zu gute Meinung von mir — oder vielmehr: ich bin das Opfer seines idealistischen Triebes. —

Von Herzen Ihnen ergeben und immer der Alte noch, wenn auch der Neue
Friedrich Nietzsche.

Zwischen diesem und dem nächsten Brief liegt ein schweres Jahr, das meinen Bruder zunächst von Genua nach Messina und von dort Anfang Mai auf die dringendste Einladung von Frl. von Meysenbug nach Rom und schließlich nach Deutschland führte. Dort begegnete er den bittersten Enttäuschungen.

Ein grausames Schicksal wollte, daß gerade zur Zeit der wiederhergestellten Gesundheit und in das erste Entstehen des Zarathustra hinein, ihm jene peinlichen persönlichen Erfahrungen zu Theil wurden,

Erläuterungen.

die ich in der Biographie genöthigt war (sehr wider meinen Willen!) so ausführlich zu erzählen. Man darf wohl sagen, daß jene Erfahrungen den Charakter meines Bruders etwas verändert haben. Es war sonst immer ein Kennzeichen seiner Natur gewesen, daß er den Menschen mit einem gewissen zutraulichen Wohlwollen entgegenkam und von ihnen immer das Beste und Höchste erwartete. Nun fühlte er zum ersten Mal, daß man sich mit diesem Wohlwollen bedeutend vergreifen kann. Das Schlimmste aber war, daß ihm bei diesen Erlebnissen zum Bewußtsein kam, wie einsam und unverstanden er war, und daß es in der That Niemanden gab, der eine Ahnung davon hatte, welch ungeheure, schwere Aufgabe auf ihm lag und welche Ziele er verfolgte. Bis dahin war seine Einsamkeit eine freiwillige, selbstgewählte; nun aber wurde sie zur tragischen, unabwendbaren Vereinsamung. Es ist das unbeschreiblich harte Schicksal aller Genies, einsam zu sein, sonst wären sie ja auch nicht allen Anderen so weit voraus. Man denke nur an die bitteren Klagen Goethe's, Schopenhauer's und Wagner's, selbst aus dessen letzter Lebenszeit, wo er doch in der ganzen Welt so gefeiert war. Als ich 1882 zum Parsifal in Bayreuth war, sagte mir Wagner: „Seit Ihr Bruder von mir fortgegangen ist, bin ich allein." Aber manches Genie ist aus härterem Stoff geformt und versteht es besser, ohne innige, mitverstehende Freundschaft zu leben. In dieser Beziehung war jedoch mein Bruder von frühester Jugend an verwöhnt; immer war er von Freunden umgeben gewesen, die ihn liebten und ihm Gefolgschaft leisteten:

Erläuterungen.

in welchem Umfange, kann man jetzt noch aus den wahrhaft rührenden Briefen seiner Freunde ersehen. Aber gerade in der späteren Zeit, wo meinem Bruder die treueste Hingabe mitverstehender Freunde am allernöthigsten gewesen wäre, fehlte ihm der von Jugend auf gewohnte Freundeskreis.

Ein einziger Jünger, Herr Peter Gast, versuchte in liebevollster Verehrung seinen neuen Lehren zu folgen; aber auch er erklärt, daß er von den menschheitverwandelnden Zielen der Philosophie meines Bruders erst durch das Erscheinen Zarathustra's ein deutliches Bild empfangen habe, und auch dieses ihm erst durch die letzten Schriften aus den Jahren 1886—88 in seiner vollen Tiefe aufgegangen sei.

Leider brachten jene oben erwähnten, in der Biographie ausführlich erzählten verworrenen Erlebnisse auch zum ersten Mal in unserem Leben die unerfreulichste Störung in unser treues geschwisterliches Verhältniß. Gewiß lag es hauptsächlich mit daran, daß, wie mein Bruder oft klagte, so viele Andere in diese Angelegenheit sich hineingemischt hatten; aber wer auch die Schuld trug, jedenfalls war der Erfolg sehr traurig. Dadurch nämlich, daß ihm sogar gegen mich Mißtrauen eingeflößt worden war, an deren treuer Anhänglichkeit er doch niemals gezweifelt hatte, begann er gegen die ganze Welt Mißtrauen zu empfinden, welches nun in allerhand Bitterkeiten, die ihm sonst vollständig fern gelegen hatten, immer wieder hervorbrach.

Die nachfolgenden Briefe an Malwida zeigen also meinen Bruder in der Zeit seiner schmerzlichsten

Erläuterungen.

Einsamkeit. Man verstehe deshalb seine Klagen über Leiden nicht falsch: sie beziehen sich nur selten auf das Körperliche, denn in den Jahren vom Winter 1881/82 bis zum Sommer 1888 war er durchaus als gesund zu bezeichnen, wenn sich auch hie und da in langen Zwischenräumen die Migräne-Anfälle einmal zeigten. Nein, seine Leiden waren anderer Art. Er sah vor sich ein ungeheures Bereich von neuen philosophischen, künstlerischen und wissenschaftlichen Problemen; um nur diese Probleme einigermaßen auszuarbeiten, hätte er eine Fülle tüchtiger Mitarbeiter haben müssen. In „Jenseits von Gut und Böse" giebt er dieser Sehnsucht nach solchen mitarbeitenden Freunden und der großen Enttäuschung, die er anstatt der erhofften Erfüllung seiner Wünsche gefunden hatte, in herzbewegenden Worten Ausdruck: „Die menschliche Seele und ihre Grenzen, der bisher überhaupt erreichte Umfang menschlicher innerer Erfahrungen, die Höhen, Tiefen und Fernen dieser Erfahrungen, die ganze bisherige Geschichte der Seele und ihre noch unausgetrunknen Möglichkeiten: das ist für einen gebornen Psychologen und Freund der „großen Jagd" das vorbestimmte Jagdbereich. Aber wie oft muß er sich verzweifelt sagen: ‚ein Einzelner! ach, nur ein Einzelner! und dieser große Wald und Urwald!' Und so wünscht er sich einige hundert Jagdgehülfen und feine gelehrte Spürhunde, welche er in die Geschichte der menschlichen Seele treiben könnte, um dort sein Wild zusammenzutreiben. Umsonst: er erprobt es immer wieder, gründlich und bitterlich, wie schlecht

Erläuterungen.

zu allen Dingen, die gerade seine Neugierde reizen, Gehülfen zu finden sind."

So mußte er alles, alles selbst thun; die ganze ungeheure Last der Arbeit und Verantwortung blieb allein auf seinen Schultern liegen. Welche schwere Sorge mag ihm dieses Alleinstehen verursacht haben — Sorge, daß er seine Lebensaufgabe nicht ausführen und zu Ende führen könnte, aus Mangel an verstehenden, mitarbeitenden und mittragenden Freunden! Er war gerecht genug, einzusehen, daß das Lebensalter zwischen dreißig und fünfzig, in welchem sich alle seine Freunde befanden, an die Arbeitskraft aller Gelehrten in Amt und Würden bereits große Anforderungen stellt; auch hätte er zu seinen Freunden und Verehrern gar nicht Leute haben mögen, die sich keine bestimmte Aufgabe gestellt hätten und ohne das Rückgrat eines Amtes, rein als Genießende, in der Welt ihr Dasein verbrachten. Aber in seinem innersten Herzen hat er sich gewiß oft gesagt: „Warum nimmt nicht einer meiner gelehrten Freunde mich, den Philosophen Nietzsche, d. h. meine Philosophie, als Spezialität?" — wie das jetzt schon so Mancher thut, jetzt wo er eine Autorität geworden ist. Daß auch ich mit bitteren Empfindungen mir zuweilen sage: „Warum jetzt und nicht damals?" wird Jeder verstehen, wenn er sich daran erinnert, daß mein Bruder nur deshalb so früh unter der Last seiner Arbeit zusammengebrochen ist, weil er so allein stand.

Man hat mich öfter gefragt, was die nachfolgende Stelle in dem letzten Brief, den er an Erwin Rohde

Erläuterungen.

geschrieben hat, bedeutet: „Hat irgend wer auch nur einen Schimmer von dem eigentlichen Grunde meines langen Siechthums errathen, über das ich vielleicht doch noch Herr geworden bin? Ich habe jetzt 43 Jahre hinter mir und bin genau noch so allein, wie ich es als Kind gewesen bin." — Auf die Frage nach der Erklärung dieser Briefstelle giebt wohl die vorliegende Darstellung die beste Antwort.

Wir dürfen nun freilich nicht vergessen, daß er während der Zeiten der höchsten geistigen Produktion Niemand entbehrte, sondern ein höheres Glück genossen hat, als ihm irgend welche Freundschaft geben konnte. Sobald er sich „ein Buch nach seinem Herzen" schrieb, war alles Andere vergessen, ja alles Schmerzliche, was er erfahren hatte, ward nun zum Erlebniß, aus welchem der Künstler sich Kraft zu höherem Flug gewann. Das zeigt uns gerade „Also sprach Zarathustra", dieses Hohelied einer religiösen Bejahung des Lebens, mit allen seinen Leiden, seinem Schweren und seinen Entzückungen. Der Schöpfer des Zarathustra hat die große Lebensprobe bestanden, er hat körperliche Leiden erduldet, er ist an den seelischen Leiden seines fein empfindenden Herzens nicht zu Grunde gegangen, sondern er hat sich neue Kräfte aus Allem, was er ertragen hat, gewonnen und sagt deshalb zum Leben sein kraftvolles Ja. „Meine Formel für die Größe am Menschen ist amor fati; daß man nichts Andres haben will, vorwärts nicht, rückwärts nicht, in alle Ewigkeit nicht. Das Notwendige nicht blos ertragen, noch weniger verhehlen, — sondern es lieben." —

Nietzsche an Malwida von Meysenbug, 1883.

Die neue Brieffolge beginnt mit der Zeit der Niederschrift des ersten Theiles des Zarathustra, aber es klingt daraus ein ganz andrer Ton, als aus den früheren Briefen, zum Zeichen, wie sehr ihn das inzwischen Erlebte verändert hat. (Aus dem Jahr 1882 sind die Briefe zum Theil vernichtet oder eignen sich nicht zum Abdruck. Von Malwida's Briefen ist vom Jahr 1881—88 nur wenig vorhanden, fast nur kleine Bruchstücke, die zufällig der Vernichtung entgangen sind.) Im Januar 1883 bat Malwida meinen Bruder in ihrer liebenswürdigen Weise, zu ihr nach Rom zu kommen, wo eine ihr bekannte Dame gern nach seinem Diktat schreiben und ihm helfen wolle.

Nr. 67.

Nietzsche an Malwida von Meysenbug.

[Santa Margherita, 1. Febr. 1883.]

Verehrtestes Fräulein,

die Güte Ihres Vorschlags hat mich bewegt: es war soviel Nachdenken darin — über Das, was gerade mir noth thut. Wie selten wird einem das Geschenk einer solchen nachdenklichen Güte!

Der Zufall wollte, daß ich gerade meiner Genueser Wirthin versprochen hatte, den Februar in meinem alten Kämmerchen bei ihr zuzubringen. Aber „der Zufall" will wiederum, daß sie mir vorgestern meldet, besagtes Kämmerchen werde doch nicht frei: der Herr, der bisher darin wohne, habe sich entschlossen, zu bleiben. Also bin ich frei, auch für Rom.

Nehmen wir also an, daß ich Mitte des Monats Februar nach Rom komme. —

Was das Klima Rom's betrifft, so bin ich freilich besorgt: die intrikate Maschinerie meines Kopfes hält es wirklich nur an wenig Orten aus. Das letzte Mal hatte ich denselben Scirocco dort, der mich aus Messina trieb: ich fand ihn in Orta wieder, dann in Luzern — und endlich hat er mich (in Gestalt von Frl. Salomé) auch in Deutschland weidlich gequält — —

Aber einen Monat versuche ich's jedenfalls. Meine „Einsiedlerei" wird ja auch in Rom möglich sein: sie ist bei mir leider ganz einfach eine Sache der Noth, obschon ich reichlich viel guten Willen in diese „Noth" hineingelegt habe. — Dergestalt suche ich mir alle meine Nothwendigkeiten zu „wenden".

Unschätzbar ist mir gerade in diesem Augenblick die Möglichkeit, welche Sie mir eröffnen, daß Fräulein Horner bereit sei, nach meinem Diktate zu schreiben. Ich habe gerade etwas zu diktiren und druckfertig zu machen: wenn Fräulein H. mir dabei helfen will, so ist es wirklich eine „Hülfe in der Noth". Ich wußte gar nicht, wohin mich wenden: da kam Ihr Brief.

Geben Sie mir, meine hochverehrte Freundin, mit Einem Worte noch den Wink, wo die Wohnung ist, welche Sie erwähnten — und verzeihen Sie, was ich

Erläuterungen.

Ihren Augen und **nicht nur** Ihren Augen wieder
für Noth gemacht habe!

Von ganzem Herzen der Ihrige

Friedrich Nietzsche.

Santa Margherita Ligure (poste restante).

Indessen, so sehr hier mein Bruder sich zur Rom=
reise und zum Diktiren geneigt zeigt, so ließ ihn
doch die Ungeduld bald nach der Absendung des
Briefes darauf verzichten. Denn sein Geist war in
mächtiger Spannung, bereit zu seinem höchsten
dichterischen Fluge. Kurz, er sah von Rom plötzlich
ab und schritt ohne Weiteres selbst zum Werke, schuf
aus Skizzen und Brouillons den I. Theil des Zara=
thustra in der Gestalt, in der er vorliegt, und konnte
sein eigenhändiges Manuskript schon am 14. Februar
an den Verleger senden. Der Druck begann erst im
letzten Drittel des März. Herr Peter Gast, der die
Korrekturen in Venedig las und dabei von Bogen
zu Bogen immer mehr von der höchsten Bewunderung
ergriffen wurde, hatte gleich zu Anfang meinem
Bruder einen freudig erregten Brief geschrieben, in
welchem es u. A. hieß: „Unter welche Rubrik Ihr
neues Buch gehört? — Ich glaube fast: unter die
‚heiligen Schriften'." Diesen Brief schloß mein Bruder
den folgenden Zeilen an Malwida bei.

Nr. 68.

Nietzsche an Malwida von Meysenbug.

[Genua, Ende März 1883.]

Verehrte Freundin,

inzwischen habe ich meinen entscheidenden Schritt gethan, Alles ist in Ordnung. Um einen Begriff davon zu geben, worum es sich handelt, lege ich den Brief meines ersten „Lesers" bei — meines ausgezeichneten Venediger Freundes, der auch diesmal wieder mein Gehülfe beim Druck ist. —

Ich verlasse Genua, sobald ich kann, und gehe in die Berge: dieses Jahr will ich Niemanden sprechen.

Wollen Sie einen neuen Namen für mich? Die Kirchensprache hat einen: ich bin — — — — — — — — — der Antichrist.

Verlernen wir doch ja das Lachen nicht!

Ganz ergeben der Ihre

F. Nietzsche.

Genova, Salita delle Battistine 8 (interno 4).

Beim Weitercorrigiren der Zarathustra-Druckbogen fuhr Gast in gleicher Weise fort, Zeugniß von seinen Eindrücken abzulegen. So lautet eine seiner Karten:

Nietzsche an Malwida von Meysenbug, 1883.

„Es ist wunderbar!" sagen oft die Jünger zu Buddha's Worten. „Es ist wunderbar!" muß ich oft und mit mehr Grund, als Jene ausrufen, da ich Sie als Zarathustra höre.

Ihr ganzes bisheriges Denken und Bilden bekommt jetzt ein Gehäuse. Manchen mochte der Anblick des bloßen Räderwerkes verwirren, das Sie zeigten. Nun erst wird es sichtbar, daß es Ein großer Organismus war.

„Preis sei ihm, welcher ist der Selige, der Heilige, der völlig Erleuchtete!" — so, buddhistisch apostrophirend, ohne daß er Buddhist wäre, grüßt Sie mit der Hingebung eines Schülers Ihr Peter Gast."

Diese Karte gab mein Bruder dem folgenden Brief zur Begleitung.

Nr. 69.

Nietzsche an Malwida von Meysenbug.

Genua, Anfang April 1883.

Wollen Sie nicht ein wenig mit lachen, hochverehrte Freundin? Ich lege eine Karte bei, vom Verfasser jenes Briefes. — Erwägen Sie doch, es ist gegen das Ende des neunzehnten Jahrhunderts! Und der Schreiber ist ein anscheinend vernünftiger Mensch, ein Skeptiker, — fragen Sie nur meine Schwester!

Es ist eine wunderschöne Geschichte: ich habe alle Religionen herausgefordert und ein neues „heiliges

Nietzsche an Malwida von Meysenbug, 1883.

Buch" gemacht! Und, in allem Ernste gesagt, es ist so ernst als irgend eines, ob es gleich das Lachen mit in die Religion aufnimmt. —

Wie geht es Ihrer Gesundheit? Ich war im Ausgange des Winters schlimm daran: ein heftiges Fieber hat mich fast fünf Wochen gequält und an's Bett gefesselt. Wie gut, daß ich allein lebe! —

Nicht wahr, Sie heben mir die beiden Curiosa auf oder senden Sie gelegentlich zurück? Bis zum 25. bin ich (was ich im Grunde sehr bin) noch Genuese.

Von Herzen Sie verehrend

Nietzsche.

Die Bemerkung auf der Mitte der Karte ist gut.

In der That habe ich das Kunststück (und die Thorheit) „begangen", die Commentare eher zu schreiben als den Text. — Aber wer hat sie denn gelesen? Ich meine: jahrelang studirt? Ein Einziger, so viel ich weiß: dafür hat er nun auch seine Freude am Texte.

In Deutschland fand ich voriges Jahr die Oberflächlichkeit des Urtheils bis zu dem Punkte des Blödsinns gereift, daß man mich mit Rée verwechselte. Mit Rée!!! Ich meine, Sie wissen, was das sagen will —!!

Obwohl mein Bruder die römische Reise aufgegeben hatte, fügte es sich, daß sie dennoch zu Stande kam. Und zwar war es mein Wunsch ihn wiederzusehn gewesen, der uns darauf führte, dies Wiedersehen Malwida's wegen nach Rom zu verlegen. Wir trafen uns dort Anfang Mai 1883 und verlebten einige Wochen im trauten Verkehr mit der verehrungs= würdigen Freundin. Es ist das letzte Mal gewesen, daß sich die Beiden gesehen haben. Von da an flog nur jedes Jahr ein Briefchen hin und her, bis zum Jahre 1888, wo der Briefwechsel sich etwas lebhafter, aber für beide Teile nicht erfreulich gestaltete.

Nr. 70.

Nietzsche an Malwida von Meysenbug.

Genua, Nov. 1883.

Meine hochverehrte Freundin,

es ist mir inzwischen schlecht, recht schlecht gegangen, und meine Reise nach Deutschland war schuld daran. Ich vertrage es nur noch, am Meere zu leben; alle binnenländische Luft depotenzirt bei mir Nerven und Augen auf die entschiedenste Weise und bringt in kurzer Zeit Schwermuth und Mißtrauen in mir zum Vorschein — häßliches Unkraut, mit dem ich schon mehr im Leben gekämpft habe als mit Schlangen und anderen berühmtern Unthieren. Im kleinen Elend steckt unser gefährlichster Feind; das große Leid vergrößert.

Aber nun bin ich wieder einsam — und die Wahrheit zu sagen, ich war noch nie so einsam. Alle Erlebnisse der letzten Jahre haben mich immer

Nietzsche an Malwida von Meysenbug, 1883.

dies Eine gelehrt: es giebt Niemanden, der Willens ist, mit mir meinen Weg zu gehn, — es sieht noch Niemand diesen Weg. — —

Dies ist ein großes Leid, und wahrhaftig, ich fühle es bereits: es hat die Kraft, zu vergrößern. —

Denken Sie, daß ich sofort nach Spezia gereist bin, als ich hörte, Sie seien dort. Aber es war zu spät.

Noch habe ich mich nicht für den vorzüglichen Aufsatz des Frl. Jacobson über Stecchetti bedankt: bin jetzt über diesen Dichter völlig aufgeklärt und will nichts mit ihm zu thun haben. Diese Italiener sind so abhängig und halten ihre Ohren so nach Frankreich und Deutschland hin! — wie in ihrer Politik. Nur in der bösartigen Satire sind sie original und wahrhaft zu bewundern: aber was ist mir sonst dieser „Mussetisme", wenn mir selbst Musset nicht gar zu viel bedeuten will? —

Nun habe ich noch eine Bitte auf dem Herzen. Es sind Briefe an mich nach Rom abgegangen, zum Beispiel von Jacob Burckhardt, Gottfried Keller und Anderen, — diese Briefe möchte ich nicht einbüßen. Durch ein Versehen tragen alle diese Briefe an mich folgende Adresse: via Polveriera 4, secondo piano. Wollen Sie gütigst einmal in dem angegebenen Hause darnach fragen lassen? Oder, eventuell, auf der Post? —

Ihre letzten Nachrichten klangen betrübend, und inzwischen erfuhr ich auch noch, was für Sorgen Sie in der nächsten Nähe gehabt haben. Meine herz=

Malwida von Meysenbug an Nietzsche, 1883.

lichsten Wünsche sind immer um Sie und nicht weniger meine allerergebenste Dankbarkeit: aber ich möchte viel lieber einmal etwas für Sie **thun**, und nicht bloß für Sie **fühlen**!

Ihr
Nietzsche.

Genova, Salita delle Battistine 8 (interno 4).

Nr. 71.

Malwida von Meysenbug an Nietzsche.

7 via San Basilio
Rom, 8. Nov. 1883.

Lieber Freund.

Es war mir unendlich lieb, wieder einmal von Ihnen zu hören, und wäre mein Leben nicht seit Monaten so in Anspruch genommen gewesen, ich hätte auch schon längst einmal ernstlich geforscht, wie von Ihnen zu hören sei. Wie betrübt, daß wir uns in Spezia verfehlten! Olga hätte auch so viel Freude gehabt, Sie wiederzusehen. Die Krankheit von Olga's kleinem Mädchen hielt uns dort fest; nachdem sie aber genesen, eilten wir nach Rom, dem Olga's Sehnsucht galt. [— —] Das theure Wesen bei mir zu haben und endlich einmal etwas Ernstliches für ihre Gesundheit thun zu können, ist mir, wie Sie denken können, eine reine Freude; dazu das aller=

Malwida von Meysenbug an Nietzsche, 1883.

holdeste Kindchen, das man sich denken kann. Aber die Einsamkeit wird doppelt bitter danach sein. Es müßte denn sein, daß die "goldne Phantasie" wieder zum Zeitvertreib mir ein luftiges Spiel ersönne. Obgleich ich fast lachen muß, wenn ich sehe, welches Schicksal meine Spiele der Phantasie haben. Sie sind den Menschen v i e l zu tugendhaft, daher langweilig.

Daß Sie Niemand finden, der Ihren Weg mitgehen will, muß Sie nicht wundern: denn die Wege der seltenen Menschen sind immer einsam und die Blödsichtigen s e h e n diese Wege n i e. Erst wenn die neue Erde entdeckt ist und der einsame Segler rufen kann „Land!", dann möchte ein Jeder es von vornherein gewußt haben und mit bei der Fahrt gewesen sein. Das ist die alte Geschichte. — Für den Norden sind Sie nun doch ein für allemal unbrauchbar geworden: warum es immer noch versuchen? Bleiben Sie im Süden und, wenn es geht, kommen Sie im Winter etwas hierher und probiren Sie es mit den Vorlesungen im kleinen Kreis.

Wegen Ihrer Briefe habe ich bis jetzt nichts ermitteln können. Könnten Sie mir sagen, in welchem Monat sie hierher geschickt sind? —

Für heute leben Sie wohl, Olga und ich grüßen Sie herzlich.

M. M.

Nr. 72.

Nietzsche an Malwida von Meysenbug.

Nizza, Februar 1884.

Meine verehrte Freundin,

aus tiefer Arbeit heraus ein Wort! Und damit ist im Grunde auch Alles schon gesagt: meine Entschuldigung für Nicht-Schreiben, Nicht-Kommen und was ich sonst noch für „Schuld" gegen Sie auf dem Herzen haben mag. —

Nizza ist, in der auffälligsten Weise, der erste Ort, der meinem Kopf (und sogar meinen Augen!) wohlthut; und ich ärgere mich, so spät zu dieser Einsicht gekommen zu sein. Was ich brauche, erstens, zweitens und drittens: das ist Heiterkeit des Himmels und Sonnenschein ohne jegliches Wölkchen, gar nicht zu reden vom Scirocco, meinem Todfeinde. Nizza hat im Jahre durchschnittlich 220 solcher Tage wie ich sie brauche: unter diesem Himmel will ich schon das Werk meines Lebens vorwärts bringen, das härteste und entsagungsreichste Werk, das sich ein Sterblicher auflegen kann. — Ich habe Niemanden, der darum weiß: Niemanden, den ich stark genug wüßte, mir zu helfen. Es ist die Form meiner Menschlichkeit, über meine letzten Absichten hübsch schweigsam zu leben; und außerdem auch die Sache der Klugheit und Selbst-Erhaltung. Wer liefe nicht von mir davon! — wenn er dahinter

Nietzsche an Malwida von Meysenbug, 1884.

käme, was für Pflichten aus meiner Denkweise wachsen. Auch Sie! Auch Sie, meine hochverehrte Freundin! — Diesen würde ich zerbrechen und Jenen verderben: lassen Sie mich nur in meiner Einsamkeit!!!

[— —] Es war zuletzt eine Eselei von mir, mich „unter die Menschen" zu begeben: ich mußte es ja voraus wissen, was mir da begegnen werde.

Die Hauptsache aber ist die: ich habe Dinge auf meiner Seele, die hundertmal schwerer zu tragen sind, als la bêtise humaine. Es ist möglich, daß ich für alle kommenden Menschen ein Verhängniß, das Verhängniß bin, — und es ist folglich sehr möglich, daß ich eines Tages stumm werde, aus Menschen-Liebe!!!

Ich blätterte dieser Tage einmal in Schopenhauer — ah diese bêtise allemande — was ich das satt habe! Die verdirbt alle großen Dinge! Auch den „Pessimismus"! —

Haben Sie davon gehört, daß mein Zarathustra fertig ist? (in 3 Theilen — Sie kennen den ersten davon). Eine Vorhalle zu meiner Philosophie — für mich gebaut, mir Muth zu machen. Schweigen wir davon. —

Ah, was ich jetzt Musik nöthig hätte! Was ich es bedaure, daß die Gräfin Dönhoff nicht hier ist! Ob schon je ein Mensch solchen Durst nach Musik gehabt hat? —

Bleiben wir tapfer und guter Dinge, ein Jeder auf seinen zwei Beinen! —

Das Herzlichste und Beste für Sie und das geliebte edle Wesen, das zu meiner Freude jetzt bei Ihnen ist!

Ihr Freund
Nietzsche.

Nr. 73.

Nietzsche an Malwida von Meysenbug.

Venedig, Mai 1884.
San Canciano calle nuova 5256.

Meine hochverehrte Freundin,
Verzeihung, wenn ich in Bezug auf Herrn *** noch ziemlich viel Mißtrauen habe. Ohne Ihre Fürsprache, und rein nach dem mitgeschickten Briefe zu urtheilen, würde ich sogar geneigt sein, auf ein ungewöhnliches Maß von Unbescheidenheit und Grünschnäbelei zu rathen.

Ganz allgemein geredet — so ist es jetzt äußerst schwer geworden, mir zu helfen; ich halte es immer mehr für unwahrscheinlich, Menschen zu begegnen, die dies vermöchten. Fast in allen Fällen, wo ich mir bisher einmal dergleichen Hoffnungen machte, ergab es sich, daß ich es war, der helfen und zugreifen mußte —: dazu aber fehlt es mir nunmehr an Zeit. Meine Aufgabe ist ungeheuer; meine Entschlossenheit aber nicht geringer. Was ich will, das wird Ihnen mein Sohn Zarathustra zwar nicht sagen, aber zu rathen aufgeben; vielleicht ist es zu errathen. Und gewiß ist Dies: ich will die Menschheit zu Entschlüssen drängen, welche über die ganze menschliche Zukunft entscheiden, und es kann so kommen, daß einmal ganze Jahrtausende auf meinen Namen ihre höchsten Gelübde thun. — Unter einem „Jünger" würde ich einen Menschen verstehn, der mir ein unbedingtes Gelübde machte —, und dazu bedürfte es einer langen Probezeit und schwerer Proben. Im Uebrigen vertrage ich die Einsamkeit: während jeder Versuch der letzten Jahre, es wieder unter Menschen auszuhalten, mich krank gemacht hat.

Mit Zeitungen, selbst den wohlgemeintesten, kann und darf ich mich nicht einlassen: — ein Attentat auf das gesammte moderne Preßwesen liegt in dem Bereiche meiner zukünftigen Aufgaben. —

Es thut mir immer leid, Nein sagen zu müssen, und ganz besonders zu Ihnen, meine hochverehrte Freundin! Denn zuletzt sind wir Beide zum Ja=sagen geschaffen, nicht wahr? —

Mit den dankbarsten Gefühlen immer Ihr
Nietzsche.

Nr. 74.

Nietzsche an Malwida von Meysenbug.

Sils=Maria, 1. September 1884.

Liebe verehrte Freundin,

um gleich die Hauptsache zu sagen: es ist ein Jammer, wenn wir Beide, zwei Menschen, welche sich lieb

Nietzsche an Malwida von Meysenbug, 1884.

haben, nicht zusammenleben — und nun kommen die für mich ganz fatalistischen Gründe des Klima's und zwingen mich, meine Winter fürderhin in Nizza und nicht in Rom zuzubringen! Erwägen Sie doch einmal, ob die unglaublich belebende und stärkende Luft Nizza's, die stärkste Luft Europa's (nächst der vielleicht von Sils=Maria), Ihnen nicht auch gut thun müßte, wie sie mir gut thut: eingerechnet die Wirkung von 220 absolut hellen Sonnen=Tagen im Jahr, für mich etwas ganz Entscheidendes (Rom hat 100 Tage weniger). Ich für meinen Theil wünsche mir gerade Ihre Nähe, wie ich mir reinen Himmel wünsche: womit Ihnen Alles gesagt sein muß, vorausgesetzt, daß Sie auf meinen Sohn Zarathustra hingehört haben. Und wie werthvoll wäre uns ein Zusammensein namentlich an den Abenden, wo wir beide nicht lesen und schreiben dürfen, und wo wir uns so Viel zu erzählen hätten!

Ich bin einstweilen gesonnen, gegen Anfang Oktober nach Nizza zu gehen und wieder in meine gute schweizerische Pension „Hôtel de Genève" — und Seebäder zu gebrauchen, wie mir verordnet ist. Bis dahin Sils.

Stein war 3 Tage hier:[1] das ist ein Mann nach meinem Herzen! Er hat mir aus freien Stücken versprochen, so bald er frei wird, d. h. so bald sein Vater nicht mehr lebt, dem zu Liebe er es im Norden aushält, zu mir nach Nizza überzusiedeln.

---

[1] Vgl. S. 234 ff. und S. 241.

Nietzsche an Malwida von Meysenbug, 1884.

Auch die gute Resa Schirnhofer war da, mit einer ihrer Züricher Freundinnen.

Nun erwägen Sie, meine verehrteste Freundin, sich, mich, Ihre Gesundheit — man kann in Nizza mindestens so billig leben als in Rom, und, wie ich wenigstens urtheile, drei Mal so produktiv.

Von ganzem Herzen

Ihr

Nietzsche.

Fast vergaß ich's — ad vocem „Propaganda=machen" in Ihrem vorletzten Briefe, woraufhin ich mir heute eine kleine Rache erlaube — —

Miß Helen Zimmern (es ist dieselbe, welche den Engländern mit gutem Erfolge Schopenhauer vor=geführt hat) schreibt an mich „ich möchte Sie noch=mals daran erinnern, doch Ihre Freundin, die Ver=fasserin der „Memoiren einer Idealistin", zu bitten, mir ihre sämmtlichen Werke zukommen zu lassen. Es würde mir sicherlich Freude machen, wenn ich die=selben in England durch einen Aufsatz bekannt machen könnte, und ich glaube, daß ich diesen Winter Zeit finden könnte, mich mit denselben zu beschäftigen."

Ich hatte Miß Zimmern in Ihrer Hinsicht einen Wink gegeben, bei einer Unterredung hier in Sils: ihre Adresse ist LONDON, 7 Tyndale Terrace Canonbury Square.

Nr. 75.

Nietzsche an Malwida von Meysenbug.

Nizza, Donnerstag 13. März 1885.

Verehrte Freundin,

Sie wundern sich darüber, daß ich Ihnen gar nicht mehr schreibe? Ich wundre mich gleichfalls darüber; aber immer, wenn ich mich dazu anschickte, legte ich endlich die Feder wieder weg. Wüßte ich die Gründe dafür genau, so würde ich mich nicht mehr wundern, aber — vielleicht betrüben.

Es ging mir nicht gut, den ganzen Winter (die trockne Luft fehlte mir, dank den Abnormitäten dieses Jahres), und als Ihr gütiger Brief zu mir kam, lag ich zu Bett, sehr leidend. Aber das ist eine alte Geschichte, und im Grunde bin ich's satt, Briefe über mein Gesundheit zu schreiben. „Helfen" — wer könnte mir helfen! Ich selber bin bei weitem mein bester Arzt. Und das Positivum, daß ich's aushalte und meinen Willen durchsetze unter viel Widerständen, ist mein Beweis dafür.

Es war den Winter über ein Deutscher um mich, der mich „verehrt": ich danke dem Himmel, daß er fort ist! Er langweilte mich, und ich war genöthigt, so Vieles vor ihm zu verschweigen. Oh über die moralische Tartüfferie aller dieser lieben Deutschen! Wenn Sie mir einen Abbé Galiani in Rom versprechen könnten! Das ist ein Mensch nach meinem Geschmack. Ebenso Stendhal. — Was Musik angeht: so habe ich letzten

Nietzsche an Malwida von Meysenbug, 1885.

Herbst gewissenhaft und neugierig die Probe gemacht, wie ich **jetzt** zu R. Wagner's Musik stehe. Was mir diese wolkige, schwüle, vor allem schauspielerische und prätentiöse Musik zuwider ist! So sehr zuwider als — als — als — tausend Dinge, zum Beispiel Schopenhauer's Philosophie. Das ist Musik eines **mißrathenen** Musikers und Menschen, aber eines **großen Schauspielers** — darauf will ich schwören. Da lobe ich mir die tapfere und unschuldige Musik meines Schülers und Freundes Peter Gast, eines **echten** Musikers: der mag einmal für seinen Theil dafür sorgen, daß die Herrn Schauspieler und Schein-Genies nicht mehr zu lange den Geschmack verderben. — Der arme **Stein**! Er hält R. Wagner sogar für einen Philosophen!

Warum rede ich davon? Es ist nur, daß ich Ihnen irgend ein Beispiel gebe. Es ist der Humor meiner Lage, daß ich **verwechselt** werde — mit dem ehemaligen Basler Professor Herrn Dr. Friedrich Nietzsche. Zum Teufel auch! Was geht mich dieser Herr an! —

Sehen Sie, meine verehrte Freundin, das ist ein Brief „unter vier Augen".

Geben Sie mir doch die Adresse jenes Klosters! Es könnte sein, daß ich vielleicht im Herbst einmal den Versuch mit Rom mache, vorausgesetzt, daß ich incognito dort leben kann, und meiner Einsiedler-Natur nichts Widernatürliches zugemuthet wird.

Sie wissen doch, wie sehr ich Ihnen zugethan bin?
    Ihr
       N.

Nietzsche an Malwida von Meysenbug, 1886.

Ich liebe diese Küste nicht, ich verachte Nizza, aber im Winter hat es die trockenste Luft in Europa.

Nr. 76.

Nietzsche an Malwida von Meysenbug.

Sils=Maria, 24. September 1886.

Verehrte Freundin.

Letzter Tag in Sils=Maria; alle Vögel bereits fortgeflogen; der Himmel herbstlich=düster; die Kälte wachsend, — also muß der „Einsiedler von Sils=Maria" sich auf den Weg machen.

Nach allen Seiten habe ich noch Grüße ausgeschickt, wie Jemand, der auch mit seinen Freunden die Jahres=Abrechnung macht. Dabei ist mir eingefallen, daß Sie seit lange keinen Brief von mir haben. Eine Bitte um Ihre Adresse in Versailles, welche ich brief- lich an Fräulein B. Rohr in Basel ausgesprochen hatte, ist mir leider nicht erfüllt worden. So sende ich denn diese Zeilen nach Rom: wohin ich auch vor Kurzem ein Buch adressirt habe. Sein Titel ist „Jenseits von Gut und Böse, Vorspiel einer Philo- sophie der Zukunft". (Verzeihung! Sie sollen es nicht etwa lesen, noch weniger mir Ihre Empfindungen darüber ausdrücken. Nehmen wir an, daß es gegen das Jahr 2000 gelesen werden darf. . . .)

Für Ihre gütige Erkundigung bei meiner Mutter,

Nietzsche an Malwida von Meysenbug, 1886.

von der ich dieses Frühjahr hörte, danke ich Ihnen von Herzen. Ich war gerade in übler Verfassung: die Wärme, an die ich Gletscher-Nachbar nicht mehr gewöhnt bin, erdrückte mich beinahe. Dazu fühle ich mich in Deutschland wie von lauter feindlichen Winden angeblasen, ohne irgend welche Lust oder Verpflichtung zu spüren, meinerseits dagegen zu blasen. Es ist einfach ein falsches Milieu für mich. Was die Deutschen von heute angeht, geht mich nichts an, — was natürlich kein Grund ist, ihnen gram zu sein. —

So hat sich denn der alte Liszt, der sich auf's Leben und Sterben verstand, nun doch noch gleichsam in die Wagner'sche Sache und Welt hinein begraben lassen: wie als ob er ganz unvermeidlich und unabtrennlich hinzugehörte. Dies hat mir in die Seele Cosima's hinein weh gethan: es ist eine Falschheit mehr um Wagner herum, eins jener fast unüberwindlichen Mißverständnisse, unter denen heute der Ruhm Wagner's wächst und in's Kraut schießt. Nach Dem zu urtheilen, was ich bisher von Wagnerianern kennen gelernt habe, scheint mir die heutige Wagnerei eine unbewußte Annäherung an Rom, welche von Innen her dasselbe thut, was Bismarck von Außen thut.

Selbst meine alte Freundin Malwida — ah, Sie kennen sie nicht! — ist in allen ihren Instinkten grundkatholisch: wozu sogar noch die Gleichgültigkeit gegen Formeln und Dogmen gehört. Nur eine ecclesia militans hat die Intoleranz nöthig; jede tiefe Ruhe und Sicherheit des Glaubens er-

Nietzsche an Malwida von Meysenbug, 1886.

laubt die Skepsis, die Milde gegen Andere und Anderes ...

Zum Schluß schreibe ich Ihnen ein paar Worte über mich ab, die im „Bund" (16. und 17. Sept.) zu lesen sind. Ueberschrift: **Nietzsche's gefähr=liches Buch.**

„Jene Dynamitvorräthe, die beim Bau der Gott=hardbahn verwendet wurden, führten die schwarze, auf Todesgefahr deutende Warnungsflagge. — Ganz nur in diesem Sinne sprechen wir von dem neuen Buche des Philosophen Nietzsche als von einem ge=fährlichen Buche. Wir legen in diese Bezeichnung keine Spur von Tadel gegen den Autor und sein Werk, so wenig als jene schwarze Flagge jenen Sprengstoff tadeln sollte. Noch weniger könnte es uns einfallen, den einsamen Denker durch den Hin=weis auf die Gefährlichkeit seines Buchs den Kanzel=raben und den Altarkrähen auszuliefern. Der geistige Sprengstoff, wie der materielle, kann einem sehr nützlichen Werke dienen; es ist nicht nothwendig, daß er zu verbrecherischen Zwecken mißbraucht werde. Nur thut man gut, wo solcher Stoff lagert, es deut=lich zu sagen „**Hier liegt Dynamit!**"

Seien Sie mir also, verehrte Freundin, dafür hübsch dankbar, daß ich mich von Ihnen ein wenig ferne halte! ... Und daß ich mich nicht darum bemühe, Sie auf meine Wege und „Auswege" zu locken. Denn, um nochmals den „Bund" zu citiren:

„Nietzsche ist der Erste, der einen neuen Ausweg weiß, aber einen so furchtbaren, daß man ordentlich

erschrickt, wenn man ihn den einsamen, bisher un=
betretenen Pfad wandeln sieht!"...

Kurz und gut, es grüßt Sie von Herzen
   der Einsiedler von Sils=Maria.
Adresse zunächst: Genova: ferma in posta.

Nr. 77.

Nietzsche an Malwida von Meysenbug.

Nizza, 13. Dez. 1886.
Pension de Genève. Petite rue St.-Etienne.

Verehrteste Freundin,

Ihre liebenswürdige Absicht, mir schreiben zu
wollen, hat mich in Gestalt einer grünen Karte er=
reicht: sie hatte dazu den Sprung von Genua nach
Nizza zu machen. Es ist mein vierter Winter
an diesem Orte, mein siebenter an dieser Küste:
so will es meine ebenso dumme als anspruchsvolle
Gesundheit, auf die böse zu sein gerade jetzt wieder
die Anlässe zu häufig sind. Nizza und Engadin:
aus diesem Cirkeltanze darf ich altes Pferd immer
noch nicht heraus. —

Zum Mindesten darf ich nicht in jene wärmeren
Länder, wohin ich jetzt sehr gelockt werde: jeder Brief
aus Paraguay enthält Künste der Verführung. Aber
umsonst! — ich weiß zu gut, daß mich die Kälte
verwöhnt hat (denn mein Kunststück, um die letzten
10 Jahre durchzubringen, bestand in dem Sich-auf=

Nietzsche an Malwida von Meysenbug, 1886.

Eis=legen; ein kleiner milder Januar, ungefähr für das ganze Jahr durchgeführt, Nordzimmer, blaue Hände, nichts von Ofen, eiskalte Gedanken — ah, davon brauche ich Ihnen nicht zu schreiben?! —) — Meine Tischnachbarin sagte neulich, in diesem Betrachte, meine Nähe verursache ihr Schnupfen. —

Hoffentlich finden Sie in Rom genug von Liebe und Freundschaft vor, um die Abreise von Versailles einigermaßen zu verwinden. Von Minghetti's Tode habe sogar ich gehört. —

Hier ist die Saison sehr im Gange und Glanze, die letzte, wie man überall hört und fühlt, die letzte Saison vor „dem Kriege". Man ist früher hier eingetroffen als je; ich selbst war unter den Frühesten. Auch die Kälte hat sich beeilt: vielleicht wird der Winter sehr kurz, und schon der Februar bringt den Frühling! Sicherlich kann es keine schönere Jahres=zeit für Nizza geben, als die jetzige: der Himmel blendend weiß, das Meer tropisch blau, des Nachts ein Mondlicht, daß die Gaslaternen sich schämen und roth werden: und darin laufe ich nun wieder herum, wie schon so viele Male, und denke meine schwarze Art Gedanken aus . . .

Treulich Ihr alter sehr vereinsiedelter Freund
F. N.

Malwida von Meysenbug an Nietzsche, 1887.

Nr. 78.

Malwida von Meysenbug an Nietzsche.
(Bruchstück.)

Anfang des Jahres 1887.

Daß Sie so verführerische Aufforderungen aus Paraguay erhalten, läßt mich hoffen, daß es der guten Elisabeth gut geht. Ich hörte noch nichts von ihr, seit sie drüben ist. Ja wenn man noch jünger wäre, könnte es einen wohl locken. So muß man auf der alten Erde sich zur Ruhe legen.

Ich bin der Rohr böse, daß sie Ihnen meine Adresse nicht gegeben hat. In Versailles hätten sich Alle gefreut, von Ihnen zu hören. Dort war es lieblich, ein bescheidnes, redlich verdientes Glück.

Nun leben Sie wohl für heute, lieber Freund, und verstummen Sie nicht wieder so gänzlich: denn Sie mögen es nun wollen oder nicht — ich bleibe, trotz Ihrer Schwarzkünstlergedanken, Ihnen von Herzen zugethan und glaube mehr an den Künstler in Ihnen, als an den Schwarzen und den Eisberg.

Malwida M.

Nr. 79.

Nietzsche an Malwida von Meysenbug.
(Postkarte.)

[Nizza, 1. April 1887.]

Verehrte Freundin, ich habe mir ernstlich überlegt, ob ich nicht jetzt gleich zu Ihnen nach Rom eilen sollte — was der Wunsch und Ausdruck meines Herzens wäre —; aber die dumme Gesundheit sagt hartnäckig, wie so oft in meinem Leben, zu meinen Wünschen Nein! Ich bedarf kälterer und weniger südlicher Gegenden; Nizza ist mir diesmal nicht zum Besten bekommen, seine vehemente Lichtfülle zwingt mich jetzt, Schatten zu suchen. Meine Adresse ist für den nächsten Monat Canobbio (Lago Maggiore, Italia) Villa Badia. Geben Sie mir, bitte, Ihre Versailler Adresse, sei es auch nur, um Sie mit einem Briefe daselbst jederzeit erreichen zu können: Sie errathen gewiß, daß mir von Menschen fast Nichts übrig geblieben ist (obschon ich nicht alt bin — oder doch?). Die Jahre gehn dahin, und man hört kein Wort mehr, das einem noch an's Herz kommt. Folglich!! Oh wie gern möchte ich meine treue verehrte Freundin Malwida wieder hören! Dankbar

Ihr   F. N.

Nr. 80.

Nietzsche an Malwida von Meysenbug.

[12. Mai 1887.]
Adresse: **Chur** (Schweiz), Rosenhügel
— bis zum 10. Juni —
nachher: **Celerina**, Oberengadin.

Hochverehrte Freundin.

Seltsam! Was Sie zuletzt mir mit solcher Güte ausdrückten, ob es nicht für uns Beide jetzt fruchtbar und erquicklich sein müßte, unsre zwei Einsamkeiten wieder einmal in die allernächste herzlichste Nachbarschaft zu rücken, das habe ich selbst oft genug in der letzten Zeit gedacht und gefragt. Noch Einen Winter mit Ihnen zusammen, vielleicht gar von Trina gemeinsam gepflegt und gewartet — das ist in der That eine äußerst verlockende Aussicht und Perspektive, für die ich Ihnen nicht genug Dank sagen kann! Am liebsten schon noch einmal in Sorrent (δὶς καὶ τρὶς τὸ καλόν sagen die Griechen: „alles Gute zwei Mal, drei Mal!"). Oder in Capri — wo ich Ihnen wieder Musik machen will, und bessere als damals! Oder in Amalfi, oder Castellammare. Zuletzt selbst in Rom (obschon mein Mißtrauen gegen römisches Klima und gegen die großen Städte überhaupt auf guten Gründen steht und nicht leicht umzuwerfen ist). Die Einsamkeit mit der einsamsten Natur war bisher mein Labsal, mein Mittel der Genesung: solche

Nietzsche an Malwida von Meysenbug, 1887.

Städte des modernen Treibens wie Nizza, wie sogar schon Zürich (von wo ich eben komme) machen mich auf die Dauer reizbar, traurig, ungewiß, verzagt, unproduktiv, krank. Von jenem stillen Aufenthalte da unten habe ich eine Art Sehnsucht und Aberglauben zurückbehalten, wie als ob ich dort, wenn auch nur ein paar Augenblicke, tiefer aufgeathmet hätte, als irgendwo sonst im Leben. Zum Beispiel bei jener allerersten Fahrt in Neapel, die wir zusammen nach dem Posilipp zu machten. —

Am Ende, Alles erwogen, sind Sie allein mir zu einem solchen Wunsche übrig geblieben: im Uebrigen fühle ich mich zu meiner Einsamkeit und Burg verurtheilt. Da giebt es keine Wahl mehr. Das, was mich noch leben heißt, eine ungewöhnliche und schwere Aufgabe, heißt mich auch den Menschen aus dem Wege zu gehn und mich an Niemanden mehr anzubinden. Es mag die extreme Lauterkeit sein, in die mich eben jene Aufgabe gestellt hat, daß ich nachgerade „die Menschen" nicht mehr riechen kann, am wenigsten die „jungen Leute", von denen ich gar nicht selten heimgesucht werde (— oh, sie sind zudringlich-täppisch, ganz wie junge Hunde!). Damals, in der Sorrentiner Einsamkeit, waren mir B. und R. zu viel: ich bilde mir ein, daß ich damals gegen Sie sehr schweigsam gewesen bin, selbst über Dinge, über die ich zu Niemandem geredet hätte, als zu Ihnen.

Auf meinem Tische liegt die neue Auflage (die zweibändige) von Menschliches, Allzumenschliches, deren erster Theil damals ausgearbeitet wurde — seltsam!

Nietzsche an Malwida von Meysenbug, 1887.

seltsam! gerade in Ihrer verehrungswürdigen Nähe! In den langen „Vorreden", welche ich für die Neuherausgabe meiner sämmtlichen Schriften nöthig befunden habe, stehen kuriose Dinge von einer rücksichtslosen Aufrichtigkeit in Bezug auf mich selbst. Damit halte ich mir „die Vielen" ein für alle Mal vom Leibe: denn nichts agacirt die Menschen so sehr, als etwas von der Strenge und Härte merken zu lassen, mit der man sich selbst, unter der Zucht seines eigensten Ideals, behandelt und behandelt hat. Dafür habe ich meine Angel nach „den Wenigen" ausgeworfen, zuletzt auch dies ohne Ungeduld: denn es liegt in der unbeschreiblichen Fremdheit und Gefährlichkeit meiner Gedanken, daß erst sehr spät — und gewiß nicht vor 1901 — die Ohren sich für diese Gedanken aufschließen werden.

Nach Versailles zu kommen — ach wäre es nur irgendwie mir möglich! Denn ich verehre den Kreis Menschen, den Sie dort vorfinden (sonderbares Bekenntniß für einen Deutschen: aber ich fühle mich im heutigen Europa nur den geistigsten Franzosen und Russen verwandt, und ganz und gar nicht meinen gebildeten Landsleuten, die alle Dinge nach dem Prinzip „Deutschland, Deutschland über Alles" beurtheilen). Aber ich muß wieder in die kalte Luft des Engadins: der Frühling setzt mir unglaublich zu: ich mag gar nicht eingestehn, bis in welche Abgründe von Muthlosigkeit ich mich unter seinem Einflusse verirre. Mein Leib fühlt sich (wie übrigens auch meine Philosophie) auf die Kälte als sein conservirendes Element angewiesen — das

Nietzsche an Malwida von Meysenbug, 1887.

klingt paradox und ungemüthlich, ist aber die bewiesenste Thatsache meines Lebens.

— Damit verräth sich zuletzt keineswegs eine „kalte Natur": das verstehen Sie gewiß, meine hochverehrte und treue Freundin!...

In alter Liebe und Dankbarkeit Ihr
Nietzsche.

Frl. Salomé hat mir gleichfalls die Verlobung mitgetheilt; aber auch ich habe ihr nicht geantwortet, so aufrichtig ich ihr Glück und Gedeihen wünsche. Dieser Art Mensch, der die Ehrfurcht fehlt, muß man aus dem Wege gehn.

In Zürich habe ich das vortreffliche Fräulein von Schirnhofer aufgesucht, eben von Paris zurückkehrend, über ihre Zukunft, Absicht, Aussicht ungewiß, aber, gleich mir, für Dostoiewsky schwärmend.

Nr. 81.

Nietzsche an Malwida von Meysenbug.

Sils-Maria, den 30. Juli 1887.

Endlich, meine hochverehrte Freundin, ist mir Ihr gütiges Schreiben zugekommen, nachdem dasselbe eine wahre Odyssee durchgemacht hatte, hin und her durch Schweiz und Deutschland: — es zeigte die Spuren davon, war aufgemacht, hatte alle möglichen Postvermerke am Leibe und sah wie ein altes

Nietzsche an Malwida von Meysenbug, 1887.

Schiff aus, dem etwas zugestoßen ist. Verzeihung! denn zuletzt bin ich die Ursache von dem Allen, mit der Adresse, die ich Ihnen in meinem Churer Brief gab: aber denken Sie, inzwischen ist der Mann, dem zu Liebe ich einen Versuch mit Celerina machen wollte, ein alter preußischer General, gestorben — und somit bin ich wieder in meinem alten Einsiedler-Nest.

Ich nannte einen Todesfall, der mich betrübte; es gab einen zweiten, der mir noch viel mehr zugesetzt hat und den ich kurz darauf erfuhr — Sie werden wissen, wen ich meine: den Tod Heinrich von Stein's. Ich hatte eigentlich nie daran gezweifelt, daß diese noble Creatur mir gewissermaßen aufgespart sei, für ein späteres Leben, dann wenn diese reiche und tief angelegte Natur wirklich sich entfaltet, wirklich an's Licht gekommen sein würde: denn er war noch erschrecklich jung, weit unter seinem Alter, wie es gerade recht ist bei Bäumen, die auf eine mächtige und lange Bestimmung angelegt sind. Nun bricht der Blitz einen solchen jungen Baum zusammen: das gehört zum Schmerzhaftesten, eine Zeitlang bin ich es keine Minute losgeworden. — —

Der Kampf mit meiner schlechten Gesundheit hat mir auch hier oben, in der bewiesenen Luft des Oberengadin, noch einige Wochen gekostet, ehe ich den Schaden, den mir der Frühling und lauter mir unmögliche Klimata und Orte angethan hatten, zum Ausgleich brachte. Ich habe eine so große Aufgabe und Bestimmung auf mir, daß mich alle solche Zeitverluste blutig reizen und erbittern (leider sind es immer auch tiefe Depressions-Zeiten, wo man nicht

Nietzsche an Malwida von Meysenbug, 1887.

mehr den **Muth zu sich selber** aufrecht erhalten kann — die schlimmste Einbuße, die es auf Erden giebt).

Daß dieser Muth in der Hauptsache aber bei mir Stand hält, trotz jener physiologisch-begründeten Intermittenzen, haben Ihnen vielleicht die neuen Ausgaben von „Morgenröthe" und „Fröhlicher Wissenschaft" bewiesen, welche ich mir erlaubte, an Ihre Versailler Adresse zu schicken. Ich empfehle insbesondere, was **neu** daran ist: die zwei **Vorreden**, dann das **fünfte** Buch der Fröhlichen Wissenschaft nebst dessen Anhange: „Lieder des **Prinzen Vogelfrei**." (Die neuen Auflagen der „Geburt der Tragödie" und von „Menschliches, Allzumenschliches" (2 Bände) enthalten Wesentliches über meine Beziehung zu Wagner: leider bin ich außer Stande, diese Sachen Ihnen zu senden.)

Mit dem schwachsinnigen und eitlen ***, verehrte Freundin, dürfen Sie mich nicht verwechseln: das ist ein Litterat zehnten Ranges, dem ich einen Fußtritt gegeben habe, als ich merkte, welchen Mißbrauch er mit mir und meiner Litteratur zu treiben anfing. Halten Sie denn eine Seite von seinem süßlichen Gewäsch aus? Es versteht sich von selbst, daß sein Buch, von dem Sie schreiben, mir absolut unbekannt ist: dergleichen darf bei mir nicht über die Schwelle, ebenso wenig wie Hr. *** selbst. Das ist ein anscheinend ziemlich gutmüthiger und braver Mensch, aber innerlich corrumpirt: wenn solche mißrathne Creaturen gar noch sich den „**Mantel der Weisheit**" umthun, so muß man sie behandeln wie die unverschämtesten Lügner: und das sind sie in der That. — —

Erläuterungen.

Meine ehrerbietigsten Complimente an Herrn und Frau Monod, auch an Frl. Natalie Herzen, und den Ausdruck alter Liebe und Treue für S i e !

Nietzsche.

Fräulein v. Salis ist hier, Doctorin nunmehr: ihre Abhandlung über Agnes von Poiton soll Herrn Prof. Monod zugehn. — Ich bin inzwischen in Beziehung zu Mr. Taine gekommen, er schrieb dieser Tage an mich, sehr liebenswürdig.

Im Sommer 1887 begann mein Bruder jene zusammenfassenden Arbeiten an seinem großen prosaischen Hauptwerk, der „Umwerthung aller Werthe", mit dem er seit dem Frühjahr 1884, mit kurzen Unterbrechungen, beschäftigt war und welches (was nie genug zu beklagen ist!) nie zur vollständigen Ausarbeitung gelangte. „Jenseits von Gut und Böse" und die „Genealogie der Moral" sind nur Bearbeitungen einzelner Probleme dieses Riesenwerkes, ebenso wie der „Fall Wagner" und die „Götzendämmerung". Da mein Bruder zu dieser Arbeit ein ungeheures wissenschaftliches Material nöthig hatte, so war er fast entschlossen, im Herbst 1887 von Sils-Maria aus nach Deutschland zu gehen, obgleich dieser Plan einem großen innern Widerstreben begegnete: er schreibt über die Gründe für und wider

Erläuterungen.

an Herrn Peter Gast am 15. September 1887: „Ich schwankte, aufrichtig, zwischen Venedig und — Leipzig: letzteres zu gelehrten Zwecken; denn ich habe in Hinsicht auf das nunmehr zu absolvirende Hauptpensum meines Lebens noch viel zu lernen, zu fragen, zu lesen. Daraus würde aber kein „Herbst", sondern ein ganzer Winter in Deutschland; und Alles erwogen, räth mir meine Gesundheit für dies Jahr dringend noch von diesem gefährlichen Experiment ab. Somit läuft es auf Venedig und Nizza hinaus: — und auch von Innen her geurtheilt, brauche ich jetzt die tiefe Isolation mit mir zunächst noch dringlicher, als das Hinzulernen und Nachfragen in Bezug auf 5000 einzelne Probleme." Er hatte die zwei ersten Abhandlungen der „Genealogie der Moral" an Peter Gast geschickt, über welche Letzterer hochbeglückt geschrieben hatte; mein Bruder fügt deshalb hinzu: „Denn in der Hauptsache steht es gut: der Ton dieser Abhandlungen wird Ihnen verrathen, daß ich mehr zu sagen habe, als in denselben steht."

So ging mein Bruder im September 1887 von Sils-Maria nach Venedig und von dort nach Nizza, wo er wiederum die Arbeit an der „Umwerthung aller Werthe" bedeutend förderte; er schreibt am 20. Dez. 1887 an Peter Gast: „Die Unternehmung, in der ich drin stecke, hat etwas Ungeheures und Ungeheuerliches", — und am 6. Jan. 1888: „Zuletzt will ich nicht verschweigen, daß diese ganze letzte Zeit für mich reich war an synthetischen Einsichten und Erleuchtungen; daß mein Muth wieder gewachsen ist, „das Unglaubliche" zu thun und die philosophische

Erläuterungen.

Sensibilität, welche mich unterscheidet, bis zu ihrer letzten Folgerung zu formuliren."

An Frl. von Meysenbug schreibt er während dieser höchsten Anspannung der Geistes- und Arbeitskraft nicht, sondern erst im Frühjahr 1888, als er bereits den „Fall Wagner" zusammenstellte, — jene Schrift, die schließlich zu recht unfreundlichen brieflichen Erörterungen zwischen Malwida und meinem Bruder führte.

Wie Frl. v. Meysenbug späterhin selbst erklärte, hatte sie sich nie oder nur in zarten Andeutungen über das veränderte Verhältniß meines Bruders zu Richard Wagner ausgesprochen. Er nahm deshalb irrthümlicherweise an, daß sie die innere Nothwendigkeit, die ihn von Wagner trennte, verstünde. Jedenfalls hatte Frl. von Meysenbug ihm nie etwas gesagt, was den Glauben erwecken konnte, als ob sie meines Bruders veränderte Ansichten durchaus mißbillige, sodaß er sich immer ganz unbefangen ihr gegenüber über Wagner äußerte. Der nachfolgende Brief, der nach der Beendigung der Niederschrift des „Fall Wagner" an Malwida gerichtet wurde, und ihre Antwort, geben wiederum Zeugniß von der Unbefangenheit seiner Aeußerungen, und gleichfalls von der freundschaftlichen Ruhe, mit welcher sie anti-Bayreuther und anti-Wagnerische Ansichten von ihm entgegennimmt.

Nr. 82.

Nietzsche an Malwida von Meysenbug.

Sils, Ende Juli 1888.

Hochverehrte Freundin,

endlich! nicht wahr? — Aber ich verstumme unwillkürlich gegen Jedermann, weil ich immer weniger Lust habe, Jemand in die Schwierigkeiten meiner Existenz blicken zu lassen. Es ist wirklich sehr leer um mich geworden. Wörtlich gesagt, es giebt Niemanden, der einen Begriff von meiner Lage hätte. Das Schlimmste an ihr ist ohne Zweifel, seit 10 Jahren nicht ein Wort mehr gehört zu haben, das mich noch erreichte — und dies zu begreifen, dies als nothwendig zu begreifen! Ich habe der Menschheit das tiefste Buch gegeben. [— —] Wie man das büßen muß! — Es stellt aus jedem menschlichen Verkehr heraus, es macht eine unerträgliche Spannung und Verletzbarkeit, man ist wie ein Thier, das beständig verwundet wird. Die Wunde ist, keine Antwort, keinen Laut Antwort zu hören und die Last, die man zu theilen, die man abzugeben wünschte (— wozu schriebe man sonst?) in einer entsetzlichen Weise allein auf seinen Schultern zu haben. Man kann daran zu Grunde gehn, „unsterblich" zu sein! — Zufällig habe ich noch das Mißgeschick, mit einer Verarmung und Verödung des deutschen Geistes gleichzeitig zu sein, die Erbarmen

Nietzsche an Malwida von Meysenbug, 1888.

macht. Man behandelt mich im lieben Vaterlande wie Einen, der in's Irrenhaus gehört: dies ist die Form des „Verständnisses" für mich! Außerdem steht mir auch der Bayreuther Cretinismus im Wege. Der alte Verführer Wagner nimmt mir, auch nach seinem Tode noch, den Rest von Menschen weg, auf die ich wirken könnte. — Aber in Dänemark — es ist absurd, zu sagen! — hat man mich diesen Winter gefeiert!! Der geistreiche Dr. Georg Brandes hat es gewagt, einen längeren Cyklus von Vorlesungen an der Kopenhagener Universität über mich zu halten! Und mit glänzendem Erfolge! Mehr als 300 Zuhörer regelmäßig! Und eine große Ovation am Schluß! — Eben stellt man mir etwas Aehnliches für New York in Aussicht. Ich bin der unabhängigste Geist Europa's und der einzige deutsche Schriftsteller — das ist Etwas! —

Das erinnert mich an eine Frage Ihres letzten verehrten Briefes. Daß ich für Bücher, wie ich sie schreibe, kein Honorar erhalte, werden Sie voraussetzen. Aber was Sie vielleicht nicht voraussetzen, ich habe auch die ganzen Herstellungs= und Vertriebs=Kosten zu bestreiten (in den letzten Jahren ca. 4000 fr.). In Anbetracht, daß ich bei Presse und Buchhandel verfehmt und ausgeschlossen bin, verkauft sich nicht ein Hundert der gedruckten Exemplare. Ich bin fast ohne Vermögen, meine Pension in Basel ist bescheiden (3000 fr. jährlich), doch habe ich von letzterer immer etwas zurückgelegt: sodaß ich bis jetzt keinen Pfennig Schulden habe. Mein Kunststück ist, das Leben immer mehr zu vereinfachen, die langen Reisen zu vermeiden, eingerechnet das Leben in Hôtels. Es ging bisher; ich will es auch nicht anders haben. Nur giebt es für den Stolz diese und jene Schwierigkeit. —

Unter diesem mannichfachen Druck von Innen und Außen her hat leider meine Gesundheit sich nicht zum Besten befunden. In den letzten Jahren ging es nicht mehr vorwärts. Die letzten Monate, wo die Ungunst des Wetters dazu kam, sahen sogar meinen schlechtesten Zeiten zum Verwechseln ähnlich. —

Um so besser ist es inzwischen meiner Schwester gegangen. Die Unternehmung scheint glänzend gelungen, der festliche, beinahe fürstliche Einzug in der Kolonie vor ungefähr 4 Monaten hat einen großen Eindruck auf mich gemacht. Es sind jetzt ca. 120 Deutsche, nebst einem reichlichen Zubehör einheimischer Peons; es sind gute Familien darunter, z. B. die Mecklenburger Baron Maltzans. —

Ich wurde kürzlich sehr lebhaft an Sie, verehrteste Freundin, erinnert, Dank einem Buche, in dem eine Vordergrunds-Figur des ersten Bandes der „Memoiren einer Idealistin" in hellstes Licht trat. Insgleichen hat mir Frl. von Salis sehr dankbar über ihr Zusammensein mit Ihnen geschrieben.

Mit den herzlichsten Wünschen für Ihr Wohlbefinden und der Bitte um fortdauernde, wenn auch stille Antheilnahme

Ihr treu ergebener

Nietzsche.

— Es bedarf Größe der Seele, um meine Schriften überhaupt auszuhalten. Ich habe das Glück,

Alles, was schwach und tugendhaft ist, gegen mich zu erbittern.

Nr. 83.
Malwida von Meysenbug an Nietzsche.

Villa Amiel
Versailles, 12. August 1888.

Ja endlich, lieber Freund! Ich wußte nicht mehr wo Sie suchen. Einen Brief seiner Zeit poste rest. Venedig, haben Sie wohl nicht bekommen. Seitdem wußte ich nichts von Ihnen, bis mir Resa Schirnhofer schrieb, Sie wären in Turin, aber kurz vor dem Termin Ihrer Abreise, sodaß ich nicht mehr Zeit hatte dahin zu schreiben. Wenn Sie klagen, daß Das, was Sie der Welt geben, keinen Anklang findet, keine Antwort erhält, so darf ich Ihnen doch versichern, daß sich liebevolle Theilnahme an Ihnen und Ihrem Geschick in mehr als einem Herzen findet und daß es hauptsächlich Ihre Schuld ist, wenn Sie das so wenig empfinden, denn „wer sich der Einsamkeit ergiebt", — Sie wissen wohl, wie es dem geht. Es ist ein Irrthum oder ein Paradoxon, daß Sie sagen, Sie haben das Glück, Alles gegen sich zu haben, was schwach und tugendhaft ist. Die wahrhaft Tugendhaften sind garnicht schwach, sie sind vielmehr die wirklich Starken: wie es der ursprüngliche Begriff von virtù auch sagt. Und Sie selbst sind der lebendige Widerspruch dagegen: denn Sie

Nietzsche an Malwida von Meysenbug, 1888.

sind wahrhaft tugendhaft und ich glaube, Ihr Beispiel, wenn die Menschen es wirklich kännten, würde mehr überzeugen als Ihre Bücher. Denn was ist tugendhaft? Um einer großen Idee, eines Ideals willen, das Leben mit all seinem Elend standhaft tragen und es von der Unfreiheit des blinden Willens, durch die Erkenntniß, in die Freiheit der Selbstbestimmung retten. Das haben Sie gethan und in anderer Form dasselbe erreicht, was die Heiligen einer früheren Weltanschauung thaten. Daß man in Deutschland jetzt vor dem Götzen der Macht kniet, ist allerdings traurig; aber die Zeit wird kommen, wo auch der deutsche Geist neu erwacht. Und wenn nicht? Nun, so geht die Weiterentwicklung der Menschheit auf andere Stämme über, wie Sie es ja schon in Dänemark und Amerika erleben.

Was den materiellen Teil der Sache betrifft, der ist freilich unsäglich betrübt, und da fühle ich es immer schmerzlichst, daß es mir vom Geschick versagt ist, helfend bei meinen Freunden einzugreifen.

Ich bin erst seit einigen Tagen hier, war in Ems bei meiner alten einsamen Schwester und freue mich nun doppelt an der lieblichen Jugend hier.

Was Sie von Ihrer Schwester sagen, freut mich sehr. Gern wüßte ich mehr darüber. Und wäre es nicht auch für Sie das Rechte, hin zu gehen? Ein junger erst zu bebauender Boden besser geeignet eine frische Saat aufzunehmen?

Schweigen Sie nicht wieder so lange und glauben Sie an die unveränderte Freundschaft der alten
       M. Meysenbug.

Nietzsche an Malwida von Meysenbug, 1888.

Im Herbst 1888 veröffentlichte mein Bruder die Schrift „Der Fall Wagner" und schickte sie an alle seine Freunde und Bekannten, auch an Malwida, an welche er zu gleicher Zeit den nachfolgenden Brief sandte:

Nr. 84.

Nietzsche an Malwida von Meysenbug.

Turin, den 4. Okt. 1888.

Verehrteste Freundin,
eben gab ich meinem Verleger Auftrag, umgehend drei Exemplare meiner eben erscheinenden Schrift „Der Fall Wagner. Ein Musikanten=Problem" an Ihre Versailler Adresse abgehn zu lassen. Diese Schrift, eine Kriegserklärung in aestheticis, wie sie radikaler gar nicht gedacht werden kann, scheint eine bedeutende Bewegung zu machen. Mein Verleger schrieb, daß auf die allererste Meldung von einer be= vorstehenden Schrift von mir über dies Problem und in diesem Sinne soviel Bestellungen eingelaufen sind, daß die Auflage als erschöpft gelten kann. — Sie werden sehn, daß ich bei diesem Duell meine gute Laune nicht eingebüßt habe. Aufrichtig ge= sagt, einen Wagner abthun gehört, inmitten der über alle Maßen schweren Aufgabe meines Lebens, zu den wirklichen Erholungen. Ich schrieb diese kleine Schrift im Frühling, hier in Turin: inzwischen

ist das erste Buch meiner **Umwerthung aller Werthe** fertig geworden. —

Diese Schrift gegen Wagner sollte man auch **französisch** lesen. Sie ist sogar leichter in's Französische zu übersetzen als in's Deutsche. Auch hat sie in vielen Punkten Intimitäten mit dem französischen Geschmack: das Lob Bizet's am Anfang würde sehr gehört werden. — Freilich, es müßte ein feiner, ein sogar raffinirter Stilist sein, um den Ton der Schrift wiederzugeben —: zuletzt bin ich selber jetzt der einzige raffinirte **deutsche** Stilist. —

Ich wäre sehr erkenntlich, wenn Sie in diesem Punkte den unschätzbaren Rath von Mr. Gabriel Monod einholen wollten (— ich hätte diesen ganzen Sommer Anlaß gehabt, einen **andren** Rath einzuholen, den des Mr. Paul Bourget, der in meiner nächsten Nähe wohnte: aber er versteht nichts in rebus musicis et musicantibus; **davon** abgesehn wäre er der Uebersetzer, den ich brauchte —).

Die Schrift, gut in's Französische übersetzt, würde auf der halben Erde gelesen werden: — ich bin in dieser Frage die **einzige** Autorität und überdies Psychologe und Musiker genug, um auch in allem Technischen mir nichts vormachen zu lassen. —

Ihren gütigen Brief, hochverehrte Freundin, habe ich mit wahrer Rührung gelesen. Sie haben einfach Recht, — ich auch . . .

Ihnen das Allerherzlichste von Seiten eines alten Freundes wünschend

N.

Erläuterungen.

Mit der Bitte, mich dem verehrten Kreise, in dem Sie leben, angelegentlich zu empfehlen.

———

Erst als Malwida den "Fall Wagner" gelesen hatte, kam ihr deutlich zum Bewußtsein, wie entgegengesetzt die Meinungen meines Bruders von denen Wagner's waren. Sie gerieth außer sich und schrieb ihm einen (ich muß den Ausdruck wirklich gebrauchen) bitterbösen Brief, der nun wiederum meinen Bruder auf das Tiefste verletzte und empörte. Ich habe mich über den "Fall Wagner" im zweiten Band der Biographie so ausführlich ausgesprochen, daß ich hier nur Einiges daraus wiederholen will. Was meinen Bruder von Richard Wagner in den Jahren 1874—78 allmählich so weit entfernt hat, war zunächst, daß sich seine Grundansichten immer deutlicher entwickelten und er schließlich einsehen mußte, daß er sich in Hinsicht auf Schopenhauer'sche Philosophie und Wagner'sche Musik geirrt hatte. Er selbst schreibt darüber: "Man erinnert sich vielleicht, zum Mindesten unter meinen Freunden, daß ich Anfangs mit einigen Irrthümern und Ueberschätzungen und jedenfalls als Hoffender auf diese moderne Welt losgegangen bin. Ich verstand — wer weiß, auf welche persönlichen Erfahrungen hin? — den philosophischen Pessimismus des neunzehnten Jahrhunderts als Symptom einer höheren Kraft des Gedankens, einer siegreicheren Fülle des Lebens, als diese in der Philosophie Hume's, Kant's und Hegel's zum Ausdruck gekommen war, ich nahm die tragische

Erläuterungen.

Erkenntniß als den schönsten Luxus unsrer Cultur, als deren kostbarste, vornehmste, gefährlichste Art Verschwendung, aber immerhin, auf Grund ihres Ueberreichthums, als ihren erlaubten Luxus. Desgleichen deutete ich mir die Musik Wagner's zurecht zum Ausdruck einer dionysischen Mächtigkeit der Seele; in ihr glaubte ich das Erdbeben zu hören, mit dem eine von Alters her aufgestaute Urkraft von Leben sich endlich Luft macht, gleichgültig dagegen, ob Alles, was sich heute Cultur nennt, damit in's Wackeln geräth. Man sieht, was ich verkannte, man sieht insgleichen, womit ich Wagnern und Schopenhauern beschenkte — mit mir ..."

Sicherlich ist die Loslösung meines Bruders von Richard Wagner das schwerste Erlebniß für ihn gewesen, denn er fühlte sich mit unzerreißbaren Banden an ihn gebunden; er schreibt darüber: „Was bindet am festesten? welche Stricke sind beinahe schon unzerreißbar? Bei Menschen einer hohen und ausgesuchten Art werden es seine Pflichten sein: jene Ehrfurcht, wie sie der Jugend eignet, jene Scheu und Zartheit vor Gegenständen der Liebe, allem Alt-Verehrten und Würdigen, jene Dankbarkeit für den Boden, aus dem man wuchs, für die Hand, die uns führte, für das Heiligthum, wo wir zuerst anbeteten: — unsere höchsten Augenblicke binden uns am festesten, — sie verpflichten." Wagner und seine Musik war der höchste Gegenstand seiner Liebe und Verehrung, ja das Heiligthum gewesen, wo er zuerst angebetet hatte.

So sehr sich mein Bruder nun auch gefesselt

Erläuterungen.

fühlte, so war diese Loslösung doch, wenn er sein eigenstes Ziel erreichen sollte, eine Nothwendigkeit, denn Richard Wagner forderte in der tyrannischsten Weise von seiner Umgebung vollständige Unterwerfung unter seine Anschauung. Das mußte meinem Bruder unerträglich werden, und so begann, ihm fast unbewußt, schon vom Jahr 1874 an, wie wir aus seinen Nachlaßschriften sehen, sich eine allmähliche Loslösung oder innerliche Befreiung vorzubereiten. In seiner Schrift „Richard Wagner in Bayreuth" (1876) faßt er aber Alles noch einmal zusammen, was ihn an Wagner und seinen Werken entzückt und was er selbst in Wagner gesehen hatte. Es war ein Rückblick auf jene herrliche Zeit der Gemeinsamkeit, von welcher er noch im Jahr 1883 schreibt: „Wenn ich an jene Zeit denke, wo der letzte Theil des Siegfried entstand! Damals liebten wir uns und hofften Alles **für einander**, — es war wirklich eine tiefe **Liebe ohne Nebengedanken.**" Später schreibt er, um zu erklären, daß er „Schopenhauer als Erzieher" und „Richard Wagner in Bayreuth" zu einer Zeit geschrieben hatte, wo er von diesen beiden verehrtesten Lehrern seiner Jugend innerlich bereits losgelöst war: „Im Grunde kommt wenig darauf an, **wovon** ich mich loszumachen hatte: meine Lieblingsform der Losmachung aber war die künstlerische: das heißt, ich entwarf ein Bild dessen, was mich bis dahin gefesselt hatte: so **von Schopenhauer und Wagner,** — zugleich ein **Tribut der Dankbarkeit.**"

Was ihn aber persönlich von Wagner getrennt hat, war die in der That recht kleinliche und ge-

Erläuterungen.

häſſige Art, mit welcher Wagner die Erkenntniß auf=
nahm, daß Nietzſche andere als ſeine Bahnen wandelte.
Daß Wagner als Charakter nicht größer war, das
heißt, nicht ſo groß wie ihn mein Bruder ſich vor=
geſtellt hatte, dieſe tiefe ſchmerzliche Enttäuſchung war
es, die meinen Bruder für immer von Wagner ent=
fernte. Wenn ſich nun in dem „Fall Wagner" dieſe
ſchmerzlichſte Enttäuſchung, daß das einzige Ideal,
welches er je in einem lebendigen Menſchen gefunden
hatte, ſich als eine Täuſchung und Irrthum erwies,
leidenſchaftlich ausdrückt, und wenn deshalb ſeine
verletzte Seele oft harte Worte dafür findet, ſo wird
das Jeder begreifen, der einmal über alles geliebt
und verehrt hat und enttäuſcht worden iſt. Deshalb
haben aber andere Menſchen durchaus noch nicht das
Recht, den „Fall Wagner" als den Ausdruck ihrer
Geſinnung zu bezeichnen. Wer ſich ſolche Urtheile
erlaubt, müßte ſie ſich durch eine Fülle der Leiden,
wie ſie mein Bruder darum erduldet hat, und eine
Höhe der Anſchauung erkauft haben, wie er ſie nach
ſchweren harten Kämpfen im unaufhaltſamen Auf=
wärtsſteigen erreicht hat.

Es wäre trotzdem falſch, irgend welche perſön=
lichen Gründe für die Trennung von Wagner in
den Vordergrund zu ſtellen, vor Allem aber nicht für
die Veröffentlichung des „Fall Wagner" im Jahre
1888. Schon einige Jahre zuvor hatte er die
Nöthigung empfunden, ſich von Neuem über das
Problem Richard Wagner auszuſprechen, denn es
gab nach allen Seiten die heilloſeſten Mißverſtänd=
niſſe, da die unbelehrte Jugend fortfuhr, die Ideen

Erläuterungen.

Wagner's mit denen des Philosophen Nietzsche in Uebereinstimmung zu bringen. Ueber dem vollen allzustarken Klang von „Richard Wagner in Bayreuth" hatte man die leiseren feineren Töne einer ganz andersartigen Musik in den späteren Schriften meines Bruders vollkommen überhört. Es war ihm ganz klar, daß er selbst den Irrthum hervorgerufen hatte, und deshalb fühlte er die Pflicht sich von Neuem über dies Problem stark und deutlich auszusprechen. „Das Mißverständniß über Richard Wagner ist heute in Deutschland ungeheuer: und da ich dazu beigetragen habe, es zu vermehren, will ich meine Schuld abtragen und versuchen, es zu verringern."

Die gegenwärtige Generation kann sich gar nicht mehr vorstellen, wie wenig Bedeutendes über Richard Wagner bis 1872, vor dem Eintreten meines Bruders für ihn, gesagt worden ist. Wer, außer der sehr kleinen Zahl der Eingeweihten, dachte damals daran, in Wagner etwas Anderes zu sehen, als einen Revolutionär in Bezug auf die Umgestaltung der Oper? Es war meines Bruders Verdienst oder Schuld, wie man es nehmen will, daß Wagner mit dem Begriff einer neuen höheren deutschen Cultur und mit dem Griechenthum verknüpft wurde. Der Verfasser der „Geburt der Tragödie" und der Unzeitgemäßen Betrachtung „Richard Wagner in Bayreuth" wußte also nur zu gut, daß er selbst einen großen Theil der Schuld an der herrschenden, so verwirrenden höchsten Schätzung Wagner's trug. Jetzt aber sah er, von Jahr zu Jahr immer deutlicher, daß er den

Erläuterungen.

Deutschen und vorzüglich dem deutschen Jüngling einen irreführenden Götzen aufgestellt habe, dessen Verehrung gerade die deutschen Fehler: Unklarheit, Schwülstigkeit und Schwerfälligkeit verschlimmerte und sie gar noch zu Tugenden aufbauschte. Nicht etwa, daß mein Bruder die Verehrung Wagner's aus dem Werdegang des deutschen Jünglings der Gegenwart entfernt haben möchte, im Gegentheil: er verstand sie als einen unerläßlichen Faktor in dessen Entwicklung. So schreibt er an Heinrich von Stein: „Man hat mir erzählt, daß Sie, mehr als jemand sonst vielleicht, sich Schopenhauern und Wagnern mit Herz und Geist zugewendet haben. Dies ist etwas Unschätzbares, vorausgesetzt, daß es seine Zeit hat." Mein Bruder erkannte aber aus hundert Anzeichen, daß nun der Wagner=Cultus seine Zeit gehabt habe, wo er günstig wirke, und daß es gut wäre, wenn der Deutsche seinen düsteren Leidenschaftsrausch, der ihn gewiß während der Zeit des öden flachen Materialismus manches Tiefe und Ernste gelehrt hatte, überwände und nun auch Sinn und Geist für neue Ideale, d. h. für alles Das öffnete, was mein Bruder an Wagner so schmerzlich vermißte, nämlich: „die gaya scienza, die leichten Füße, Witz, Feuer, Anmuth, die große Logik, den Tanz der Sterne, die übermüthige Geistigkeit, die Lichtschauder des Südens, das glatte Meer, Vollkommenheit." Er wollte den deutschen Jüngling nicht als düsteren, schwerfälligen, lebenverneinenden Träumer sehen, sondern freudig, lebenbejahend, von dem Leben tausend entzückende Möglichkeiten erhoffend, seinen kraftvollen Willen zu be=

Erläuterungen.

thätigen. Aber ach, wer hörte damals seine Stimme, damals wo die „Lebensverneinung" und Décadence wahre Orgien feierte?! Es ergriff ihn die Ungeduld! — Er sah Niemand, der die Lust oder die Fähigkeit besessen hätte, die Probleme des aufsteigenden oder niedergehenden Lebens zu begreifen; er sah mit Schrecken, wie gerade die decadenten Ideale von der Wagner'schen Kunst gefördert wurden, und diese selbst eben deswegen immer mehr an Autorität gewann. Vor allem aber empfand er mit dem tiefsten Schmerz, daß die Musik ihren weltverklärenden Charakter verlor und immermehr „pessimistisch-triste" wurde.

Diese Besorgniß und diese Kette von Empfindungen waren es, die die Veröffentlichung des „Fall Wagner" verursacht haben.

Es hat eine Zeit gegeben, wo es ein großer Schmerz für mich war, daß mein Bruder den „Fall Wagner" der Oeffentlichkeit übergeben hatte. Aber je mehr ich mich in den letzten zwölf Jahren in seinen Gedankengang vertieft habe, desto mehr begreife ich auch, daß diese Schrift geschrieben werden mußte. Die Unklarheit und Verwirrung wäre in's Ungeheuerliche gewachsen; nur kam die Veröffentlichung vielleicht damals zu früh. Außerdem hätte die Schrift in dem Rahmen seines Hauptwerks, des „Willens zur Macht", vielleicht ganz anders gewirkt. Dort hätte ihr Inhalt in dem Kapitel „Modernität" stehen sollen, sodaß das Wagner-Problem als das markanteste Beispiel unserer Modernität erschienen wäre, die gewissermaßen in sich einen Widerspruch birgt, weil sie

Erläuterungen.

zu gleicher Zeit nach der klassischen Kunst und der jasagenden Moral hinschielt, und dabei doch die romantische Kunst und eine Fülle süßlicher und schwächlicher Ideale protegirt. Herausgerissen aus dem großen Zusammenhang der Gesammtanschauung, in einem anscheinend leichten, spöttischen Ton geschrieben, machte die Schrift einen falschen Eindruck. Wer sie aber jetzt in Hinsicht auf jene oben erwähnte Besorgniß um unsre moderne Cultur betrachtet, wird den tiefen Ernst, den leidenschaftlichen Schmerz aus dieser spöttisch klingenden Anklage herausfühlen.

Daß auch Malwida damals nicht den „Fall Wagner" verstand, erscheint begreiflich; aber ich meine dennoch, daß auf manche ihrer geistvollen, zartsinnigen Briefe hin, mein Bruder recht wohl ein ganz anderes Verständniß für seine neuen Ideen hätte voraussetzen können. Viele Leser von heute werden vielleicht mit mir finden, daß das Einzige, was zwischen ihnen stand, die Nomenclatur der Schopenhauer'schen Philosophie war. Sonst berührt mich so Vieles in ihren Werthschätzungen und Erzählungen heimatlich Nietzschisch. Jedenfalls hat mein Bruder stets auf ihre wahrhaft mütterliche Gesinnung vertraut, der er in einer Zarathustra=Scene ein so schönes Denkmal gesetzt hat. Man erinnere sich, daß er im Frühling 1877 zum Kummer von Malwida ziemlich eilfertig Sorrent verließ. Als er nun im Herbst 1877 bei ihrem Besuch in Basel recht sehnsüchtig von Italien und Sorrent sprach, hob Malwida lächelnd den Finger und sagte: „Wer war das, der wie ein Sturmwind einst von mir davonstürmte?" — Worte, die wir in dem Kapitel

Nietzsche an Malwida von Meysenbug, 1888.

"die Heimkehr" im Zarathustra wiederfinden. Später=
hin sagte mein Bruder, daß er bei dem Bilde: "wie
Mütter drohn, wie Mütter lächeln" immer Mal=
wida's gütiges Antlitz vor Augen gehabt habe.

Sicherlich war jener bitterböse Brief Malwida's
in der ersten Erregung geschrieben und abgesandt.
Mein Bruder antwortete:

Nr. 85.

Nietzsche an Malwida von Meysenbug.

Turin, den 18. Oktober 1888.

Verehrte Freundin,

das sind keine Dinge, worüber ich Widerspruch zu=
lasse. Ich bin, in Fragen der décadence, die höchste
Instanz, die es jetzt auf Erden giebt: diese jetzigen
Menschen mit ihrer jammervollen Instinkt=Entartung,
sollten sich glücklich schätzen, Jemanden zu haben, der
ihnen in dunkleren Fällen reinen Wein einschenkt.
Daß Wagner es verstanden hat, von sich den Glauben
zu erwecken (— wie Sie es mit verehrungswürdiger
Unschuld ausdrücken), der "letzte Ausdruck der
schöpferischen Natur", gleichsam ihr "Schlußwort"
zu sein, dazu bedarf es in der That des Genie's,
aber eines Genie's der Lüge ... Ich selber habe
die Ehre, etwas Umgekehrtes zu sein — ein Genie
der Wahrheit — —

Friedrich Nietzsche.

Erläuterungen.

Einige Tage darauf ließ er dem ersten noch einen zweiten Brief folgen, zu welchem wir noch sehr scharfe Entwürfe in seinen Heften finden. Eine der milderen Aufzeichnungen muß ich nun doch wohl hier bringen, da sie schon in der Biographie abgedruckt ist: „Verehrte Freundin, haben Sie eigentlich errathen, **warum** ich Ihnen überhaupt diese „Exekution Wagner's" zusandte? — Ich wollte Ihnen einen Beweis **mehr** dafür in die Hand geben, daß Sie nie ein Wort, noch einen **Wunsch** von mir verstanden haben. Die Gründe, warum ich vor zehn Jahren Wagnern den Rücken kehrte, sind in dieser Schrift in eine litterarische Form gebracht — so maßvoll, so heiter wie möglich, anbei gesagt: denn ich hätte hart und mit Verachtung reden können. Ich habe alle meine Hauptpfeile **zurückbehalten** — — — Dieser tiefe Mangel an Instinkt, an Feinheit in der Unterscheidung von „wahr" und „falsch", den ich den modernen Menschen vorwerfe — Sie sind ja selber ein extremer Fall davon, Sie, die Sie sich Ihr Leben lang fast über Jedermann getäuscht haben, sogar über Wagner, um wie viel mehr aber im etwas schwierigeren Falle, über **mich**! . . . Verstehen Sie **Nichts** von meiner **Aufgabe**? Was es heißt ‚Umwerthung aller Werthe'?" —

Da Fräulein von Meysenbug offenbar sehr bedauerte, meinem Bruder Anlaß zur Alteration gegeben zu haben, und dies in ihrer altgewohnten, liebenswürdigen Weise ausdrückte, so schrieb ihr mein Bruder einige Wochen darauf folgende Zeilen:

Nr. 86.

Nietzsche an Malwida von Meysenbug.

Turin, den 5. November 1888.

Warten Sie nur ein wenig, verehrteste Freundin! Ich liefere Ihnen noch den Beweis, daß „Nietzsche est toujours haïssable". Ohne allen Zweifel, ich habe Ihnen Unrecht gethan: aber da ich diesen Herbst an einem Ueberfluß von Rechtschaffenheit leide, so ist es mir eine wahre Wohlthat, Unrecht zu thun...

Der „Immoralist".

Leider war jener Brief Malwida's, der so gar nicht ihrer sonstigen Ausdrucksweise entsprach, die Introduktion zu ganz andersartigen böswilligen Angriffen, die meinen theuern Bruder, der sich im Spätherbst 1888 in der höchsten Anspannung aller geistigen und körperlichen Kräfte befand, so tief verletzten, daß er darunter zusammenbrach. — War es das tückische Geschlecht der Zwerge mit jenem tiefen Haß gegen alles Große, das sich zu seiner Vernichtung erhob? Oder war es der Neid jener griechischen uns so unbekannten Götter, die dem Titan nicht gestatten wollten, seinen letzten Schritt zur Höhe zu thun? Hätte Friedrich Nietzsche sein großes Hauptwerk, den „Willen zur Macht", von welchem wir so wunder-

Erläuterungen.

volle Bruchstücke besitzen, in aller Vollendung ausführen können, so würde er seine höchste Höhe erreicht haben. Aber schon mit Dem, was er geleistet und beendet hatte, war er über alle Anderen emporgestiegen. „Und jener göttliche Neid entzündet sich, wenn er den Menschen gegnerlos, ohne jeden Wettkämpfer, auf einsamer Ruhmeshöhe erblickt. Nur die Götter hat er jetzt neben sich — und deshalb hat er sie gegen sich," — ihr Blitzstrahl lähmte ihn für immer, ehe er den allerletzten Schritt zu thun vermochte. — — — —

Als mein theurer Bruder im August 1900 starb, sandte ihm Malwida Lorbeerzweige aus Sorrent, in Erinnerung an jene glückliche Zeit, die sie dort zusammen verleben durften und an jene wahre und aufrichtige Freundschaft, die diese beiden tapferen, nach dem Höchsten strebenden Seelen verbunden hatte.

Malwida von Meysenbug starb drei Jahre später, in ihrem siebenundachtzigsten Lebensjahre.

Namen-Register.

Namen-Register.

Achermann, Schüler N.'s; 145.
Aeschylus; Choephoren 66, 76.
Alcidamas, Rhetor; (von N. als Quelle des Certamen erkannt, Rh. Muſ. 28, S. 211 ff.) 143, 154.
Alexander (De bello Alexandrino) 77.
Allgem. Deutſcher Muſikverein; 355 f.
Althaus, Dr. Theodor (1822—1852); 386.
Amadeo, Bruder des ital. Königs Humbert; 395.
Andresen, Georg, Studiengenoſſe N.'s (jetzt Gymn.-Prof. in Berlin); Emendationen zu Tacitus' Dial. de orat. 73, 75, 77, 78, 81, 83, 92, 105, 107, 128.
Apulejus; „Metamorphoſen" 47.
Arioſt; 445.
Ariſtoteles; Verzeichniß ſeiner Schriften bei Diog. Laert. 60; A.'s Rhetorit, Colleg N.'s 475; (Reminiſcenz: Poetit 6, 2) 45.
Atma, das (= Brâhman) 403, 465.
Aurelius Victor, Sextus; 132, 137.
Aurevilly, ſ. Barbey d'A.

Bamberger, Ludwig, Politiker; 544.
Barbey d'Aurevilly, Jules; 200, 202.
Baudelaire, Charles; 169.
Bauer, Bruno, Theolog und Politiker; 201, 274.
Baumgarten, Alex. Gottlieb, Aeſthetiker des 18. Jhdts.; 263.
Baumgartner, Adolf, jetzt Prof. d. Geſch. in Baſel; 457, 478, 482.
Baumgartner-Köchlin, Marie, in Lörrach, Mutter des Vor.; 159, 482, 582; Ueberſ. von „Schopenh. als Erzieher" in's Franzöſ. 478, 486, 489 f.
Beethoven; Aufführung d. IX. Symphonie 1872 in Bayreuth 342, 384 f.
Begas, Reinhold; 439.
Benndorf, Otto, Archäolog, Prof. in Schulpforta, dann in Zürich (jetzt in Wien); 114, 128 (130).
Berlioz, Hector; 169.
Bernays, Jacob; Auffaſſung der ariſtotel. κάθαρσις 45.
Beyle, Henry (pſeudon. de Stendhal); 173, 278, 284, 616.

655

Namen-Register.

Bismarck; 360, 495, 619.
Bizet, Georges; "Carmen" 314, 640.
—, Geneviève (geb. Halévy), Wittwe des Vor., jetzt Gattin des Advokaten Strauß, Paris; 315, 318, 319.
Björnson, Björnstjerne; Drama "En Hanske" 283; 289.
Blaß, Friedr. Wilh., Dr., Gym.-Prof. in Naumburg, jetzt Prof. der Philol. in Halle; 43.
Boos, Schüler N.'s; 145.
Borgia, Cesare; 322.
Bornträger, Gebr., Verlag, Berlin; 346.
Bouché-Leclercq; Monographie üb. Giac. Leopardi 362.
Bourdeau, J., Redacteur des Journal des Débats; 206.
Bourget, Paul; "Un crime d'amour" 200; 640.
Brahms, Johannes; 293.
Brambach, Wilh., Prof. der Philol. in Freiburg (jetzt Hofbibliothekar in Karlsruhe); 41, 99; "Metr. Studien zu Sophokles" (1869) 123; Musikal.-metrische Streifzüge 119f. (136); "Rythm. u. metr. Unters." (1871) 123.
Brandes, Georg, Prof. d. Litt.-Gesch. in Kopenhagen; 267—320. Vorlesungen a. d. Universität üb. Fr. N. 269f., 294f., 297, 303, 306, 309f., 635. — Br.'s Propaganda für N. bei Ibsen 324, bei Strindberg 315, 320, 324. — "Aristokratischer Radikalismus" 272, 275, 278. — Etymologie von "Gote" 311. — "Guter Europäer" 274, 277. — Cultur-Missionär 274, 277, 279f. —

Vorliebe f. Beyle 278, 284. — Musikalität 277f., 293f. — Ueber Ehe 290f. — Fehde mit Björnson 283. — Bild N.'s 295, 297, 304, 305, 308, 309, 311.

Schriften von Br.: "Hauptströmungen der Litt. des 19. Jhdts." I. Emigrantenlitteratur 289, II. Ueber die deutsche Romantik 288, 293f., IV. Der Naturalismus in England 289, V. Die französ. Romantiker 289, VI. Das junge Deutschland 289. — "Sören Kierkegaard" 282f. (285, 289). — "Moderne Geister" 282, 284f., 289. — "Ludw. Holberg" 296. — "Eindrücke aus Polen" 283, 316, 323f. — "Eindrücke aus Rußland" 316, 323f. — "Aesthetische Studien" 316.

Schriften von Fr. N.: "Geb. d. Trag." 298, 301. — "Unzeitgem. Betr." 286f., 289, 295, 298, 305. — "Menschl., Allzum." 271, 287, 296, 298, 315. — "Morgenröthe" 290, 298, 302. — "Fröhl. Wiss." 296, 298. — "Zarathustra" 280, 289, 298, 309, 311. — "Jenseits v. G. u. B." 269, 271, 281, 298. — "Genealogie d. Mor." 269, 271, 299. — "Fall Wagner" 312f., 317, 327. — "Müßiggang eines Psychologen" ("Götzendämmerung") 313, 318, 323, 327. — "Umwerthung aller Werthe" (Wille zur Macht) 308, 313, 321, 327, 318. — Ecce homo 321, 327, 328f. — Vita 299—302. — "Hymnus an das Leben" 275, 303, 305, 308, 309.
Brandes, Gustav, Ueber-

Namen-Register.

setzer von Leopardi's Gedichten; 360.
Breitkopf & Härtel; 357.
Brenner, Albert, stud. jur., Schüler N.'s; in Florenz 503 ff., 516 f.; in Bayreuth 524 f.; Projekt Fano 509 ff., 513; Sorrent 527, 529—533, 543, 581, 626; Schweiz 544, 556, 565, 567. Tod 579, 581. — Gedichte 518; Novelle „Das flammende Herz" 503, 544, 561.
Brignole, Marcantonio, von Van Dyck gemalt 537.
Brockhaus, F. A.; 565.
—, Klara, Gattin des Prof. Hermann Br., Schwester Rich. Wagner's; 69.
Bruno, Giordano; drei Sonette von Heinr. v. Stein übersetzt 228 f., 231.
Brutus; 296.
Buddha; 457, 604; Buddhistisches 394, 405, 408, 504; Nirwana 397, 465, 494.
Bülow, Hans von; 274, 336—368; B.'s Klav.-Auszug von „Tristan u. Isolde" 338, 342; B. besucht N. in Basel 336, 341, 342; Münchner Tristan-Auff. unter B. 371, 338, 341 ff., 344, 345, 351, 352, 371, 373, 388, 389, 393; B. angeblich Münchner Hofth.-Intendant 373 Anm., 389 f., 396; Beziehung zu Bayreuth 341, 390, 396; B.'s Töchter 338; N.'s „Manfred-Meditation" 344—355, 367, 434 Anm.; B. von N. als Preisrichter vorgeschl. 356.

N.'s „Geb. d. Tragödie" 336-342, 352, 357, 359; „Dav. Strauß" 357 f., 363; „Schopenh. als Erzieher" 357, 359 ff.; „Menschl., Allzum." 360, 364; „Hymnus an das Leben" 366 ff.
Bülow, Marie von (geb. Schanzer); 366, 368.
Burckhardt, Jacob, Prof. d. Gesch. u. Kunstgesch. in Basel: 165—194; Verkehr mit N. 166 f., 300; Louvre-Brand (24. Mai 1871) 167; Abendvortrag „Ueber historische Größe" 170; Colleg „Ueber das Studium der Geschichte" 170; „Kultur der Renaissance in It." 175, 198 f.; Colleg „Kultur der Griechen" 175, 177, 545; „E Hämpfeli Lieder" 178.

B. als Leser N.'s 201, 274; „Geb. d. Trag." (B. acceptirt die Psychologie des Dionysischen) 176 f.; „II. Unzeitgem. Betr." 171 f.; „Menschl., Allzum." Bd. I: 179; Bd. II: 174 f.; „Morgenröthe" 179 f.; „Fröhl. Wiss." 181; Zarath. 184 ff. (607); „Jenseits v. G. u. B." 187—190; („Genealogie d. Mor." 190 ff., 194; „Der Fall Wagner" 192 f.).
Bülow, Frl.; 544.
Byron; „Manfred" 354, 552.
Caesar; De bello civile 76 f.; (Napoleon's III. Histoire de Jules César 125); C. bei Shakespeare 296.
Caffarelli, Palazzo in Rom; 483.
Carlyle, Thomas; 205.
Chamfort; 296.
Chopin; „Barcarolle" 336.
Christus; 308, 401.
Cicero; Academica 123.
Cornu, Hortense (geb. Lacroix), Vertraute Napoleon's III.; 125.

657

Namen-Register.

Crusius, Otto, Prof. d. Philologie in München; „Erwin Rohde" 47, 48, 62.
Curti, Theodor, Nationalrath, Redacteur der „Züricher Post"; 181, 183 f.
Curtius, Ernst, Archäolog in Berlin; 135.
—, **Georg,** Philolog in Leipzig; 90 f.
Czermak, Joh. Nepomut, Prof. der Physiologie in Leipzig; 82 f., 85.
Dannreuther, Edward, London; 361.
Darwin, Charles; 565.
Delacroix, Eugène, Maler; 169.
Demetrius Magnes; 38.
Demokrit; 60, 435 Anm.; über die unechten Schriften D.'s 27, 28, 29.
Descartes; 263 (hier irrthümlich für Boileau stehend); ovidischer Spruch auf dem Grabstein 276.
Deussen, Paul; Prof. der Philos. in Kiel; 128; N. an D. über Ritschl 10, 14; „Elemente der Metaphysik" (1877 u. ö.) 565.
Didier, Verlag, Paris; 362.
Dindorf, Wilh., Philolog in Leipzig; 80.
Diodati, Comtesse, Genf; Uebers. v. N.'s „Geb. d. Trag." 372, 373, 375, 376 f.
Diogenes Laertius; De fontibus Diogenis Laertii 12, 26, 37, 92; Ritschl's judicium und das gedruckte 33; Drucklegung 37, 40 f. (Rh. Mus. 23, 632 ff. und 24, 181 ff.), Fortsetzungen 42, 43, 44 (Rh. M. 24, 210 ff.), Analecta Laertiana 79, 80 (Rh. M. 25, 217 ff.); „Zur Quellenkunde und Kritik des Diog. L." (im Progr. 1870 des Basler Pädagogiums) 94, 96, 100. Weiteres 60, 76, 93, 95.
Dionysius von Halikarnaß; Danae-Lied des Simonides 42.
Dönhoff, Marie Gräfin v. (geb. Prinzessin v. Camporeale), jetzt Fürstin Bülow; 611.
Dostoiewsky, Fedor; 200, 319, 322, 325 f., 628.
Drach, Wilh.; 358.
Dräseke, Felix, Prof. am Dresdener Konservatorium; 337.
Dühring, Eugen, damals Privatdozent an d. Universität Berlin; 236, 239, 561.
Dürer, Albrecht; „Ritter, Tod und Teufel" 491.
Dyck, Anton van; Reiterbild des Brignole-Sale 537.
Egloffstein, Gräfin Julie v., Malerin; 391.
Ehlert, Louis, Komponist; „Briefe über Musik an eine Freundin" 50 ff.
Eiser, Otto, Dr. med. in Frankfurt; 558, 564, 569.
Empedokles; Sprung in den Aetna 419, 504.
Engelmann, Dr. **Wilh.,** Verlagsbuchhändler, Leipzig; 75, 77, 78, 80 f.
Euripides; 517.
Feustel, Friedrich, Bankier in Bayreuth; 390.
Fichte, Joh. Gottl.; 299.
Flaubert, Gustave; Operntext nach dessen „Salammbô" 377.
Förster, Bernhard, Dr., Gemahl von N.'s Schwester

Namen-Register.

Elisabeth; 238, 254, 259, 264, 317.
Förster-Nietzsche, Elisabeth, Gattin des Vor.; in Paraguay 621, 623, 636, 638; „Das Leben Friedr. Nietzsche's" 6—9, 15, 20, 26 f., 65, 344, 595, 650. — Für die Zeit vor 1885 f. Nietzsche, Elisabeth.
Förtsch, Rektor des Naumb. Gymnasiums; 27.
Frey, Eginhart, Pseudonym des Frhrn. v. Seydlitz; 544.
Fritzsch, E. W., Verleger, Leipzig; 134, 149, 308, 339, 340, 346, 366, 436, 454; „Musikal. Wochenbl." 342.
Fritzsche, Dr. phil. in Güstrow; Theognisstudien 65, 67.
Fuchs, Carl, Dr., Prof. in Danzig, Virtuos und Musikschriftsteller; Rhythmik 119, 558 (vgl. Br. I³, 405—8), 563.
Fulgentius, Fabius Planciades, Mytholog; 92, 102, 128; s. Jungmann.
Galiani, Fernando, Abbé, ital. Staatsmann; 616.
Gast, Peter; 221, 237, 263, 520, 565, 566 f., 580, 581, 596, 602, 603 ff., 617, 632.
Gelzer, Heinr., jetzt Prof. der Gesch. in Jena; über Lykurgus 135.
Georg, H., Verleger in Basel; 404, 408.
Georgi, Drucker des Rhein. Mus.; 136.
Gerlach, Franz Dorotheus, Prof. d. Philol. in Basel; 66, 123, 159; latein. Adresse N.'s zu G.'s Jubiläum 104.

Gersdorff, Karl, Freiherr von (vgl. Br. I³ XX f.) † 20. Aug. 1904; 33, 134, 170, 175, 177, 178, 336 f., 380, 454, 457 f., 477, 498, 506; Empfehlungsschreiben an Bülow 343; Münchner Tristan-Auff. 342/4, 371, 373, 388, 389, 390, 394, 397 (344, 398); ital. Reise 413, 422, 425, 430, 431, 433, 438 (Rau 439 Anm., 440, 448), 440 f., 445, 447, 451, 452; in Basel 453 Anm., 488, 489 Anm., 490; Nerina 567, 571 ff.; Büste Voltaire's 580.
— Vater des Vor., Dr. phil., preuß. Kammerherr († 1879); 425, 440 f.
— Theodor († Dez. 1872) 425, 489 Anm.
Goethe; 182, 299, 333, 595; über Winckelmann 264; „Die erste Walpurgisnacht" 379; „Reisesegen" (war schon veröffentlicht) 391 f., 397; Citate: aus den Gedichten „Eigenthum" 393, „Generalbeichte" 439, „Wer sich der Einsamkeit" 637, Schlußchor des „Faust" 474, 632; Eduard in den „Wahlverw." 488, 490 f., 496 f.; ital. Uebers. des „Faust" 541; Vorlesungen über G. v. Brandes 323.
Goncourt, Gebrüder; Der Terminus document humain 281.
Gräfe, Alfred, Prof. der Augenheilkunde in Halle; 292, 584.
Griesemann, Schüler N.'s; 71 f., 80.
Guercino; „Sterbende Kleopatra" 537.
Guerrieri-Gonzaga, An

Namen-Register.

selmo, Marchese (Schwager der Folgenden) Goethe-Uebersetzer; 541.
— E., Marchesa; 541.
Gustav Adolf; 299.
Hagen, Schüler Ritschl's; Dissert. über den Rhetor Hyperides 92.
— Hermann, Prof. der Philologie in Bern; 128.
Hamann, Joh., Georg, der „Magus im Norden" 142.
Hamerling, Robert; Leopardi-Uebersetzung 361, 362.
Hansemann, David, preuß. Finanzmann; 349.
Hanslick, Eduard, Musikästhetiker; 350.
Hartmann, Ed. v.; über die „Mem. einer Idealistin" 567.
Hattowski, v., Polinnen; 565.
Heckel, Emil, Musikverleger in Mannheim, Gründer des ersten Wagnervereins; 524.
Hegel; 488, 641; „Wagner und Hegel" 287.
Heine, Heinrich, „Reisebilder" 51 f.
Heinze, Max, Prof. d. Philos. in Leipzig; 565.
Herder. Der Großonkel N.'s (Krause) Nachf. H.'s in Weimar; 299.
Hermann, Gottfr.; als Metriker 123.
Herodian, Aelius, alexandrin. Grammatiker; 157, 158.
Herzen, Alexander, Iwanowitsch (1812—70); 308, 402; „Vom anderen Ufer" 403; „Aus den Memoiren eines Russen" 399, 403, 407, 425.

Kinder:
— Alexander; jetzt Prof. der Physiologie an der Académie de Lausanne; 512 (519).
— Natalie; 394, 411, 421, 443, 525, 544, 555, 556, 560, 631.
— Olga, (Pflegetochter von Frl. v. Meysenbug); 386, 392, 396, 397, 399, 400, 402 f., 404, 406, 407, 411, 415, 419 f., 421, 426, 427, 438, 440; Hochzeit mit Prof. Monod 428, 442, 448; N.'s „Monodie à deux" als Hochzeitsgeschenk 433 ff., 437, 442 f.
— Das Weitere s. unter Monod.
Hesiod; Colleg N.'s über „H.'s Werke und Tage" 123; Certamen Homeri et Hesiodi s. unter Homer.
Hesychius Milesius; sein Litteratenverzeichniß ($\dot{o}\nu o\mu \alpha \tau o\lambda \acute{o}\gamma o \varsigma$) 35; in Cap. VI von N.'s De Laertii Diog. font. 44.
Heyne, Moritz, Germanist, Prof. in Basel; 439 Anm.
Heyse, Paul; 285, 576; Leopardi-Uebersetzung 361 Anm.
Hillebrand, Karl, Prof. in Florenz; 359, 364; „Zeiten, Völker und Menschen" (Bd. II, 291—310) 286, 290.
— Jessie, Gattin des Vor.; 364.
Hirzel, S., Verlag, Leipzig; 90.
Hölderlin, Friedrich; 504.
Holzer, Ernst, Gymnas.-Prof. in Ulm; 62 f.
Homer; N.'s Basler Antrittsrede über „H. und die klass. Philologie" 21, 86 f., 89, 100,

165; N.'s kritische Ausg. des Certamen Homeri et Hesiodi (1871 Bd. I, S. 1—23 der Acta soc. phil. Lips.) 94 f., 96, 104 f., 106 f., 109, 120 f.; „Der Florentiner Tractat über H. und Hesiod, ihr Geschlecht und ihren Wettkampf" (Rhein. Muf. 25 (1870), 528 f. und 28 (1873), 211 ff.) 152; geplante Allgemeinbetrachtung: der agonale Trieb Grundtrieb der griech. Kultur 88, 94, 346 Anm., 391, 397, 403, 411, 435 Anm.

Horaz; 485; Citate 32, Aes triplex (Od. I 3, 9) 531.

Horner, Cécile, Frl., aus Basel; 577, 601.

Hoß, Schüler N.'s; 145.

Hueffer, Dr. Franz, London; 361.

Hugo, Victor; Citat 325; Stil 451.

Hume, David; 641.

Hutten, Ulrich von; 495; „Ich hab's gewagt" 452.

Hyperides, griech. Rhetor; 92.

Jacobi, Friedr. Heinr.; 296.

Jacobson, Frl.; Aufsatz über Lorenzo Stecchetti's Postuma und Polemica 607.

Ibsen, Henrik; 282, 289, 324.

Jeep; Dissert. über Claudius Claudianus 92.

Jesus Sirach; 475.

Jonquières, Dr. med. in Bern; 561, 562.

Isigonus, Paradoxograph; 105, 106, 108.

Jungmann, Emil, jetzt Rektor des Thomasgymnasiums in Leipzig; 73;

Quaestionum Fulgentianarum capita duo (in Bd. I der Acta societ. phil. Lips.) 92, 98 f., 101 f., 104, 107, 108, 128.

Kant; 263, 641.

Keller, Gottfried; 209 —217; Besuch 213, 215 f.; „Die Leute von Seldwyla" 209; „Das Sinngedicht" 217; „Abendlied" 214; K. als Leser N.'s 201, 274. — N. übersendet K. die „Fröhl. Wiss." 211 f., Zarath. I. Th. 212, 214 (607); „Jenseits v. G. u. B." 216 f.

Kelterborn, Dr. jur., Schüler N.'s, jetzt in Boston; ausgearbeitetes Collegienheft von Burckhardt's griech. Kulturgeschichte 545 Anm.

Kestner, Charlotte, Tochter von Lotte Buff (Wetzlar); 391.

Kiepert, Heinr.; Atlas von Hellas 374 ff.

Kierkegaard, Sören; 282, 285, 289.

Klette, Anton, Redacteur des „Rhein. Museums" und Bibliothekar in Bonn; 48, 80, 81, 84, 109.

Klopstock; 299.

Knaut, C. F. Ernst; Dissert. über Lutian 49.

Körner, Theodor; Reminiscenz aus dem „Schwertlied" 70.

Krapotkin, Peter Alex., Fürst; sein Anarchismus 278.

Krause, Joh. Friedr., Bruder von N.'s Großmutter Erdmuthe N., als Generalsuperintendent in Weimar Nachfolger Herder's; 299.

Namen-Register.

Krug, Gustav, Jugendfreund N.'s; 317.
Kuh, Emil; 209.
Laban, Ferd., Bibliothekar in Charlottenburg; 230.
Labruyère; 175.
Landor, Walter Savage; Imaginary conversations 223.
Larochefoucauld; 173, 175.
Laussot, Jessie (geb. Taylor), später Gattin Karl Hillebrand's in Florenz; 364.
Lehmann's Garten, Leipzig; 8.
Leopardi, Giacomo; 504; Verdeutschung der Dialoghi und Pensieri 337, 359, 360—364; Monographie über L. von Bouché-Leclercq 362.
Lessing, Gotth. Ephr.; 296.
Leutsch, Ernst von, Prof. d. Philologie in Göttingen; Collation des Modenenser Theognis-Codex 64, 66 f.
Lewald, Fanny; 575 f.
Liszt, Franz; 340; über N.'s „Manfred-Meditation" 353; L. und Bayreuth 410, 482, 619.
Lobedanz, Edmund; 361.
Lucius von Paträ; 47.
Lucretius; von Stürenburg behandelt 92.
Ludwig II., König von Bayern; 341, 345, 371, 373.
Lukian, (vielmehr Pseudo-Lukian); Λούκιος ἢ ὄνος von Erwin Rohde beh. 47.
Luther; 496; Renaissance und Reformation 325.
Mäcenas; Gärten des M. in Rom 485.
Magnes, Demetrius; von Suidas benutzt 38.
Mähly, Jacob, Prof. der Philol. in Basel; 106, 108.

Maja, Schleier der; 505, 519.
Maier, Mathilde, Frl., in Mainz; 479.
Maine, Sir Henry, Soziolog; 565.
Maltzan, Frh. von, in Nueva Germania, Paraguay; 636.
Mannhardt, Augenarzt; 556.
Marc Aurel; 483.
Margherita, Gattin des nachmaligen Königs Humbert; 395.
Maria Luise, Gattin Karls IV. von Spanien; 315.
Masetti, ital. Frls. in Zürich; 390.
Matejko, Joh., polnischer Maler; 299.
Maximilian, Café in München; 374.
Mazzini, Giuseppe, ital. Republikaner; 439, 508.
Mendelssohn-Bartholdy, Felix; Romantiker 293; „Antigone" 376; „Die erste Walpurgisnacht" 379.
— Karl (Sohn des Vor.). Prof. der Gesch. in Freiburg; lädt N. zu einer Reise nach Griechenland ein 376.
Meysenbug, Philipp Freiherr von (urspr. Rivalier), Hofmarschall des Kurfürsten Wilhelm I. von Hessen-Kassel; 385 f.
— Johanna Freifrau v. (geb. Hausel), Gattin des Vor.; 386.
— Malwida Freiin v., Tochter der Vor.; 222, 242, 251, 319, 383—652; Theod. Althaus 386; Beziehung zu Alex. Herzen 386,

dessen Tochter Olga (s. d.) und Prof. Monod (s. d.); Trennung von Olga 394, 405, 419 f., 428, 434, 441 ff., 448 f., 456; Bekanntschaft mit N. Mai 1872 in Bayreuth 342, 385; Wiedersehen bei d. Münchner Tristan-Auff. 342, 371, 388, 389, 408, 524; Absicht in Bayreuth zu leben 396, 405, 411, 429, 434, 454; Festspiele 1876 in Bayreuth 494, 501, 505, 512, 519, 520; Götterdämmerung 523 f., 525; Projekt Jano 510 f., 513, 515, 519, 520; Sorrentiner Aufenthalt (1876,7) 159, 526, 528—533, 543, 548, 564, 569, 581, 625, 626, 648, 652; Idealkolonie 20, 532, 533, 573 f., 578; Vorbilder 415, 446, 507, 637 f.; dogmenlose Erziehung 401 ff.; Sprachen lernen und Stilgefühl 432 f., 437 f., 449 ff.; N.'s Lebensaufgabe 415, 427, 436, 446, 452, 460, 463, 467 f., 471, 475, 480, 481, 498 f., 507, 514, 587, 597 f., 610 f., 612 f., 629 f., 637 f., 650.

Schriften: Mémoires d'une Idéaliste (1869 erschienen; nicht 1872) 408, 425, 478, 495, 506; deutsche dreibändige Ausgabe 317, 387, 495, 506 ff., 565, 615, 636; „Individualitäten" 383, 388; Novellen 609. — Uebersetzung von Herzen's „Memoiren eines Russen" 403, 407; von Wagner's Dankbrief an den Bürgermeister von Bologna 410 f.

Schriften Nietzsche's: „Geb. d. Trag." 383, 393 f., 409, 435 Anm., 439, 447, 516 f., 630, 645; „Ueber die Zukunft unserer Bildungsanstalten" 416, 421, 423 f., 430 f., 436, 440, 445, 451 f.; „Der Wettkampf in der griech. Kultur" (346 Anm. 5), 391, 397, 403, 411, 435 Anm.; „Die Philosophie im tragischen Zeitalter der Griechen" 435 f., 443, 447 f.; „Unzeitgem. Betr." 466 f., 511; I. Dav. Strauß 454, 470; II. Historie 457, 459, 460, 463, 470; III. Schopenh. als Erzieher 466, 469 f., 474, 481, 488, 517, 523, 643 (franz. Uebers. 478 f., 486); IV. Rich. Wagner in Bayreuth 490 Anm., 515, 520, 522, 523, 525, 643, 645; „Wir Philologen" 490 Anm., 498, 502; „Menschliches, Allzum." 437 Anm., 562 Anm., 580, 582, 583, 626 f., 630; „Wanderer u. s. Schatten" 585, 587 f.; „Morgenröthe" und „Fröhl. Wiss." 630; „Zarathustra" 599—605, 611, 612 f., 614, 634, 648 f.; „Jenseits v. G. u. B." 618; „Genealogie d. Mor." 631 f.; „Der Fall Wagner" 631 ff., 639—650; „Umwerthung aller Werthe" (Der Wille zur Macht) 631 ff., 640, 647, 650, 651. — Kompositionen: „Hymnus an die Freundschaft" 476, 487, 490; „Hymnus auf die Einsamkeit" 490 (Br. II, 488, 537).

Meysenbug, Freiinnen von (Schwestern der Vor.); 394, 474, 483, 493, 574, 638.

Michelangelo: 317, 325, 464, 471, 483.

Minghetti, ital. Staatsmann († 10. Dez. 1886); 622.

Namen-Register.

Moltke; 298.
Monod, Gabriel, Prof. d. Geschichte an der Sorbonne; 387, 404, 407, 411, 426, 428, 441, 442, 465, 478, 486, 489, 544, 547, 555, 560, 562, 566, 567, 568, 570 f., 623, 627, 638, 640; „Français et Allemands" 406; „Grégoire de Tours" 426; „Revue historique" 564. — N.'s vierhändige Komposition Monodie à deux zu M.'s Hochzeit mit Olga Herzen 433 ff., 442 f.
— Olga, geb. Herzen; 445, 448, 456, 459, 465, 470, 474, 479, 481, 494, 495, 500, 525, 544, 547, 555, 556, 560, 566, 568, 578, 586, 608 f., 611 f., 623, 631. — Für die Zeit vor März 1873 s. unter Herzen, Olga.
Montaigne; 173, 175.
Mottl, Felix; 305.
Mozart; Reminiscenz aus Leporello's „Register=Arie" 88.
— Konstanze, Gattin des Vor., wiederverheir. mit dem dänischen Staatsrath b. Nissen; 315.
Musset, Alfred de; 607.
Napoleon I.; 301.
— III.; Histoire de Jules César 125.
Nauck, Aug., Prof. d. Philologie in Petersburg; bestreitet die Herleitbarkeit des Certamen aus Altidamas 154.
Naumann, C. G., Verlag, Leipzig; 187, 217, 639.
Nerina ***; 567, 571 ff., 576.
Nietzsche, Erdmuthe (geb. Krause), Schwester des Weimarer Generalsuperintendenten Krause, Großmutter Fr. N.'s; 299.
— Ludwig, Pfarrer in Röcken b. Lützen, Vater Fr. N.'s; 302.
— Franziska, Gattin des Vor.; 100, 103, 217, 299, 526, 544, 618.
— Elisabeth, Tochter der Vor.; 73, 74, 76 f., 80, 100, 103, 112, 114, 115, 129, 130, 135, 137, 139, 149, 157, 167, 194, 214 ff., 237, 247, 254, 266 ff., 398, 406, 409, 412, 416, 420, 423, 435, 457, 469, 474, 477, 479, 482 f., 499, 502, 506, 512, 515, 519, 526, 532 f., 535, 544, 551, 552, 557, 558, 568, 570, 573, 578, 585 f., 604. — Für die Zeit von 1885 ab s. Förster=Nietzsche.
Nikanor; 157, 158.
Nilson, Albert (Pseudonym Alb. Brenner's); 503.
Nohl, Ludwig, Dozent der Musikgesch. in Heidelberg; 357.
Odysseus; 535, 539, 540, 628.
Oehler, Rich., Dr., Bibliothekar in Florenz; „Friedr. N. und die Vorsokratiker" (Lpzg. 1904, Dürr) 4.
Opitz, Theodor, Philolog; Quaestionum de S. Aur. Victore capita III (Acta soc. phil. Lips. 1872) 132, 137.
Ott, Louise, Paris; 569.
Overbeck, Franz, Prof. der Kirchengeschichte in Basel; 209, 514, 544 f., 551, 569; Ueber die Christlichkeit unsrer heutigen Theologie" (2. Aufl. Lpzg., Naumann) 446.
Ovid; Bene vixit 276.
Pascal; 322; Lettres provinciales 325; Variante zu Le moi est toujours haïssable 651.

Namen-Register.

Pensier, Armand (Pseudonym Heinr. v. Stein's); 222.
Perfall, Karl, Frhr. von, Generalintendant, München; 352, 374, 390.
Perikles; 545.
Philologischer Verein in Leipzig; 8f., 22, 300.
Plato; 84, 430, 550; Phädon 66.
Plautus; 72, 80; Ritschl'sche Abhandlungen zu Pl. 133, 136, 137.
Pollur, Julius, Lexikograph; sein 4. Cap. (Theateralterthümer) von Rohde behandelt 80, 97.
Porges, Heinr., Musikschriftsteller in München; 397.
Pythagoras; 347.
Raffael; 464.
Ranke, Leopold von; 299.
Rau, Leopold, Bildhauer; 439, 448.
Rée, Dr. Paul; 556, 581, 594, 605; mit R. in Sorrent 503 Anm., 527, 528—531, 541, 626; „Der Ursprung der moralischen Empfindungen" 561, 565 (R.'s Theorie der Eitelkeit 542): „Geschichte des Gewissens" 258.
Ribbeck, Otto, Prof. der Philologie, zuletzt in Leipzig; 74; Biographie Friedr. Wilh. Ritschl's 49, 125, 155, 162.
Ribot, Théodule, Herausgeber der Revue philosophique; 564.
Richter, Raoul, Prof. der Philosophie in Leipzig; „Fr. N., sein Leben und sein Werk" (Lpzg. 1903, Dürr) 4.

Ritschl, Friedrich (geb. 6. April 1806, † 9. Nov. 1876); 3—162; R.'s Stellung in der Gesch. der Philologie 161; Verhältniß zu N. in Bonn 6 f., in Leipzig 7 ff., 9—15, 160, 210, 300; Gründung des „Philologischen Vereins" 8 f.; Societas philologica Lipsiensis 10, 146 f., 148; R.'s Theognidea 22—26, 32, 64 f.; R.'s Laertiana 26, 33 f., 35—42, 44, 143, judicium darüber (von Ritschl f. Br. I², S. 87 f., von Reinhold Klotz f. Br. II, S. 16 f.) 33, 35 f.; Inder zum „Rhein. Mus." 26—29, 31, 32, 54—61, 71, 73, 76—78, 80; Danae-Lied des Simonides 42, 46; Rohde's Ὄνος-Aufsatz 46—49; geplante Symbolae in honorem Ritschelii und R.'s Demokrit-Untersuchungen 27, 28, 29, 48; R. empfiehlt N. nach Basel 62, 63, 300; R.'s Homer-Rede 86 f.; Entstehung der Acta (Meletemata) soc. phil. Lips. 90—111, 155; der 70er Krieg 111—118, 121, 122; R.'s „Geb. d. Trag." (4 f.) 16, 133 f., 138—143, 145 f.; Wilamowitz-Möllendorff's „Zukunftsphilologie" 147, 148; Rohde's „Afterphilologie" 16 ff., 147, 149, 150 f., 155. — Plautinische Studien 133, 136, 137; Beziehung zu Napoleon III., 124 ff.; Tod 158—162.

Ritschl, Sophie, Gattin des Vor.; 9, 11, 20 f., 49, 50 ff., 67 ff., 74, 76, 86 f., 88, 99 f., 102, 109 f., 111—115, 124, 127, 128, 133, 134, 140, 146, 149, 153, 157, 159—162.

Ritter, C. G., Dramatiker; „Der milde Welf" (war im Sorrentiner Kreis vorgelesen worden) und „König Roderich" (Lpzg., C. G. Naumann) 576.

Rivalier, Philippe, nachmals Frhr. von Meysenbug; 385.

Robertson, G. Croom, Herausgeber der philosoph. Fachzeitschrift „Mind"; 564 f.

Rodenberg, Julius, Herausgeber der „Deutschen Rundschau"; 503, 562.

Rohde, Erwin, Studiengenosse N.'s in Leipzig, Prof. der Philologie in Kiel, Jena, Tübingen, Leipzig, Heidelberg, Geh. Hofrath († 1898); 15, 33, 45, 71, 73, 96, 111, 119, 121, 127, 128, 130, 132, 133, 134, 137, 264, 267, 337, 352, 377, 426, 434, 532 f., 545, 552; Reise mit N. in den Böhmer Wald 23, 27; geplante Pariser Reise 48 f.; Betheiligung am Ritschl-Buch 29; über Lukian's Λούκιος ἢ ὄνος 47 ff., 96; Preisarbeit über Pollux 80, 97; Beitrag zu den Acta societ. philol. Lips. (Paradoxa des Isigonus) 92, 95, 97 f., 105, 106 f., 108; „Die Quellen des Jamblichus in seiner Biographie des Pythagoras" (Rhein. Museum 26, S. 544 ff., 27, S. 23 ff.) 177; mit N. in Bayreuth 342, 373, 445, 452; Besprechung der „Geb. d. Trag." in der Nordd. Allgem. Ztg. 342, 373; „Afterphilologie" 16 ff., 147, 149, 150, 153, 154, 155, 156, 346, 355, 377, 391, 411, 414, 416, 420; N.'s Braut (Valentine Framm) 544, 556.

Rohr, Bertha, Frl., Basel; 618, 623.

Romundt, Dr. Heinrich; 82 f., 84, 134, 153, 209.

Roscher, Wilh., Studiengenosse N.'s in Leipzig, jetzt Rektor des Gymnasiums in Wurzen; Mitarbeiter am Ritschl-Buch 29; desgl. an den Acta societ. philol. Lips. 107, 108.

Roth, A., Philolog; Collationen zu Aurelius Victor 132.

Rothkirch-Trachenberg, Graf, Schwager des Frhrn. v. Gersdorff; 425.

Rubens; 537.

Salis-Marschlins, Meta von, Dr. jur.; „Agnes von Poitou" 631; 636.

Salomé, Lou; „Im Kampf um Gott" 259, 279; 601, 628.

Sauerländer, J. D., Frankfurt a. M., Verleger des „Rheinischen Museums für Philologie"; 27, 28, 32.

Schelling; 142.

Schieß-Gemuseus, Heinr., Prof. der Augenheilkunde in Basel; 556, 559.

Schiller; 253, 299; Reminisc. Don Karlos 546.

Schirnhofer, Resa v.; 615, 628, 637.

Schlegel, Aug. Wilh. v, der Shakespeare-Uebersetzer; 361.

— **Joh. Elias,** Dramendichter (1719—49); 299.

Schleinitz, Marie Gräfin von, Gattin des preuß. Hausministers; 390.

Schmeitzner, Ernst, Ver-

Namen-Register.

leger, Chemnitz; 174, 489 f., 544, 561.
Schmidt, J. H. H. Rythmiker; 123.
Schnaase, Karl; "Gesch. der bildenden Künste" 172.
Schöll, Rudolf, Prof. der Philologie in München; über N.'s Neuausgabe des Certamen in den Acta soc. phil. Lips. ("Hermes" VII, 231 ff.) 154.
Schopenhauer, Arthur; Einfluß auf N. 4 f., 53, 165, 210, 223, 480, 641, 642; N.'s Abwendung von Sch. 170, 611, 617, 641; Sch. in Deussen's "Elementen der Metaph." 565; Vererbungstheorie 477, 487; Sch.'s Stil 437 f.; — N.'s "Schop. als Erzieher" 286 f., 298, 357, 466 f., 480, (Brandes:) 295, (Bülow:) 359 ff., (Meysenbug:) 470 f., 481, 488; Uebersetzung von "Schop. a. E." in's Französ. 478 f., 481 f., 489 f. — Sonstiges 142, 312, 361 f., 440, 449, 479, 491, 504, 595, 648.
Schrön, Prof. der Medizin in Neapel; 558.
Schücking, Lewin; 542.
Schumann, Robert; 293.
Schuré, Edouard; 421, 422, 438; Le drame musical 411; Tannhäuser-Auff. in Bologna 418.
Schurz, Gattin des Deutsch-Amerikaners Karl Sch.; 395 f.
Schuster & Loeffler; 506.
Seidl, Arthur, Prof. Dr., Dramaturg am Dessauer Hoftheater; 261.
Seneca; S.'s Stil und Schopenh. 438.

Senger, Hugo von, Generaldirektor des Genfer Orchesters; 371—380; bei den Tristan-Auff. in München 346, 371, 372; Kiepert's "Hellas" 374 ff.; N.'s "Geb. d. Trag." 371 f., 373, 375; N.'s "David Strauß" 379 f.; Besuch N.'s in Genf 380; Operntext "Salammbô" 377; altkathol. Cantatentext 377; N. über das Componiren im Wagner'schen Stil 378 f.; N. schenkt der Gattin v. S.'s die "Mem. einer Idealistin" 514.
Seydlitz, Reinhard Frhr. von; mit N. in Sorrent 531 f., 534, 540; Novelle "Im todten Punkt" 544, 562; in Neapel 543, München 553, der Schweiz 560, 566; N. über Georg Brandes 270; Präsident des Münch. Wagner-Vereins 317.
— **Irene** Freifrau von, geb. Simon von Pálya, Gattin des Vor.; 531 f., 534, 540, 543, 544.
— Freifrau von, Mutter des Vorgenannten; 553, 559.
Shakespeare; Brandes über Julius Cäsar 296; Othello (Desdemona) 296. Reminiscenz bei Ritschl: "Meister Zettel" (Sommernachtstr.) 142 [bezieht sich auf eine Stelle der Geb. d. Trag., die N. bei der 2. Aufl. gestrichen hat und die jetzt im Lesarten-Verz. Werke Bd. I, S. 596 (zu S. 23, Z. 5) steht].
Sickingen, Franz von; 495.
Siegel, C. F. W., Musikalien-Verlag, Leipzig; 366.
Simonides von Keos; sein

Namen-Register.

„Danae-Lied" von N. behandelt 7, 42, 45 f., 47.

Simrock, Karl, Germanist, Prof. in Bonn; 439 Anm.

Societas philologica Lipsiensis; 10, 29, 91, 94; N. Ehrenmitglied 146 f., 147; die von Ritschl herausgeg. Acta societatis phil. Lips. 91—111, 119, 120 f., 128, 130, 152 f., 155.

Sokrates; N.'s Vortrag „S. und die Tragödie" 97, 128.

Sophokles; 76, 123; Statue S.'s 484; Stelle aus dem „Philoktet" (v. 1434) 240, 246.

Spencer, Herbert; 278, 564.

Stahr, Adolf, Gatte von Fanny Lewald; 576.

Stecchetti, Lorenzo, ital. Lyriker; 607.

Stein, Dr., Heinrich Freiherr von (1857—1887), Privatdozent in Halle, zuletzt in Berlin; 221—264; „Die Ideale des Materialismus" (1878) 222; N.'s „Fröhl. Wiss." 223; St.'s „Helden und Welt" (Chemnitz 1883, Schmeitzner) 223—226; N. über Helden und das Tragische 225; Zarathustra 226 f., 227 ff., 236 ff.; Giordano Bruno'sche Sonette von St. übers. 228 f., 231; Wagner's Parsifal 230, 231; breitägiger Besuch in Sils (Aug. 1884) 232—241, 246, 614; Wiedersehen in Kösen (Okt. 85) 256 ff.; St.'s „Entstehung der neueren Aesthetik" (Cotta, 1886) 263; Einfluß Wagner-Schopenh.'s 223, 617, 646; Tod 262 ff., 629.

de Stendhal (Pseudonym Henry Beyle's); 173, 278, 284, 616.

Stephanus, Henricus (Henri Estienne), Genfer Philolog und Drucker des 16. Jhdts.; erster Herausgeber des Certamen 95, 105.

Strauß, Advokat in Paris, Gatte der Wittwe Bizet's; 315.

— **David Friedrich**; N.'s I. Unzeitgemäße Betr. 209 f., 286, 290, 357 f., 363, 379 f., 454; Tod (8. Febr. 1874) 459.

Strindberg, Aug., schwed. Dichter; 315, 318, 324; „Fadren" 320 324; „Giftas" (Heirathen) 322, 324.

Studemund, Wilh., Prof. d. Philologie in Breslau; Venediger Theognis-Collation 22.

Stürenburg, Heinr., Philolog, Rektor der Kreuzschule in Dresden; Lucretius-Studien 92.

Suidas, Lexikograph; 35, 38.

Tacitus; Dialogus de oratoribus (Andresen's Emendationen dazu in den Acta soc. ph. L.) 73, 81, 92.

Taine, Hippolyte; als Leser N.'s 191, 274; Brandes über T. 278, (281); T. über N.'s „Jenseits v. G. u. B." 198 f. und „Götzendämmerung" 205 f.; T.'s Aufsatz über Napoleon im Maiheft 1887 der Revue des Deux Mondes 200, 202; T. über Burckhardt's „Kultur der Renaissance" 198 f.

Tegetthoff, Wilh., Frhr. von, öftr. Admiral, Sieger von Lissa; 439 f., 448.

Tegnér, Esaias; Brandes

668

über ihn in „Moderne Geister" 289.

Teichmüller, Gustav, Prof. der Philos. in Basel, dann in Dorpat; 123.

Tenischeff, Prinzessin Anna Dmitriewna; 315, 317.

Teubner, B. G., Verlag, Leipzig; 16 f., 91, 101, 103, 105, 106, 108, 147, 149, 150 f., 153.

Thales; 435 Anm.

Theognis von Megara; N.'s Abhandlung „Zur Geschichte der Theognideischen Spruchsammlung" (Rh. Mus. 22, S. 161 ff.) 9, 12, 22, 26, 32, 64 f., 92, 93; Modenenser Theognis-Codex 64 f., 66, desgl. Römischer, Pariser und Venediger 22.

Thukydides; 545.

Trina, Dienerin von Frl. v. Meysenbug; 534, 535, 539, 541, 546, 548, 553, 625.

Turgenjeff, Iwan; 315.

Tylor, Edw. Bornett, Anthropolog; 565.

Urussow, Fürst, Petersburg; 315.

Vaihinger, Hans, Prof. der Philos. in Halle; „Nietzsche als Philosoph" (Berlin, Reuther & Reinhard) 3.

Van Dyck; 537.

Vauvenargues; 175.

Villari, Pasquale, Prof. der Geschichte in Florenz (eine Zeitlang auch Unterrichtsminister); (421, 429) 431, 438.

Virgil; 485.

Vischer, Wilhelm, Prof. d. Philologie, Rathsherr, Chef d. Erziehungswesens im Kanton Basel-Stadt; 15, 62, 65, 66, 110, 112.

Volck, A., Cand. phil.; 57, 58, 60.

Volkmann, Dietrich, Philolog, Oberlehrer (später Rektor) in Schulpforta; De Suidae biographicis 35, 37 f., 39.

— **Richard von**, Prof. der Medizin in Halle (als Dichter unter dem Pseudonym „Rich. Leander" bek.); 49, 51, 55 f.

Voltaire; 580, 581; Remin. Écrasez l'infâme 357 f.

VonderMühll, W., Schüler N.'s, Prof. in Basel; 145.

Wachsmuth, Curt, Prof. d. Philologie in Leipzig, Geheimrath († Juni 1905); 64; als Schwiegersohn Ritschl's 89, 162; De Timone Phliasio ceterisque sillographis graecis (Lpzg. 1859) 24.

Wackernagel, Jacob, Schüler N.'s und seit 1879 Nachf. in dessen Baseler Professur; „Nitanor und Herodian" 157, 158.

— **Wilh.**, Vater des Vor., Prof. der deutschen Philologie in Basel; 157.

Wagner, Richard; Verhältniß N.'s zu W. 5 f., 53, 165, 169 f., 210, 223, 250, 252, 264, 286 f., 458, 480, 514 f., 591; Bülow und W. 336, 350, 390; Ritschl und W. 18 f., 88, 136; v. Stein und W. 223, 229, 230, 236, 238, 246, 248, 249, 251 ff.; Glasenapp-Stein'sches Wagner-Lexiton 246, (248), 252, 255; W. als Leser N.'s 201, 274, 335, 339; W. über N.'s Stil 224 f., W. gegen

Namen-Register.

Latein 449 f.; gegen Citate 393; W. und die Wissenschaft 248; W. gegen schopenhauerisch gefärbte Auffassung Goethe's 497; die Musik W.'s 350 f., 378 f., 617, 641, 642, 646; Revue des deux mondes über W. 428, ital. Zeitungen 418, Schuré 411, 418; W. Ehrenbürger von Bologna 410 f.; Tribschen 68, 85, 88, 300 f., 342; W. in Sorrent 526, 528, Heidelberg 554, 556, 559, 560 f.; Entfremdung zwischen W. u. N. 588, 593 f., 595, 630, 633, 635, 642 f.; N.'s spätere Bewerthung W.'s 356, 641—651. — Sonstiges 149, 209, 229, 293, 547, 565, 577, 595.

„Bayreuth": Umzug dahin („Fantaisie") 342; Damm-Allée 410, 445; Grundsteinlegung 342, 373 Anm., 383 ff., 395, 408; Münchner Orchester und Bayreuth 390; außerakadem. W.-Vereine 390, 395, 411; W.'s Rundreise an die Theater 413 f., 417, 422 (N. bei W. in Straßburg 424), 425; N. u. Rohde in B. 445, 452; Aussichtslosigkeit inbetr. der Festspiele 452, 456, 458; N.'s „Aufruf an die Deutschen" 454; N. zur Tagung nach B. 454; Concerte zum Besten Bayreuths in Wien, Pest 479, 482, München, Berlin 492, London 551, 565 (361 Anm. 2); Orchesterproben (Sommer 1875) 477, 479, 495; Nibelungen-Auff. (1876) 428, 468, 479, 494, 523 f., 525; Münchner Nib.-Auff. (1877) 548; Liszt in B. begraben 619.

Schriften N.'s inbetr. W.'s: „Geburt der Tragödie" 138—143, 333—342, 346, 352, 371 f., 373, 375, 376, 383 f., 393 f., 447, 516 f., 645; (Erwin Rohde's „Sendschreiben an N. W." 149, 346, 355, 377, 391, 411, 414, 416, 420); „Rich. W. in Bayreuth" 515, 520, 522 f., 525, 643, 645; „Der Fall W." 312, 317, 327, 388, 631, 639—651; Briefe 521, 526, 542.

Werke W.'s: Holländer 352, 373; Tannhäuser (in Bologna) 401, 418; Lohengrin 352, 373, (in Mailand 401, 425, in Bologna 418); Tristan: Klav.-Auszug Bülow's 338, 342, von Bülow in München dirig. Tristan-Auff. 338, 341 ff., 344, 345, 351, 352, 371, 373, 388, 389, 393, 394; Brandes über Tristan 314, N. 318, 342; Nibelungen-Composition beendigt (22. Juli 1872) 401; (Preisausschreiben über W.'s Nib.-Dichtung 355, 438 Anm., 443); Parsifal 230, 231, 595.

Schriften W.'s: „Eine Kapitulation" 168; offener Brief „An Friedr. Nietzsche" in der Nordd. Allgem. 148, 301, 342, 343, 346, (355), 436; „Ueber Schauspieler und Sänger" 414.

Wagner, Cosima, geb. Liszt, Gattin des Vorigen; 20, 68, 88, 165, 247, 300, 383 ff., 390, 395, 396, 401, 424, 429, 477, 479, 482, 501, 505, 525, 545, 548, 551, 554, 561, 566, 567, 588, 619.

— Siegfried und die anderen Kinder der

Vorigen; 492, 554, 556; 338, 396, 483; Eva 492.
Weber, Carl Maria v.; 293.
Welcker, Friedr. Gottlieb, Prof. der Alterthumswissenschaft in Bonn; 24.
Westphal, Rudolf, Philolog und Metriker; 123.
Widmann, J. V., Dr., Redakteur d. „Berner Bund"; „Nietzsche's gefährliches Buch" 620.
Wiener, Heinrich, Dr., Senatspräsident am Reichsgericht; 318.
Wiesenthal; „Fr. N. und die griech. Sophistik" 4.
Wilamowitz-Möllendorff, Ulrich v., Dr. phil. (jetzt Prof. in Berlin); „Zukunftsphilologie" 147, 148, 151, 342, 346, 391, 420, 426, 431.
Wilhelm I., Kurfürst von Hessen-Kassel; 385 f.
Wilhelm II., Deutscher Kaiser; 193.
Winckelmann, Joh. Joachim; 264, 473.

Windisch, Ernst, Studiengenosse N.'s in Leipzig, jetzt Prof. der indischen Philologie daselbst; 29, 42.
Wölfflin, Eduard, Prof. d. Philologie in Zürich, dann in München; 128.
Wüllner, Dr. Franz, Hofkapellmeister in München, dann Dresden, Köln; 352.
Zarncke, Friedr., Prof. der deutschen Philologie in Leipzig, Herausgeber des „Litterar. Centralbl."; 300.
Zdekauer (nicht Zackauer), Ludwig, Prof. der Rechtsgeschichte in Macerata (Italien); 305.
Zeller, Eduard, Prof. der Philosophie in Heidelberg, (zuletzt in Berlin); über N.'s Basler Pädagogiumsprogr. (s. S. 94) 107.
Ziethen, Reitergeneral; 37.
Zimmern, Helen, Miß, engl. Schopenhauer-Uebersetzerin; 615.
Zola, Emile; 280, 320.
Zurbaran, Francisco de, spanischer Maler; 503.

Berichtigungen.

S. 380, Z. 2 v. o. lies ihnen.

S. 418, Z. 8 v. u. lies mächtig (statt mäßig).